Bishop of Neapolis Leontius, Heinrich Gelzer

Leontios von Neapolis Leben des heiligen Johannes des Barmherzigen,

Fünftes Heft

Bishop of Neapolis Leontius, Heinrich Gelzer

Leontios von Neapolis Leben des heiligen Johannes des Barmherzigen,
Fünftes Heft

ISBN/EAN: 9783743634688

Hergestellt in Europa, USA, Kanada, Australien, Japan

Cover: Foto ©ninafisch / pixelio.de

Weitere Bücher finden Sie auf **www.hansebooks.com**

Sammlung ausgewählter kirchen- und dogmengeschichtlicher Quellenschriften

als Grundlage für Seminarübungen herausgegeben unter Leitung von Professor D. G. Krüger.

Fünftes Heft.

LEONTIOS' von NEAPOLIS

LEBEN

DES HEILIGEN IOHANNES DES BARMHERZIGEN

ERZBISCHOFS von ALEXANDRIEN

herausgegeben von

Heinrich Gelzer

Freiburg i. B. und Leipzig 1893
Akademische Verlagsbuchhandlung von J. C. B. Mohr
(Paul Siebeck).

ERNST CURTIUS

DEM UNERREICHTEN MEISTER AUF DEM FORSCHUNGS-
GEBIETE DER GRIECHISCHEN GESCHICHTE

widmet

zum 2. September 1892

diesen Spätling alexandrinischer Gräcität

in ehrfurchtsvoller Dankbarkeit

der Herausgeber

Einleitung.

Seitdem das Concil von Chalkedon den Osten des römischen Reichs von der allgemeinen Kirche losgerissen hat, verfolgt die byzantinische Kirchenpolitik bis zum Arabereinbruch nur das eine Ziel, die abgetrennten Provinzen wieder der katholischen Einheit zurückzuerobern. Indessen Justinians kühner Versuch, durch die erzwungenen Beschlüsse des V. Concils die orientalischen Monophysiten wiederzugewinnen, verfehlte vollkommen sein Ziel. Glücklicher war Herakleios, welcher im Glanze seiner Siege über die Feinde des heiligen Kreuzes eine Union in Syrien, Armenien und Aegypten durchsetzte. Doch auch seine Erfolge waren nur ephemer, und der bald ausbrechende theologische Zwiespalt arbeitete der politischen Katastrophe vor.

Wirklich erfolgreich war die Reichskirche nur in einer Provinz, in Palästina. Und gerade hier errang sie diesen Sieg im bittersten Kampf mit der Staatsgewalt unter Anastasios. Sie verdankte ihn den für die orthodoxe Lehre so gewaltig eintretenden, von der Volksgunst getragenen Mönchsheiligen, und die schriftstellerische Thätigkeit des Kyrillos von Skythopolis hat uns ein ausserordentlich anschauliches Bild von der Wirksamkeit der palästinensischen Koenobiarchen entworfen, welche in diesen Gegenden die Orthodoxie fest begründeten.

Eine ähnliche geistige Bewegung hat dann um die Wende des VI. und VII. Jahrhunderts in Aegypten eingesetzt. Hier in dem Stammland des Monophysitismus rafft sich die Orthodoxie, vertreten durch eine Reihe bedeutender Persönlichkeiten, noch einmal auf und versucht es, den verlornen Boden zurückzuerobern. Bereits der Patriarch Eulogios (580—607), Gregors des Grossen Zeitgenosse und Freund, war durch eine Reihe umfänglicher Schriftwerke als Vorkämpfer der chalkedonischen Synode und der orthodoxen Sache aufgetreten. Auch wird ihm nachgerühmt, dass unter seiner Herrschaft die alexandrinische Kirche sich hoher Blüthe erfreut habe, und dass die Macht und der Einfluss der Abgetrennten in der ägyptischen Hauptstadt völlig gebrochen gewesen seien (Renaudot, hist. patriarch. Alex. S. 153). Wie wenig nachhaltig übrigens Eulogios' Erfolge waren, zeigt der Umstand, dass sein zweiter Nachfolger beim Regierungsantritt nur sieben orthodoxe Bethäuser vorfand. Um so grossartiger war der Aufschwung, welchen die Rechtgläubigkeit und das damit innig verbundene Griechenthum unter diesem zweiten Nachfolger selbst, Johannes dem Barmherzigen (610—619), genommen hat. Die Zahl der rechtgläubigen Kirchen wurde unter ihm verzehnfacht. Viele Dörfer, Kirchen, Klöster wurden, wie sein Biograph meldet, dem wahren Glauben zurückgewonnen. Dies alles erreichte Johannes nicht so sehr durch die üblichen Glaubensdisputationen und ähnliche Waffen der geistlichen Polemik, oder durch äussern Druck — der ihm nahe befreundete höchste Beamte, der Praefectus Augustalis Niketas, dachte an keine Ketzerverfolgungen, sondern benahm sich sehr wohlwollend gegen die Monophysiten. Unverkennbar hat in den höhern Kreisen der damaligen Gesellschaft ein gewisser Widerwille und eine Uebersättigung gegenüber dem nun anderthalb Jahrhunderte andauernden Streit über die zwei Naturen Platz gegriffen. Der gleichzeitige Kirchengeschichtschreiber bezeichnet es geradezu als eine Erfindung des $\mu\iota\sigma\acute{o}\varkappa\alpha\lambda o\varsigma$ $\delta\alpha\acute{\iota}\mu\omega\nu$, dass durch Vertauschung eines Buchstabens die Glaubenseinheit zerspalten worden sei, obgleich man im

Grunde einer Meinung gewesen sei. Es ist darum bezeichnend, dass bei den grossen Kirchenfürsten dieser Epoche der Nachdruck nicht auf Theologie und Gelehrsamkeit, sondern auf den Wandel und die werkthätige Frömmigkeit gelegt wird. Durch dreierlei zeichnet sich Gregor von Antiochien aus: durch Almosenspenden, durch Verzeihung des ihm angethanen Bösen und durch Thränen. Der eigentliche Typus aber dieser praktischen Christen auf dem geistlichen Thron ist der hl. Johannes von Alexandrien. In einer für unsre Auffassung oft anstössigen, für die damalige Mönchsfrömmigkeit aber höchst bewundernswerthen Weise verwendet er die reichen Einkünfte seiner Kirche lediglich zu Werken der Barmherzigkeit und Menschenliebe. Das war allerdings der richtigste Weg, wie ein Mitglied der herrschenden Griechenkaste bei den spröden Aegyptern Propaganda machen konnte; dadurch erzielte er grössere Erfolge, als sein Vorgänger Eulogios durch seine theologischen Tractate. Dabei erfreute er sich der Unterstützung zweier hervorragender Männer, des Johannes (Moschos) und des Sophronios, „der Vorkämpfer der Frömmigkeit". Sie haben neben dem Erzbischof eine Stellung eingenommen, ähnlich wie die heutigen Generalvicare. Auch ihre litterarische Thätigkeit diente denselben Aufgaben. Sophronios „der Sophist", der wohlgeschulte Rhetor, suchte durch seine nach damaligem Geschmacke hochelegante Schriftstellerei vor allem die Gebildeten zu gewinnen, während Johannes sich in seiner geistlichen Wiese recht eigentlich an das Volk und die Mönche wandte und also ganz im Sinne des Erzbischofs wirkte.

Mit diesem einflussreichen Kreise der Umgebung des Erzbischofs Johannes — ohne Frage der geistigen Elite des damaligen Griechenthums in Aegypten — steht nun auch nach seiner eigenen Aussage Leontios, der Biograph des hl. Johannes, in Verbindung. Was wir über ihn wissen, ist wenig genug. Leontios scheint ein Landsmann des hl. Johannes gewesen zu sein. Dass er auf Kypros lebte, deuten einige Stellen der Biographie (vgl. 90, 18; 102, 8) an.¹) In den Ueberschriften seiner Werke wird er regelmässig als Bischof von Neapolis auf Kypros²) bezeichnet. Wohl durch seinen von ihm bewunderten Landsmann ist er nach Alexandrien gezogen worden; er sagt in der Einleitung: τὰ πλεῖστα τῶν ὑψηλῶν τούτων κατορθωμάτων τοῦ ἀνδρὸς ἐγὼ ἐθεασάμην. Er scheint demnach den grössten Theil von Johannes' Pontificat (611—619) in Alexandrien sich aufgehalten zu haben; schon damals begann seine schriftstellerische Thätigkeit, zu welcher ihn der Heilige selbst ermuthigte. Wiederum besucht er Aegypten bei einer Wallfahrt zu den Märtyrern Kyros und Johannes, nachdem das Land von den Persern wieder geräumt war, also nach 629. Gelebt hat er jedenfalls noch unter Kaiser Konstans (642—668); denn er gedenkt neben Herakleios auch dessen nur wenige Monate regierenden Sohnes Konstantinos und zwar bereits als eines Verstorbenen.

---

1) Einige freilich sehr unsichere Spuren kyprischer Sprachformen s. im Wörterverzeichniss s. v. λαμπρόν und μόδιον.

2) So in der Aufschrift seiner von Combefis herausgegeben Predigten, in sämmtlichen Handschriften der Johannesvita, im Laurent. XI 9 (s. XI) und im Vat. graec. 819 (s. XI) der Symeonsvita, neben welchen der jüngere Vindob. hist. gr. 19 mit 'ἐπίσκοπος τῆς Ἁγίας πόλεως' nicht in Betracht kommt. — Das Bisthum von Neapolis erscheint auch unter dem Namen Theodosias: 'Ἰωάννου τοῦ ἐν μακαρίᾳ τῇ μνήμῃ γενομένου ἐπισκόπου Θεοδοσιάδος ἤτοι Νέας πόλεως τῆς Κυπρίων ἐπαρχίας. Jahrb. f. prot. Theol. XIII S. 224, 2. Dieser Johannes wird Leontios' Vorgänger gewesen sein. Sein gleichnamiger Neffe kommt 619 nach Alexandrien. Offenbar Bischof derselben Stadt ist der unter den kyprischen Bischöfen zu Chalkedon unterzeichnende Σωτηρᾶς ἐπ. πόλεως Θεοδοσιανῆς (Mansi VII 160). Der Codex Divionensis der alten lat. Uebersetzung hat Theodosiadis. Die Stadt wird mit Limasol (Limisso-Λέμησος) identificirt. Le Quien O. Ch. II 1062; Engel Kypros I 116.

Seine schriftstellerische Thätigkeit ist eine ziemlich umfangreiche. Sein Landsmann Konstantinos, Bischof von Konstantia auf Kypros, sagt auf der zweiten nicānischen Synode (787) über ihn aus: πολλὰ ἐγκώμια καὶ πανηγυρικοὺς λόγους αὐτοῦ ἔχομεν, μεθ' ὧν καὶ εἰς τὴν μεταμόρφωσιν τοῦ σωτῆρος ἡμῶν. Zwei dieser geistlichen Prunkreden: λόγος εἰς Συμεῶνα καὶ ὅτε ἐδέξατο τὸν κύριον εἰς ἀγκάλας αὐτοῦ und εἰς τὴν ἡμέραν τῆς ἁγίας μεσοπεντηκοστῆς, sind veröffentlicht (jetzt am zugänglichsten bei Migne 93, 1566). Ziemlich reiches Material ist noch handschriftlich vorhanden; freilich scheint hier mehrfach Verwechselung mit homonymen geistlichen Verfassern vorzuliegen. Das sichere Gut des Kypriers könnte nur eindringende Untersuchung feststellen, welche auf genauer, mir abgehender Bekanntschaft mit den Producten der geistlichen Beredsamkeit des VI. und VII. Jahrhunderts beruhte. Die veröffentlichten Reden machen weder einen hervorragenden, noch originalen Eindruck.

Auf dem VII. Concil (Mansi XIII 143 ff.) ist sodann auch ein grosses Excerpt aus dem V. Buch der Apologie der Christen gegen die Juden verlesen worden; ein zweites Fragment giebt nur lateinisch Canisius in den antiquae lectiones (Migne 93, 1609 ff.). Auch darin zeigt sich der Einfluss von Johannes' Umgebung. Johannes Moschos (pr. spir. 172 p. 3040) erzählt uns von dem Mönch Kosmas dem Scholastikos, welcher die grösste Bibliothek in Alexandria besass und an einer Widerlegung und Bekehrung der Juden arbeitete. Er veranlasste auch den Johannes zu häufigen Disputationen mit den Hebräern über die Schrift, da er selbst als Stubengelehrter fast niemals seine Zelle verliess. Auf die Anregungen dieser Kreise ist Leontios' Werk zurückzuführen. Es war für die Väter des VII. Concils von Werth, da es genau die von ihnen über die Bilder, Kreuze u. s. f. vorgetragene Lehre enthielt.

Die eigentliche litterarische Bedeutung des Leontios ruht aber auf ganz andrem Gebiete. Original ist er durch seine erbaulichen Biographien, welche für einen grossen volksthümlichen Leserkreis bestimmt waren.¹)

Solcher Erbauungsschriften lassen sich drei nachweisen:

1) Das Leben des hl. Spyridon von Trimithus, welches er auf Anregung des Erzbischofs Johannes selbst verfasst hat. Es wird nur in der Einleitung von dessen Leben erwähnt.

2) Das Leben des Erzbischofs Johannes von Alexandrien.

3) Das Leben des hl. Symeon Salos. Dieses haben die Bollandisten (Juli T. I. p. 136 ff.) herausgegeben, und danach ist es bei Migne (93, 1669 ff.) abgedruckt. Symeon liegt zeitlich ziemlich weit von Leontios' Epoche ab. Die Vita, obschon sie sich äusserlich den Anschein giebt auf dem Bericht eines Augenzeugen zu beruhen, enthält nachweislich Unrichtigkeiten und chronologische Verstösse.²) Sie ist offenbar aus späterer Tradition geschöpft und ihr historischer Werth darum nur ein bedingter. Dagegen hat sie trotzdem eine hohe culturgeschichtliche Bedeutung. Sie entrollt vor uns das typische Bild einer merkwürdigen Menschenklasse, der Narren um Christi willen³); zahlreiche parallele Züge liefert die damalige erbauliche Mönchslitteratur. Euagrios (IV 35) und Johannes Moschos gedenken des Vaters Thomas, welcher ein ganz ähnliches Leben führte. Das eigentliche Musterbeispiel dieser Gattung ist aber der hl. Andreas, der Narr um Christi willen, dessen Leben der Presbyter der Sophienkirche, Nikephoros, verfasst hat. Pater Conr. Janning S. J., welcher diese vita (AA. SS. m. Mai. T. VI Corollarium pg. 1* sqq.) herausgegeben hat, bemerkt schon

---

1) Vgl. darüber meine Abhandlung: Ein griechischer Volksschriftsteller des 7. Jahrhunderts. Hist. Ztschrft. N. F. XXV, 1 ff.
2) Vgl. meine Ausführungen Hist. Ztschrft. N. F. XXV S. 7 ff.
3) a. a. O. S. 28 ff.

mit Recht, dass trotz des Kaisers Leo des Grossen, des Styliten Daniel und des Patriarchen Epiphanios diese Lebensbeschreibung, welche den Narren Symeon als einen Mann der Vorzeit kennt, einer viel spätern Epoche, als dem VI. Jahrhundert, angehöre. S. 97* finden sich deutliche Anspielungen nicht allein auf die Araberherrschaft, sondern auf die Besetzung der Hämushalbinsel durch die Bulgaren. Ganz verkehrt freilich will Janning in dem Kaiser Leo den Weisen erkennen. Der Tractat ist keine Geschichte, sondern Dichtung, gewissermassen ein historischer Roman. Die Thorheiten des hl. Andreas sind, theilweise etwas schablonenmässig, denen Symeons nacherzählt; die Hauptsache sind aber dem Verfasser seine apokalyptischen und eschatologischen Auseinandersetzungen, die Berichte über Paradies und Hölle, die theologischen Zwiegespräche zwischen Andreas und Epiphanios, bei denen freilich der Narr ganz aus seiner Rolle fällt. Fragelos ist das Werk in den byzantinischen Klöstern sehr populär gewesen, da es gerade über die Gegenstände, mit denen vorzugsweise die Mönchsphantasie sich beschäftigte, ausführlich und gründlich, wie kaum ein anderes, Auskunft zu geben wusste. Auch in der russischen Kirche sind diese Thoren um Christi willen als besondere Asketengattung bekannt (Beispiele bei J. Pelesz, Geschichte der Union der ruthenischen Kirche mit Rom I S. 231, S. 594 ff.). Da Leontios in der Einleitung zum Leben des Johannes der Biographie des hl. Symeon nicht gedenkt, möchte ich annehmen, dass er dieselbe zuletzt verfasst habe.

Die beiden erhaltenen Lebensbilder zeigen, dass Leontios einen naiven, kindlichen Volkston aufs glücklichste zu treffen wusste. Es ist dies, wie er in der Einleitung zur Johannesvita ausspricht, auch seine entschiedene Absicht, 3, 18: ἵνα τῷ ἐνυπάρχοντι ἡμῖν πεζῷ καὶ ἀκαλλωπίστῳ καὶ χαμηλῷ χαρακτῆρι διηγησώμεθα εἰς τὸ δύνασθαι καὶ τὸν ἰδιώτην καὶ ἀγράμματον ἐκ τῶν λεγομένων ὠφεληθῆναι. Noch demüthiger spricht er im Folgenden von seiner schriftstellerischen Thätigkeit: ὥσπερ νήπιοι, ἀμαθεῖς καὶ ἀπαίδευτοι. Das ist doch immerhin für den Verfasser zahlreicher ἐγκώμια und einer schulmässigen theologischen Streitschrift auffällig gesprochen. Vielleicht liegt aber hier bewusste Nachahmung eines seiner Vorbilder vor, des Kyrillos von Skythopolis, welcher ernsthaft im Leben des Euthymios (AM. 97) klagt: ἀρχὴν τῆς συντάξεως ἠπόρουν ποιήσασθαι καὶ ὡς ἰδιώτης καὶ μηδ' ὅλως ἀχθεὶς διὰ παιδείας τῆς ἔξωθεν καὶ ὡς ἄπειρος τῶν θείων λογίων καὶ βραδύγλωσσος.

Wir wenden uns nun zur näheren Betrachtung der Johannesvita. Die äussere Form ist eine der Symeonvita durchaus parallele. Wie er dort angeblich nur den Bericht wiedergiebt, welchen ihm Symeons Freund, der Diakon Johannes, mündlich mittheilte, so erzählt er im Eingang von Johannes' Biographie, dass er auf einer Wallfahrt zum Heiligthum der beiden Märtyrer Kyros und Johannes in Alexandria mit des Erzbischofs früherm Kirchenschaffner Menas zusammengetroffen sei. Die ganze Erzählung von der alexandrinischen Thätigkeit des Erzbischofs (cp. I—XLIV a) geht auf Menas' Mittheilungen zurück; nur der Bericht über die Flucht, den Aufenthalt und Tod in Kypros beruht theils auf eigner Kenntniss, theils auf Mittheilungen anderweitiger glaubwürdiger Zeugen (90, 15—19). Damit im völligen Widerspruch steht die Angabe aus dem Schluss der Einleitung: τὰ πλεῖστα τῶν ὑψηλῶν τούτων κατορθωμάτων τοῦ ἀνδρὸς ἐγὼ ἐθεασάμην, τὰ δὲ ἄλλα ἐξ ἀνδρῶν πιστῶν καὶ εὐλαβῶν μεθ' ὅρκων ἐξηγουμένων μοι παρεσημειωσάμην, τῶν καὶ παρακολουθησάντων τῷ ἐν μακαρίᾳ τῇ μνήμῃ τούτῳ ἀρχιποιμένι. εἰ δὲ καὶ χρεία καλέσει, ἵνα καὶ ἐξ ὧν οἱ πρὸ ἐμοῦ συντάξαντες τὴν τοῦ ἀνδρὸς πολιτείαν εἴπω τι, θαυμαζέτω μηδείς. Offenbar ist dies der wahre Sachverhalt und der angebliche lange Menasbericht nur schriftstellerische Einkleidung.

Demnach sind wir über die von Leontios benutzten Quellen klar unterrichtet. Sie sind:

1. **Schriftliche.** In der Einleitung erwähnt Leontios, dass bereits Johannes und Sophronios ein biographisches Enkomion ihres verehrten Freundes aufgezeichnet hätten. Dieses Werk muss noch bei Lebzeiten des Erzbischofs verfasst worden sein, da Johannes Moschos noch vor ihm starb. Wahrscheinlich hat aber Sophronios, wie den übrigen Nachlass des Johannes, so auch diesen gemeinschaftlich mit ihm verfassten Lebensabriss erst nach des Erzbischofs (und seines Freundes) Tode herausgegeben. Von dieser Arbeit ist uns ein umfängliches Bruchstück — allerdings erst in jüngerer Ueberarbeitung — erhalten. Die in unzähligen Handschriften erhaltene, dem Symeon Metaphrastes zugeschriebene Vita des Johannes von Alexandrien benutzt in ihrem grössten Theile (cp. VII—LXXX) einfach die Arbeit des Leontios. Dagegen aus einer andern und sehr wohlunterrichteten Quelle stammen die sechs ersten Capitel, welche das Vorleben des Patriarchen[1]), seine Einsetzung durch Herakleios, seinen Kampf gegen die Monophysiten und die Simonie, seine Unterstützung der Flüchtlinge beim Persereinbruch und endlich seine Anstrengungen zur Wiederherstellung des verwüsteten Jerusalems behandeln. Auf den grossen Werth dieser „zweiten kürzern, aber in historischer Hinsicht reichhaltigeren Quelle" hat auch v. Gutschmid (kl. Schriften II. S. 471 N. 1) aufmerksam gemacht. Ohne Frage hat der Verfasser für dieses Eingangsstück das Enkomion der beiden oben erwähnten Männer benutzt. Natürlich hat er dann, um Wiederholungen zu vermeiden, des Leontios' Bericht über die Einnahme Jerusalems weggelassen. Einmal führt diese Contaminationsarbeit zu einer sehr ungeschickten Fassung. Cp. VII des Leontios gedenkt

---

1) Bemerkt werden muss, dass hier (108, 20) Johannes' Vater Epiphanios heisst, während ihn Sophronios' Epigramm Stephanos nennt.

der Flüchtlinge vor den Persern; darüber hatte das Eingangsstück schon gehandelt; allein die Geschichte von den schmucktragenden Frauen, welche die Einleitung zu seinem Traumgesicht vom Erscheinen der Eleemosyne bildet, konnte der Bearbeiter unmöglich weglassen. Darum schnitt er frischweg nur den Anfang des Capitels weg, und sucht mit einer matten Phrase im Beginn des X. Capitels den Uebergang zu gewinnen.

Leontios' ganze Einleitung hat eigentlich nur den Zweck, uns sein Verhältniss zu diesen seinen Vorgängern auseinanderzusetzen. Er will ihr von ihm bewundertes Werk in keiner Weise ersetzen. Schon der Titel: $εἰς$ $τὰ$ $λείποντα$ $τοῦ$ $βίου$ $κτλ.$ deutet darauf hin, dass er lediglich eine Ergänzung ihrer Arbeit beabsichtigt, oder, wie er sich bescheiden ausdrückt, er hält nur eine kleine Nachlese nach ihrer reichen Ernte. Darum sagt er bei Erwähnung der Inthronisation des Johannes, dass er die nähern Umstände der Wahl der Kürze halber übergehe, denn diese seien in dem Werk jener Vorkämpfer der Rechtgläubigkeit verzeichnet, wie sie denn auch Symeons Eingang (109, 28—110, 21 dieser Ausgabe) enthält. Die sonstigen Parallelstücke zeigen, dass Leontios hauptsächlich da solche einflocht, wo er wirklich neues und vervollständigendes Material zu der Erzählung seiner Vorgänger bieten konnte; die beiden Berichte z. B. über die Vorgänge in Jerusalem 614 ergänzen sich gegenseitig vortrefflich.

Indessen nicht nur ergänzen, theilweise auch ersetzen wollte Leontios seine Vorgänger. Sie haben für ein höher gebildetes Publicum $σοφῶς$ $καὶ$ $ἀνωτέρως$ geschrieben. Dadurch war der anekdotenhaft erbauliche Ton von selbst ausgeschlossen; so hat er denn Gelegenheit, eine ganze Reihe „glorreicher Thaten und hübscher Erzählungen" ($κατορθώματα$ $καὶ$ $τερπναὶ$ $ἱστορίαι$), welche bei jenen fehlen, seiner $χωρικωτάτῃ$ $συγγραφῇ$ einzuverleiben.

2. Dies führt uns zur zweiten Quelle, aus der er wohl hauptsächlich diese Mittheilungen schöpfte; es sind „die gläubigen und frommen Männer aus Johannes' Umgebung". Zu ihnen gehört fraglos Menas der Kirchenschaffner, wenn auch nicht in dem Umfange, wie die schriftstellerische Einkleidung angiebt. Wahrscheinlich gehört zu ihnen auch Leontios' späterer College, Theodoros, der Bischof von Amathus, welchen Johannes zum Priester geweiht hatte. Auf ihn z. B. mag der Bericht über die an Modestos entsandte Liebesgabe zurückgehen.

3. Endlich beruht vieles auf Autopsie des Leontios. 90, 18 bezeugt er das für den auf Kypros spielenden Schlusstheil seiner Erzählung. Aber aus den Einleitungsworten, wonach er die meisten Grossthaten des Erzbischofs selbst gesehen, folgt mit Nothwendigkeit, dass er nicht nur während der paar Monate auf Kypros, sondern auch in Alexandrien wenigstens zeitweise zu des Erzbischofs Umgebung gehört hat.

Wie man sieht, geht die Erzählung des Leontios auf zeitgenössische, also im Ganzen gewiss glaubwürdige Gewährsmänner zurück. Daraus erklärt sich auch ihre Schlichtheit und Schmucklosigkeit, wenn wir zum Vergleich das Leben Symeons heranziehen. Bei dessen Abfassung war Leontios, wie wir wahrscheinlich gemacht haben, nicht mehr im Stande, directe Augenzeugen zu verhören; darum erscheint auch bereits die vollkommen ausgebildete, von der dichtenden Volksphantasie überwucherte Legende, der mährchenhafte Wunder eine Kleinigkeit sind. Im Leben des barmherzigen Johannes spielen die Wunder im Ganzen eine bescheidene Rolle; sie werden in die eingeschobenen erbaulichen Erzählungen, wie die von Petros dem Zöllner, vom hl. Vitalis oder der hl. Porphyria-Pelagia, verflochten, oder, wie in dem Bericht von der Verwandlung des Zinns in Silber, werden sie dem Schiffscapitän in den Mund gelegt, und bezeichnenderweise ereignet sich dies stärkste Wunder ausserhalb Alexandrias. Andrerseits darf man nicht vergessen, dass der Verfasser keinen kritischen, sondern einen frommen Leserkreis vor Augen hatte. Es finden sich, wie ich in den Anmerkungen gezeigt habe, mehrfach Doubletten, d. h. erbauliche Erzählungen von den Thaten früherer Gottesmänner werden auf Johannes übertragen. Das auffälligste Beispiel ist Cp. 34, die freie Ueberarbeitung einer Geschichte, welche Johannes Moschos dem Patriarchen Apollinarios zuschreibt. In der erbaulichen Litteratur dieser wie der spätern Zeit sind solche Entlehnungen häufig genug. Immerhin gewährt uns die Biographie ein hochinteressantes Culturbild des alexandrinischen Lebens in der letzten Zeit der griechischen Herrschaft. Wenn dieses Bild einen vorzugsweise geistlichen Anstrich hat, so darf man nicht vergessen, dass in der damaligen Griechenwelt die religiösen und kirchlichen Interessen eben durchaus im Vordergrunde standen und alle andern weit überwogen.

Es bleibt mir noch übrig, über die Herstellung dieser Ausgabe kurz Rechenschaft abzulegen. Benutzt habe ich folgende Handschriften:

1. **Codex Parisinus 1519** = B (H. Omont, inventaire sommaire des manuscrits Grecs de la bibliothèque nationale II 76), XI. Jahrhundert, Pergament in Folio, 768 Seiten zweispaltig. Im alten Katalog der Pariser Bibliothek findet sich die Notiz: „Constantinopoli nuper in bibliothecam regiam illatus". Es ist ein Legendenmenaeum für den Monat November, nach der Analogie andrer Handschriften zu schliessen ursprünglich wohl mit dem Titel: οἱ ἅγιοι τοῦ νοεμβρίου ὅλου μηνός. Jeder Tag hat seine Heiligengeschichte oder auch mehrere, oder es ist noch eine kirchliche Rede für den Tagesheiligen beigegeben. Anfang und Schluss fehlen. In seiner jetzigen Gestalt reicht das Menaeum vom ersten bis zum 13. November.

Die Vita des Johannes findet sich S. 382 bis S. 453 col. I unter folgendem Titel: μηνὶ τῶ αὐτῶ ιβ̄ | Λεοντίου ἀρεπισκ͞, νεαπ͞ τῆσ κυ|πρίων νήσου εἶςα λειπόμενα | τοῦ βίου τοῦ ἐν ἁγίοισ π͞ρ͞σ ἡμῶν | καὶ ἀρεπισκ͞, ἀλεξανδρείας. ἰω|άννου τοῦ ἐλεήμονος. — Die Erzählung ist in 58 Capitel eingetheilt. Der Text hat mehrfache Lücken, da am untern Rande grössere und kleinere Pergamentstücke weggeschnitten sind. So fehlen die Worte βοῶ|μεν 11, 22 — ἀνεχώρει 12, 9; τῶν 12, 16 — ἀλλ' ὡς 13, 1; φασί 13, 9 — προσέτρε|χεν 13, 15; αὐτῶν 14, 1 — κελεύσεως nach 14, 7; τῆς — τοιοῦτος 31, 2; μὴ — τῆς 31, 17; ausserdem fehlt durch Blätterausfall das ganze Stück ἀδελ|φοί 76, 5 — διὰ 90, 11.

2. Codex Vindobonensis hist. gr. V N. ol. 19 = E (Nessel, catalogus bibl. Caes. Vindob. pars V p. 13 sqq. 16), XI—XII. Jahrh., Pergament in Folio, 324 Blätter zweispaltig. Die Handschrift gehörte zur Bibliothek des Joh. Sambucus, wie dieser selbst auf fol. 1 und Nic. Engelhart, der Verfertiger des Katalogs der aus dieser Bibliothek stammenden Handschriften, a. 1589 fol. 324 eingetragen haben. Die Handschrift ist ein dem Parisinus 1519 ausserordentlich nahestehendes Legendenmenaeum des Monats November. Im Beginn fehlt fast die ganze Vita der beiden Heiligen des ersten November, Kosmas und Damianos. Hinter der Vita des hl. Joannikios (4. Nov.) fol. 64 tritt eine grosse Lücke ein, da fol. 65 das Ende des Lebens des hl. Severianus (9. Nov.) bietet. In der Lücke werden demnach SS. Galaktion und Episteme (5. Nov.), Paulus Patriarch von KP (6. Nov.), S. Matrona (8 Nov.) und die für die σύναξις τῶν ἀρχαγγέλων bestimmten Lesestücke gestanden haben. Das Menaeum reicht bis zum 18. November und bricht im Leben des hl. Platon von Ankyra ab. Die Vita des Johannes Eleemon reicht von fol. 95ʳ bis 134ʳ und hat die Ueberschrift: μηνὶ τῶ αὐτῶ ιβ | λεοντίου ἀρχηεπισκ͞) | νεαπόλεωσ τῆσ κυπρίων |

b*

νήσου· εἰσ τὰ λειπόμενα | τοῦ βίου τοῦ ἐν ἁγίοισ π̄ρ̄ο̄σ | ἡμῶν καὶ ἀρχιεπίσκ͞/ | ἀλεξανδρείασ Ἰωάννου | τοῦ ἐλεήμωνοσ. —
Der Text ist lückenlos überliefert.

3. Codex Parisinus gr. 1468 (ol. Reg 1833) = A (s. Omont II 53, 54), XI. Jahrh., Pergament in Folio, 405 Blätter (dazu 303 bis) zweispaltig. Im alten Katalog der Pariser Bibliothek findet sich die Notiz: „ex oriente in bibliothecam regiam anno 1669 illatus". Derselbe enthält ein recht reichhaltiges Legendenmenaeum für das erste Jahresviertel. Den Heiligenleben sind einzelne Predigten gefeierter Kanzelredner über die Tagesheiligen beigemischt. Die Tagesordnung weicht bisweilen von der spätern officiellen ab. Der Codex ist am Anfang und am Ende unvollständig. In seiner gegenwärtigen Gestalt reicht er vom hl. Mamas (2. Sept.) bis zum hl. Gregorios von Agrigent (24. Nov.), in dessen Vita er abbricht. Die Vita des Johannes Eleemon reicht von fol. 279ᵛ bis fol. 314ʳ. Der Titel lautet: λεοντίου ἐπισκόπου | νεαπόλεωσ τῆσ κυπρίων | νήσου. εἰσ λείπον τοῦ βίου | τοῦ ἐν ἁγίοισ π̄ρ̄σ̄ ἡ͞μ̄ κ̀ ἀ͞ρ̣ ἐπισ͞κ̣, ἀλεξα͞ν̄ ἰ͞ῶ τ̈ ἐλεή͞μ̣:
— Im Codex folgt auf Cp. XL gleich XLII. Das ganze Capitel XLI 79, 12—83, 15 fehlt. Ebenso sind nach fol. 307ᵛ πορ|νῶν 87, 24 zwei Blätter (308 und 309) mit einem Fragment aus der Legende des hl. Mamas eingeschoben; fol. 310ʳ setzt dann mit θεοσεβέστατος Μηνᾶς 90, 16 der Leontiostext wieder ein.

4. Codex Parisinus 1510 (ol. Reg. 2452) = C (s. Omont II S. 72), XII. Jahrh., Pergament in Quart, 310 Blätter zweispaltig. Der alte Katalog bemerkt: „Constantinopoli nuper in bibliothecam regiam illatus". Anfang und Ende fehlen. Die Handschrift enthält eine nicht nach Tagen geordnete Auswahl von Heiligenviten aus verschiedenen Monaten und einige Predigten. Die Vita des Johannes giebt sie fol. 108ᵛ bis fol. 161ʳ unter der Ueberschrift: βίοσ

καὶ πολιτεία | τοῦ ἐν ἁγίοισ πρὸσ ἡμῶν | ἀρχιεπισκόπου ἀλεξανδρείασ ιῶ τοῦ ἐλεήμωνος. κε εὐ: Die Erzählung zerfällt in 46 Capitel. In den letzten Capiteln weicht die Anordnung des Codex von der der übrigen Handschriften ab; er giebt nämlich als $\overline{\mu\alpha}$: 79, 12—83, 15; 83, 16—84, 7; 86, 16—89, 13; als $\overline{\mu\beta}$: 89, 14—90, 14; als $\overline{\mu\varsigma}$ (schr. $\overline{\mu\gamma}$): 84, 14—84, 20; als $\overline{\mu\delta}$: 85, 1—86, 15; 90, 15—92, 11; als $\overline{\mu\varepsilon}$: 92, 12—95, 10 und als $\overline{\mu\varsigma}$: 95, 11 bis zu Ende. Gegen den Schluss hin hat der Schreiber starke Kürzungen des Berichts vorgenommen. S. 100, 19—102, 6 hat er vollständig weggelassen.

5) **Codex Parisinus graecus 1485 = D** (ol. Colbert. 505, Reg. 2017). Nach Omont II S. 61, 62 X. Jahrh. Pergament in Grossquart, 183 Blätter zweispaltig. Der Rand des Pergaments ist stark beschnitten. Die am Anfang und am Ende unvollständige Handschrift ist ein Legendenmenaeum für das erste Jahresviertel, welches in seiner jetzigen Gestalt Heiligenviten untermischt mit geistlichen Reden auf einige Tagesheilige vom 26. September bis zum 28. November enthält. Die Anordnung ist eine übrigens mehrfach von der officiellen abweichende. Die Vita des Johannes steht fol. 84ᵛ bis 96ᵛ unter dem Titel: μηνὶ νοεμβρίῳ ιβ: | λεοντίου ἐπισκόπου νεαπόλεωσ τῆσ κυπρέων νήσου εἰσ τὰ λείποντα τοῦ | βίου τοῦ ἐν ἁγίοισ πρὸσ ἡμῶν | καὶ ἀρχιεπισκόπου ἀλεξανδρείασ ἰωάννου τοῦ | ἐλεήμονοσ: κε εὐ: Die Handschrift, welche Du Cange für sein Wörterbuch benutzt hat, ist nur sehr unvollständig, da sie das grosse Mittelstück der Vita (36, 1—89, 13 = Cp. XVIII — XLIII) einfach überspringt. Dagegen ist sie (neben L) die einzige, welche noch Reste der alten Capitelüberschriften (XIV—XVII) bietet.

6) **Codex Berolinensis graec. fol. 57 = F**, XII. Jahrh., Pergament, 179 Blätter zweispaltig. Die Handschrift (genaue

Beschreibung bei V. Rose: Leben des hl. David v. Thessalonike p. XI sqq.) enthält gegenwärtig Reden des hl. Ephraem, das Leben des hl. David v. Thessalonike, die περίοδοι Johannes' des Theologen und fol. 158ᵃ bis 179ᵇ einen grossen Theil der vita des Johannes. Anfang und Schluss sind nicht vorhanden; auch innerhalb des erhaltenen Stückes sind drei Blattlagen ausgefallen. Es fehlen demnach folgende Partien: der Eingang bis παροῦσαν 2, 3; φανῆναι 10, 5 — ἔφη 12, 14; ἐκδαπανηθέντος 25, 23 — δύναται καὶ 27, 23; καὶ προσήνεγκεν 40, 3 — κακοειδεῖς 41, 22. Mit ἐνέγκει τὸ πλοῖ|ον 54, 12 bricht die Erzählung ab. Der Codex bietet weniger eine Abschrift, als eine oft ziemlich freie Paraphrase des Leontiostextes. Ich habe daher darauf verzichtet, die Abweichungen der Handschrift im Apparat abzudrucken, da dessen Umfang ohne irgend welchen Gewinn für den Text selbst auf etwa das Doppelte angeschwollen wäre. Ich habe mich begnügt, eine Auswahl sprachlich interessanter Formen anzuführen. Um dem Leser einen Begriff von dem Verwandtschaftsverhältniss von F zu den übrigen Handschriften zu geben, habe ich als Anhang I S. 104—107 Cap. X nach dieser Handschrift abgedruckt. Herr Dr. P. Wendland hatte die Freundlichkeit, diesen Theil nochmals mit dem Original zu vergleichen.

Diese Handschriften habe ich vollständig durchverglichen; von den folgenden besitze ich nur Collationsproben. Leider war der Druck schon zu weit vorgeschritten, als ich auf die Wichtigkeit der recht alten Handschriften I (Palatinus gr. 9) und L (Neapolitanus) aufmerksam wurde. Indessen die durch J. Tschiedel nachträglich noch gelieferten Collationsproben geben durch ihren Umfang ein hinreichendes Bild von den beiden Handschriften. Sie erweisen zugleich, dass die vollständigen Collationen fast nur den Apparat der beiden Handschriftenklassen mit je einem Buchstaben vermehrt hätten. (L z. B. deckt sich fast genau mit BE.)

7) **Codex Palatinus graecus 9** = I, X—XI. Jahrh., Pergament in Quart, 185 Blätter zweispaltig. Anfang und Ende fehlen. Ein Novembermenaeum, das jetzt vom 3. (?) bis 13. November reicht. Die Vita des Johannes reicht von fol. 88ʳ bis 123ʳ. Die Ueberschrift lautet: μηνὶ τῷ αὐτῷ ιβ̅. τοῦ ἐν ἁγίοισ πατρὸσ ἡμῶν καὶ ἀρχιεπισκόπου ἀλεξανδρίασ ἰωάννου τοῦ ἐλεήμονοσ: — εὐ̃: — Spiritus und Accente sind oft falsch gesetzt; die Enklisis wird nachlässig beobachtet. ω und ο, ει und ι, η und ι, υ und οι werden viel verwechselt; gewöhnlich ist ει für η gesetzt. Die Lebensbeschreibung ist in Capitel getheilt. — Eine Probecollation der Stücke S. 1, 1—7, 17; 12, 6—15, 8; 37, 11—38, 4; 60, 7—21; 73, 10—26; 90, 6—14; 99, 19—103, 7 verdanke ich Herrn Dr. J. Tschiedel. Ich theile das in Betracht Kommende daraus mit: S. 1, 6. τοῦ πᾶσιν. 8. δὲ] τε. 9. ὡσ καὶ. 10. ἀναδεικνύουσι. 12. ὦ fehlt. 15. ἐνεργίασ. πρὸσ ἀλλ. ἀεὶ λέγομεν. 16. οὗτοσ. — S. 2, 4. ἁγίου. 10. ὑψηλώτερα περὶ τούτου τοῦ ἀρχιερέωσ καὶ θαυμασίου ἀνδρὸσ ἐφίλ. 15. πεπόνθασιν. ὧς] οἱονεί. 17. καταλείψουσι. 21. πάντες ὅσιοι] πανόσιοι. ἔγκαρπον. 22. ἐλεῶν. — S. 3, 4. χείρας. 5. θεοδώριτον. 8. ἐμποιῆσαι. 13. συγγραφήσιν. 14. ὁσιωτάτου ἀληθ. καὶ μακαριοτάτου. δὲ ὅτι. 15. φιλίστορεσ. οὗτοι fehlt. 18. ὑπάρχοντι. — S. 4, 4. διατρίβων fehlt. — S. 5, 3. ἀναρυσθῆναι. 5. καθεζομένων. 8. καταποδήσασ. 10. ἔχων. 19. ὅτι. 21. καὶ αὐτόσ. — S. 6, 1. ἐν ἁγίοισ καὶ. 9. στένων. ἑαυτοῦ. 11. εἴδομεν δὲ. σοί. 13. κατὰ σύμβ. οὐκ ἔχει fehlt. 14. αὐτῷ] αὐτόν. 15. τριμήσιν. 17. λαβὼν δίδωσιν. 20. αὐτοῦ] αὐτῷ. — S. 7, 1. πλεῖον. εἶπεν. 4. σχεδὸν πᾶσαν φύσιν. 6. ἐθεώρησα. 7. ἀνέστ. αὐτόν. 16. εὐθέως fehlt. χαρτίον. 17. nach τὰ λεγόμενα hat er: καὶ ἐξαίρετον ἕνα. — S. 12, 7. καὶ fehlt. ἐπὶ τοὺσ. 8. πέμπτης] ἕκτησ προσελθών. 13. τῆσ fehlt. πάντασ γὰρ. 14. συνετάραξεν. 15. παρά] ἀπό. 21. μακαριώτατοσ εἰ ὁ οὕτωσ εἰρ. — S. 13, 7. πᾶσαν. 9. ἐν τούτῳ fehlt. καὶ Κωνστ. ἐμιμ. 10. βασιλεὺσ. 11. τούτου οὖν. 13. τρισμακαρίου.

16. οὗτος] πατριάρχησ. 21. δωρεὰν] δῶρον. διαταξάμενος fehlt.
— S. 14, 4. ἀνὰ δύο. 5. κόσμια. ζητούντων. 11. προστάγματι] κελεύσματι. πείθεσθαι. 14. ὑπουργῶν καὶ διαδοτῶν. 17. αὐτοῦ ὁ ϑϑ. 18. καὶ fehlt. 19. διδομένων. οὐ βούλομαι. — 15, 1. τοῦ vor ϑ. fehlt. 3. στενοχωρήσει. 6. ὀλιγοψυχίαν. — S. 37, 11. τοῦ κυρίου συγχωρήσαντοσ. 18. ὀσπρίου. σιδήρου καὶ. μενομένης. 23. ἐν] ἐπί. — S. 38, 3. ἀπογράψαι. — S. 60, 8. ἀφελόμενοσ. 10. ἀδρείαν. 11. αὐτῶν ἐν τῇ θαλάσσῃ. πάντα τὰ πλοῖα. 12. δὲ καὶ. τῶν ἐνϑ. αὐ. πολλὴ πάνυ. 18. οἱ vor προν. fehlt. — S. 73, 11. ἅπαντᾶ. 19. ὅσιοσ. 21. τοῦ ἡλίου πύλην. 23. μηνᾶ. — S. 90, 6. ψεῦσμα. 8. χαμαὶ fehlt. 14. καλοσύμβουλον. — S. 100, 1. ἐξησκηκότων fehlt. μοναδικόν. 2. ἐπιόντων. τοὔνομα. 3. ἐν Ἀλεξ. ἐν τοῖσ λεγομένοισ πτεροῖσ κανόβου. 5. κηρία αὐτῶν πάντων βασταζόντων. 6. ὑπαγόντων καὶ ὡσ. 7. προσκαλούμενον. 10. κεφαλὴν αὐτῆσ. 13. γεγενεῖσθαι, aber εἶ auf einer Rasur. 14. μῆνα λέγω δὴ τοῦ ἁγίου. 16. ἐπερ. τῶν τούτου μαθητῶν καὶ τῶν. 18. ἐν ᾗ] ἔνϑα. 19. χειροκρατοῦσαν αὐτόν. 20. ὑπόσχεσιν. — S. 101, 2. βασιλέα. 6. συνήγ. 8. φοβούμενοσ. 9. ἅπαντασ. 11. ὅθεν οὐ. 12. δι' ὧν γινώσκομεν συγκαταριθμήσεωσ ἠξιώϑη οὗτοσ ὁ ἀοίδιμοσ τῶν ἀπ' αἰῶνοσ ἁγίων. 16. ἱκανοῦ aus ἱκανὸν corrigirt. 19. πάπα fehlt. 20. ψαλμῳδία] μελῳδία καὶ ἀνύμνησισ. 21. καὶ θαυμ. Τύχωνοσ ἐν ᾗ bis λειτουργοῖσ wie BE. 21. θαυμάτων. — S. 102, 2. μύρον. εὐωδ. ἐκπέμπων ἅπασιν. 3. ᾗσ οἱ παρατυχόντεσ. ἐν εὐφρ. καὶ θυμηδία. αἶνον καὶ δό. 5. ἡμῶν ϑῶ. 11. προερχομένην. 15. καὶ ἡμεῖσ τιμῶν. 22. θερ. τουτέστιν. 23. αἰώνια ἀγαθά. ἀντὶ τ. αἰσϑ. κ. ὀρ. fehlt.

8) Codex Palatinus gr. 68 = K, XIII. Jahrh., Pergament in Octav, 118 Blätter. Die Handschrift ist sehr schlecht und undeutlich geschrieben und enthält viele orthographische Fehler. fol. 22—26 giebt sie den Eingang der Vita von 1, 1 bis 14, 2 δεομένους, wo sie abbricht, unter der Ueberschrift: λεοντίου ἐπισκόπου νεαπόλεωσ τῆσ κυπρίον νήσου εἰσ τὰ λείποντα τοῦ βίου τοῦ ἐν ἁγίοισ πατρὸσ

ἡμῶν ἀρχιεπισκώπου ἀλεξανδρείασ ἰωάννου τοῦ ἐλεήμωνοσ: — δέσποτα εὐλόγησον. — Sie hat Capitelüberschriften. Eine Probecollation des Eingangs verdanke ich Herrn Dr. J. Tschiedel. Erwähnenswerth ist 1, 7: θεοσεβεῖν und 1, 15: συνεργίασ.

9) **Codex Neapolitanus** gr. 89 = II C 26 = L, X. Jahrh., Pergament in Folio, 253 Blätter. Die erste Seite des ersten Blattes ist durch Nässe sehr zerstört. Auf fol. 253ᵛ findet sich eine sehr undeutliche und vernichtete Subscription von erheblich jüngerer Hand (XIV. Jahrh.). Die Handschrift ist ein Legendenmenaeum, welches in seiner jetzigen Gestalt aus 19 Lesestücken besteht und vom 12. November bis zum 27. December reicht; indessen die Erzählungen vertheilen sich nur auf 12 Tage; freilich hat z. B. der 25. November allein drei auf den hl. Klemens bezügliche Stücke (βίος — μαρτύριον und Rede des hl. Ephraim über das von dem hl. Klemens in Cherson an dem Knaben verrichtete Wunder), ferner Leben und Martyrium des hl. Petros von Alexandrien und die Martyrien des hl. Merkurios und der hl. Aikaterine. Ebenso wird am 6. December der hl. Nikolaos von Myra in drei Stücken gefeiert. Wie üblich sind den Biographien Reden über Märtyrer des Gregor von Nyssa, des Georgios von Nikomedeia, des hl. Ephraem u. s. f. beigemischt. Die Vita des Johannes Eleemon reicht von fol. 1ʳ bis 32ᵛ. Eine Collationsprobe von 2, 17 an: τοῦ καρποῦ verdanke ich wiederum Herrn Dr. J. Tschiedel. Sie ist in Capitel abgetheilt. Die Handschrift ist wichtig einmal wegen ihres Alters und dann, weil sie neben B und E die einzige ist, welche die in der zweiten Klasse fehlenden Stücke enthält. Die Collationsprobe umfasst S. 2, 19—7, 17 mit den vier S. 3, 4, 5 und 7 im Apparat abgedruckten Stücken; S. 12, 6 — 15, 8 (mit den Stücken im Apparat S. 13 und 14); S. 37, 11 — 38, 4; S. 60, 7—21; S. 73, 10—25; S. 90, 6—14 und den Schluss. Ich theile das Wichtigste daraus mit. S. 2, 21.

πάντες ὅσιοι] ὅσιοι. εὔκαρπον. 22. διὰ τὸν ἐν αὐτῇ πλούσιον ἔλεον τὸν ἐν τῶ. — S. 3, 2. ὁ fehlt. 3. προσδ. εὐδοκήσαντοσ. 10. δ. ἐκείνου τοῦ πονηροῦ καὶ ὀκνηροῦ. 18. ἐνυπάρχοντι ἐν ἡμῖν. — In dem Schlussstück des Prooems τοῦτο 3, 31 bis ῥῆμα 4, 31: S. 3, 31. τοῦτο. 36. καὶ ἐκ τῶν. — S. 4, 7. φησίν. 13. καταληφθέντασ. — S. 4, 2. περιπτύξασθαι καὶ ἐν ἀπολαύσει γενέσθαι τῶν ἁγίων καὶ καλλινίκων μαρτύρων κύρου καὶ ἰωάννου. 4. τε fehlt. ἀνδράσιν τισὶν. 5. τε fehlt. — Zu dem Stück δύναται S. 4, 36 bis κακαί 4, 45 steht am Rande: γν̅.̅ 36. καὶ ἀληθῶσ καί. — S. 5, 1 nach ἡμᾶσ: ἐκαθήμεθα — Μηνᾶ. 1. ξένοσ τισ. 2. καὶ ἔλεγεν ἀπὸ αἰχμαλωσίασ τῶν περσῶν νεωστὶ ἀναρρ. 5. συγκαθημένων. 8. καταποδιάσασ. 10. ὁμώσασ αὐτῶ. 11. βίῳ] οἴκω. 12. πανσόφου] φιλᾶνου. κανωνίζων. 16. ἐκκλησίασ τῆσ αὐτῆσ ἀλεξανδρέων μεγαλοπόλεωσ. 16. τρισμακαρίστου. 18. με μειδιῶντι τῶ προσώπω. 20. κἀμοῦ εἰπόντοσ. 21. διὰ τὸν χν̅.̅ αὐτ. ἀποκρ. fehlt. — S. 6, 1. Ἰωάννῃ παρεμ. 3. εἰπόντοσ πρὸσ αὐτὸν ἐν μιᾶ. 5. μετὰ θάνατόν μου. 8. πένητι] πλησίον. δὲ fehlt. 12. ὅτε] ὅτι καί. 13. δοῦναι τίποτε. 14. θλιβόμενοσ ὡσ ἐπὶ χυ̅.̅ 14. κάπηλον ἢ παστιλλάριν ἢ τινα ἄλλον· ποίησον ἀγάπην· δόσ κτλ. 18. πτωχῷ καὶ ὁρκίζει αὐτὸν πάντωσ μηδενί. 20. ἀἲ δέσποτα εἰσ τοῦτο. — S. 7, 1. ἰδεῖν τότε. ὅδε εἶπεν. 6. ἐθεώρησα. 7. λ. με ἀπήγαγέν με. 9. ἡμᾶσ εὐθέωσ. 14. ὁσίου] μακαρίου ἰωάννου. 15. πρῶτον καὶ ἐξ. αὐτοῦ. τὸ fehlt. 16. nach οὐχ ὤμοσεν fügt auch L: οὐδὲ bis παρέστησεν hinzu. 16. ᾔτησα. χάρτην. — S. 12, 6. ὅθεν ἐν μιᾶ. 13. ψυχήν σου. 15. τὸν οἱονοῦν fehlt. 17. ὁ δὲ τίμιοσ σωφρόνιοσ ὥσπερ θ. 19. μὲν fehlt. 20. χαρῆναι δ. καὶ εὐφρ. 21. τοῦ fehlt. — S. 13, 4. εἰσ τὸν οὐν̅ο̅ν̅ τὰ ὄμματα. 4. ὁ θεὸσ] κ̅ε̅.̅ 6. ποίμνην λογικήν. 9. hat er, wie E: ἐμιμήσατο καὶ ὁ bis ἡράκλειον τὸν βασιλέα. 13. ἐκφεύγοντεσ. 14. ἐν λιμένι. 16. ὁ θεῖοσ οὗτοσ ἀνήρ. 18. πεπληγμένουσ. — S. 14, 3. ἀνὰ κερατίου. 4. ἀνὰ δύο. 5. φορούντων κόσμια. 6. καὶ αἰτούντων προσανήνεγκαν αὐτῶ. 7. nach αὐτῶν hat L: ὧν εἶσ ἦν καὶ θεόδωροσ ὁ νῦν ἁγιώτατοσ ἐπίσκοποσ τῆσ Ἀμαυθουντιαίων πόλεωσ, ὁ καὶ ἀπὸ κελεύσεωσ τοῦ αὐτοῦ ἐν ἁγίοισ πάπα ἀξιωθεὶσ τῆσ ἱερωσύνησ. 11. θείῳ κελεύσματι. 14. ὑπουργῶν καὶ διαδοτῶν. 17. αὐτοῦ ὁ θδ. 18. καὶ fehlt. 19. διδομένων. 21. οὐκ ἀνέχομαι] οὐ βούλομαι. — S. 15, 3. οὐ στενοχωρήσει. 6. ὀλιγοψυχίαν. — S. 37, 11. τοῦ κυρίου συγχωρήσαντοσ. 18. ὀσπρίου. σιδήρου καὶ. μενομένησ. 23. ἐν] ἐπί. — S. 38, 3. ἀπογράψαι. ἡ vor μακ. fehlt. — S. 60, 8. ἀφελόμενοσ. 10. ἀδρείαν. 11. ὑπῆρχεν δὲ πάντα τὰ πλοῖα. 12. δὲ καί. 12. πολλὴ — αὐτῶν fehlt. 19. τοῦτο] τούτον. καὶ vor τὴν αἰτ. ausradirt. — S. 73, 11. ἀπαντᾶ. 19. ἅγιος] ὅσιοσ. 21. τοῦ 'Η. πύλην. 23. μηνᾶ. — S. 90, 6. ψεῦσμα. 10. καὶ τὴν δικ. αὐτοῦ fehlt. 11. διὰ τοῦτο, darübergeschrieben ταῦτα. Die Worte ἵνα μόνον λιμνισθῇς sind ausradirt. 13. τὸν καλὸν σύμβουλον fehlt, dafür αὐτὸν und Rasur von 7 Buchstaben.

Den Schluss lässt L fast ganz weg. Nämlich an die Worte 93, 16: ὄντωσ γὰρ μεγάλως ἐδόξασεν τὸν ὅσιον τοῦτον ὁ ἐν τοῖς αὐτοῦ κατορθώμασιν εἰς ἀεὶ δοξαζόμενος κύριος schliesst er gleich an 101, 22: καὶ δεῖξαι πᾶσι θέλων οἵας τιμῆς τὸν ὅσιον αὐτοῦ δοῦλον Ἰωάννην ἠξίωσεν, εὐδόκησεν ἐκ τοῦ τιμίου αὐτοῦ λειψάνου μύρον ἰαματικὸν εὐωδίαν ἐκπέμπων ἀναβλύσαι, ἧς ἅπαντες ἐν εὐφροσύνῃ ἀπολαύσαντες, δόξαν ἀνέπεμψαν τῷ πατρὶ καὶ τῷ υἱῷ καὶ τῷ ἁγίῳ πνεύματι, τῷ τοὺς οἰκείους ἁγίους ἐν δόξῃ ἀτελευτήτῳ δοξάσαντι (103, 6:) νῦν καὶ ἀεὶ καὶ εἰς τοὺς αἰῶνας τῶν αἰώνων. ἀμήν.

Bei dem Alter der Handschrift kann man sich thatsächlich die Frage vorlegen, ob die fehlenden Stücke S. 93, 18—101, 22 und 102, 7—103, 6 nicht etwa nachträglich dem Werke des Leontios eingefügte Zusätze seien. Indessen daran ist nicht zu denken. Die Wunder auf Kypros rühren von einem kyprischen Verfasser (102, 8), von einem mit Aegypten auch späterhin in Verbindung bleibenden Zeitgenossen (S. 99, 22 ff.) her. Das passt zu deutlich gerade auf Leontios. Und wenn sich nun Leontios

(101, 1) ausdrücklich als Verfasser bezeichnet, so liegt kein Grund vor, dies zu bezweifeln. Der Schreiber hat ermüdet die Schlusspartien übersprungen, wie ganz ähnlich der Schreiber von C gegen den Schluss hin geeilt und stark gekürzt hat.

10) **Codex Bodleianus Laudianus 68 = M.** Enthält die Vita des Johannes fol. 178 bis 217. Eine Collationsprobe verdanke ich meinem Collegen, Herrn Professor Gundermann.

Die sämmtlichen Handschriften, soweit sie ganz oder theilweise verglichen sind, zerfallen in zwei Klassen, von denen die erste eine vollständige und die zweite eine verkürzte Recension der Lebensbeschreibung des Erzbischofs bieten. Die vollständige Recension wird vertreten durch die Handschriften BEL, die verkürzte durch sämmtliche übrige (ACDFIKM) und die Übersetzung des Anastasius.[1]) Folgende Stücke finden sich nur in der vollständigen Redaction: der Schluss des Prooimions nach 3, 20: τοῦτο γὰρ — πᾶν ῥῆμα. In Cap. I nach φιλοχρίστοις 4, 5: δύναται γὰρ — ὁμιλίαι κακαί, nach ἡμᾶς 5, 1: ἐκαθήμεθα γὰρ πλησίον τοῦ ἁγίου Μηνᾶ, nach ἐκκλησίας 5, 16: τῆς αὐτῆς Ἀλεξανδρέων μεγαλοπόλεως und nach ὤμοσεν 7, 16: οὐδὲ γὰρ — παρέστησεν. In Cap. II nach Ἀλεξανδρείᾳ 7, 19: εἶπεν δὲ — Χριστοῦ μιμητής. In Cap. VI statt 13, 9, 10 die weitere Ausführung: ἐμιμήσατο — ἐτύγχανεν, nach περὶ αὐτῶν 14, 7: ὧν εἷς — ἱερωσύνης. In Cap. X nach γενόμενον 20, 14: καὶ τότε — τὸ πλοῖον. Cap. XLVI nach οἰκῶν 100, 3: ἐν τοῖς λεγομένοις πτεροῖς Κανωποῦ. Dass diese Stücke nicht etwa spätere Zusätze, sondern der echte Text des Leontios sind, kann keinem Zweifel unterliegen. Höchstens könnte die Frage aufgeworfen werden,

---

1) Eigenthümlich ist indessen die Stellung von I; während er im Beginn durchaus den Text der zweiten verkürzten Klasse zeigt, stimmen die Schlusscapitel wörtlich mit B und E überein.

ob am Ende Leontios nicht selbst beide Texte redigirt habe, wie er ja auch das Leben des Narren Symeon in einer kürzern und einer ausführlichern Fassung herausgegeben hat. Allein dem widerspricht die Doppelfassung in Cap. VI 13, 8:

Längere Fassung.	Kürzere Fassung.
τοῦτον δὲ, ὥς φασί τινες, ἐν τούτῳ ἐμιμήσατο καὶ ὁ τῆς θείας μνήμης τῇ βασιλείᾳ διαπρέψας Κωνσταντῖνος ὁ ὄντως Κωνσταντίνου τοῦ μεγάλου ἀψευδὴς μιμητής· λέγω δὴ ὁ μετὰ Ἡράκλειον τὸν βασιλέα οὗ καὶ υἱὸς ἐτύγχανεν.	τοῦτον δὲ, ὥς φασί τινες, ἐν τούτῳ ἐμιμήσατο καὶ Κωνσταντῖνος ὁ μετὰ Ἡράκλειον βασιλεύσας, οὗ καὶ υἱὸς ἐτύγχανεν.

Konstantinos war Monothelet, wie sein Vater und sein Sohn. Ein so begeistertes Lob, welches diesen „Irrgläubigen" mit dem apostelgleichen grossen Konstantin auf eine Linie stellt, konnte der Zeit- und Gesinnungsgenosse Leontios aussprechen; einem spätern musste es anstössig erscheinen. Dies erklärt hier den Ursprung der kürzern Fassung. Sie rührt also von einem orthodoxen Bearbeiter her, welcher aber ebenfalls einer relativ alten Zeit angehört, da Anastasius im IX. Jahrhundert bereits diese Fassung benutzt.

Meine anfängliche Absicht war nun, diese längere Fassung als die ursprüngliche einfach dem Texte zu Grunde zu legen; allein eine nähere Betrachtung erregte doch mannigfache Bedenken. Die beiden Handschriften B und E zeigen so nahe und auffällige Verwandtschaft, dass sie sicher auf einen gemeinsamen Archetypus zurückgehen; aber ist dieser der genuine Leontiostext? Leontios spricht von dem ἐνυπάρχων ἡμῖν πεζὸς καὶ ἀκαλλώπιστος καὶ χαμηλὸς χαρακτήρ und von dieser unsrer χωρικωτάτη συγγραφή. Allein diese Handschriften ersetzen die Vulgärformen ἀνέγνωσα, διδοῦμεν, ἐδίδει, δίδειν, ἐδώκαμεν, ἀποκατέσταινεν durch ἀνέγνων, δίδομεν, ἐδίδου, διδόναι, δεδώκαμεν, ἀποκαθίστα. Für γύναιον προσπίπτοντα καὶ λέγοντα bieten sie προσπίπτον καὶ λέγον. Besonders stark ist darin B, welcher auch ἐπιδώσασαν 22, 6 durch ἐπιδοῦσαν, ἐπιδώσαντος 24, 2 durch ἐπιδόντος, θήσας 10, 17 durch θεὶς ersetzt und stets das prädicative δρομαῖος an die Stelle des adverbialen δρομαίως der übrigen setzt. Statt ἠπᾶλλον 61, 16 hat er ἐποίουν, für κυρά 70, 23 κυρία u. s. f. Statt ἀπὸ χαρᾶς 16, 17 bieten beide μετὰ χαρᾶς, und 18, 19 οὐκ ἐσώθησαν εἰ μὴ αἱ ψυχαὶ καὶ μόνον hat B αἱ ψυχαὶ μόναι, E αἱ ψυχαὶ μόνον (vgl. auch 55, 5, 6). Das Wort ὅλοι, im spätern Sprachgebrauch identisch mit πάντες, begegnet 24, 19: κενωσάντων ἐπὶ ὅλων τὸ χρῆμα; BE ändern geschickt: ἐπὶ αὐτοῦ ὅλον τὸ χρῆμα. Ebenso setzen sie statt μνείας 53, 11 μνήμας und statt des ungewöhnlichen σώσματος 54, 22 σωτηρίας. Ferner, wo die andern Handschriften die dem spätern Griechisch übliche lose Satzverbindung mit καὶ oder οὖν anwenden, verbinden BE in gebildeter Weise durch ὅθεν, τότε u. s. f., z. B.:

Die andren Handschr.	BE.
42, 17 συνέβη γάρ ποτε	ὅθεν συνέβη ποτέ
47, 1 τότε μετενόουν	ὅθεν μετενόουν
51, 24 ἐλθόντων οὖν ἡμῶν	ὅθεν ἐλθόντων ἡμῶν
52, 4 καὶ ἐξενέγκας ὁ πάπας	τότε ἐξενέγκας ὁ πάπας
55, 11 ἀνηνέχθησαν οὖν πάντα	ὅθεν ἀνηνέχθησαν πάντα u.s.f.

Für ἐθεάσαντο αὐτὸν εὐνοῦχον εἶναι 51, 2 hat E correct ὄντα. Ebenso setzt er z. B. 31, 7 an Stelle des vulgären Genetivus absolutus den grammatisch richtigen Nominativ.

Vor allem aber zeigen beide Handschriften häufig eine gewisse Fülle des Ausdrucks, welcher gegenüber der knappen Ausdrucksweise der andren einen glossematischen Charakter hat. Man vergleiche z. B. bei Erwähnung des Johannes[1]):

---

1) Die nur in BE sich findenden Worte sind gesperrt gedruckt.

τὸν ἁγιώτατον πάπαν 26, 9. τὸν ἀοίδιμον πατριάρχην 30, 22. οὗτος τοίνυν ὁ ἀοίδιμος ἐν πατριάρχαις 33, 6. ὁ ἐν ἁγίοις Ἰωάννης ὁ πατριάρχης 36, 2. ὁ δίκαιος πατριάρχης 36, 16. ὁ ὅσιος καὶ τίμιος Ἰωάννης ὁ πατριάρχης 48, 23. ὁ δικαιότατος πατριάρχης E 56, 16. τοῦ μακαρίου τούτου πατριάρχου 56, 23. ὁ πανόσιος καὶ μέγας ἱεράρχης 64, 23. ὁ θεόκλητος οὗτος πατριάρχης 91, 21. Ebenso, wenn er redet, fügen BE stets ein zweites Beiwort zu στόμα hinzu: τὸ ὅσιον καὶ ἀγγελικὸν ἐκεῖνο στόμα 8, 12. διὰ τοῦ τιμίου καὶ πανσόφου στόματος 34, 4. τὸ τίμιον καὶ ἱερὸν ἐκεῖνο στόμα 92, 16. Ueberflüssigerweise wird θεός in den Satz hineingefügt, obschon es sich aus dem Zusammenhang von selbst versteht: εἰ δὲ τοῦ θεοῦ τὰ διδόμενα τυγχάνουσιν, πάντως ἐν τοῖς αὑτοῦ ὁ θεὸς τὸ ἑαυτοῦ πρόσταγμα φυλάττεσθαι θέλει 14, 16. Besonders deutlich ist der glossematische Charakter: ὁ τὸν Ἀβραὰμ εἰς τὸ συμφέρον πειράσας θεός 25, 15. Ebenso, wo Gott erwähnt wird, erhält er Epitheta: ὁ δὲ φιλάνθρωπος θεός 71, 18. ὁ δὲ εὔσπλαγχνος καὶ φιλάνθρωπος θεός 98, 15. Reines Glossem findet sich in der Stelle τοῦ δούλου ἐκείνου τοῦ πονηροῦ καὶ ὀκνηροῦ 3, 8. Damit vergleiche man ähnliche Erweiterungen: εὐθήνησαν καὶ ἐπληθύνθησαν 10, 20. ὑπὸ εὐτελῶν καὶ ἐξουθενημένων ἀνδρῶν 33, 21. ὡς ἀγχίνους καὶ σοφὸς 36, 10. τοὺς οἴκους τῶν φιλοθέων καὶ ἐλεημόνων ἀνδρῶν 40, 25. τὴν ὑπεραγίαν θεοτόκον 67, 1. τὴν ἁγίαν δέσποιναν θεοτόκον 67, 2. ἐν εὐφροσύνῃ καὶ θυμηδίᾳ ἀπολαύσαντες, αἶνον καὶ δόξαν ἀνέπεμψαν 102, 3 u. s. f. Oft wird durch eine weitläufige und unnöthig geschwätzige Ausdrucksweise der ursprüngliche knappe Bericht amplificirt; z. B. nachdem Johannes die Eleemosyne im Traumgesicht gesehen, sagt die kurze Redaction: εὐθέως οὖν ἐφόρεσα καὶ μηδένα τοῦ οἴκου ἐξυπνίσας, εἰς τὴν ἐκκλησίαν ἀπῆλθον 16, 8, die längere dagegen: εὐθέως οὖν ἐξανέστην τῆς κλίνης καὶ ἐφόρεσα τὸ ἱμάτιόν μου καὶ μηδένα κτλ. So vergleiche man noch 17, 17; 20, 18; 66, 10; 68, 2; 68, 20, wo das glossematische καὶ βρυχόντων τοὺς ὀδόντας völlig unpassend ist; 75, 23; 77, 14; 95, 21. Das in seiner präcisen Einfachheit so kräftige: ἐννοούμενοι τὴν ἐσχάτην ἡμῶν καὶ φρικτὴν ὥραν 81, 5 wird völlig verdorben durch die längere Fassung: ἐννοούμενοι τὴν ἐσχάτην ἡμέραν καὶ φρικτὴν ὥραν, καθ᾽ ἣν μέλλει ἀποδοῦναι ἑκάστῳ κατὰ τὰ ἔργα αὐτοῦ.

Nach alle dem halte ich die Vermuthung für nicht zu kühn, dass der durch BE repräsentirte Text uns nicht den genuinen Wortlaut des Leontios repräsentirt.[1]) Vielmehr hat ein homo doctus geglaubt, der einfachen und volksthümlichen Erzählung eine Ehre anzuthun, wenn er die vulgären Ausdrücke (freilich ohne Consequenz) durch gebildete ersetze und durch geschwätzige rhetorische Amplification dem allzu schlichten und schmucklosen Erzählungston nach Kräften nachhelfe. Ich habe daher bei Constituirung des Textes von diesen beiden Handschriften möglichst abgesehen; um jedoch die echten Bestandtheile des Leontiosberichts, welche nur in dieser Recension erhalten sind, möglichst kenntlich zu machen, erscheinen sie im Apparat gesperrt gedruckt.

Die kürzere Redaction wird vertreten durch die übrigen Handschriften und die Uebersetzung des Anastasius. Sie geben allerdings nicht den echten Text des Leontios; immerhin kommen Wortlaut und Sprachcolorit meines Erachtens demselben hier ungleich näher, als in der überarbeiteten längern Recension. Dazu kommt, dass wirkliche Kürzungen eigentlich nur in den ersten Capiteln vorgenommen sind. Späterhin werden die Abweichungen selten

---

1) Aus der oben mitgetheilten Collationsprobe geht hervor, dass die Textesgestalt des Neapolitanus (L) auf das allergenauste mit BE übereinstimmt. Mithin trifft, was von diesen beiden Handschriften gilt, auch auf ihn zu.

und dem Umfange nach recht geringfügig. So wird eine auf ihnen basirte Textesrecension nicht erheblich vom ursprünglichen Leontios abweichen. Für die Textconstituirung musste F bei seiner eigenthümlichen Beschaffenheit ganz ausser Betracht gelassen werden. Aber auch die andern Handschriften ergeben so viele und zahlreiche Abweichungen unter einander, dass eine Entscheidung oft schwierig ist. Unter den drei vollständig verglichenen Handschriften (A C D) ist D wohl die älteste; allein die Handschrift hat nicht weniger als 26 Capitel einfach übersprungen. Ferner bietet diese Handschrift häufig einen alterirten Text, sei es, dass der Schreiber derselben seine Vorlage nicht richtig lesen konnte, sei es, dass er aus Nachlässigkeit oder Willkür den Wortlaut veränderte. So liest er φήσαντες 2, 9 statt φθάσαντες; ἐμπειρολογουμένοις 2, 19 statt ἐπιρωγολογουμένοις; μετὰ μεγάλης ἐντροπῆς 21, 6 statt διατροπῆς; ἀναριθμήτου πλήθους 25, 20 statt ἀμυθήτου; μέτοχος 27, 18 statt ἔνοχος; δόλιος 28, 13 statt δείλαιος; συγχωρήσεως 30, 6 statt συγγνώμης; ἐδέχετο 31, 5 statt ἠνείχετο; zu βουνευρίζει 34, 12 fügt er die epexegetische Glosse καὶ τύπτει αὐτόν hinzu u. s. f. Den Satz 13, 8 ff. hat er durch missverständliche Anknüpfung des τινὲς an das Folgende völlig verkehrt, indem er schreibt: τοῦτον δὲ, ὥσ φασι, τινὲς ἐν τούτῳ ἐμιμήσαντο, ἐν οἷς καὶ Κωνσταντῖνος κτλ.

Sodann die Handschrift C. Sie ist einmal erheblich jünger als A und D; ferner bietet sie an zahlreichen Stellen, wo A (bisweilen auch B und E) das Echte haben, ein deutliches Glossem. So z. B. πληγέντας 13, 18 für πληγάτους; φύλλων τῶν λαχάνων 39, 2 für φυλλολαχάνων; φειδολοί 40, 10 für σκνιφοί; ἐποίει 66, 17 für ἀπεκατέσταινεν; ἐργασίαν 70, 12 für πολιτείαν; συνανελθῆναι 91, 7 für σκυλῆναι u. s. f.

Es bleibt noch Codex A (Parisinus 1468). Gerade gegen diese Handschrift hegte ich ursprünglich am meisten

Verdacht nach dem, was H. Usener über die stark interpolirte Recension der Marinalegende derselben Handschrift mitgetheilt hat (vgl. H. Usener: acta S. Marinae et S. Christophori S. 6 und 7). Dazu ist die Handschrift von einem sehr ungebildeten Menschen geschrieben. Die Vocale und Diphthonge $ει$ und $η$, $ι$ und $η$, $η$ und $υ$, $ι$ und $οι$, $η$ und $οι$, $υ$ und $οι$, besonders aber $ο$ und $ω$ werden unaufhörlich mit einander verwechselt. Es entstehen oft solche Wortungeheuer, dass man fasst annehmen möchte, der Schreiber habe nicht nach einer Vorlage, sondern $ἀπὸ\ φωνῆς$ nach Dictat geschrieben. Indessen gerade diese seine Barbarei hat ihn verhindert, eine Diorthose des Textes in gebildetem Geschmacke vorzunehmen oder auch nur nach Art von D Verschlimmbesserungen vorzunehmen. Aber auch von der verderbten Recension einer Legende darf man noch nicht mit unbedingter Sicherheit auf denselben Zustand für alle andren Erzählungen des Menaeums schliessen. Wenigstens sind einige und zwar, wie ich glaube, recht entscheidende Stellen, wo A gegenüber allen andren Handschriften das Richtige bietet. Ein überaus glänzender Beweis ist 73, 23: $εἰς\ τὴν\ πλησίον\ τοῦ\ κελλίου\ αὐτοῦ\ ἐκκλησίαν\ τοῦ\ ἁγίου\ Μητρᾶ$. Hier bieten alle Handschriften beider Recensionen ausser A $μηνᾶ$; den seltenen, in den griechischen Menaeen fehlenden Heiligen hat eine alte[1]) Verschlimmbesserung durch den allbekannten ägyptischen Nationalheiligen verdrängt. Aber die Lesart von A $μητρὰ$ wird aufs evidenteste durch Anastasius' Metrae gerechtfertigt. Ebenso hat A (theilweise mit D stimmend) 34, 12 ganz richtig: $βουνευρίζει\ καὶ\ πομπεύει\ αὐτὸν\ διὰ\ τοῦ\ ἐπάνω\ τῆς\ ἀγορᾶς$, und correct übersetzt auch Anastasius: et faceret eum flagellari per eum qui super forum erat constitutus. Dagegen den andern

---

1) Die recht alten Handschriften Palatinus (I) und Neapolitanus (L) haben bereits den Fehler.

Schreibern ist die Bedeutung von ὁ *ἐπάνω τῆς ἀγορᾶς* offenbar unklar geblieben, und so schreibt C *πομπεύει αὐτὸν ἐπάνω τῆς ἀγορᾶς*, BE (für diesen Diorthoten charakteristisch) *διὰ τῆς ἀγορᾶς*. Ferner 42, 24 bietet A *καὶ ὡς ἐμίσσευσεν ὁ τελώνης, θεωρεῖ αὐτὸ* (sc. *τὸ στιχάριον*) *κρεμάμενον*. Wiederum schieben zur nähern Erklärung BE die durchaus überflüssigen Worte *ἐπὶ τῆς ἀγορᾶς*, C *εἰς τὴν ἀγοράν* ein. Die echte Lesart vertheidigt auch hier Anastasius: et cum recederet telonearius, vidit hoc suspensum. 33, 17 haben A und E die richtige Lesart *διαρθρῶσαι τὸν λόγον* allein bewahrt, während C *διαθρῶσαι*, B *διαρθῶσαι* liest, und D in der dem Schreiber dieser Handschrift eigenthümlichen Art die unglückliche Emendation *διορθῶσαι* hat. Aehnlich haben A und C 38, 18 *ἐκ τοῦ ψύχους ἀποπήγνυνται*, während BE die verkehrte Correctur *ἀποπνίγονται* bieten. Stärker als die andren Handschriften hat A vulgärgriechische Formen seiner Sprache eingefügt, und hier ist oft nicht leicht zu enscheiden, was dem Librarius und was dem Schriftsteller zuzuweisen sei. Doch davon wird nachher im Zusammenhang gehandelt.

Noch ein wichtiges Hülfsmittel für die Textesherstellung ist die alte Uebersetzung des Anastasius, welche er auf Anrathen „einiger rechtschaffener und frommer Männer" angefertigt und dem Papste Nicolaus I. gewidmet hat. Edirt ist dieselbe sehr oft, am besten von Heribert Rosweyde in den vitae patrum (Antwerpen 1615, daraus abgedruckt bei Migne 93, 1613 sqq.), und dann von J. Bolland und G. Henschen in den AA. SS. m. Ian. T. II. p. 498 sqq. Jener hatte fünf Handschriften zu seiner Verfügung, von denen er einen Gemblacensis und einen Aquincinctinus besonders heranzog; diese benutzten ausserdem noch vier Handschriften. Ueber die Art, wie Anastasius seine Uebersetzungsthätigkeit auffasste, spricht er sich selbst aus (AA. SS. l. c. p. 498, Migne l. c. 1613): „Cum autem hunc beatum in Latinum verterem eloquium, nec Graecorum idiomata, nec eorum ordinem verborum sequi potui vel debui. Non enim verbum e verbo, sed sensum e sensu excerpsi. Sed nec Latinas regulas usquequaque servare curavi, dum tantum intentio mea illo tenderet, ex quo utilitas nasceretur legentibus." Vergleichen wir nun den griechischen mit dem lateinischen Text, so finden sich viele Stellen, wo Anastasius trotz der gegentheiligen Versicherung geradezu sclavisch übersetzt; man vergleiche z. B. folgende Stellen:

49, 12: εἶχεν δὲ καὶ τοῦτο ὑπὲρ πολλοὺς ἐξαίρετον, ὅτι κατηγορίαν τὴν οἱανοῦν ἢ ψευδῆ ἢ ἀληθῆ οὐκ ἐδέχετο κατά τινος περιβεβλημένου τὸ μοναχικὸν σχῆμα.

habebat autem et hoc super multos praecipuum, quia accusationem qualemcumque sive mendacem sive veracem non suscipiebat contra aliquem circumamictum monachico habitu.

84, 6: ἐφοβοῦντο γὰρ μὴ πάλιν τὸ αὐτὸ σχῆμα ποιήσῃ αὐτοὺς ὁ ἀείμνηστος.

timebant enim ne iterum idipsum schema faceret eis ille semper memorandus.

89, 7: καὶ ἔστιν ὅτε κλέψαντά τινα ἐθεωρήσαμεν.

et est quia furtum facientem quemdam vidimus.

Die Zahl dieser Stellen liesse sich leicht vermehren. Indessen im Ganzen gilt Anastasius' Ausspruch, dass seine Uebersetzung eine vielfach freie sei. Oft lässt er Worte des Urtextes aus, schaltet neue ein oder sucht durch Zusätze den Sinn verständlicher zu machen, so dass seine lateinischen Worte oft mehr eine Erklärung als Uebersetzung des griechischen Textes werden. Dabei hat er schnell und flüchtig übersetzt, wodurch häufig Irrthümer und Missverständnisse eintreten. Doch wenden wir uns zum Einzelnen.

Anastasius lässt beim Uebersetzen einzelne Worte aus: ἀλλ' οὐκ ἀφίει τίποτε ἐξ αὐτῶν 6, 7 sed non dimittit quidquam; ὡς οὖν ἠθέλησεν εὐθέως ἡμᾶς τραπέζης ἀξιῶσαι 7, 8 itaque cum voluisset nobis mensam dignatus apponere; θήσας λόγον καὶ νόμον 10, 17 ponens verbum; τὰς χεῖρας τῶν ἀθέων Περσῶν 13, 14 manus Persarum; vgl. 26, 1; 31, 23; 32, 4; 40, 2; 50, 16; 53, 17 u. s. f.

Aber nicht nur einzelne Worte, sondern ganze Sätze oder Satztheile werden von Anastasius einfach übergegangen, z. B.:

13, 19: ἐν τοῖς ξενῶσι καὶ νοσοκομείοις, οἷς αὐτὸς ἐποίησεν, ἀνακλίνεσθαι παρήγγειλεν.

in xenodochiis et nosocomiis fecit recumbere.

43, 10: τότε λέγει αὐτῷ· 'Γνωρίζεις τοῦτο;' καὶ δείκνυσιν αὐτῷ ὅτι ἔσωθεν ἐφόρει τὸ ἐσωφόριον αὐτοῦ. λέγει αὐτῷ· 'Ναὶ δέσποτα.' ὁ δὲ ἀποκριθεὶς εἶπεν αὐτῷ· 'Ἰδοὺ ἐγὼ αὐτὸ φορῶ.'

tunc dicit ei: Cognocis hoc? et ostendit ei quia deintus vestitus esset eius esophorio. Dicit ei:

Ecce ego illo vestior.

50, 24: μόλις οὖν πεισθεὶς τοῦτο ποιῆσαι περιζωσάμενος τὸ οἰκεῖον περιβόλαιον ἤρξατο ἀποδύεσθαι.

vix ergo suasus, ut id ageret,

despoliavit se.

66, 7: εἰπὲ, οὕτως ἔχεις τὸν ταπεινὸν Ἰωάννην· ἤθελες ἵνα καθὼς πταίης, εὐθέως ἐπεξήρχετό σοι καὶ ἀπεδίδου ὁ θεός.

dic, obsecro, velles quotiens culpam admittis, ut mox redderet tibi deus.

Ebenso vgl. 16, 9; 19, 23; 67, 16; 89, 25; 99, 10 u. s. f.

Der ganze Satz ὅθεν — τριμίσιον 92, 20—22 ist von Anastasius übersprungen, weil das Auge von dem τριμίσιον 92, 20 sofort auf den gleichlautenden Satzschluss 92, 22 abirrte. Hier ist also die Abweichung vom Urtext auf einfache Nachlässigkeit zurückführen, und dies gilt zweifellos auch von manchen andren Stellen, wo die Sache nicht so offen vor Augen liegt.

Umgekehrt finden wir bei Anastasius einzelne Worte

zum griechischen Urtexte hinzugefügt, z. B. φορουσῶν κοσμίδια 14, 5: indutis ornamentis aureis; πλύνοντα 44, 22: lavabat pannos eius; ἐποίησεν δὲ τοῦτο μετὰ χαρᾶς 59, 1: fecit autem hoc cum gaudio Troilus episcopus; γέγονεν ἔκτοτε ἐλεήμων 60, 6: factus ex tunc eleemosynator magnificus; ebenso 18, 4. 10; 20, 21; 23, 9; 25, 19; 28, 9. 15; 33, 5; 52, 11; 53, 20; 56, 17 u. s. f.

Desgleichen fügt Anastasius auch ganze Sätze hinzu, welche im Urtext fehlen:

40, 6: καὶ ἡδέως ἐτρύγα αὐτὸν ὁ ὅσιος.   et suaviter quasi vindemiabat eum ille sanctus, paulatim ab eo multa auferens.

77, 6: ὡς εἶδεν οὖν ὅτι εὐλογήθημεν.   cum ergo vidisset quia benedicebamur et divitiis abundabamus.

Vgl. 44, 13.

Zu dem aus dem Griechischen übersetzten Worte pflegt Anastasius auch noch ein zweites zu fügen, um seine Bedeutung klarer zu erläutern: στενώνων τὸν οἶκον αὐτοῦ 6, 9: constringens et in nihilum redigens domum suam; οὕτως ἐσωφρόνησεν 42, 15: ita modestus et prudens factus est; ebenso 36, 14; 66, 14. So erklärt er auch griechische, den Lateinern unbekannte Ausdrücke: χίλια κόλαθα μαινομένης 37, 18: mille restes siccatorum piscium qui menomenae dicuntur. Dahin gehört auch, wenn Anastasius ein griechisches Wort nicht einfach durch ein lateinisches wiedergiebt, sondern durch eine Umschreibung mittelst mehrerer Worte den Sinn deutlicher zu machen sucht, z. B. ἐξ ὑποβολῆς τινων διαβόλων 23, 5: instinctu quorundam diabolum imitantium; βουνευρίζει καὶ πομπεύει αὐτόν 34, 12: faceret eum flagellari . . et variis pompis dehonestari; μόνον ὁ ἀνάξιος τῆς αὐτοῦ διακονίας ἐν ἀπολαύσει γένωμαι 26, 24: tantum ego indignus in ministerio vestri diaconatu frui merear.

Endlich finden sich bei ihm in der That Beispiele, wo er einfach, wie er selbst gesteht, sensum e sensu excerpsit. Man vergleiche z. B.:

34, 24: τουτέστι τοῦ συγ-κροτῆσαι ἀντὶ τοῦ ἀμύνασθαι.

videlicet quia non solum vicissitudinem non reddidit, verum etiam pro ultione adiutorium impendit.

62, 14: ἦν γὰρ ἀστοχήσασα ἡ χώρα διὰ τὴν λειψυδρίαν τοῦ Νείλου.

erat enim regio in magna difficultate eo quod fluvius Nilus secundum consuetudinem non irrigaret aquis terram.

Besonders liebt er es, etwas umfangreichere oder künstlich gebaute Perioden, deren Uebersetzung ihm einige Schwierigkeiten bereitet, in kleinere Sätzchen aufzulösen und etwas freier wiederzugeben, z. B.:

8, 17: ἐπέτρεψεν τούτοις ἡμέριον διορίζεσθαι ἐκ τοῦ οἰκείου αὐτοῦ διαδότου τὴν ἐπαρκοῦσαν χρείαν αὐτοῖς.

praecepit eis per singulos dies stipendia tribui et per proprium dispensatorem praebens eis sufficientem necessitatem.

28, 19: προσανηνέχθη οὖν τῷ μακαρίῳ ἡ τοῦ μνησικακοῦντος αὐτῷ ἀδιόρθωτος πρόθεσις.

nuntiatum est igitur quod ille mali memor malitiam reservaret et non rectam erga beatum voluntatem haberet.

Vgl. 32, 20; 21, 1 ff. u. s. f. Manchmal ist die freiere Uebersetzung ganz verkehrt, wohl nur aus Nachlässigkeit: vgl. 22, 4; 93, 9; 101, 14 u. s. f.

Um Unbedeutenderes zu erwähnen, setzt Anastasius den Pluralis für den Singularis: μηνύσας γὰρ ἦν αὐτῷ τις 57, 9: nuntiaverunt enim quidam patriarchae, und umgekehrt: ἐκ τῶν στομάτων τῶν τοιούτων θηρίων 64, 20: ab ore talium bestiarum. Den Superlativ ersetzt er durch den Positiv: τῷ μακαριωτάτῃ πατριάρχῃ 18, 22: beato patriarchae; ἐξωλέστατος 56, 4: pravus. Johannes selbst wird von Leontios bald πάπας, bald πατριάρχης genannt (s. Wörterverzeichniss u. πάπας); Anastasius dagegen gebraucht ausschliesslich die Bezeichnung patriarcha, vielleicht weil er als Römer diese Titulatur als Reservatrecht des römischen Oberpriesters ansah. Einmal (33, 19) hat er für 'πάπας' archiepiscopus, eine Bezeichnung, welche, wiewohl selten, auch bei Leontios vorkommt. βασιλεὺς als Bezeichnung des himmlischen Königs findet sich zuweilen verkehrt durch imperator übersetzt, z. B. 59, 17 ab imperatore talis domus, während an anderen Stellen (z. B. 15, 20) sich die richtige Uebersetzung findet.

Im Ganzen gilt für die Uebersetzung der Johannesbiographie durchaus, was de Boor in seinen eingehenden Untersuchungen über Anastasius' Uebersetzung des Theophanes als Schlussresultat hingestellt hat: „dass Anastasius weder eine jeder einzelnen Wendung des Originals völlig gerecht [werdende Uebertragung geben wollte, noch nach dem Stande seiner Kenntniss der Sprache desselben geben konnte, dass er vielmehr sehr häufig sich dem Wortlaut der Vorlage frei gegenüberstellte und sehr häufig denselben falsch verstand ⋯ So kann die Uebersetzung nirgends die Handschriften des Originals entbehrlich machen ⋯ dagegen ist sie uns ein vorzügliches, selten versagendes Mittel, wo die handschriftliche Ueberlieferung uneins ist und wir nicht aus sprachlichen oder sachlichen Gründen ohne Weiteres eine Entscheidung zu treffen vermögen." (Theophanis chronogr. rec. C. de Boor II S. 421.)

Bei der Textconstituirung habe ich mich demgemäss in erster Linie an A gehalten. Wo derselbe mit einer Handschrift der zweiten Klasse oder auch mit BE übereinstimmte, habe ich diesen Wortlaut unbedenklich in den Text gesetzt. In vielen zweifelhaften Fällen ist dann die Entscheidung durch die Uebersetzung des Anastasius gegeben worden.

Eine schwierige Frage ist endlich die über die Sprache. Bei Leontios trifft vollkommen zu, was K. Krumbacher in seinen Studien zu den Legenden des hl. Theodosios S. 264 ff. über die Herausgabe spätgriechischer und byzantinischer Texte im Allgemeinen ausgeführt hat. Sein Werk erscheint als ein Compromiss zwischen Schriftsprache und Volkssprache (der s. g. συνήθεια). Denn bei allen Entschuldigungen des Verfassers wegen des ἀκαλλώπιστος καὶ χαμηλὸς χαρακτήρ und der χωρικωτάτη συγγραφή stellt seine Biographie nichts weniger als ein getreues Abbild der lebenden Volkssprache dar[1]), sondern der Autor ist durchaus bestrebt, die gebildete Schriftsprache zu handhaben; nur macht er in Formenlehre, Syntax und Semasiologie zahllose Concessionen an die Volkssprache, theilweise vielleicht aus Unachtsamkeit, in der Hauptsache aber gewiss mit gutem Bedacht, um seiner Erzählung durch Einmischung der Ausdrücke der Umgangssprache den Charakter der Popularität zu verleihen. Allein bei diesen Eigenthümlichkeiten ist es oft nicht leicht zu entscheiden, was als Schreibergewohnheit und was als Eigenheit des Autors anzusehen ist. Bei Formen wie λίτρες für λίτραι, κλησιέκδικος für ἐκκλησιέκδικος, σωφόριον für ἐσωφόριον ist ja natürlich kein Zweifel, dass man es mit Eigenheiten der Copisten und nicht des Schriftstellers zu thun hat. In andern Fällen ist die Sachlage eine weniger klare.

Eine gewisse Controle gewährt aber die Beobachtung des Sprachgebrauchs in der Lebensbeschreibung des Narren Symeon. Der Herausgeber P. Stinning S. J. sagt in der Einleitung (AA. SS. m. Iul. T. I p. 133), dass die Handschrift, welche er seiner Edition zu Grunde gelegt hat, Vaticanus gr. 819, voll barbarischer Worte sei (occurrunt hinc inde

---

1) Es ist ungefähr, um eine moderne Parallele anzuführen, als wenn man behaupten wollte, die Schriften von Jeremias Gotthelf seien im Berner Dialekt abgefasst.

nonnulla vocabula barbariem redolentia et primaevo Graecanicae palaestrae neutiquam accommodata). Die zahlreichen „menda" führt er durchaus auf die Abschreiber zurück, welche theils aus Unwissenheit falsch schrieben, theils durch die neugriechische Aussprache beim Dictat allerlei Verwechselungen ausgesetzt waren. Indessen er beruhigt den Leser. In der Ausgabe ist das gebessert: „omnia ad grammaticae regulas exacta a me correctaque esse." Natürlich hat unter dieser heroischen Cur vielmehr der Schriftsteller selbst, als der Abschreiber gelitten, obschon der Herausgeber die versprochene Reinigungsarbeit nur sehr unvollkommen und ohne Consequenz durchgeführt hat. Es war daher werthvoll für mich, dass ich zum Vergleich wenigstens eine Handschrift der Symeonsvita, den Codex Vindobonensis hist. gr. XIX Nessel (XIII. Jahrh.) heranziehen konnte, welcher fol. 1—33ʳ diesen Tractat enthält unter der Ueberschrift: βίοσ καὶ πολιτεία τοῦ ἄββα | συμεῶν τοῦ διὰ χ̄ν̄ ἐπονομασ|θέντοσ σαλοῦ. συγγραφεῖσ ὑπὸ λεωντίου τοῦ μακαριωτά|του καὶ ὁσιωτάτου ἐπισκόπου | τῆσ ἁγίασ πόλεωσ. ε̃ῦ: Die Handschrift ist vielfach fehlerhaft geschrieben und steht an Güte und Alter hinter dem Vaticanus zurück; immerhin gewährt sie von dem wirklichen Leontiostexte ein ungleich treueres Bild, als der zurechtgemachte Wortlaut des Druckes. Ein Vergleich mit dem Leben des Johannes zeigte nun aber bald, dass fast alle die sprachlichen Eigenheiten und volksthümlichen Abweichungen von der Schriftsprache, welche dieses bietet, auch in der Vita Symeons wiederkehren. Für das Einzelne verweise ich auf das am Schlusse meiner Ausgabe zusammengestellte „Grammatische Verzeichniss". Ich habe in dasselbe nicht nur diejenigen Formen aufgenommen, welche die Handschriften übereinstimmend bieten, und welche demnach mit Wahrscheinlichkeit dem Leontios selbst zugeschrieben werden können, sondern ich habe unter Angabe der handschriftlichen Quellen auch diejenigen angemerkt, welche nur von einzelnen Handschriften überliefert werden, und die darum wohl öfter für den Sprachgebrauch des Copisten als für den des Schriftstellers selbst Zeugniss ablegen. Gerade weil aber zwischen diesen beiden Sprachgebieten die Grenzlinie noch keineswegs völlig feststeht, glaubte ich hier möglichst reichliches Material bieten zu sollen. Bei der Textconstituirung habe ich mich durch den Grundsatz leiten lassen, Formen, welche die Johanneshandschriften und der Wiener Codex Symeons übereinstimmend bieten, im Allgemeinen aufzunehmen. Dass ich stets das Richtige getroffen, wage ich nicht zu behaupten; vielleicht hätte ich verdumpfte Formen, wie δαπανοῦνται, νικοῦμαι, ὑπερφυσοῦμαι u. s. f., statt in den Apparat ruhig in den Text selbst aufnehmen dürfen, während die sporadisch auftretenden Accusative der III. Declination auf αν möglicherweise nur auf Schreibernachlässigkeit beruhen. Indessen völlige Sicherheit in diesen wie in manchen andren Einzelheiten wird sich hier erst erzielen lassen, wenn einmal die von K. Krumbacher (a. a. O. S. 276 ff.) als Aufgabe der Zukunft charakterisirte „Grammatik der Handschriften" geschrieben sein wird.

Nach der Art dieser legendarischen Erzählungen war auch das Leben des hl. Johannes in Capitel von mässigem Umfang eingetheilt mit den Inhalt kurz zusammenfassenden Ueberschriften. Von letztern haben aber nur die Handschrift D (Paris. 1485) und der ganz unvollständige Codex K (Palatinus gr. 68) noch einige Spuren.[1]) Auch die Capitelzahlen fehlen in den einen Handschriften; in den andern sind sie meist fehlerhaft und nachlässig eingetragen. Ich habe mich, soweit es ging, an C gehalten, weil diese Handschrift mit Ausnahme des Schlusses, wo bei ihr Verwirrung

---

1) Die Ueberschriften von D sind im Apparat angemerkt.

eingetreten ist, unter den von mir verglichenen relativ die beste Ordnung aufweist.

Ausser der von Leontios verfassten Lebensbeschreibung des hl. Johannes, welche im Originaltext hier zum ersten Mal herausgegeben wird, enthält die Ausgabe noch zwei Anhänge. Der erste (S. 104—107) giebt, wie schon erwähnt (s. S. XXII), ein Specimen der Erzählungsweise des Berolinensis fol. gr. 57. Im zweiten habe ich den historisch so werthvollen Eingang der Symeon Metaphrastes zugeschriebenen Johannesvita abgedruckt (S. 108—112), welcher nicht aus Leontios entlehnt, sondern höchst wahrscheinlich ein Bruchstück der von Johannes Moschos und Sophronios verfassten Biographie ist (s. o. S. XIV ff.).

Aus den unzähligen Metaphrastesmenaeen, welche diese Vita enthalten, habe ich folgende für die Vita herangezogen:

Parisinus gr. 1487 (Colb. 876, Reg. 2019 ol. 221) = G, XI. Jahrh., Pergament, 276 Blätter. Die Vita des Johannes steht fol. 134ʳ—173ᵛ.

Parisinus gr. 1481 (Colb. 3046, Reg. 2031) = H, XI. Jahrh., Pergament, 226 Blätter. Die Vita des Johannes steht fol. 104ʳ—137ʳ. Der Text ist schlechter, als der von G, und deckt sich mit dem von Migne (114, 896) angeblich nach Reg. 1307 publicirten Texte. Indessen diese Nummer beruht auf einem Irrthum oder Druckfehler Migne's.

Ausserdem habe ich noch den Parisinus gr. 1020 (Colb. 2547) verglichen: XI. Jahrh., Pergament, 344 Blätter. Er giebt den Text der Johannesvita fol. 147—183. Sein Wortlaut deckt sich vollkommen mit G; nur hat er 110, 25: γναφέωσ, 112, 12: ῥασμιόνδου und 112, 23: ἀμαχοῦντοσ.

Die der Ausgabe beigefügten Anmerkungen sollen hauptsächlich in historischer und sachlicher Hinsicht den Text erläutern, während die sprachliche Seite der Erklärung dem Wörterverzeichniss zugewiesen worden ist. Mein Hauptbestreben bei der Anfertigung des letztern ging dahin, aus der verwandten Litteratur möglichst passende Parallelbelege zu dem Wortschatze der Johannesbiographie anzuführen. Natürlich habe ich in erster Linie die hiefür sehr ergiebige Symeonbiographie verwandt, sodann die für Leontios als Vorbild dienende Litteratur, die Mönchsgeschichten des Palladios, des Johannes Moschos, die Antworten der Väter und die Lebensbeschreibungen des Kyrillos von Skythopolis, ausserdem auch andere, ähnliche populär-erbauliche Zwecke verfolgende Tractate, wie den griechischen Agathangelos, Nikephoros' Leben des hl. Andreas des Narren u. s. f. Alle diese Schriften zeigen denselben Compromiss zwischen Schriftgriechisch und Vulgärsprache, welcher uns bei Leontios in der Johannesvita entgegentritt; es ist die Sprache der frommen und schlichten, aber zum Herzen gehenden Erbauungslitteratur im Gegensatz zu der kunstmässigen, gefeilten, aber kalten und verstandesmässigen Rhetorik der Predigten und geistlichen Lobreden.

Zum Schlusse bemerke ich noch, dass die vier Pariser Handschriften der Leontiosvita 1880 in Paris von mir verglichen und 1884 revidirt worden sind. Einige Stellen, wo ich nachträglich über die Lesung unsicher war, hat Herr College Gundermann freundlichst nachcollationirt. Die Berliner und die Wiener Handschrift konnte ich durch das gütige Entgegenkommen der dortigen Bibliotheksverwaltungen auf der Jenenser Bibliothek vergleichen. Bei der Fertigstellung des Wörterverzeichnisses hat mich Herr Dr. phil. W. Reichardt in liebenswürdiger Weise unterstützt.

Jena, Mai 1893.

H. Gelzer.

Uebersicht des Inhalts.

	Seite
Einleitung	VII—XLVIII
Johannes Erzbischof von Alexandrien	VII—IX
Leontios' litterarische Bedeutung	IX—XIV
Das Leben des Erzbischofs Johannes	XIV—XVIII
Die für diese Ausgabe benutzten Handschriften der Johannesbiographie	XVIII—XXVIII
Die beiden Recensionen der Lebensbeschreibung	XXVIII—XXXV
Die Uebersetzung des Anastasius	XXXV—XL
Die Sprache des Leontios	XLI—XLIII
Die Capiteleintheilung der Vita	XLIII—XLIV
Ueber die Ausgabe	XLIV—XLV
Uebersicht des Inhalts	XLVI
Erklärung der gebrauchten Abkürzungen	XLVII—XLVIII
Leontios' von Neapolis Leben des hl. Johannes des Barmherzigen, Erzbischofs von Alexandrien	1—103
Anhang I. Die Erzählung vom schiffbrüchigen Rheder (Cap. X) nach dem Codex Berolinensis (fol. 163ᵛ—165ᵛ)	104—107
Anhang II. Bruchstück aus dem von Johannes Moschos und dem Sophisten Sophronios verfassten Leben des hl. Johannes des Barmherzigen von Alexandria	108—112
Anmerkungen	113—154
Verzeichniss der von Leontios angeführten Schriftstellen	155—156
Namensverzeichniss	157—159
Wörterverzeichniss	160—195
Grammatisches Verzeichniss	196—200
Nachträge und Berichtigungen	201—202

Erklärung der gebrauchten Abkürzungen.

A = Codex Parisinus gr. 1468.
B = „ Parisinus gr. 1519.
C = „ Parisinus gr. 1510.
D = „ Parisinus gr. 1485.
E = „ Vindobonensis hist. gr. VN.
F = „ Berolinensis gr. fol. 57.
G = „ Parisinus gr. 1487.
H = „ Parisinus gr. 1481.
I = „ Palatinus gr. 9.
K = „ Palatinus gr. 68.
L = „ Neapolitanus gr. 89 = II C 26.
M = „ Bodleianus Laudianus 68.

Agath. = Agathangelus, neu herausgegeben von P. de Lagarde (Abh. der hist.-phil. Cl. der Ges. der Wiss. zu Göttingen. XXXV 1. 1889 S. 1 ff.).

AM = Analecta Graeca. edd. monachi Benedictini. Paris 1688.

S. Andreas Salus = vita S. Andreae Sali auctore Nicephoro Sancti directore et confessario (AA. SS. m. Mai. T. VI corollarium p. 1*—111*).

Cot. = ecclesiae Graecae monumenta ed. J. B. Cotelerius I. II. III. Paris 1677—1686.

Gl. = Corpus Glossariorum Latinorum rec. G. Götz. vol. II. Leipzig 1888.

Hatzidakis = G. N. Hatzidakis, Einleitung in die neugriechische Grammatik. Leipzig 1892.

JM = Ioannis Moschi pratum spirituale (Migne 87c, 2843 sqq.).

XLVIII   Erklärung der gebrauchten Abkürzungen.

Krumbacher = K. Krumbacher, Studien zu den Legenden des heil.
   Theodosios (Sitzungsber. der philos.-philol. u. histor. Cl. d. bayr.
   Ak. d. Wiss. 1892 II S. 220 ff.).
Marina = Acta S. Marinae et S. Christophori ed. H. Usener. Bonn
   1886.
Pall. = Palladii Helenopolitani episcopi historia Lausiaca (Migne 34,
   991 sqq.).
Pelagia = H. Usener, Legenden der heil. Pelagia. Bonn 1879.
Sy = Leontii Neapolitani episcopi vita S. Symeonis Sali (Migne 93,
   1669—1748).

Λεοντίου ἐπισκόπου Νεαπόλεως τῆς Κυπρίων νήσου εἰς τὰ λείποντα τοῦ βίου τοῦ ἐν ἁγίοις πατρὸς ἡμῶν καὶ ἀρχιεπισκόπου Ἀλεξανδρείας Ἰωάννου τοῦ ἐλεήμονος.

Ὁ μὲν σκοπὸς εἶς ἐστιν ἡμῶν τε καὶ τῶν πρὸ ἡμῶν φιλοπόνων καὶ ὁσίων ἀνδρῶν ὁ ἐπὶ τῇ παρούσῃ τοῦ ἀοιδίμου ἀνδρὸς τοῦ βίου διηγήσει, τουτέστιν· τὸ πᾶσιν μὲν μίμησιν θεοσεβῆ καὶ ὠφέλειαν ἐκ τούτου προσγίνεσθαι, δόξαν δὲ καὶ μεγαλοπρέπειαν τῇ ἁγίᾳ καὶ προσκυνητῇ τριάδι ἀναπέμψαι, καὶ ἐν τούτῳ ὡς ἐν ἅπασιν τῇ πάντοτε κατὰ γενεὰν καὶ γενεὰν τοὺς οἰκείους φωστῆρας ἀναδεικνυούσῃ εἰς τὸ φωτίζειν τοὺς ἐν σκότει καὶ σκιᾷ θανάτου καθημένους τῆς ἁμαρτίας. ἐπειδὴ δέ, ὦ φιλόχριστοι, οὐ πάνυ θαυμάζομεν τοὺς [πρὸ] τῆς ἡμετέρας γενεᾶς ἄνδρας, τοὺς τὴν θεάρεστον πολιτείαν πολιτευσαμένους· ἀλλ᾽ ἐκ διαβολικῆς ἐνεργείας ἐκείνους τοὺς λόγους λέγομεν πρὸς ἀλλήλους ἀεί, ὅτι ἐπὶ τῶν πρὸ ἡμῶν ἀνδρῶν οὐκ ἦν οὕτως ἡ ἀνομία τῶν ἀνθρώπων πληθυνθεῖσα, ἀλλ᾽ ἄρτι, φησίν,

---

1. Die am Rand bemerkten Folia sind die des Codex Parisinus 1468 (A). Λεοντίου ἀρχιεπισκόπου BE. Κυπρέων D. 2. εἰσ τὰ λειπόμενα BE. κ̄ε̄ εὖ D. βίοσ καὶ πολιτεία τοῦ ἐν ἁγίοισ π̄ρ̄σ̄ ἡμῶν ἀρχιεπισκόπου ἀλεξανδρείασ ἰῶ τοῦ ἐλεήμονοσ κ̄ε̄ εὖ C. 4. πρὸ ἡμῶν fehlt in C. 6. τοῦ πᾶσιν ACD. 7. θεοφιλῆ BE. ἐκ τούτου fehlt in B. προσγενέσθαι BE. 8. δὲ] τε CE. προσκυνητῇ αὐτοῦ D. 9. ὡσ ἐν πᾶσι BE. ὡσ καὶ ἐν ἅπασι C. ὡσ καὶ ἐπὶ πᾶσιν D. 10. καὶ γενεὰν fehlt in CD. ἀναδεικνούσει C. ἀναδεικνυούσι E. 12. ὦ fehlt in BCDE. 13. πρὸ habe ich als unsinnig getilgt, obgleich es in allen Hdss. und bei Anastasius steht, welcher übersetzt: qui ante generationem nostram fuerunt viri. 15. πρὸσ ἀλλήλουσ ἀεὶ λέγομεν CD. ἀεὶ πρὸσ ἀλλήλουσ λέγομεν BE. 17. ἀνομία] ἁμαρτία A. ἀλλὰ ἄρτι D.

καθὼς προεῖπεν ἡ θεία γραφή· 'διὰ τὸ πληθυνθῆναι τὴν
ἀνομίαν ψυγήσεται ἡ ἀγαπὴ τῶν πολλῶν', διὰ τοῦτο ἀδυνα-
τοῦμεν πρὸς ἀρετήν· τούτου οὖν χάριν ἐπὶ τὴν παροῦσαν
τοῦ ὁσίου τούτου μερικὴν τοῦ βίου διήγησιν ἐληλύθαμεν,
5 εἰς τὸ δεῖξαι καὶ ἐφ' ἡμῶν τοὺς βουληθέντας καὶ τὴν ἑαυτῶν
πρόθεσιν ἐκβιασαμένους ὑψηλοτέρους ἡμῶν ἀναδειχθῆναι
καὶ τὴν στενὴν καὶ τεθλιμμένην ὁδὸν διοδεῦσαι καὶ ἐμ-
280ʳ φράξαι στόμα λαλούντων ἄδικα καὶ ψυχοφθόρα νοήματα.
ἤδη μὲν οὖν καὶ ἕτεροι φθάσαντες πρὸ ἡμῶν κάλλιστά τε
10 καὶ ὑψηλότατα περὶ τούτου τοῦ θαυμασίου ἀνδρὸς καὶ
ἀρχιερέως Ἰωάννου ἐφιλοσόφησαν, δυνατοὶ ὄντες ἔργῳ καὶ
λόγῳ — λέγω δὴ· Ἰωάννης καὶ Σωφρόνιος, οἱ θεοσεβεῖς
καὶ φιλάρετοι καὶ τῆς εὐσεβείας ὄντες ὑπέρμαχοι — ἀλλ'
ὅμως, καὶ τοιοῦτοι τυγχάνοντες τῆς ἀξίας, καὶ αὐτοὶ τῆς
15 τοῦ ἀνδρὸς ἀρετῆς ἀπελείφθησαν καὶ ταὐτὸν ἔπαθον ὥς
τινες φιλόπονοι γεωργοί, ἄμπελον εὐθαλῆ καὶ κατάκαρπον
τρυγῶντες, ὅτι ἀπολείψουσιν πάντως ἐκ τῆς τοῦ καρποῦ
εὐλογίας, καὶ μὴ θέλοντες, τοῖς κατόπισθεν αὐτῶν ἀκολου-
θοῦσιν πτωχοῖς ἐπιρογολογουμένοις τὴν ἄμπελον, ἐξ ὧν
20 ἐσμεν καὶ ἡμεῖς οἱ ἐλάχιστοι· εἰ γὰρ καὶ πάσῃ αὐτῶν δυνά-
μει οἱ πάντες ὅσιοι οὗτοι τὴν κατάκαρπον ταύτην ἐλαίαν
ἀληθῶς διὰ τῶν ἐν αὐτῇ πλουσίων ἐλαιῶν, τὴν ἐν τῷ οἴκῳ
τοῦ θεοῦ, ὥς φησιν ὁ ὑμνῳδὸς Δαυίδ, πεφυτευμένην, τρυ-

---

1. προεῖπεν ὁ ἀπόστολοσ BE. Matth. XXIV 12. 3. τούτου
οὖν χάριν AC. οὖν fehlt in BDE. [παροῦ]σαν τοῦ ἁγιωτ. hier
beginnt cod. F fol. 158ʳ. 4. ὁσίου] ἁγίου CD. τοῦ βίου fehlt
in C. 6. ἡμῶν läfst D. weg. 8. στόματα C. στόματα D.
νοήματα] ῥήματα B. 9. φήσαντεσ D. 11. ἐφιλοσοφήθησαν B.
δυν. ἀληθῶσ BE. ὄντεσ fehlt in D. ἐν ἔργῳ καὶ CD. 13.
ὄντωσ BE das Wort fehlt in C. 14. καίπερ BE. 15. ταὐτὸ C.
ἔπαθον BE. ἐπίλαθον A. πέπονθαν C. πεπόνθασιν D. ὥσ τινεσ
D. οἵτινεσ ABCE. 16. τε καὶ E. 17. καταλείψουσι C. ἀπο-
λείψωσι E. 18. εὐλογίαισ (sic) F. μὴ βουλόμενοι C. 19. ἐπιρο-
γογουμένοισ A. ἐπιραγολογουμένοισ E. ἐμπειρολογουμένοισ D. ἐπι-
ρολογουμένουσ F. 21. κατάκαρπον A, die andern ἔγκαρπον. 22.
διὰ τὸν .... πλούσιον ἔλαιον BE. τὸν ἐν τῷ E. 23. ὥσ. fehlt in E.
ὁ ὑμνῳδὸς fehlt in B. David läfst An. weg. Psal. LI 10. πεφοι-
τευμένην C. κατατρυγᾶν BE.

γᾶν ζήλῳ θεοῦ ἐπετήδευσαν· ἀλλ' ὅμως διέλαθεν αὐτοὺς
ὁ πολὺς τῆς ἐλαίας καρπὸς, τοῦ κυρίου οἰκονομήσαντος καὶ
τὴν ἡμετέραν εὐτελῆ καὶ ψυχρὰν προθυμίαν προσδέξασθαι,
ὡς τὰ δύο τῆς χήρας λεπτά. οὐ γὰρ ἐκείνους διαβάλλοντες
οὐδὲ ὡς δυνάμενοι τὴν αὐτῶν θεοδώρητον σοφίαν μιμήσα- 5
σθαι, τὰ τοῦ δικαίου κατορθώματα συγγραφῇ παραδοῦναι
ἐσπεύσαμεν· ἀλλὰ πρῶτον μὲν ὡς ἐννοούμενοι οὐ δίκαιον
εἶναι τὰ δυνάμενα ὠφέλειαν τοῖς ἀκούουσιν ποιῆσαι τῇ
σιγῇ ἀποκρύψαι, ἵνα μὴ καὶ ἡμεῖς ὑποπέσωμεν τῷ κρίματι
τοῦ δούλου ἐκείνου τοῦ τὸ τάλαντον εἰς γῆν κατακρύψαντος, 10
δεύτερον δὲ, ὡς μὴ συγγραφέντων τῶν ἐν ταύτῃ ἡμῶν τῇ
διηγήσει κατορθωμάτων καὶ τερπνῶν ἱστοριῶν ἐν τοῖς ὑπὸ
τῶν εἰρημένων καλλιτρόπων ἀνδρῶν συγγραφεῖσιν ἐπαίνοις
τοῦ ἁγιωτάτου ἀληθῶς καὶ μακαρίου Ἰωάννου, ἔπειτα, διότι
σοφοὶ καὶ δυνατοὶ ὄντες ἐν λόγῳ οἱ φιλοΐστορες οὗτοι 15
σοφῶς καὶ ἀνωτέρως τὴν ὑπό|θεσιν διεζωγράφησαν· ὅπερ 280ᵛ
μάλιστα καὶ πλείω διήγειρεν ἡμᾶς ἐπὶ τὴν παροῦσαν σπου-
δήν, ἵνα τῷ ἐνυπάρχοντι ἡμῖν πεζῷ καὶ ἀκαλλωπίστῳ καὶ
χαμηλῷ χαρακτῆρι διηγησώμεθα εἰς τὸ δύνασθαι καὶ τὸν
ἰδιώτην καὶ ἀγράμματον ἐκ τῶν λεγομένων ὠφεληθῆναι. 20

---

1. αὐτοῖσ A. 2. ὁ fehlt in BE. 3. εὐτέλειαν C. εὐτελεῖ A.
καὶ μικρὰν C. προσδέξασθαι εὐδοκήσαντος E. εὐδοκίᾳ. Β. 4. χείρασ
E. 6. καὶ τοῦτον τοῦ δικαίου τὰ κατ. C. 8. ἐμποιῆσαι CD.
9. μὴ fehlt in A. 10. δ. ἐκείνου τοῦ πονηροῦ καὶ ὀκνηροῦ ΒΕ.
11. γραφέντων Β. ἡμῶν fehlt in C. 12. ὑπὸ fehlt in C. 13. συγγρα-
φήσιν C. συγγραφήσειν A. 14. ἁγιωτάτου] ὁσιωτάτου ἀληθ. καὶ μακα-
ριωτάτου C. beatissimi An. δὲ ὅτι CD. deinde vero An. 15. ὄντες
ἔργῳ καὶ λόγῳ φιλ. D. οὗτοι fehlt in C und bei An. 16. καὶ fügen
BE hinter ἀνωτέρως hinzu. 17. καὶ μάλιστα πλείω D. 18. ὑπάρ-
χοντι D. παρόντι C. ἀκαλοπίστω A. ἀκαλλίστω C. 20. Nach ὠφελη-
θῆναι folgen in den Hdss. B und E noch die Worte: τοῦτο (τούτωι B)
γὰρ ἤδη καὶ ἐν τῷ τοῦ τρισμάκαρος πατρὸς ἡμῶν Σπυρίδωνος
βίῳ, κελευσθέντες ὑπὸ τοῦ ἀρχιποίμενος καὶ πατρὸς τῶν
πατέρων καὶ ἀρχιερέων σοφοῦ καὶ ἀληθινοῦ διδασκάλου,
πεποιήκαμεν. ἀρξώμεθα οὖν ἤδη τῆς θεαρέστου ταύτης
ὑποθέσεως, ἐκ τῶν ἐκείνοις πονηθέντων καὶ συγγραφέντων
τὰς ἀφορμὰς λαμβάνοντες, ὥσπερ νήπιοι, ἀμαθεῖς καὶ
ἀπαίδευτοι ἐκ τῶν οἰκείων αὐτῶν διδασκάλων μνήμας

Cap. I. Ἐν Ἀλεξανδρείᾳ παραγενάμενος ἐγὼ ὁ ἀνάξιος ἐπὶ τὸ περιπτύξασθαι τοὺς ἁγίους καὶ καλλινίκους μάρτυρας Κῦρον καὶ Ἰωάννην καὶ ἐν ἀπολαύσει αὐτῶν γενέσθαι, συνέτυχον ἐκεῖσε διατρίβων τισὶν ἀνδράσιν εὐλαβέσιν τε καὶ 5 φιλοχρίστοις· ἐν τῷ οὖν διαλέγεσθαι ἡμᾶς περί τε γραφικῶν

τινὰς καὶ σκιαγραφίας πρὸς τὸ γράφειν λαμβάνοντες. καὶ καθὼς ὁ κύριος ἐν τοῖς ἱεροῖς αὐτοῦ εὐαγγελίοις φησὶ, μᾶλλον δὲ ἡ εὐγνώμων Χαναναία πρὸς αὐτὸν, ὅτι 'τὰ κυνάρια ἐσθίει ἀπὸ τῶν ψιχίων τῶν πιπτόντων ἀπὸ τῆς τραπέζης τῶν κυρίων αὐτῶν' (Matth. XV 27), τὸν αὐτὸν τρόπον καὶ ἡμεῖς τὰ λείψανα τὰ τοὺς ἡμετέρους κυρίους λεληθότα ψιχολογοῦμεν καὶ τοὺς στάχυας τοὺς ὑπὸ τῶν καλῶν τούτων τοῦ κυρίου ἐργατῶν καταλειφθέντας ἀνακαλούμενοι τοῦ λέγειν ἀρχόμεθα, ταῖς τοῦ ποιμένος τοῦ καλοῦ τούτου καὶ ἀληθινοῦ θαρρήσαντες εὐχαῖς· ἀναγκαῖον δὲ τοῦτο πρὸ (fehlt in B) πάντων τὴν ὑμετέραν ἁγιωσύνην, ὦ μακάριστε (καὶ fügt E hinzu) θεοκῆρυξ, πληροφορῆσαι τῷ λόγῳ καὶ δι' αὐτῆς ἅπαντα τὸν φιλόχριστον καὶ φιλόπονον ἀκροατὴν, ὡς τὰ πλεῖστα τῶν ὑψηλῶν τούτων κατορθωμάτων τοῦ ἀνδρὸς ἐγὼ ἐθεασάμην, τὰ δὲ ἄλλα ἐξ ἀνδρῶν πιστῶν καὶ εὐλαβῶν μεθ' ὅρκων ἐξηγουμένων μοι παρεσημειωσάμην, τῶν καὶ παρακολουθησάντων τῷ ἐν μακαρίᾳ τῇ μνήμῃ (die Buchstaben μ und ν sind in E ausradiert) τούτῳ (τούτων B) ἀρχιποιμένι. εἰ δὲ καὶ χρεία καλέσει, ἵνα καὶ ἐξ ὧν οἱ πρὸ ἐμοῦ συντάξαντες τὴν τοῦ ἀνδρὸς πολιτείαν εἴπω τι, θαυμαζέτω μηδείς· ἐπεὶ καὶ ἐν τοῖς τέσσαρσιν εὐαγγελισταῖς ἐστι τοῦτο ἰδεῖν. πολλάκις γὰρ περὶ τοῦ αὐτοῦ κεφαλαίου οἱ τέσσαρες εἰρήκασιν, ὅπερ καὶ μάλιστα πιστοποιεῖν καὶ πληροφορεῖν τὸν ἀκροατὴν πέφυκε πλέον. ἐπὶ στόματος γάρ φησιν δύο ἢ τριῶν μαρτύρων σταθήσεται (σταθῆσαι B) πᾶν ῥῆμα (Matth. XVIII 16).
1. ά. BC. ἀλεξανδρεί C. παραγενάμενοσ E. παραγενόμενοσ die andern. 2. περιπτύξασθαι καὶ ἐν ἀπολαύσει γενέσθαι τῶν ἁγίων καὶ καλλινίκων μαρτύρων BE. κύρου καὶ Ἰωάννου B fehlt in E. καλλινήκουσ C. 3. ιάννη ~ C. 4. διατρίβων fehlt in CF. ἀνδράσι τισὶν BDE. 5. Nach φιλοχρίστοις schieben die Handschriften B und E noch folgendes ein: δύναται γὰρ καὶ (ἀληθῶσ καὶ E) ἡ τῶν ἐναρέτων ἀνδρῶν συντυχία καὶ συνδιατριβὴ πάνυ ὠφελῆσαι καὶ τοὺς λίαν ῥᾳθύμους καὶ ἀμελεῖς, ὥσπερ καὶ τὸ ἔμπαλιν ἡ τῶν κακοτρόπων ἀνδρῶν καὶ ῥᾳθύμων συντυχία καὶ προσκόλλησις βλάψαι καὶ αὐτοὺς τοὺς προσέχοντας ἑαυτοῖς (ἑαυτοὺσ E). καὶ πεισάτω σε ὁ εἰπὼν περὶ μὲν τῶν προτέρων· 'Εὗρες ἄνδρα συνετόν· ὄρθριζε πρὸς αὐτόν' (Jes. Sir. VI 36). πάλιν δὲ περὶ τῶν δευτέρων φήσας· 'Φθείρουσιν ἤθη χρηστὰ ὁμιλίαι κακαί' (I. Kor. XV 33). Am Rande von B steht noch N^ω, τε fehlt in BE. γραφῶν A.

καὶ ψυχαγωγικῶν διηγημάτων, ἦλθεν πρὸς ἡμᾶς τις ξένος, αἰτῶν ἐλεημοσύνην· ἔλεγεν γὰρ νεωστὶ ἀπὸ αἰχμαλωσίας τῶν Περσῶν ἀναρρυσθῆναι. κατὰ συγκυρίαν οὖν οὐδεὶς ἐκ τῶν καθεζομένων εὑρέθη ἔχων οὔτε λογάριν οὔτε φολλερόν. εἰς οὖν τῶν συγκαθεζομένων εἶχεν ἐκεῖ παριστάμενον μίσθιον, 5 θερμοδότην αὐτοῦ ὄντα, λαμβάνοντα τρία νομίσματα κατ' ἐνιαυτὸν καὶ μόνον, ἔχοντα γυναῖκα καὶ δύο παιδία. ὡς οὖν ἀνεχώρησεν ὁ προσαιτῶν, καταποδίσας αὐτὸν εὐφυῶς, ἀποδύεται ὃ ἐφόρει σταυρίον ἀργυροῦν ὄντα καὶ δίδωσιν αὐτῷ εἰπών, μὴ ἔχειν ἄλλο τίποτε ἕως κερατίου ἑνὸς ἐν 10 τῷ βίῳ αὐτοῦ. ἐγὼ οὖν ἐκ τοῦ συμβεβηκότος, μᾶλλον δὲ κατ' εὐδοκίαν τοῦ πανσόφου θεοῦ εὑρέθην κανονίζων τὸ τί ἐποίησεν καὶ κατανυγεὶς διηγησάμην εὐθέως τῷ πλησίον μου καθεζομένῳ τινὶ Μηνᾷ τοὔνομα, ἀνδρὶ ἐναρέτῳ καὶ φοβουμένῳ τὸν θεόν, ὃς καὶ ἦν διοικήσας τὴν οἰκονομίαν 15 τῆς ἁγιωτάτης ἐκκλησίας ἐπὶ τοῦ ἀοιδίμου καὶ παμμάκαρος Ἰωάννου τοῦ πατριάρχου. ὁ δὲ θεωρῶν με ξενιζόμενον καὶ ἐπαινοῦντα τὸν τὴν ἐλεημοσύνην ποιήσαντα, εἶπεν πρός με· 'μὴ θαυμάσῃς, διότι ἐκ παραδόσεως καὶ μαθησίας τῆς τοιαύτης ἀρετῆς ἐργάτης καθέστηκεν,' καὶ εἰπόντος μου πρὸς 20 αὐτόν· 'πῶς διὰ τὴν ἀγάπην ὠφέλησόν με,' αὐτὸς ἀποκριθεὶς

---

1. Nach ἡμᾶσ fügen die Handss. B und E hinzu: ἐκαθήμεθα γὰρ πλησίον τοῦ ἁγίου Μηνᾶ. ξένοσ τισ BE. ζητῶν D. 2. γὰρ] καὶ B. ἔλεγεν ἀπὸ αἰχμαλωσίασ τ. π. ν. ἀναρ. BE. 3. ἀναρυσθῆναι D. 4. λογάριν ABDE. λα[γα]ρεῖν C. Die Buchstaben γα sind am Rand von andrer Hand und mit andrer Tinte hinzugefügt. φολιερόν die Hndss. 5. In Codex D sind die Worte οὔτε — συγκαθεζομένων weggeschnitten. συγκαθημένων BE. 7. καὶ μόνον fehlt in A. 8. καταποδήσας CD. καταποδιάσασ E. εὐφυῶς fehlt in A. 9. σταυρίον ὃ ἐφόρει A. ἀργυροῦν ὄντα CE. ἀργυρὸν A. ὂν B fehlt in D. καὶ δήσασ αὐτῶ ὁμώσασ κτλ. E. 10. εἰπὼν αὐτῶ D. εἰπὼν αὐτὸ A. ὁμώσασ αὐτῶ BE. κερατίου ἑνός] ὀβολοῦ F. 11. βίῳ] οἴκω BE. ἐκ τῶν συμβεβηκότων F. τοῦ πανσόφου fehlt in E. φιλάνου B. 12. εὑρέθη C. κανωνίζων A. τὸ fehlt in D. 13. πλησίον A. τὸ πλησίον E. 16. Nach ἐκκλησίασ fügen BE hinzu: τῆσ αὐτῆσ ἀλεξανδρέων μεγαλοπόλεωσ. τρισμακαρίστου BE. 18. Nach με fügen BE hinzu: μειδιῶντι τῶ προσώπω. 19. θαυμάζῃσ. C. θαυμάσῃσ τοῦτο BE. μαθήσεως B. 20. καθέστηκ. ἐργάτησ. D. κἀμοῦ εἰπόντοσ BE. 21. διὰ τὸν x̄ν̄ BE. αὐτ. ἀποκριθεὶς fehlt in BE.

281ʳ εἶπεν· 'τῷ ἐν ἁγίοις τρισμακαρίστῳ πάπᾳ | ἡμῶν παρέμεινεν Ἰωάννῃ, καὶ ὥσπερ υἱὸς γνήσιος τὴν τοῦ πατρὸς ἀρετὴν διεδέξατο.' εἰπόντος τοῦ ὁσίου πρὸς αὐτόν· 'ταπεινὲ Ζαχαρία, γενοῦ ἐλεήμων, καὶ λόγον ἔχεις ἐκ θεοῦ διὰ τῆς ταλαιπω-
5 ρίας μου, ὅτι οὔτε ἐν τῇ ζωῇ μου οὔτε μετὰ θάνατον ὑστερήσει σε ὁ θεός·' ὅπερ καὶ φυλάττει ἕως σήμερον. πολλὰς οὖν εὐλογίας πέμπει αὐτῷ ὁ θεός, ἀλλ' οὐκ ἀφίει τίποτε ἐξ αὐτῶν, ὃ οὐκ εὐθέως μεταδίδωσι τῷ πένητι, σχεδὸν δὲ καὶ στενώνων τὸν οἶκον αὐτοῦ. πολλάκις δὲ ἐν ἀγαλλιάσει
10 ἔφθασάν αὐτόν τινες λέγοντα πρὸς τὸν θεόν· 'Ναὶ ναὶ ἢ σὺ πέμπων ἢ ἐγὼ σκορπίζων ἴδωμεν τίς νικᾷ. δῆλον δὲ ὅτι σὺ κύριε ὁ πλούσιος καὶ τῆς ζωῆς ἡμῶν χορηγός.' ἔστιν δὲ ὅτε κατὰ σύμβασιν οὐκ ἔχει πρὸς ὥραν τίποτε δοῦναι τῷ αἰτοῦντι αὐτῷ, καὶ θλιβόμενος λέγει πρὸς κάπηλον ἢ πρὸς
15 ἕτερον ἐργαστηριακόν· 'δός μοι ἓν τριμίσιν καὶ δουλεύσω σοι ἕνα μῆνα ἢ καὶ δύο, ὡς θέλεις καὶ ὅπου θέλεις, ὅτι πεινῶσιν οἱ τοῦ οἴκου μου πάνυ', καὶ λαμβάνων δίδωσι τῷ πτωχῷ παρακαλῶν μηδενὶ εἰπεῖν.' ὡς οὖν ᾔσθετό με ὁ αὐτὸς θεοσεβέστατος Μηνᾶς ὡς τοῦ εὐαγγελίου ἀκούοντα
20 αὐτοῦ, λέγει μοι μετὰ κατανύξεως· 'εἰς τοῦτο ξενίζει, δέσποτα; λοιπὸν εἰ ἔφθασας τὸν ἐν ἁγίοις πάπαν'. 'τί'; λέγω

---

1. Nach εἶπεν fügen CD μοι hinzu. ἐν ἁγίοισ καὶ CD. τῶ παρεμ. BE. 3. ἐπεδείξατο A. τοῦ ὁσίου fehlt in BE. αὐτὸν ἐν μιᾷ BE. 4. ἐκ θῦ om. D. 5. ὅτι fehlt in AC. μετὰ θάνατόν μου BDE. ὑστερήσῃ A. ὑστερῆσαι D. 6. σε fehlt in D. ἕως τῆσ σημ. BD. 7. ἀφῇ C. 8. δ] ὦ E. τῶ π. μετ. C. τοῖσ πένησι F pauperibus An. μεταδ. τῶ πλησίον BE. σχεδὸν καὶ στενώνων (στενόνων B) τ. ο. BE. σχεδὸν δὲ καὶ στένων τὸν οἶκον AD. σχεδὸν δὲ στένοντα καὶ τ. ο. C. 9. αὐτοῦ] ἑαυτοῦ D. δὲ καὶ D. ἀγγαλιάσει C 10. τινες αὐτὸν C. 11. ἴδωμεν δὲ CD. vero An. δὲ κἐ ὅτι σὺ A. 12. ὅτε] ὅτι E; nach ὅτε fügen BCE καὶ hinzu. ὅτε fehlt in D. 13. δοῦναι τι D. δοῦναι τίποτε BE. 14. αὐτὸν BE. nach θλιβόμενοσ fügen BE ὡσ ἐπὶ κῦ hinzu. κάπηλον ἢ πασταλλάριν ἤ τινα ἄλλον· ποίησον ἀγάπην· δὸσ κτλ. BE. 15. τριμίσιον AC. τριμίσσιον B. τριμῆσιν F. τριμίσσιν E. 17. πάντεσ C. τῶ fehlt in D. 18. πτωχῶ καὶ ὁρκίζει αὐτὸν (αὐτῶ E) πάντωσ μηδενὶ κτλ. BE. παρακαλῶν αὐτὸν D. 20. αἶ δέσποτα εἰσ κτλ. BE. ξενίζῃ E.

αὐτῷ, 'τί πλέον εἶχον ἰδεῖν'; τότε εἶπέ μοι· 'πίστευσον, κατὰ συγχώρησιν θεοῦ αὐτός με ποιεῖ πρεσβύτερον καὶ οἰκονόμον τῆς ἁγιωτάτης ἐκκλησίας, καὶ εἶδον εἰς αὐτὸν ἔργα, πᾶσαν φύσιν σχεδὸν ὑπερβαίνοντα, καὶ ἐὰν καταξιοῖς εἰς τὰ δουλικά σου σήμερον ἁγιάσαι ἡμᾶς, διηγοῦμαί σοι, ἃ ἐγὼ 5 αὐτόπτης εὕρησα εἰς αὐτὸν κατορθώματα'. ὡς οὖν τοῦτο εἶπεν, ἐκράτησα αὐτὸν τῆς χειρὸς, καὶ ἀνέστησα· καὶ λαβών με ἀπήγαγεν εἰς τὸν θεοφύλακτον αὐτοῦ οἶκον. ὡς οὖν ἠθέλησεν εὐθέως ἡμᾶς τραπέζης ἀξιῶσαι, ἔφην πρὸς αὐτόν. 'Οὐ δίκαιόν ἐστιν, ὦ δέσποτα, τὴν τῆς ψυχῆς βρῶσιν κατα- 10 λιπόντας, τὸ σῶμα πρὸ τῆς ψυχῆς διαναπαῦσαι· ἀλλὰ μᾶλλον τῆς μὴ ἀπολλυμένης βρώσεως μεταλάβωμεν, εἶθ' οὕτως καὶ τῷ σώματι τὴν οἰκείαν χρείαν παράσχωμεν.'   281ᵛ

Ὡς οὖν ἤρξατο τὸν βίον τοῦ ὁσίου ἀψευδῶς διηγεῖσθαί, φησιν· 'τὸ πρῶτον αὐτοῦ καὶ ἐξαίρετον κατόρθωμα ὅτι τὸ 15 καθόλου οὐκ ὤμοσεν.' ᾐτησάμην οὖν εὐθέως χαρτὶν καὶ καλαμάριν, καὶ τὰ λεγόμενα κατ' ἔπος ἐσημειούμην.

Cap. II. Προχειρισθέντος οὖν αὐτοῦ καὶ ἐνθρονιασθέντος ἐν τῇ φιλοχρίστῳ μεγαλοπόλει Ἀλεξανδρείᾳ, ψήφῳ θείᾳ

---

1. πλείω A.   ἰδεῖν τότε· ὁ δὲ εἶπεν (εἶπε B) BE. ἐγὼ δὲ εἶπον· πλέον τι εἶχον D.   με] μοι F.   4. καταξιοῖσ σήμερον D.   5. ἐλθεῖν καὶ ἁγ. F.   6. αὐτόψει BDE.   εὕρησα A. ἐθεώρησα BCDE. 7. αὐτοῦ C.   λα. ἀπ. με BE.   8. οἶκον αὐτοῦ CD.   9. ἡμᾶσ εὐθέωσ E. εὐθέωσ τράπεζαν ἀξιῶσαι C.   ἔφη C.   10. ὦ fehlt in D. 12. ἀπολυμένησ C.   14. μακαρίου B. μακαρίου Ἰωάννου E. ἁγίου D. 15. πρῶτον καὶ ἐξ. αὐτοῦ BE.   τὸ fehlt in BE.   16. οὐχ ὤμοσεν BE. Nach ὤμοσεν fügen BE hinzu: οὐδὲ γὰρ ἤκουσεν αὐτοῦ τις ἐξ ἧς ἐχειροτονήθη πρεσβύτερος, ὡς ἐμαρτύρησαν ἅπαντες, ὁμόσαντος (ὁμόσαντοσ B ὀμώσαντοσ E). ἀλλὰ πληροφορίας χάριν μάρτυρας, ὡς ἐπὶ κυρίου, ἔτι ζῶντας (ζῶντοσ B) πάντων, ὧν μοι αὐτὸς διηγήσατο, παρέστησεν· ᾔτησα οὖν κτλ.   ᾔτησα BE.   εὐθέωσ fehlt in CD Au.   χαρτίον ADF. χάρτην BEC.   17. καλαμάριον C.   λαμάριον A.   καλαμάριν εὐθέωσ D.   μέλαν F.   κατέπωσ AC. καθέποσ B.   κατὰ μέροσ F.
18. B̄ CB.   Γ̄ D.   οὖν BEF. ergo An. fehlt in ACD.   αὐτοῦ σὺν θῶ E.   19. ταύτῃ τῇ BE.   καὶ μεγ. F. Nach Ἀλεξανδρείᾳ fahren die Hndss. B und E so fort: εἶπεν δὲ ἡμῖν καὶ τὸν τρόπον τὸν θεάρεστον καὶ ἀξιέπαινον τῆς αὐτοῦ χειροτονίας ὁ προλεχθεὶς θεοσεβέστατος ἀνήρ, ὃν περιέχει ἡ ὑπὸ τῶν προ-

ἀληθῶς καὶ οὐκ ἐξ ἀνθρώπων οὐδὲ δι' ἀνθρώπων, τοῦτο πρῶτον κατόρθωμα καὶ ἔπαθλον πᾶσιν ἐπεδείξατο· μεταστειλάμενος γὰρ εὐθέως τοὺς οἰκονόμους καὶ τὸν λεγόμενον ἐπὶ τῆς εἰρήνης, φησὶν ἐπὶ πάντων πρὸς αὐτοὺς ἐν τῷ τιμίῳ σεκρέτῳ· 'Οὐ δίκαιόν ἐστιν, ὦ ἀδελφοί, πρὸ τοῦ Χριστοῦ φροντίσαι ἡμᾶς ἑτέρου τινός.' παντὸς δὲ τοῦ πλήθους τοῦ συνελθόντος ἐπὶ τῷ λόγῳ κατανυγέντος καὶ συνθεμένου, λέγει πάλιν ὁ μακάριος· 'Οὐκοῦν πορευθέντες κατὰ πᾶσαν τὴν πόλιν ἀναγράψεσθέ μοι ἕως ἑνὸς πάντας τοὺς δεσπότας μου.' τῶν δὲ μὴ νοησάντων, τίνες οὗτοί εἰσιν, ἀλλὰ δυσωπούντων μαθεῖν καὶ ξενιζομένων, τίνες ἄρα τοῦ πατριάρχου εἰσὶ δεσπόται, ἀπεκρίθη πάλιν τὸ ἀγγελικὸν ἐκεῖνο στόμα καὶ εἶπεν· 'Οὓς ὑμεῖς πτωχοὺς καὶ ἐπαίτας καλεῖτε, τούτους ἐγὼ δεσπότας καὶ συγκροτητὰς κηρύττω. αὐτοὶ γὰρ ἡμᾶς ὄντως καὶ μόνοι συγκροτῆσαι καὶ τὴν τῶν οὐρανῶν βασιλείαν χαρίσασθαι δύνανται.' καὶ ὡς τοῦτο διὰ πολλοῦ τοῦ τάχους εἶδεν γενόμενον ὁ τοῦ Χριστοῦ μιμητής, ἐπέτρεψεν τούτοις ἡμέριον διορίζεσθαι ἐκ τοῦ οἰκείου αὐτοῦ διαδότου

μνημονευθέντων προστατῶν τῆς ὀρθοδοξίας τοῦ βίου τοῦ ἐν ἁγίοις σύνταξις τῇ μνήμῃ (τῇ μνήμῃ σύντ. Ε) καὶ ὑψηλοτάτη διήγησις· διόπερ περιττὸν ᾠήθημεν ταύτῃ ἡμῶν τῇ χωρικωτάτῃ συγγραφῇ τὸν τοιοῦτον τρόπον ἐντάξαι, μήπως δὲ καὶ τῷ πλήθει τῶν λόγων οἱ ῥᾳθυμότεροι (ῥᾴθυμοι Ε) τῶν ἐντυγχανόντων ἀτονήσαντες τῆς ὠφελείας τῶν μετὰ ταῦτα στερηθῶσιν· κόρος γὰρ λόγου, ὥς φησιν ὁ θεολόγος Γρηγόριος, πολέμιος ἀκοαῖς, ὡς ὑπερβάλλουσα τροφὴ σώματι. προχειρισθεὶς τοίνυν, ὡς εἴρηται, οὗτος ὁ δικαιότατος τοῦ Χριστοῦ μιμητὴς ψήφῳ κτλ. ψήφῳ ὀννίω BE. 1. καὶ fehlt in CD. οὐδὲ δι' ἀν̄ων BE. οὔτε δι' ἄνων CD. fehlt in A. 2. ἐνεδείξατο CBE. 3. τοὺσ οἰκ. τῆσ ἐκκλησίασ E. 5. σεκραίτω CB. Χριστοῦ] κυρίου C. 6. Das zweite τοῦ fehlt in C. τῶν συνελθόντων BEF — κατανυγέντων BE — συνθεμένων BE. 8. ὁ μακάριος] ὁ ἀψευδὴσ ἀρχιερεύσ BE. 11. τίνες] τινόσ A. 12. δεσπόται εἰσὶ CD. τὸ ὅσιον καὶ ἀγγελικὸν BE. τὸ ἀγγ. ἐκεῖνο καὶ ἅγιον D. 13. καὶ ἐπαίτας] καὶ πένητασ DF. fehlt in C. 14. κηρύσσω D. 15. καὶ μόνοι fehlt in B und bei An. συγκροτοῦσι CD. 17. γινόμενον C. γενόμεν (sic) E. μαθητὴσ BE. 18. τούτουσ BE. ἡμερούσιον C. διαρίζεσθαι CBEF. τ. οἰ. διαδ. αὐτοῦ C. τ. οἰκίου διαδόχου (unter Weglassung von αὐτοῦ) A.

τὴν ἐπαρκοῦσαν χρείαν αὐτοῖς. πλείους δὲ ἦσαν τῶν ἑπτὰ ἥμισυ χιλιάδων. τότε ὥσπερ ποιμὴν ἀληθινὸς καὶ οὐ μισθωτὸς μετὰ τοῦ ἱεροῦ αὐτοῦ ποιμνίου καὶ τῶν συνελθόντων ὁσίων ἀνδρῶν ἐπισκόπων ἐπὶ τὴν ἁγίαν ἐκκλησίαν πορευθεὶς, ἐνθρονιάζεται ψήφῳ θείᾳ.

Cap. III. Δίκαιον δὲ μὴ παριδεῖν τῶν αὐτοῦ κατορθωμάτων καὶ τοῦτο τὸ ἀγαθόν. τῇ γὰρ ἐπαύριον πάλιν ἀποστείλας κατὰ πᾶσαν τὴν πόλιν τοὺς αὐτοὺς θεοφιλεστάτους οἰκονόμους καὶ καγκελλαρίους καὶ λοιποὺς τοὺς τὴν διοίκησιν τῆς πόλεως πεπιστευμένους, οὐκ εἴασεν μέτρον οἷον δήποτε οὔτε στάθμιον μικρὸν καὶ μέγα ἐν ὅλῃ τῇ πόλει. ἀλλὰ πάντα ἐν ἑνὶ καμπανῷ καὶ ζυγῷ καὶ μοδίῳ καὶ ἀρτάβῃ πωλεῖν καὶ ἀγοράζειν διεμαρτύρατο, γράψας ἐνυπόγραφον αὐτοῦ πρόθεμα κατὰ πᾶσαν γειτονίαν περιέχοντα τὸν τύπον τοῦτον· „Ἰωάννης ταπεινὸς καὶ ἐλάχιστος δοῦλος τῶν δούλων τοῦ κυρίου ἡμῶν Ἰησοῦ Χριστοῦ πᾶσιν τοῖς ὑπὸ τὴν ἡμετέραν πτωχείαν ὑπὸ τοῦ αὐτοῦ κυρίου καὶ θεοῦ ἡμῶν ποιμαίνεσθαι λαχοῦσιν τάδε· τοῦ θεσπεσίου καὶ μακαρίου Παύλου διὰ τοῦ ἐν αὐτῷ λαλοῦντος Χριστοῦ κελεύοντος πᾶσιν καὶ νομοθετοῦντος· ‛Πείθεσθε τοῖς ἡγουμένοις ὑμῶν καὶ ὑπείκετε· αὐτοὶ γὰρ ἀγρυπνοῦσιν ὑπὲρ τῶν ψυχῶν ἡμῶν, ὡς λόγον ἀποδώσοντες', πέπεισται ἡ ἐμὴ οὐθενότης,

---

1. πλείουσ — χιλιάδων fehlt in A.   3. κατὰ τῶν A.   4. Nach ἀνδρῶν schieben die Codices B und E ein καὶ ein. ἐκκλη[σίαν]. 5. ἐνθρονιάζ[εται] und nachher 21. ἀγρ[υπτο]ῦσι.   22. [ἡμ]ῶν. Die eingeklammerten Buchstaben fehlen im Codex E, weil das Pergament ein Loch hat.

6. Γ B. Die Capitelangabe fehlt in CD.   7. πάλιν fehlt in D. ἀποστείλας — πόλιν fehlt in C.   8. τοὺσ — καὶ fehlt in D.   αὐτοὺσ CD An. αὐτοῦ ABE.   9. ἐπισκόπουσ καὶ καγκ. BE.   καγκελλαρίουσ D. καγχελλαρίουσ BE. καγγελαρίουσ A. κελλαρίουσ CF. διήκοισιν A.   10. τῆς πόλεως fehlt in BE.   11. οὔτε μέγα D. ἐν ὅλῃ τῇ πόλει] ἐμπολιτεύεσθαι F.   12. καμπάνω C.   14. πρόθημα CE.   περιέχοντα ABCE. περιέχον D. περιέχων F.   15. καὶ δοῦλοσ F.   τῶν δούλων τοῦ κυ ἡμῶν ἰυ πᾶσι τοῖσ ὑπὸ τοῦ αὐτοῦ κυ καὶ θυ ἡμῶν κτλ. C.   20. νομοθετοῦντοσ BE. legem ponente An. νουθετοῦντοσ ACDF. Hebr. XIII 17.   πείθεσθαι die Handss. 21. ὑπήκηται A. ὑπήκετε E. ὑπήκειτε D.   22. πέπεισθε C. πέπισθαι A.

ὅτι τῷ θείῳ λόγῳ πειθόμενοι δέχεσθε τὰς παρ' ἡμῶν αἰτήσεις, ὡς ἐκ θεοῦ καὶ οὐκ ἐξ ἀνθρώπου. ὅθεν τοῦτο γινώσκων νουθετῶ τὴν ὑμετέραν ἀγάπην, ἐπειδή, ὥς φησιν ἡ θεία γραφή, στάθμιον μικρὸν καὶ μέγα ἐμίσησεν ὁ θεός, 5 μηδαμοῦ ἔν τινι ὑμῶν φανῆναι τὴν τοιαύτην παρανομίαν. εἰ δέ τις φανῇ μετὰ τὴν τοῦ παρόντος ἡμῶν ἐνυπογράφου προθέματος διατύπωσιν τῷ τοιούτῳ ἐγκλήματι περιπίπτων, ἅπαντα αὐτοῦ τὰ ὑπάρχοντα εἰς τοὺς δεομένους ἀπροαιρέτως καὶ ἀμίσθως προθήσει." ὡς ἀξιομνημονεύτου οὖν καὶ 10 τούτου αὐτοῦ δημοσίου προστάγματος ἐνταῦθα ἐνθεῖναι αὐτὸ ἐσπουδάσαμεν.

Cap. IV. Προσανηνέχθη ποτὲ τῷ θεοσόφῳ τούτῳ ὑπό τινων, ὡς ὅτι διὰ ξενίων ἐξαγοραζόμενοι οἱ τῆς αὐτοῦ ἐκκλησίας διοικηταὶ προσωπολῆπται γίνονται περὶ τὰς διοικήσεις 15 τῶν κεφαλαίων. οὓς οὐδὲν μελλήσας μετακαλεσάμενος καὶ μηδὲν τὸ παράπαν ἐγκαλέσας, τοὺς πρῴην αὐτοῖς διδομένους μισθοὺς ἐπηύξησεν, θήσας λόγον καὶ νόμον μὴ δέξασθαι αὐτοὺς παρά τινος δῶρα τὸ σύνολον, διότι, φησίν, 'πῦρ καταφάγεται οἴκους δωροδεκτῶν.' ἔκτοτε οὖν διὰ τῆς 20 χάριτος τοῦ θεοῦ εὐθήνησαν οἱ οἶκοι αὐτῶν, ὥστε τινὰς

---

1. ὅτι] ὡσ D. δέχεσθαι A. 2. ἐξ ἀν̅ο̅υ̅ A. ex homine An. ἐξ ἀνθρώπων BCDE. 4. θεία fehlt in BE. Prov. XI, 1. 5. vgl. Deuter. XXV 13 ff. 5. Nach ἔν τινι ὑμῶν (fol. 160ᵛ) ist in Codex F ein Blatt ausgefallen. fol. 161ʳ beginnt Cap. VI S. 12, 14 mit den Worten: αὐτῶ πραῖα. Nach φανῆναι fügt D παρακαλῶ hinzu. 7. προθήματοσ ABCE. διατύπωσιν fehlt in ABCE. τῷ fehlt in A. 10. τοῦδε αὐτοῦ B. ἀξιομνημονεύτου τοῦ αὐτοῦ δημοσίου προστ. ἐνταῦθα αὐτὸ ἐνθῆναι. C. ἀξιομνημονεύτου οὖν καὶ τούτου τοῦ πράγματος τοῦ δημοσίου ἐνταῦθα D. ἐξ. οὖν καὶ τοῦδε αὐτοῦ τοῦ δημοσίου πράγματοσ καὶ προστάγματοσ ἐνταῦθα αὐτὸ ἐνθῆναι ἐσπεύσαμεν. E.

12. ⊿ CB. τούτῳ πατριάρχῃ BE. 15. οὓς] ὃσ (sic) E. μηδὲν AE. μελήσασ CE. μελίσασ A. μεταστειλάμενος BE. μετακαλεσάμενος die andern. 16. τοῖσ πρώην ACD. αὐτοῖσ fehlt in E. 17. θεῖσ BD. καὶ μόνον C. fehlt bei An. 18. αὐτοῖσ A. Iob. XV 34. 19. καταφλέγεται B. Nach δωροδεκτῶν fügen B und E hinzu: καὶ ὡσ ἐπὶ κυ̅ οὕτωσ ἔκτοτε οἱ οἶκοι ἡμῶν εὐθήνησαν καὶ ἐπληθύνθησαν, ὥστε τινὰσ τοὺς βουληθέντασ αἰτήσασθαι αὐτὸν τὴν προστεθεῖσαν (προτ. E) αὐτοῖσ τῶν μισθῶν ποσότητα παρεπάραι.

ἐξ αὐτῶν τὴν προστεθεῖσαν αὐτοῖς τῶν μισθῶν ποσότητα παρεᾶσαι.

Cap. V. Μαθὼν δέ ποτε πάλιν ὁ τρισόλβιος, ὥς τινες ἀδικούμενοι ὑπὸ τῶν ἀντιδίκων αὐτῶν καὶ βουλόμενοι προσέρχεσθαι τῷ ἀοιδίμῳ, τῷ φόβῳ τῶν καγκελλαρίων καὶ τῶν ἐκκλησιεκδίκων καὶ τῶν λοιπῶν τῶν παρισταμένων ἀνακόπτωνται, ἐπινοεῖταί τι τοιοῦτον θεάρεστον πρᾶγμα. καὶ κατὰ τετράδα καὶ παρασκευὴν δημοσίως τίθων σελλὶν καὶ σκάμνα δύο ἐκαθέζετο ἔμπροσθεν τῆς ἐκκλησίας συντυγχάνων τισὶν ἐναρέτοις, ἢ τὰ ἅγια εὐαγγέλια κρατῶν μετὰ χεῖρας, μηδένα τοῦ τοσούτου ὀψικίου πλησιάσαι συγχωρῶν πλὴν ἑνὸς ἐκκλησιεκδίκου, ἄδειαν δοῦναι καὶ παρρησίαν σπεύδων τοῖς βουλομένοις προσέρχεσθαι οἷς καὶ παρ' αὐτὰ τὸ ἱκανὸν διὰ τῶν ἐκκλησιεκδίκων γενέσθαι ἐποίει. καὶ παρήγγελλεν μηδενὸς γεύσασθαι αὐτούς, ἄχρις ἂν διοικήσωσι τὸ κεφάλαιον. καὶ πρὸς ὑπήκοον πάντων ἔλεγεν· 'Εἰ ἡμεῖς ἄνθρωποι ὄντες ἄδειαν διὰ παντὸς περὶ τῶν ἡμετέρων αἰτήσεων ἔχομεν τοῦ εἰσέρχεσθαι ἐν τῷ οἴκῳ τοῦ θεοῦ καὶ τὰ αἰτήματα ἡμῶν γνωρίζειν αὐτῷ τῷ ἀπροσίτῳ καὶ πάσης κτίσεως ὑπερκειμένῳ καὶ σπεύδομεν τοῦ γενέσθαι ἡμῖν τὴν ἱκεσίαν καὶ δυσωποῦμεν αὐτὸν μὴ ἀναμεῖναι· ἀλλὰ τὸ τοῦ προφήτου εὐθέως βοῶμεν· 'ταχὺ προκαταλαβέ-

---

3. E CB. δὲ] πάλιν D. ποτὲ fehlt in A. 5. Nach καγκελλαρίων fügen B und E καὶ σεκρηταρίων (σικρηταρίων E) καὶ ἐκκλησιεκδίκων (ἐκκλησεκδίκων E) hinzu. 6. λοιπῶν τῶν παριστ. B. καὶ λοιπῶν τῶν παρ. E. 7. ἀνεκόπτοντο C. ἀνακόπτονται BE. ἐπινοεῖτε (so auch D) τοιοῦτον θεάρεστόν τι A. ἐπινοεῖ τι τ. E. 8. καὶ fehlt in D. τιθῶν A. σελὶν BC. σελὴν ADE. 9. καὶ ἐκαθ. B. ἐκαθέζετο συντυγχάνων ἔμ. τ. ἑ. BE. συντοιχάνων CD. 10. ἢ τὰ D. aut An. εἶτα A (korr. aus ἢ τὰ) εἶτα τὰ C. ἔστιν δὲ ὅτε καὶ τὰ BE. 11. μετὰ χ. κρ. CD. μετὰ χ. κρ. ἐκάθητο BE. μηδὲν C. τοῦ fehlt in A. 12. κλισηεκδίκου A. ἐκκλησεκδίκου E (E gebraucht stets diese Form). 15. παρήγγειλεν A. παρήγγειλε E. αὐτοὺς fehlt in BE. ἄχρις οὗ E. διοικήσουσι C. 18. ἔχωμεν A. 20. κτίσεως] δυνάμεως C. σπεύδωμεν A. 22. εὐθέως fehlt in BE. Die untere Hälfte von Blatt 391 in Codex B ist weggeschnitten; es fehlt daher das Textstück von dem Worte βοῶ[μεν] an bis zu ἀνεχώρει S. 11, 22—12, 9. Psalm. LXXVIII 8.

τωσαν ἡμᾶς οἱ οἰκτιρμοί σου, κύριε,' πῶς ἄρα ὀφείλομεν ἡμεῖς τὰ τῶν συνδούλων ἡμῶν αἰτήματα μετὰ πάσης σπουδῆς ἐξανύειν, μνημονεύοντες τοῦ κυρίου εἰπόντος· 'ἐν ᾧ μέτρῳ μετρεῖτε, ἀντιμετρηθήσεται ὑμῖν.' καὶ τοῦ προφήτου 5 πάλιν· 'ὃν τρόπον ἐποίησας, ἔσται σοι.'

Cap. VI. Ἐν μιᾷ οὖν τῶν ἡμερῶν τὸν ὅμοιον τρόπον οὗτος ὁ θαυμάσιος προελθὼν καὶ ἐπὶ τοῦ συνήθους τόπου προκαθίσας ἕως ὥρας πέμπτης, καὶ μηδενὸς προσελθόντος, ἀνεχώρει κατηφὴς καὶ σύνδακρυς. μηδενὸς δὲ τολμῶντος 10 ἐρωτᾶν αὐτὸν τὴν αἰτίαν τῆς ἀθυμίας, ὁ ἐν ἁγίοις Σωφρόνιος ἔφη πρὸς αὐτὸν κατ' ἰδίαν — ἐκεῖ γὰρ τότε ἐτύγχανεν — 'Τίς ἡ αἰτία, θεόφρόνητε, τῆς κατεχούσης | τὴν ἁγίαν σου ψυχὴν σκυθρωπότητος, τῆς πάντας ἡμᾶς ἐξαίφνης συνταραξάσης'; ὁ δὲ ἔφη αὐτῷ πραείᾳ τῇ φωνῇ· 'Σήμερον ὁ 15 ταπεινὸς Ἰωάννης τὸν οἱονοῦν μισθὸν παρά τινος οὐκ ἔσχεν, οὐδὲ τῷ Χριστῷ ὑπὲρ τῶν ἀμυθήτων αὐτοῦ ἁμαρτιῶν τί ποτε προσήνεγκεν, ὥσπερ οὐδὲ πάντοτε.' ὁ δὲ θεόθεν ἐμπνευσθείς, ἀπεκρίνατο τῷ ἱεράρχῃ· εὐθέως γὰρ συνῆκεν τὴν αἰτίαν δι' ἣν ἐλυπεῖτο ὁ πατριάρχης· 'Σήμερον μὲν οὖν 20 χαρῆναι καὶ εὐφρανθῆναι δεῖ, μακαριώτατε· ἀληθῶς γὰρ μακάριος εἶ οὕτως εἰρηνεύσας τὴν ὑπὸ τοῦ Χριστοῦ πιστευθεῖσάν σοι ποίμνην, ὥστε μηδένα ἔχειν πρὸς τὸν πλησίον

---

1. Nach κύριε fügt A ὅτι ἐπτώχευσα μὲν σφόδρα hinzu.   ἄρα A. οὐκάρα E.   2. καὶ ἡμεῖσ E.   τὰσ — αἰτήσεισ E.   3. Matth. VII 2.
4. μετρηθήσεται E.   5. πάλιν fehlt in F.
6. Die Capitelzahl fehlt in C.   ὅθεν ἐν μιᾷ E.   τὴν ὁμότροπον A.   7. προσελθὼν E.   9. ἀνεχώρησε E.   κατηφῆσ E.   κατηφίσ AB.   κατηφείσ D.   κατειφῆσ C; mit diesem Worte setzt Codex B wieder ein.   δὲ fehlt in BCD.   12. καὶ τὴν D.   13. ψυχήν σου C.   τῆς fehlt in AC.   14. Mit den Worten αὐτῶ πραία beginnt F fol. 161ʳ wieder.   15. τὸν οἱονοῦν fehlt in BE.   ἀπό τινος CF.
16. Von dem Worte τῶν bis zu den Worten ἀλλ' ὡς S. 13, 1 hat B wieder eine Lücke.   17. προσήνεγκεν τῷ χῷ D.   ὁ δὲ θεόθεν ἐμπν. ACD.   ὁ δὲ τίμιοσ σωφρόνιοσ ὥσπερ θ. E. S. Sophronius divinitus inspiratus An.   18. ἱεράρχῃ] ἀρχιερεῖ F.   19. δι' ἣν] δι' ἧσ D. Nach ὁ πρῑάρχησ fügt D καὶ φησὶν hinzu.   μὲν fehlt in CDEF. οὖν fehlt in D.   20. χαρῆναι δεῖ κ. ε. E.   δὴ A.   μακάριοσ ADE.   μακαριώτατοσ C. beatissimus An.   21. τοῦ fehlt in AE.
22. σχεῖν C.   πρὸσ — αὐτοῦ hat D erst hinter ἀμφιβολίαν.

αὐτοῦ μάχην ἢ ἀμφιβολίαν, ἀλλ' ὡς ἀγγέλους εἶναι ἀμάχους καὶ ἀδικασίμους τοὺς ἀνθρώπους.' ὁ δὲ ὄντως πρᾷος ποιμὴν πληροφορηθεὶς τὸ εἰρημένον ἀληθὲς εἶναι, τὰ ὄμματα εἰς τὸν οὐρανὸν ἀνατείνας ἔλεγεν· 'Εὐχαριστῶ σοι ὁ θεὸς ὁ καὶ τὴν ἐμὴν ἀναξιότητα καταξιώσας ἱερέα σου κληθῆναι καὶ ποιμαίνειν λογικὴν ποίμνην τὸν ἐλάχιστον καὶ ἁμαρτωλόν.' παρ' αὐτὰ οὖν τὴν μὲν ἀθυμίαν ἅπασαν ἀπέθετο, χαρὰ δὲ αὐτῷ ἐν ταπεινοφροσύνῃ πολλὴ προσεγένετο. τοῦτον δὲ, ὥς φασί τινες, ἐν τούτῳ ἐμιμήσατο καὶ Κωνσταντῖνος ὁ μετὰ Ἡράκλειον βασιλεύσας, οὗ καὶ υἱὸς ἐτύγχανεν.

Cap. VII. Ἐπὶ τούτου τοῦ ἐν ἁγίοις πάπα οἱ Πέρσαι ἀνελθόντες ᾐχμαλώτευσαν καὶ ἐπραίδευσαν τὴν Συρίαν. τῷ οὖν ὀνόματι τοῦ τρισμακαρίστου ἅπαντες σχεδὸν οἱ ἐκφυγόντες τὰς χεῖρας τῶν ἀθέων Περσῶν, ὥσπερ λιμένι ἀκυμάντῳ προσέτρεχον, τῆς παρ' αὐτοῦ καὶ αὐτοὶ ἐπικουρίας καὶ ἀντιλήψεως ἀπολαύειν δεόμενοι· οὓς ὁ μακάριος οὗτος ἐφιλοξένει καὶ παρεμυθεῖτο οὐχ' ὡς αἰχμαλώτους, ἀλλ' ὡς τῇ φύσει ἀληθῶς ἀδελφούς. εὐθέως οὖν τοὺς μὲν πληγάτους καὶ ἀσθενεῖς ἐν τοῖς ξενῶσι καὶ νοσοκομείοις, οἷς αὐτὸς ἐποίησεν, ἀνακλίνεσθαι παρήγγειλεν καὶ ἐπιμελεῖσθαι τούτους καὶ ἰατρεύεσθαι δωρεὰν διαταξάμενος, καὶ τότε

---

1. μάχην] μίνην (= μῆνιν) F. Mit dem Worte ἀγγέλουσ beginnt wieder Cod. B (fol. 392ᵛ). 3. ἀληθῶσ B. 4. εἰσ τὸν οὐνον τὰ ὄμματα BE. ἀνατείνας] ἀτενίσασ F. ὁ θεὸς] ΚΣ BE. 6. ποιμ. λογικ. BE. 7. πᾶσαν CD. 8. ἐν πολλῇ ταπ. D. πολλὴ fehlt in B. 9. Von φασὶ bis προσέτρε/ S. 13, 15 ist wieder eine Lücke im Codex B. ἐμιμήσατο καὶ ὁ τῆσ θείασ μνήμησ τῇ βασιλεία διαπρέψασ κωνσταντῖνοσ ὁ ὄντωσ κωνσταντίνου τοῦ μεγάλου ἀψευδὴσ μιμητήσ· λέγω δὴ ὁ μετὰ ἡράκλειον τὸν βασιλέα οὐ κτλ. E. ἐμιμήσαντο, ἐν οἶσ D. 10. βασιλεὺσ C. ἡρακλῆν F. οὖτινοσ ἐτύχανεν καὶ υσ̄ C.

11. Ζ̄. C. 12. ἐλθόντεσ D. τὴν fehlt in ADE. 13. ἐκφεύγοντεσ C. 14. ἐν λιμ. E. 15. Mit [προσέτρε]χον setzt B wieder ein. καὶ αὐτοὶ fehlt in CD. 16. ὁ θεῖοσ οὗτοσ ἀνήρ BE. 17. παρεμοιθεῖτο C. 18. πληγέντασ C. πεπληγμένουσ F. 19. οἷσ — ἐποίησεν fehlt bei An. 20. ἀνακλίνασθαι E. 21. δῶρον AE. διαταξάμενοσ BE. praecipiens An. fehlt in ACD. τότε ἀναχ. fehlt in D.

ἀναχωρεῖν, ὅτε ἕκαστος αὐτῶν ἰδιοπροαιρέτως θελήσει· τοὺς δὲ ὑγιεῖς καὶ δεομένους εἰς τὴν διάδοσιν ἐρχομένους, τοῖς μὲν ἀνδράσιν ἀπὸ κερατίου ἑνὸς ἐδίδου, | ταῖς δε γυναιξὶν καὶ κορασίοις ὡς ἀσθενεστέροις μέλεσιν ἀπὸ δύο. ἐρχομένων οὖν τινων φορουσῶν κοσμίδια καὶ βραχιόλια καὶ ζητουσῶν ἐλεημοσύνην, προσανήνεγκαν τῷ πάπᾳ οἱ τὴν διάδοσιν πεπιστευμένοι περὶ αὐτῶν, πρὸς οὓς ὁ μακάριος βλοσυρῷ τῷ ὄμματι καὶ αὐστηρᾷ τῇ φωνῇ χρησάμενος, καίτοι πρᾷος ὢν καὶ τῷ ὄμματι ἱλαρὸς, εἶπεν· Ἐἰ μὲν τοῦ ταπεινοῦ Ἰωάννου, μᾶλλον δὲ τοῦ Χριστοῦ διαδόται βούλεσθε εἶναι, τῷ θείῳ προστάγματι ἀπεριέργως πείθεσθε τῷ φάσκοντι· 'Παντὶ τῷ αἰτοῦντί σε δίδου.' εἰ δὲ τοὺς ἐρχομένους ἐλεηθῆναι πολυπραγμονεῖτε, ὁ θεὸς κακοπραγμόνων ὑπουργῶν οὐ χρῄζει, οὐδὲ ὁ ταπεινὸς Ἰωάννης. εἰ μὲν γὰρ τὰ διδόμενα ἐμὰ ἐτύγχανον καὶ σὺν ἐμοὶ ἐγεννήθησαν, τάχα καλῶς εἰς τὰ ἐμὰ ἐσκνιφευόμην. εἰ δὲ τοῦ θεοῦ τὰ διδόμενα τυγχάνουσιν, πάντως ἐν τοῖς αὐτοῦ τὸ ἑαυτοῦ πρόσταγμα φυλάττεσθαι θέλει. εἰ δὲ καὶ ἐξ ἀπιστίας ἢ ὀλιγοπιστίας ἐκεῖνο φοβεῖσθε, μήπως τὸ πλῆθος τῶν διαδιδομένων ὑπερνικήσῃ τὴν εἴσοδον τῶν χρημάτων, ἐγὼ τῇ ὑμετέρᾳ ὀλιγοπιστίᾳ κοινωνεῖν οὐκ ἀνέχομαι. καὶ γὰρ εἰ εὐδοκίᾳ

---

1. καθεῖσ ἕκαστοσ E. ἕκαστοσ καθ᾽ εἶσ B; darauf hat B eine neue Lücke, die sich bis zu den Worten τοῦ αὐτοῦ (s. Note zu S. 14, 7) erstreckt. θελήσει ἀναχωρεῖν D. 2. ὑγιῆσα C. τοὺσ μὲν ἄνδρασ C. 3. ἀνα κερατίου E. ἐδείδουν F. 4. ἀνα δύο E. 5. οὖν] δὲ C. φορούντων E. 6. καὶ αἰτούντων προσανήνεγκαν αὐτῷ E. πάππα C. 7. Nach den Worten περὶ αὐτῶν fügt Codex E hinzu: ὧν εἶσ ἦν ὁ νῦν ἁγιώτατοσ ἐπίσκοποσ τῆσ Ἀμανθουντιαίων πόλεωσ, ὁ καὶ ἀπὸ κελεύσεωσ τοῦ αὐτοῦ ἐν ἁγίοισ πάπα ἀξιωθεὶσ τῆσ ἱερωσύνησ. Die Worte τοῦ αὐτοῦ — ἱερωσύνησ stehen auch im Codex B, welcher damit wieder einsetzt. 10. τῷ fehlt in CD. 11. θείω κελεύσματι BE. πείθεσθαι E. ποιεῖσθε A. 12. Luk. VI 30. σε] σοι F. εἰσερχομένους D. προσερχ. F. 13. ἐλεηθ. fehlt in CDF An. πολυπραγμονεῖται AE. πολυπράγμονασ ὑπουργούσ C. curiosorum An. 14. ὑπουργῶν καὶ διαδότων (sic) BE. 16. ἐσκνιφ. εἰσ τὰ ἐμὰ CD. καλῶσ* ἐσκνιφευόμην am Rande: *ἂν F. 17. Nach αὐτοῦ fügen BE ὁ θσ hinzu. 18. καὶ fehlt in E und bei An. 19. διδομένων CBE. 21. κοινωνεῖν οὐ βούλομαι BE. εἰ DE. si An. ἡ AC fehlt in B.

τοῦ θεοῦ ἔστιν τὸ εἶναί με τὸν ἀνάξιον χειροχρήστην τῶν αὐτοῦ δωρεῶν, ὅλος ὁ κόσμος ἐὰν συναχθῇ εἰς Ἀλεξάνδρειαν ἐλεημοσύνην δεόμενος, οὐ στενοῦσιν τοὺς ἀμυθήτους θησαυροὺς τοῦ κυρίου οὐδὲ τὴν ἁγίαν ἐκκλησίαν.'

ὡς δὲ τούτους ἀπέλυσεν ἅπασαν τὴν περιέχουσαν αὐ- 5 τοὺς ῥαθυμίαν καὶ ὀλιγοπιστίαν ἀνακόψας, ἔλεγεν τοῖς συγκαθημένοις αὐτῷ καὶ ξενιζομένοις ἐπὶ τῇ θεοδωρήτῳ αὐτοῦ συμπαθείᾳ·

Cap. VIII. Ὡς ἤμην ἐν Κύπρῳ νεώτερος ἔτι ὑπάρχων ὡς ἐτῶν δεκαπέντε, θεωρῶ ἐν μιᾷ καθ' ὕπνους κόρην τινὰ, 10 ἧς τὸ εἶδος ὑπῆρχεν ὑπὲρ τὸν ἥλιον, κεκοσμημένην ὑπὲρ πᾶσαν ἀνθρωπίνην ἐπίνοιαν, ἐλθοῦσαν καὶ σταθεῖσαν ἔμπροσθεν τῆς κλίνης μου καὶ νύξασάν με εἰς τὴν πλευράν μου. ἔξυπνος δὲ γενόμενος θεωρῶ αὐτὴν ἐν ἀληθείᾳ ἑστῶσαν καὶ ἐνόησα μὴ εἶναι αὐτὴν γυναῖκα. τῷ τύπῳ οὖν τοῦ 15 σταυροῦ κατασφραγισάμενος εἶπον αὐτῇ· 'Τίς εἶ σὺ καὶ πῶς ἐτόλμησας εἰσελθεῖν ἐπάνω μου ὡς κοιμῶμαι;' εἶχεν | 284ʳ δὲ καὶ στέφανον ἐξ ἐλαιοκλάδων ἐπὶ τὴν κεφαλὴν αὐτῆς. τότε ἐκείνη ἱλαρῷ τῷ προσώπῳ καὶ μειδιῶσα τοῖς χείλεσιν λέγει μοι· 'Ἐγὼ εἰμὶ ἡ πρώτη τῶν θυγατέρων τοῦ βασιλέως.' 20 ὡς δὲ ταῦτα ἤκουσα, εὐθέως προσεκύνησα αὐτήν. τότε λέγει μοι· 'Ἐὰν κτήσῃ με φίλην, ἐγὼ εἰσφέρω σε ἐνώπιον τοῦ βασιλέως. καὶ γὰρ οὐδεὶς ἔχει παρρησίαν πρὸς αὐτὸν,

---

1. μὲ ἄξιον D fehlt in C. 3. οὐ στενοχωρήσει BE. τοῦσ ἀμυθ. θ. τοῦ θῦ οὐ στενοῦσιν C. 4. τὴν τοῦ κῦ εκκλ. E. ἁγίαν αὐτοῦ D. 5. ἀπέλυσεν fehlt in A. αὐτοῖσ CDF. 6. ὀλιγοψυχίαν BE. ἐκκόψασ E.

9. Z. B. Im Codex C wird kein Capitelanfang angedeutet. εἴμην A. ὠσ ὅτι ὠσ ἤμιν D. 10. κατὰ τοὺς ὕπνους CDE μου CD. 11. ἥλιον καὶ D. κεκοσμημένη A. 12. ἀνθρωπίνην fehlt in E. ἔννοιαν C. φύσιν D. εἶτα ἐλθ. D. 14. μου fehlt in C. 15. ἐνομισάμην A. ἐνενόησα αὐτὴν μὴ εἶναι γυν. D. et aestimari eam esse mulierem An. 17. εἰσελθεῖν] ἐλθεῖν C. πῶσ εἰσῆλθεσ D. εἶχε δὲ στ. C. εἶχεν δὲ ὡς ἐπὶ κῦ καὶ BF. 18. ἐπὶ τὴν κεφαλὴν AD. ἐπὶ τῆς κεφαλῆς CBE. 21. αὐτῇ B. 22. σε εἰσφ. C. 23. πρὸς αὐτὸν fehlt in E.

ὡς ἐγώ. ἐπὶ τῆς γῆς γὰρ ἐποίησα αὐτὸν ἐγὼ ἐνανθρωπῆσαι καὶ σῶσαι τοὺς ἀνθρώπους.' καὶ ταῦτα εἰποῦσα ἀφανὴς ἐγένετο. ἐγὼ οὖν εἰς ἑαυτὸν ἐλθὼν συνῆκα τὸ ὅραμα καὶ εἶπον· 'Πίστευσον. ἡ συμπάθεια ἤγουν ἡ ἐλεημοσύνη ἐστὶν 5 καὶ διὰ τοῦτο εἶχεν εἰς τὴν κεφαλὴν ἐξ ἐλαίας φύλλων τὸν στέφανον. καὶ γὰρ ὡς ἀληθῶς ἡ πρὸς ἀνθρώπους συμπάθεια καὶ εὐσπλαγχνία τὸν κύριον σαρκοφορῆσαι ἐποίησεν.' εὐθέως οὖν ἐφόρεσα καὶ μηδένα τοῦ οἴκου ἐξυπνίσας, εἰς τὴν ἐκκλησίαν ἀπῆλθον. ἦν γὰρ λοιπὸν αὖγος. καὶ ἐν τῷ 10 ἀπέρχεσθαί με συναντήσας ἀδελφῷ ῥιγῶντι, ἀποδυσάμενος τὸ αἰγιόμαλλόν μου δέδωκα αὐτῷ, εἰπὼν εἰς ἑαυτόν· 'Ἰδοὺ ἐν τούτῳ γνώσομαι, εἰ ἄρα ἀληθής ἐστιν ἡ ὀπτασία, ἣν εἶδον, ἢ δαιμονιώδης.' καὶ τῆς ἀληθείας μαρτυρούσης, οὔπω τὴν ἐκκλησίαν κατέλαβον, καὶ ἐξαίφνης συναντήσας μοί τις 15 λευκοφόρος, δίδωσίν μοι ἀποκόμβιν ἑκατὸν νομισμάτων λέγων· 'Λαβὲ ταῦτα, ἄδελφε, καὶ διοίκησον, ὡς θέλεις.' ἐγὼ δὲ ἀπὸ χαρᾶς ἐξάπινα ταῦτα δεξάμενος ἐστράφην, θέλων ἀποδοῦναι αὐτῷ τὸ ἀποκόμβιν, ὡς μὴ δεόμενος, καὶ οὐκέτι εἶδόν τινα. τότε εἶπον· 'Ἀληθῶς οὐκ ἦν φαντασία.' ἐξ ἐκεί-20 νης οὖν πολλάκις ἐδίδουν συναδέλφῳ τίποτε καὶ ἔλεγον· 'Ἴδω, εἰ πέμπει ὁ θεὸς, ὡς εἶπεν, ἑκατονταπλασίονα.' καὶ ὡς

---

1. ἐγὼ γὰρ ἐποίησα αὐτ. ἐ. τ. γ. ἐνανθ. BE. ἐ. τ. γ. γὰρ ἐγὼ ἐπ. αὐτὸν ἐνανθρ. CD. 3. οὖν] δὲ D. 4. ἤγουν fehlt in E. 5. κεφαλὴν αὐτῆσ BE. ἐξ fehlt in A. 6. ὡς ἀληθῶς fehlt in C. 7. σαρκαφορῆσαι BD. σαρκαφορέσαι EF. 8. εὐθέως οὖν ἐξανέστην (— η Ε) τῆσ κλίνησ καὶ ἐφόρεσα τὸ ἱμάτιόν μου κτλ. BE. ἐφόρησα A. ἐξυπνήσας E. 9. ἦν γὰρ φησὶν αὐτὸσ καὶ ἐν D. 10. ῥιγῶντι B. ῥιγόντι E. ῥιγόντι A. ῥιγοῦντι CD. 11. αἰγιόμαλον AE. αὐτὸ (= αὐτῷ) A. εἰσ fehlt in B. πρὸσ ἑαυτὸν D. 12. ἄρα AB. ἦν ἰδὼν A. ἦν ἴδον D. 13. ἡ δαιμ. BCD. καὶ ὡσ τ. ἀ. BE. 15. ἀποκόμβιν BCE. ἀποκόμβην D. ἀποκόνβην F. μοι ἀποκ. fehlt in A. νομισμάτων CDEF. ÑÑΑ. ὁλοκοτίνων B. 16. ἄδελφε fehlt in D. 17. μετὰ χαρᾶσ ταῦτα δεξ. ἐξάπινα ἐστρ. BE. ἐξάπηνα C. πάλιν θέλων D. 18. ἀναδοῦναι CDE. ἀποκόμβιν BE. ἀποκόμβην CDA. ἀποκομβ.] ταῦτα F. 19. τινα] αὐτόν BE. 20. συναδέλφῳ A. ἀδελφῷ die andern. fratribus An. 21. ὡσ εἶπεν fehlt bei A.

ἐπείρασα τὸν θεὸν κακῶς ποιῶν, καὶ ἐπληροφορήθην διαφόρως δι' αὐτῶν τῶν πραγμάτων, εἶπον· 'Παῦσαι ἀθλία ψυχὴ πειράζουσα τὸν ἀπείραστον.' τοσαύτας οὖν πληροφορίας ἐχούσης ἐκ θεοῦ τῆς ταπεινῆς μου ψυχῆς, οὗτοι οἱ ἄπιστοι τάχα σήμερον ἦλθον σὺν αὐτοῖς κἀμὲ εἰς ἀσπλαγ- 5 χνίαν προτρέψασθαι.'

Cap. IX. Ἔτι οὔσης τῆς αὐτῆς πλη|θύος ἐν τῇ πόλει 284ᵛ τοῦ λαοῦ, τὶς τῶν ξένων θεωρῶν τὴν τοιαύτην αὐτοῦ συμπάθειαν, ἠθέλησεν πειράσαι τὸν μακάριον καὶ ἐνδυσάμενος ἱμάτια παλαιά, προσέρχεται αὐτῷ ὑπάγοντι ἐπισκέψασθαι 10 τοὺς τοῦ νοσοκομείου. δεύτερον γὰρ τῆς ἑβδομάδος ἢ καὶ τρίτον ἀπῄρχετο, καὶ λέγει πρὸς αὐτόν· 'Ἐλέησόν με ὅτι αἰχμάλωτος ὑπάρχω.' λέγει τῷ διαδότῃ· 'Δὸς αὐτῷ ἓξ νομίσματα.' εἶτα ὡς ταῦτα ἔλαβεν, ὑπάγει καὶ ἀλλάσσει τὸ σχῆμα καὶ ὑπαντᾷ αὐτῷ δι' ἄλλης καὶ προσπίπτει αὐτῷ 15 λέγων· 'Ἐλέησόν με ὅτι στενοῦμαι.' λέγει πάλιν ὁ πάπας τῷ διαδότῃ· 'Δὸς αὐτῷ ἓξ νομίσματα.' ὡς οὖν ἀπῆλθεν, λέγει τῷ πάπᾳ ὁ διαδότης εἰς τὸ οὖς αὐτοῦ· 'Μὰ τὰς εὐχάς σου, δέσποτα, ὁ αὐτὸς ἔλαβεν καὶ τὸ δεύτερον.' ἐποίησεν δὲ ἑαυτὸν ὁ πατριάρχης μὴ γινώσκοντα. ἦλθεν οὖν ἐκ τρίτου 20 πάλιν λαβεῖν καὶ ἔνυξεν τὸν πάπαν ὁ τὸ χρυσίον βαστάζων, σημαίνων αὐτῷ, τὸν αὐτὸν εἶναι· τότε ἀποχρίνεται αὐτῷ ὁ

---

1. καὶ fehlt in BE.   ἐπληροφορήθη C.   2. εἰπὼν A. καὶ εἶπον BDF.   ὦ ἀθλ. BE.   3. τοσαύτησ C.   4. οἱ ἄπιστοι fehlt in C.
5. ἑαυτοῖσ D.
7. Θ. C. H̄ B.   πληθύοσ ἐν τῇ πόλει τοῦ λαοῦ A.   8. τοῦ λαοῦ πλ. ἐν τ. π. die andern.   Nach τίσ fügen BE ποτὲ hinzu.   αὐτοῦ fehlt in D.   11. τοὺσ fehlt in C.   γὰρ] δὲ C.   Zwischen ἢ τρίτον lässt A καὶ weg.   13. διανομεῖ C.   Nach διαδ. fügen BE αὐτοῦ hinzu. N̊N̊F.   14. ὡσ οὖν ἔλαβε ταῦτα, ἀλλάσσει πάλιν τὸ σχῆμα καὶ ὑπαντᾷ αὐτῷ πάλιν δι' ἄλλησ C.   ὑπάγῃ AD.   καὶ fehlt in A.   ἀλλάσῃ A.   ἀλλάσσῃ D.   15. ἀπαντᾷ BE.   δι' ἄλλησ ὁδοῦ BE.   16. καὶ λέγει BE.   ὁ πάπασ πάλιν C fehlt in BE.   17. N̊N̊ A.   ὡς οὖν ἔλαβεν αὐτὰ καὶ ἀπῆλθεν BE.   18. ὁ διαδ. τῷ π. D.   19. πρώτερον D.   20. ἑαυτὸν fehlt in C.   τὸν μὴ γ. C.   21. τῷ πάπᾳ CD.   22. ὡσ σήμ. BE.   αὐτῷ fehlt in C.   εἶναι πάλι⁻ C.

Leontios' Iohannes Eleemon.   2

θεοφιλὴς ἀληθῶς ἐλεήμων· 'Δὸς αὐτῷ δώδεκά νομίσματα, μήπως ὁ Χριστός μού ἐστιν καὶ πειράζει με.'

Cap. X. Ναύκληρός τις ξένος ἐφύρασεν καὶ **προσελθὼν** τῷ μακαρίῳ ἐδέετο μετὰ πολλῶν δακρύων ἵνα συμπαθήσῃ αὐτῷ, ὡς καὶ πᾶσιν. ἐπιτρέπει οὖν λαβεῖν αὐτὸν πέντε λίτρας χρυσίου. καὶ ὡς ἔλαβεν ταύτας, ἀπελθὼν ἠγόρασεν ἐνθήκην, καὶ ἐμβληθεὶς εἰς πλοῖον κατὰ σύμβασιν ἔξωθεν τοῦ Φάρου εὐθέως ἐναυάγησεν. τὸ δὲ πλοῖον οὐκ ἀπώλεσεν. προσέρχεται οὖν πάλιν αὐτῷ τεθαρρηκὼς τῇ ἀγαθῇ αὐτοῦ γνώμῃ καὶ φησίν· 'Ἐλέησόν με, ὡς ὁ θεὸς τὸν κόσμον.' λέγει αὐτῷ ὁ πάπας· 'Πίστευσον, ἄδελφε, εἰ μὴ συνέμιξας τοῖς χρήμασιν τῆς ἐκκλησίας τὰ λοιπασθέντα σοι χρήματα, οὐκ ἐναυάγεις. ἀπὸ κακῶν γὰρ εἶχες αὐτὰ καὶ συναπώλεσαν καὶ τὰ ἀπὸ καλῶν.' πλὴν ἐπιτρέπει πάλιν δοθῆναι αὐτῷ δέκα λίτρας χρυσίου, παραγγείλας αὐτῷ μὴ συμμίξαι αὐτοῖς ἄλλα χρήματα. ἀγοράσας οὖν ἐνθήκην καὶ ἀρμενίσας ἡμέραν μίαν ἀνέμου βιαίου πνεύσαντος ἐξερρίφη εἰς τὴν γῆν, καὶ πάντα ἀπώλεσεν | καὶ αὐτὸ τὸ πλοῖον καὶ οὐκ ἐσώθησαν εἰ μὴ αἱ ψυχαὶ καὶ μόνον. ἠβουλήθη οὖν ἀπὸ αἰσχύνης καὶ στενώσεως ὁ αὐτὸς ναύκληρος ἀπάγξασθαι. ἀλλ' ὁ θεὸς ὁ πάντοτε τῆς τῶν ἀνθρώπων προνοῶν σωτηρίας ὑποτίθεται τῷ μακαριωτάτῳ πατριάρχῃ, καὶ ὡς ἤκουσεν τὸ συμβὰν αὐτῷ δηλοῖ αὐτῷ μηδὲν τὸ σύνολον διστάσαντα ἐλθεῖν πρὸς αὐτόν. τότε καταπασάμενος χοῦν καὶ τὸν χιτῶνα

---

1. θεοφιλέστατοσ F. ἀληθῶσ fehlt in DF. ιβ N̂N̂ A. δέκα νόμισμ. D. δέκα N̂N̂F. 2. πειράζῃ A.
3. IC. Θ B. 4. ἵνα ἐλεήσῃ καὶ αὐτῶ (αὐτὸν B) ὡσ καὶ πᾶσιν BE. 6. ταύτας fehlt in A. 8. τὸ πλοῖον BE. ἔξω E. 8. παρενθὺ C. ὤλεσεν. DB. 9. πάλιν fehlt in E. αὐτῶ πάλιν C. αὐτῶ fehlt in D. ἀγαθῇ fehlt in D. 10. με δέσποτα A. 11. ὁ πάπας] ὕπαγε D. 12. λιπασθέντα A. σοι fehlt in B. 13. ἂν ἐναυάγεισ EB. καὶ διὰ τοῦτο συναπώλεσαν D. 15. αὐτὰ C. 16. μίαν ἡμέραν E. 17. ἐπιπνεύσαντος B. ἐξερήφῃ A. ἐξερήφην C. 18. ἀπώλεσεν ἀλλὰ καὶ C. αὐτὸ fehlt in A. οὐ διεσώθησαν B. 19. αἱ ψ. μόναι B. αἱ ψ. μόνον E. ἐβουλήθη A. 20. ὁ φιλανοῦσ θϑ BE. 23. αὐτῷ] αὐτὸν E. 24. τότε] ὁ δὲ E. χοῦν τὴν κεφαλὴν αὐτοῦ BE.

ἀπρεπῶς διαρρήξας προσέρχεται αὐτῷ. ὡς οὖν εἶδεν αὐτὸν ἐν τοιούτῳ σχήματι ὁ πάπας, ἐμέμψατο αὐτὸν καὶ εἶπεν· Ἴλεώς σοι κύριος. εὐλογητὸς ὁ θεός. πιστεύω αὐτῷ ὅτι ἀπὸ σήμερον οὐ ναυαγεῖς, ἕως οὐ ἀποθάνῃς. τοῦτο δέ σοι συνέβη, διότι καὶ αὐτὸ τὸ πλοῖόν σου ἐξ ἀδικίας ἦν κτισθέν.' εὐθέως οὖν ἐκέλευσεν παραδοθῆναι αὐτῷ ἕνα δόρκωνα δύο μυριάδων γομάτον σίτου ἐκ τῶν πλοίων τῶν διαφερόντων τῇ κατ' αὐτὸν ἁγιωτάτῃ ἐκκλησίᾳ. ὃν παραλαβὼν ἐξῆλθεν ἀπὸ Ἀλεξανδρείας καὶ διεβεβαιοῦτο ὁ αὐτὸς ναύκληρος, ὅτι Εἴκοσι νυχθήμερα ἡρμενίσαμεν, σφοδρῷ ἀνέμῳ μὴ δυνηθέντες ὅλως γνωρίσαι ποῦ ὑπάγομεν μήτε ἀπὸ ἄστρου μήτε ἀπὸ τόπου. μόνον δὲ ὅτι ἐθεώρει ὁ κύβερνος τὸν πάπαν σὺν αὐτῷ κρατοῦντα τὸν αὐχένα καὶ λέγοντα αὐτῷ· 'Μὴ φοβηθῇς. καλῶς ἁρμενίζεις.' μετὰ οὖν τὴν εἰκοστὴν ἡμέραν ἀνεφάνημεν ἐπὶ τὰς νήσους τῆς Βρεττανίας, καὶ χαλασάντων ἡμῶν εἰς τὴν γῆν, εὕραμεν ἐκεῖ λιμὸν μέγαν. ὡς οὖν εἴπομεν τῷ πρώτῳ τῆς πόλεως, ὅτι σῖτον γέμομεν, λέγει· 'Καλῶς ὁ θεὸς ἤγαγεν ὑμᾶς. εἴ τι θέλετε, ἐκλέξασθε ἢ ἑκάστῳ μοδίῳ νόμισμα ἓν ἢ ἀντίφορτον κασσίτερον.' ἐξελεξάμεθα οὖν τὸ ἥμισυ οὕτως καὶ τὸ ἥμισυ οὕτως. πρᾶγμα δὲ ὑπάγει εἰπεῖν ὁ λόγος, τοῖς μὲν ἀπείροις τῶν δωρεῶν τοῦ θεοῦ δύσπιστον ἢ ἄπιστον, τοῖς δὲ πεῖραν ἔχουσι τῆς αὐτοῦ θαυματουργίας πιστὸν καὶ ἀπόδεκτον. ἁρμενίσαντος τοίνυν τοῦ πλοίου καὶ ἐρχομένου πάλιν μετὰ χαρᾶς εἰς Ἀλεξάνδρειαν, ἐχαλάσαμεν εἰς Πεντάπολιν.' καὶ ἐξενέγκας ὁ ναύκληρος

---

1. αὐτῷ fehlt in C.   3. ἴλεοσ A.   πιστεύω εὐλόγητοσ ὁ θσ εἰσ αὐτὸν E.   5. διότι] ὅτι A.   6. δόρκονα C. διόρκωνα A. δρόμωνα F.   7. γομάτων A.   8. ὧν A.   9. διεβ. ὁρκοισ φρικτοῖσ BE. ὡσ ὅτι D.   11. γνωρίσαι ὅλωσ E.   τὸ ποῦ BE.   ὑπάγωμεν A. ὑπὸ ἄστρ. D.   12. κυβερνήτησ E.   τὸν πάπα CD.   14. φοβοῦ A. τὴν fehlt in CD.   15. ἀνεφάνημεν BDE.   ἀνεφάναμεν A.   ἐφάνημεν C.   εἰσ τ. ν. CD.   βρετανίασ ACE.   16. εὕραμεν D.   εὕρομεν die übrigen Hndss.   17. γέμομεν] ἔχομεν E.   18. ἤγαγεν] ἤνικεν A.
19. ἢ ἓν A.   ὁλοκοτίνιν BE.   ἓν fehlt in BE.   κασσίτηρον ABCE (so stets).   20. ὑπάγῃ ὑμῖν D.   21. καὶ τοῖσ ADE.   22. δύσπιστοσ A. 23. τοίνυν] γὰρ BE.   24. μετὰ χαρᾶσ fehlt in C.   πολλῆσ fügt B hinzu. 25. ἐχαλάσαμεν BE.   quievimus An.   ἐχάλασαν AD.   ἐχάλασεν C.

285ᵛ πωλῆσαι ἐκ τοῦ κασσιτέρου — εἶχεν γὰρ ἐκεῖ ἀρχαῖον | συναλλάκτην δεόμενον ἐξ αὐτοῦ — δίδωσιν αὐτῷ εἰς σακκὶν ὡς πεντήκοντα λίτρας. ἐκεῖνος οὖν θέλων δοκιμάσαι τὸ εἶδος εἴ ἐστιν καλόν, ἔλυσεν αὐτὸ εἰς λαμπρὸν καὶ εὗρεν 5 αὐτὸ ἄργυρον πρωτεῖον. ἐνόμισεν οὖν ὅτι ἐπείρασεν αὐτὸν, καὶ ἐνέγκας αὐτῷ τὸ σακκὶν λέγει αὐτῷ· Ὁ θεὸς συγχωρήσῃ σοι. τί γὰρ εὑρές μέ ποτε ἐπιθέτην πρὸς σὲ, ὅτι ἄργυρον ἀντὶ κασσιτέρου πειράζων μοι ἔδωκας'; ἐκπλαγεὶς οὖν ἐπὶ τῷ λόγῳ ὁ ναύκληρος λέγει· 'Πίστευσον, ἐγὼ εἰς κασσί- 10 τερον αὐτὸν ἔχω. εἰ δὲ ὁ ποιήσας τὸ ὕδωρ οἶνον, αὐτὸς δι' εὐχῶν τοῦ πάπα ἐποίησεν καὶ τὸν κασσίτερον ἄργυρον, οὐδὲν ξένον, καὶ ἵνα πληροφορηθῇς, ἐλθὲ εἰς τὸ πλοῖον καὶ βλέπεις τὰ ἕτερα τῶν μαζίων ὧν ἔλαβες.' ἀνελθόντες οὖν εὗρον τὸν κασσίτερον ἄργυρον πρωτεῖον γενόμενον. καὶ οὐ 15 ξένον τὸ θαῦμα, ὦ φιλόχριστοι· ὁ γὰρ τοὺς πέντε ἄρτους πληθύνας καὶ πάλιν τὸ ὕδωρ Αἰγύπτου εἰς αἷμα μεταποιήσας καὶ τὴν ῥάβδον εἰς ὄφιν μετασχηματίσας καὶ τὴν φλόγα εἰς δρόσον μετενέγκας, εὐκόλως καὶ τοῦτο τὸ παράδοξον ἐποίησεν, ἵνα καὶ τὸν αὐτοῦ θεράποντα πλουτίσῃ καὶ τὸν 20 ναύκληρον ἐλεήσῃ.

Cap. XI. Κατερχομένου ποτὲ τοῦ ἁγιωτάτου τούτου ἐν

---

1. κασσητηρίου A. ἐκεῖ] fehlt in D. αὐτοῦ συν. AE. συναλάκτην AE. 2. αὐτῷ] αὐτοῦ C. fehlt in BE. σακκὶν BE. σακίον A. σακκὴν D. σακὴν C. 3. ὡς fehlt in C. δοκιμάσαι θέλων BE. 4. ἐὰν A. καλόν ἐστι C. εἰσ λαμπρὸν A, die anderen Codices εἰσ πῦρ. εἰσ fehlt in C. 5. ἀργύριον DF. αὐτὸν] αὐτῷ E. 6. σακκὶν BCE. σακκὴν D. σακκίον A. 7. ἐπιθέτην ποτὲ D. πρόσ σε fehlt in D. ἀργύριον D. 8. με C. δέδωκασ A. ἔδωκασ μοι πειράζων με D. 9. πιστ. ἀδελφέ BE. 12. πληροφορηθεῖσ die Hnds. εἴσελθε A. 13. βλέπεισ fehlt in D. τὰ ἑταίρια A. ἔλαβεσ ἴδε D. οὖν ἐν τῷ πλοίῳ BE. 14. γενόμενον fehlt in D. Nach γενόμενον fügen BE hinzu: καὶ τότε λοιπὸν ἐξηγήσατο τῶι φίλωι αὐτοῦ ὁ ναύκληροσ πάντα τὰ συμβάντα αὐτῶ ἐν ἀλεξανδρεία· καὶ ὅτι τῆσ ἐκκλησίασ ἐστὶ (νE) τὸ πλοῖον. 16. μεταπ. εἰσ αἷμα CFB. 18. μετενεγκὼν C. ἀκαμάτωσ καὶ τοῦτο τὸ παράδοξον θαῦμα εὐκόλωσ ἐποίησεν BE. 19. ἑαυτοῦ BE.
21. ΙΑ C. ῙB. ἁγίου BE.

κυριακῇ ἐν τῇ ἐκκλησίᾳ, προσῆλθεν αὐτῷ ἄνθρωπος ὑπὸ κλεπτῶν συληθεὶς ὅλον τὸν οἶκον αὐτοῦ ἕως καὶ αὐτοῦ τοῦ στρώματος αὐτοῦ. ἦν δὲ ἐν εὐπορίᾳ πολλῇ ὁ κλαπεὶς, καὶ πολλῆς ζητήσεως γενομένης καὶ μὴ εὑρεθέντων τῶν κλεψάντων τὸν οἶκον αὐτοῦ, ἠναγκάσθη ἀπὸ πολλῆς ἄγαν στενώ- 5
σεως προσελθεῖν μετὰ μεγάλης διατροπῆς τῷ ἐν ἁγίοις εἰπὼν αὐτῷ καὶ τὴν ἑαυτοῦ συμφοράν. συμπαθήσας οὖν αὐτῷ πολύ — ἦν γὰρ καὶ τῶν ἐμφανῶν ἐπιξενουμένων — λέγει τῷ πεπιστευμένῳ τὸ χρυσίον εἰς τὸ οὖς αὐτοῦ δοῦναι αὐτῷ χρυσίου δέκα πέντε λίτρας. ὡς δὲ ταύτας δοῦναι τούτῳ 10
ἀπήρχετο, λαμβάνει βουλὴν τοῦ λογοθέτου καὶ τοῦ οἰκονόμου, καὶ ἐκ διαβολικῆς ἐνεργείας φθονήσαντες οὐ δέδωκαν αὐτῷ εἰ μὴ πέντε λίτρας. ὡς οὖν ὑπέστρεφεν ἐκ τῆς συνάξεως | ὁ αὐτὸς τιμιώτατος ἀρχιεπίσκοπος, ἐπιδίδωσιν αὐτῷ 286ʳ
γυνὴ χήρα, ἔχουσα υἱὸν μονογενῆ. γνῶσιν ξενίου πέντε 15
κεντηναρίων χρυσίου. ὡς δὲ τοῦτο ἐδέξατο καὶ τὸ τίμιον σέκρετον ἀπέλυσεν, μετεκαλέσατο τοὺς διοικητὰς καὶ εἶπεν αὐτοῖς· 'Πόσας λίτρας δεδώκατε τῷ προσελθόντι μοι'; οἱ δὲ εἶπον· "Ὡς ἐκέλευσεν ἡ ἁγία σου, δέσποτα, ἱερωσύνη, ιε λίτρας.' ὡς δὲ ἐνόησεν αὐτοὺς ἐκ τῆς ἐνοικούσης αὐτῷ χά- 20
ριτος ὅτι ἐψεύσαντο, μεταστέλλεται τὸν λαβόντα καὶ ἐρωτᾷ αὐτὸν τὸ τί ἔλαβεν. τοῦ δὲ εἰπόντος· 'Πέντε λίτρας', ἐξενέγκας ἐκ τῆς τιμίας αὐτοῦ χειρὸς ὁ ὅσιος τὸ ἐπιδοθὲν αὐτῷ πιτ-

---

1. ἐν κυριακῆσ ἐν τῇ ἐκκλησία C. ἐν τῇ ἐκκλησίᾳ ἐν κυριακῇ ΒΕ. ἐν κυριακῇ εἰσ τὴν ἐκκλησίαν D. 5. ἄγαν fehlt in D. μεγάλησ] πολλῆσ C. 6. ἐντροπῆσ D. τῷ ἐν ἁγίοισ τούτω πάπα τὴν ἑαυτοῦ ἐξειπὼν συμφορὰν C. 7. συμφορὰν ἑαυτοῦ D. οὖν] δὲ ΒΕ. 8. πολὺ fehlt in A. ἐπιφανῶν C. τῷ διαδότῃ ΒΕ. 9. αὐτοῦ fehlt in BE. αὐτῷ δέκα πέντε λ. χρυσίου C. λίτρασ ιε BE. 10. τούτω δοῦναι ταύτασ C. ταύτασ δοῦναι αὐτῷ Β. δοῦναι αὐτῷ αὐτὰσ D. 11. καὶ vor ἐκ fehlt in A. 12. δέδωκαν A, die übrigen δεδώκασιν. 13. ὑπέστρεψεν C. ἐπέστρεφεν D. 15. χήρα γυνή BE. γνῶσιν] χάριν C. 16. κεντηνάρια BC. κεντιναρίων ADE. centenariorum An. 17. σέκραιτον C. σίγκρητον Ε. σέκριτον Α. 18. αὐτοῦσ C.. ἐδώκατε C. οἱ δὲ εἶπον fehlt in Β. 19. ἐκέλευεν C. ὡσ ἐκέλ. δέσποτα Β. ἡ ἁγιωσύνη σου δεσπ. D. 20. λίτρασ χρυσίου D. 21. ψεύδονται Ε. Nach λαβόντα fügen BE. τὸ χρυσίον hinzu. αὐτὸν] αὐτῷ Β.

τάκιον, είπεν αυτοίς· Ἐξ ὑμῶν ἀπαιτήσει ὁ θεὸς τὰ ἄλλα δέκα κεντηνάρια, ὅτι εἰ ἐδώκατε τὰς δεκαπέντε λίτρας, ὡς εἶπεν ἡ ταπείνωσίς μου, ὁ προσενέγκας τὰ πέντε κεντηνάρια, δεκαπέντε εἶχεν δοῦναι καὶ ἵνα πείσω ὑμᾶς πέμψας μετα-
5 στέλλομαι τὸν τυχόντα.' καὶ ἀποστείλας δύο ἄνδρας εὐλαβεῖς, μεταστέλλεται τὴν ἐπιδώσασαν αὐτῷ τὸ πιττάκιον εὐλαβεστάτην γυναῖκα ἐν τῷ βαπτιστηρίῳ, δηλώσας αὐτῇ· 'Τὴν εὐλογίαν, ἣν ἔβαλεν ὁ θεὸς εἰς τὴν καρδίαν σου προσενέγκαι αὐτῷ, φέρουσα μεθ' ἑαυτῆς ἐλθὲ πρὸς τὴν ταπείνωσίν μου.'
10 ἡ δὲ δρομαίως ἀναστᾶσα καταλαμβάνει τὰ ἴχνη τοῦ ὁσίου μετὰ καὶ τοῦ ποσοῦ. ὡς οὖν ἐδέξατο τὴν καρποφορίαν ὁ πάπας καὶ ἐπηύξατο αὐτῇ καὶ τῷ υἱῷ αὐτῆς ἱκανῶς, λέγει πρὸς αὐτήν· 'Τὰς εὐχὰς, ἀμμά, ταῦτα μόνον βουλὰς εἶχες δοῦναι τῷ Χριστῷ ἢ καὶ ἄλλο τι;' ὡς δὲ ᾔσθετο τὸν θεοφό-
15 ρον νοήσαντα ὃ ἐποίησεν, τρόμῳ συλληφθεῖσα εἶπεν· 'Μὰ τὰς ἁγίας τοῦ κυροῦ εὐχὰς καὶ τὸν ἅγιόν μου Μηνᾶν δεκαπέντε κεντηνάρια ἤμην γράψασα εἰς τὸ πιττάκιον καὶ πρὸ μιᾶς ὥρας τοῦ δοῦναί με αὐτὸ τῷ κυρῷ, ὡς ἱστάμην εἰς τὴν σύναξιν, ἀναλύσασα αὐτὸ ἀκαίρως, ἀνέγνωσα αὐτό· ἐγὼ
20 γὰρ ἡ ἀναξία δούλη σου καὶ ἔγραψα αὐτὸ ἰδιοχείρως καὶ εὗρον ὅτι τὰ δέκα ἐλειάνθησαν ἀφ' ἑαυτῶν. τότε ἐγὼ ἔκθαμβος γενομένη εἰς ἑαυτὴν εἶπον· 'Πάντως οὐκ ἔστιν θέλημα θεοῦ ἵνα | δώσω εἰ μὴ πέντε.' ἀπολύσαντος δὲ τοῦ πατριάρχου τὴν εὐλαβῆ γυναῖκα, ἔπεσαν εἰς τοὺς πόδας
25 αὐτοῦ οἱ τὴν παρακοὴν αὐτοῦ ποιήσαντες διοικηταὶ, αἰτοῦν-

---

1. ἀπαιτήσῃ C. ἀπετήσει E. 5. εὐλαβεῖσ ἄνδρασ BCDE.
6. ἐπιδοῦσαν B. 8. ἐνέβαλεν BCE. ὁ θσ fehlt in C. προσένεγκε αὐτὸ C. 9. καὶ ἐλθὲ C. πρὸσ] εἰσ C. 10. δρομαίωσ ACDE. δρομαῖοσ B. ταχέωσ F. 13. πρόσ fehlt in C. αὐτῇ D. ταῦτα μόνον fehlt in E. βουλῆσ C. 15. νοῆσαι B. 16. κιροῦ C. 18. δοῦναί μοι C. αὐτῷ A. 19. σύνταξιν E. ἀναλύσασ C. ἀνέγνων BE. 20. καὶ ὡσ ἀνέγνων αὐτὸ εὗρον D. 21. εὗρον] εἶπον E. ἐλιάνθησαν ABDE. ἠλειώθησαν C. ἐγὼ fehlt in CD. 22. ἑαυτὸν C. 23. τοῦ θῦ A. τὰ πέντε BE. 24. εὐλαβήν C. εὐλαβεστάτην BE. ἔπεσον D. 25. αὐτοῦ fehlt in AD. διοικηταὶ fehlt in D. αἰτοῦνται A.

τες συγχώρησιν καὶ διαβεβαιούμενοι μηκέτι τι τοιοῦτον διαπράξασθαι.

Cap. XII. Θεωρήσας τὴν τούτου τοῦ παναρέτου μεγαλοψυχίαν καὶ ἀφειδῶς ἡπλωμένην χεῖρα καὶ ὥσπερ ἐκ πηγῆς ἀεννάως πᾶσιν παρέχουσαν, Νικήτας ὁ πατρίκιος ἐξ ὑποβολῆς τινων διαβόλων, ἀνέρχεται πρὸς τὸν ὅσιον καὶ λέγει αὐτῷ· "Ἡ βασιλεία στενοῦται καὶ χρήματος ἐπιδέεται. ἀνθ' ὧν οὖν οὕτως ἀφειδῶς δαπανῶνται τὰ εἰσοδιαζόμενά σοι χρήματα, δὸς αὐτὰ τῇ βασιλείᾳ εἰς τὴν δημοσίαν σακέλλαν.' ὁ δὲ ἐπὶ τῷ λεχθέντι ἀτάραχος διαμείνας, λέγει πρὸς αὐτόν· 'Οὐ δίκαιόν ἐστι, ὡς οἶμαι, κῦρι ὁ πατρίκιος, τὰ τῷ ἐπουρανίῳ βασιλεῖ προσαχθέντα τῷ ἐπιγείῳ δοῦναι. εἰ δὲ καὶ ὅλως τίποτε τοιοῦτον ἔκρινας, πίστευσον, ὁ ταπεινὸς Ἰωάννης ἐξ αὐτῶν νουμὶν οὐ δίδει σοι· ἀλλ' ἰδοὺ ὑποκάτω τοῦ ταπεινοῦ χαλαδρίου μού ἐστιν ἡ ἀποθήκη τοῦ Χριστοῦ. ὡς βούλει, ποίησον.' ἀναστὰς οὖν εὐθέως ὁ πατρίκιος κράζει τοὺς βαστάσαι ὀφείλοντας ἐκ τῶν ἰδίων αὐτοῦ ἀνθρώπων καὶ φορτώνει αὐτοὺς ὅλα τὰ χρήματα, μὴ καταλείψας αὐτῷ εἰ μὴ ἓν κεντηνάριον. καὶ ὡς κατήρχοντο οἱ βαστάζοντες τὸ τοιοῦτον χρῆμα, ἀνήρχοντό τινες ἕτεροι βαστάζοντες κεράμια μικρὰ ἔχοντα χρήματα, πεμφθέντα ἀπὸ Ἀφρικῆς τῷ πάπᾳ, ἐπιγράφοντα τὰ μὲν 'μέλι πρωτεῖον' τὰ δὲ 'μέλι ἀκάπνιστον'. ὡς οὖν κατερχόμενος ὁ πατρίκιος ἀνέγνω τὰς ἐπιγραφὰς τῶν κεραμίων, δηλοῖ τῷ πάπᾳ πεμφθῆναι αὐτῷ ἐκ τοῦ τοιούτου μέλιτος λόγῳ τοῦ κελλαρίου αὐτοῦ· ἐγί-

---

1. τι fehlt in A. τοιοῦτον τι E.
3. IBC IĀB. Θεωρήσαντεσ A. τούτου fehlt in C. 5. ἀεννάου CD. 7. χρήματα D. χρημάτων E. 8. δαπανοῦνται A. τὰ ἐπιδιδόμενα σ. χρ. A. 9. τῇ βασιλείαν (sic) E. σακέλλην D. σακκέλλαν F. 11. ὡσ fehlt in C. ὡς οἶμαι fehlt in D. 12. τῶ ἐπιγ. βασιλεῖ D. καὶ fehlt in D. 13. πότε fehlt in D. 14. ἐξ αὐτῶν fehlt in A. νουμὴν A. νουμὶν BC. νουμμὶν E. νομὴν D. νουμίον ἓν F. δίδη A. ἀποκάτω C. 15. ταπεινοῦ fehlt in CD. χαραδρίου F. 16. βούλη AC. θέλεισ D. εὐθὺσ C. εὐθέωσ ὁ πατρίκιοσ εὐθέωσ κράξει D. 17. βαστάζειν B. 18. φορτώνῃ A. φορτόνει CD. 22. καὶ τὰ μὲν ἐπιγρ. D. 23. ἀκάπνιν C. 25. λόγου D. τοῦ κελλαρίου] τῆσ τραπέζησ F.

νωσκεν γὰρ τοῦ ὁσίου τὸ ἀμνησίκακον. ἀνελθόντος οὖν τοῦ τὰ κεράμια πεπιστευμένου καὶ ἐπιδώσαντος τὰς ἀποκρίσεις καὶ μηνύσαντος χρήματα εἶναι ἀντὶ μέλιτος ἐν τοῖς ἀγγείοις, εὐθέως ὁ ὄντως πρᾷος ποιμὴν ἀπέστειλεν αὐτῷ ἓν κεράμιον ἐπιγεγραμμένον 'μέλι πρωτεῖον', ποιήσας αὐτῷ καὶ πιττάκιον περιέχοντα οὕτως· 'Ὁ εἰπὼν δεσπότης· 'οὐ μή σε ἀνῶ, οὐδ' οὐ μή σε | ἐγκαταλίπω', ἀψευδὴς ὑπάρχει καὶ θεὸς ἀληθινός. διὸ τὸν θεὸν τὸν πᾶσιν τὴν τροφὴν καὶ τὴν ζωὴν παρέχοντα ἄνθρωπος φθαρτὸς στενῶσαι οὐ δύναται. ἔρρωσο.' παρήγγειλε δὲ τοῖς ἀπερχομένοις καὶ βαστάζουσι τὸ κεράμιον ἐπ' αὐτοῦ ἀνοιχθῆναι καὶ εἰπεῖν αὐτῷ, ὡς ὅλα τὰ ἐθεάσω τὰ κεράμια ἀνερχόμενα, χρήματα ἀντὶ μέλιτος γέμουσιν. ἐπὶ τραπέζης οὖν αὐτοῦ καθεζομένου κατὰ συγκυρίαν ἐμήνυσαν οἱ τὸ κεράμιον βαστάζοντες καὶ τὸ παραναγνωστικὸν τοῦ πάπα. ἀνελθόντων οὖν αὐτῶν ὡς εἶδεν ἓν μόνον κεράμιον, ἔφη ὁ πατρίκιος· 'Πίστευσον, κῦρι ὁ μέγας, εἰπὲ αὐτῷ, χολᾷς μοι, ἐπεὶ ἓν μόνον οὐκ ἔπεμψές μοι.' ἐπιδοθέντος δὲ αὐτῷ τοῦ πιττακίου καὶ ἀποβουλλωσάντων ἐκείνων εὐθέως καὶ κενωσάντων ἐπ' ὅλων τὸ χρῆμα, ἐγνώρισαν αὐτῷ καὶ τὰ λοιπὰ κεράμια ἃ εἶδεν ὁμοίως γέμειν. ὡς οὖν ἀνέγνω, ὅτι ἄνθρωπος φθαρτὸς τὸν θεὸν στενῶσαι οὐ δύναται, κατανυγεὶς ἐπὶ τῷ λόγῳ εἶπεν· 'Καὶ ζῇ κύριος οὔτε Νικήτας στενώσει αὐτόν· ἄνθρωπος γὰρ

---

1. οὖν] δὲ BE. 2. ἀποδώσαντος C. ἐπιδόντοσ B. ἀποκρίσεισ τῷ πάπα BE. 3. μηνύσας C. 5. μέλιν C. μέλη A. πρωτίον AD. 6. περιέχοντα A. περιέχων τάδε F. περίεχον die andern. Hebr. XIII 5 (vgl. Jesu I 5). 7. ἐγκαταλείπω CE. 9. τὴν τοῦ τροφὴν fehlt in E. 11. αὐτοῦ] αὐτῶν B. αὐτῷ E. 12. τὰ ἐθεάσω τὰ κεράμια ἀνερχόμενα A. ἃ ἐθεάσω τὰ ἀνερχόμενα κέραμια F. ἃ ἐθεάσατο BCD. ἀνερχόμενα κεράμια BC. τὰ ἀνερχ. κεράμια D. κεράμια ἀνερχόμενα E. 13. γέμουσιν] ἔχουσιν D. καθεζ. αὐτοῦ C. 15. παρὰ ἀναγνωστικὸν C. παραγνωστικὸν A. 16. κεράμ. μόνον A. κεράμιον αὐτῷ παρὰ τοῦ πάπα πεμφθὲν F. πίστευσον εἰπὲ αὐτῷ κύρι ὁ μ. D. 17. εἴπατε αὐτῷ F. dicite ei An. ἔπεμπε C. δὲ fehlt in C. αὐτοῦ C. ἀποβουλλωσάντων F. ἀποβουλωσ. die übrigen. 19. nach εὐθέως fügt D τὸ κεράμιον hinzu. ἐπὶ αὐτοῦ ὅλον τὸ χρῆμα BE. 21. ὅτι καὶ E.

καὶ αὐτὸς ἁμαρτωλὸς καὶ φθαρτός ἐστιν.' καὶ καταλιπὼν
εὐθέως τὸ ἄριστον καὶ λαβὼν μεθ' ἑαυτοῦ ὅσα ἦν ἐπάρας
χρήματα παρὰ τοῦ τιμίου πατρὸς καὶ τὸ πεμφθὲν παρ'
αὐτοῦ κεράμιον καὶ ἐξ ἑαυτοῦ τρία κεντηνάρια, καταλαμβάνει
τὰ τίμια αὐτοῦ ἴχνη, μηδένα εἰς ἴδιον ὀψίκιον συμπαραλα- 5
βὼν, ἀλλ' ἐν ταπεινοφροσύνῃ πολλῇ ἀνελθὼν παρεκάλει
αὐτὸν ὡς ἐξ ἑτέρων διαβλητόρων κινηθέντα, συγχώρησιν
αὐτῷ παρὰ θεοῦ αἰτήσασθαι, πληροφορῶν αὐτὸν, ὡς καὶ
ἐπιτίμιον, ἐὰν δώσῃ αὐτῷ, προθύμως τοῦτο δέξηται καὶ
φυλάξῃ. θαυμάσαντος δὲ τοῦ πάπα τὴν ὀξεῖαν τοῦ ἀνδρὸς 10
μεταβολὴν, οὐδὲν περὶ τῆς ἐγχειρήσεως ἐνεκάλεσεν, ἀλλὰ καὶ
μᾶλλον παρεμυθήσατο αὐτὸν λόγοις παρακλητικοῖς. τοιαύτη
δὲ ἀμφοτέροις συνεδέθη ἔκτοτε ἀγάπη, ὡς καὶ σύντεκνον
γενέσθαι αὐτὸν τοῦ πολλάκις εἰρημένου πατρικίου.

Cap. XIII. Ὁ τὸν Ἀβραὰμ εἰς τὸ συμφέρον πειράσας, 15
ἵνα τὴν αὐτοῦ πίστιν ἅπας ὁ κόσμος μαθὼν μιμήσηται, 287ᵛ
θεῷ μόνῳ ἐγνωσμένην, ἐπείρασεν καὶ τὸν ἀοίδιμον τοῦτον
Ἰωάννην. ὁ δὲ τρόπος τῆς αὐτοῦ πείρας τύπος ὠφελείας
ταῖς ἁγίαις τοῦ θεοῦ ἐκκλησίαις καθέστηκεν. ἔστιν δὲ αὕτη.
τοῦ ἀμυθήτου πλήθους τῶν φευγόντων ἐκ τῶν Περσῶν, ὡς 20
ἤδη προλέλεκται, καταλαμβάνοντος τὴν Ἀλεξάνδρειαν καὶ
στενώσεως πολλῆς ἐκ τοῦ μὴ ἀνελθεῖν τὸν ποταμὸν κατὰ
συνήθειαν γενομένης τροφῶν καὶ παντὸς τοῦ χρυσίου ἐκ-

---

4. αὐτοῦ τοῦ ὁσίου D. ἐξ αὐτοῦ D. καὶ ἐκ τῶν ἰδίων αὐτοῦ C.
τρία] τριάκοντα E. 5. αὐτοῦ τὰ τίμια A. 7. διαβλητόρων fehlt
in BE. διαβλ. ἀνδρῶν C. 8. τοῦ θῦ A. αὐτῶ A. 9. δέξηται
τοῦτο D. δέξεται BE. δέξασθαι AC. 10. φυλάξει BDE. φυλάξαι
AC. 13. ἀμφοτέρων BCE. ἔκτοτε συνεδ. BCD. ἐκ θῦ DE.
14. αὐτὸν fehlt in C. μνημονευθέντος C.
15. ΙΓ C. ΙΒ B. Nach πειράσασ fügen BE θσ hinzu. 16. μα-
θὼν fehlt in D. 17. μόνῳ πρώην BE. 18. πειρασίασ D. 19. τοῦ
χῦ BE. ἐκκλ. τοῦ θῦ C. 19. ταύτη C. 20. ἀναριθμήτου D.
πλήθ. ἐκφευγόντων τῶν περσῶν D. 21. καταλαμβανόντων BE.
22. ἐκ fehlt in D. τὴν κατὰ συνήθειαν τοῦ λαοῦ ἐπαπορεῖν τρο-
φὴν, ἀλλὰ καὶ τοῦ χρυσίου παντὸσ C. 23. καὶ τροφῶν D. παν-
τὸσ χρυσίου B. παντὸς τοῦ χρυσίου: hier bricht Cod. F ab und fährt
fol. 168ʳ ἐν τῷ ὁρίῳ μου (cap. XIII S. 27, 23) fort.

δαπανηθέντος, οὗ ἦν κεκτημένος, ὁ ἐν ἁγίοις πατριάρχης ἔπεμψεν καὶ ἐδανείσατο ἀπὸ πολλῶν φιλοχρίστων περὶ τὰ δέκα κεντηνάρια. καὶ τούτων πάλιν ἀναλωθέντων καὶ ἔτι τοῦ λιμοῦ κρατοῦντος καὶ τοῦ λοιποῦ δανεῖσαι αὐτῷ τινος
5 μὴ προαιρουμένου, ἀλλὰ πάντων τὴν ἐπικράτειαν τοῦ λιμοῦ φοβουμένων, καὶ τῆς χρείας τῶν εἰωθότων ἀποτρέφεσθαι ἐξ αὐτοῦ κατεπειγούσης, καὶ ἐν πολλῇ φροντίδι καὶ προσευχῇ τοῦ μακαρίου προσκαρτεροῦντος, αἰσθόμενός τις τῶν τὴν πόλιν οἰκούντων κτητόρων τὴν περιέχουσαν τὸν ἁγιώτατον
10 στένωσιν καὶ παντελῆ ἀπορίαν, δίγαμος ὢν, ἐπεθύμει διάκονος γενέσθαι τῆς ἁγίας ἐκκλησίας. καὶ ὥσπερ ἐκ τῆς ἀνάγκης τῆς περιεχούσης πάντοθεν τὸν ὅσιον βουλόμενος πεῖσαι αὐτὸν, ἵνα χειροτονήσῃ αὐτὸν, ποιεῖ αὐτῷ δέησιν περιέχουσαν οὕτως — κατὰ πρόσωπον γὰρ οὐκ ἐτόλμα τι τοιοῦτον πρὸς αὐτὸν
15 φθέγξασθαι. „Τῷ ἁγιωτάτῳ καὶ τρισμακαρίῳ πατρὶ πατέρων Ἰωάννῃ τοποτηρητῇ Χριστοῦ δέησις καὶ ἱκεσία παρὰ Κοσμᾶ ἀναξίου δούλου τῶν δούλων τῆς σῆς ἁγιωσύνης. μεμαθηκὼς, ἁγιώτατε κῦρι, τὴν περιέχουσαν τὴν τιμίαν σου κεφαλὴν κατὰ συγχώρησιν θεοῦ, μᾶλλον δὲ ἐξ ἡμετέρων ἁμαρτιῶν
20 τροφῶν στενοχωρίαν, οὐχ ὅσιον ἡγησάμην ὁ δοῦλός σου ἐν ἀνέσει διάγειν, τοῦ δεσπότου μου ἐν στενώσει ἀεὶ ὑπάρχοντος. ἔστιν οὖν τῷ ἀναξίῳ δούλῳ σου σίτου χιλιάδες διακόσιαι καὶ χρυσίου λίτραι ρπ, ἅστινας δοῦναι παρακαλῶ τῷ Χριστῷ διὰ τοῦ κυροῦ. μόνον ὁ ἀνάξιος τῆς αὐτοῦ δια-
25
288ʳ κονίας | ἐν ἀπολαύσει γένωμαι, ἵνα διὰ τῆς τοιαύτης σὺν τῷ

---

1. οὐ — πρῖάρχησ fehlt in C.   5. ἀλλὰ καὶ D.   6. τῶν αὐτῶν ἰωθότων A.   ἀποστρέφεσθαι A.   7. κατεπειγούσησ fehlt in A.
9. πάπαν fügen BE hinzu.   11. ἁγίασ fehlt in D.   12. πάντοθεν fehlt in D.   τὸν ἁγιώτατον πάντοθεν E.   πειράσαι C.   13. ποιεῖ δὲ A.   οὕτω A.   14. τοιοῦτον πρὸς αὐτὸν fehlt in D.   15. τῷ ἐν ἁγίοισ πρι πρων ἰωάννη D.   16. τρισμακαρίστωι BEC.   16. καὶ ἱκεσία fehlt in C.   παρὰ fehlt in D.   Κόσμα C.   17. ἀναξίου fehlt in D.   19. ἡμῶν C.   20. τροφῶν fehlt in BE.   21. στενῶ C. ἀεὶ fehlt in DE.   23. λίτρεσ A.   λίτραισ C.   24. διὰ τοῦ τοῦ κυροῦ E.   δ. τῷ χῷ π B.   παρ. δοῦναι τῷ χῷ D.   25. γένωμαι ἐν ἀπ. A. γένομαι CD.

κυρῷ τοῦ ἁγίου θυσιαστηρίου παραστάσεως καθαρισθῶ τῆς τῶν ἁμαρτημάτων μου ἀσωτίας. εἴρηται γάρ, θεοκήρυξ ἀληθινὲ, διὰ τοῦ ἁγίου ἀποστόλου Παύλου, ὅτι ἐξ ἀνάγκης καὶ νόμου μετάθεσις γίνεται."

Ταῦτα δεξάμενος ὁ θεόσοφος καὶ τὸν ἄνδρα μεταστειλά- μενος ἔφη πρὸς αὐτόν· 'Σὺ εἶ ὁ τὴν δέησιν ἡμῖν διὰ τοῦ σοῦ νοταρίου καὶ υἱοῦ ἀποστείλας'; τοῦ δὲ φήσαντος· 'Ναί δέσποτα', ἐξήνεγκεν πάντας ἔξω ὁ μακάριος, μὴ θελήσας ὁ συμπαθέστατος ἐπὶ πάντων τοῦτον αἰσχῦναι, καὶ ἤρξατο λέγειν πρὸς αὐτόν· "Ἡ μὲν προσφορά σου πολλὴ καὶ τῷ καιρῷ ἀναγκαία, ἀλλ' ἐπίμωμός ἐστιν, καὶ γινώσκεις ὅτι ἐν τῷ νόμῳ πρόβατον εἴτε μικρὸν εἴτε μέγα, εἰ μὴ ἄμωμον ἦν, εἰς θυσίαν οὐκ ἀνεφέρετο, καὶ διὰ τοῦτο οὐδὲ τῇ θυσίᾳ τοῦ Καῒν προσέσχεν ὁ θεός. ὅτι δὲ εἶπας, ἄδελφε, ἐξ ἀνάγκης καὶ νόμου μετάθεσις γίνεται, περὶ τοῦ νόμου τῆς παλαιᾶς τοῦτο εἶπεν ὁ ἀπόστολος· ἐπεὶ πῶς φησιν ὁ ἀδελφὸς τοῦ κυρίου Ἰάκωβος ὅτι 'ὅστις τελέσει πάντα τὸν νόμον, πταίσει δὲ ἐν ἑνί, γέγονε πάντων ἔνοχος;' περὶ δὲ τῶν ἀδελφῶν μου τῶν πτωχῶν καὶ περὶ τῆς ἁγίας ἐκκλησίας ὁ θρέψας αὐτοὺς θεὸς πρὶν γεννηθῶμεν ἐγώ τε καὶ σὺ, αὐτὸς καὶ νῦν τρέφει αὐτούς, μόνον ἐὰν τοὺς λόγους αὐτοῦ ἀτρώτους φυλάξωμεν. ὁ γὰρ τότε τοὺς πέντε ἄρτους πληθύνας δύναται καὶ τὰ δέκα μόδια τοῦ ὠρείου μου εὐλογῆσαι. διὸ ἐκεῖνο λέγω πρὸς σὲ, τέκνον, τὸ ἐν ταῖς πράξεσιν εἰρημένον· 'Οὐκ ἔστιν σοι μερὶς οὐδὲ κλῆρος ἐν τῷ μέρει τούτῳ'.

Ὡς δὲ τοῦτον στυγνὸν καὶ ἄπρακτον ἀπέλυσεν, μηνύεται

1. τῇσ τοῦ F. 3. Hebr. VII 12. 6. τὴν δὲ ἡμῖν C. 7. συννοταρίου C. ἀπέστειλασ C. 8. ἐξενέγκασ D. 9. τούτων A. καὶ] αὐτὸν D. 10. ἡ] εἰ C. 11. ἀναγκαία ὑπάρχει ἀλλ' ἐπεὶ νόμοσ D. ἐν τῷ νόμῳ ὅτι D. Levit. XXII 20. 13. ἀναφέρεται A. τὴν θυσίαν ACD. 15. νομοῦ C. 16. παῃασ C. Die Silbe λαι ist am Ende der Kolumne weggefallen. 17. ὅστισ] ὅσ D. Jacob. II 10. 18. πέσει A. μέτοχοσ D. 20. γεννηθοῦμεν A. γεννηθῶ B. τε fehlt in A. 21. μόνον fehlt in B. 23. ὁρίου ACD. Mit den Worten ἐν τῷ ὁρίῳ μου δέκα μοδίουσ εὐλ. setzt Codex F fol. 168ʳ wieder ein. 24. πράξεσι τῶν ἁγίων ἀποστόλων D. 25. Apostelgesch. VIII 21. μέροσ B. 26. δὲ fehlt in A. στυγνὸν] σκυθρωπὸν F.

αὐτῷ δύο δόρκωνας τῶν τῆς ἐκκλησίας χαλάσαι, ἐξ ὧν ἦν πέμψας ἐν Σικελίᾳ διὰ σῖτον. τοῦτο δὲ μαθὼν ὁ μακάριος, πεσὼν ἐπὶ τὴν γῆν, ηὐχαρίστησεν τῷ παντοδυνάμῳ θεῷ λέγων· 'Εὐχαριστῶ σοι, δέσποτα, ὅτι οὐ συνεχώρησας τῷ δούλῳ σου εἰς χρήματα πωλῆσαι τὴν χάριν σου· ὄντως οἱ ζητοῦντές σε, κύριε, καὶ τοὺς τῆς ἁγίας σου | ἐκκλησίας κανόνας φυλάττοντες οὐκ ἐλαττωθήσονται παντὸς ἀγαθοῦ.

Cap. XIV. Τινῶν δύο κληρικῶν πταισάντων, τουτέστιν ἐπιχειρησάντων ἀλλήλοις, τούτους ἡφόρισεν κανονικῶς πρὸς ἡμέρας. τούτων ὁ μὲν εἷς ἄσμενος κατεδέξατο τὸ ἐπιτίμιον καὶ συνέγνω τὸ ἑαυτοῦ πταῖσμα, ὁ δὲ ἄλλος, κακότροπος ὑπάρχων, χαίρων ἐδέξατο τὸ ἐπιτίμιον· ἀφορμὴν γὰρ ἐζήτει ὁ δείλαιος τοῦ μὴ εἰσέρχεσθαι εἰς τὴν ἐκκλησίαν, ἀλλ' ἄδειαν ἔχειν διηνεκῆ ἐν ταῖς ἀθέσμοις αὐτοῦ πράξεσιν· ὠργίζετο δὲ κατὰ τοῦ πάπα καὶ ὅσον τὸ ἐπὶ τῇ οἰκείᾳ προθέσει ἠπείλει βλάπτειν αὐτόν. τινὲς δέ φασιν καὶ αὐτὸν εἶναι τὸν διαβαλόντα τὰ χρήματα τῆς ἐκκλησίας πρὸς τὸν πατρίκιον Νικήταν, ἅπερ καὶ ἥρπασεν χειρὶ ὡς προγέγραπται. προσανηνέχθη οὖν τῷ μακαρίῳ ἡ τοῦ μνησικακοῦντος αὐτῷ ἀδιόρθωτος πρόθεσις. ὁ δὲ ὄντως ποιμὴν μνημονεύων τοῦ εἰρηκότος· 'τίς ἀσθενεῖ καὶ οὐκ ἀσθενῶ;' καὶ πάλιν· 'ὑμεῖς οἱ δυνατοὶ τὰ ἀσθενήματα τῶν ἀδυνάτων βαστάζετε', ἠβουλήθη τοῦτον μεταστείλασθαι καὶ πρεπόντως νουθετῆσαι αὐτὸν καὶ λῦσαι τοῦ ἀφορισμοῦ· ἐθεώρει γὰρ τὸν λύκον

---

2. σικελλία A. εἰσ σικελίαν F. 3. προσεκύνησεν καὶ ηὐχ. A. παντοδυνάμω fehlt in D. 5. ὄντοσ A. οὕτωσ C. 7. φυλάττοντασ AC. οὐχ C.

8. ΙΔ C. ΙΓ B. Π ΤΟΥ ΚΑΚΟΤΡΟΠΟΥ ΚΛΗΡΙΚΟΥ D. 9. ἠφώρησεν C. ἠφύρησεν A. 10. per aliquot dies An. ἀσμένωσ A. 12. χαιρόμενοσ CFD. τὸ ἐπιτ. ἰδέξ. BECD. ἐγεγήθη ἐπὶ τῷ ἀφορισμῷ F. 13. δήλαιοσ ABC. δύλιοσ D. τὴν fehlt in D. ἐκκλ. τοῦ θῦ A. ἀλλὰ AE. 14. ἔχει C. 15. δὲ καὶ BE. 16. καὶ fehlt in BE. 17. τὸν διαβαλόντων C. 18. νικῆτα C. καὶ fehlt in BD. ἅπερ καὶ χειρὶ ἐκ τὸν πάπαν ἀφήρπασε C. ὡσ προγέγραπται DE. ut praescriptum est An. fehlt in C. ὡσ γέγραπται AB. 19. αὐτοῦ A fehlt in CD. 21. II Kor. XI 29; Roem. XV 1.

ἁρπάσαι τὸ πρόβατον ἐπιχειροῦντα. κατ' οἰκονομίαν δὲ θεοῦ ἵνα γνωσθῇ πᾶσιν ἡ τοῦ πατριάρχου ἀμνησίκακος ψυχὴ, ἐπελανθάνετο τοῦτον μεταστείλασθαι καὶ λῦσαι τοῦ ἐπιτιμίου.

Ὡς οὖν ἡ ἁγία κυριακὴ κατέλαβεν καὶ τῷ ἁγίῳ θυσιαστηρίῳ παρέστη τὴν ἀναίμακτον θυσίαν προσενέγκαι, ἤδη λοιπὸν τοῦ διακόνου τὴν καθολικὴν ὑπάγοντος πληρῶσαι εὐχὴν καὶ τοῦ ἁγίου καταπετάσματος ὑψοῦσθαι μέλλοντος, εἰς ἔννοιαν τοῦ μνησικακοῦντος αὐτῷ ἦλθεν, καὶ εὐθέως ἐκείνου τοῦ θείου προστάγματος μνημονεύσας τοῦ φάσκοντος· 'Ἐὰν προσφέρῃς τὸ δῶρόν σου ἐπὶ τὸ θυσιαστήριον, κἀκεῖ μνησθῇς ὅτι ὁ ἀδελφός σου ἔχει τι κατὰ σοῦ, ἄφες τὸ δῶρόν σου ἐπὶ τὸ θυσιαστήριον ἔμπροσθεν καὶ ὕπαγε πρότερον, διαλλάγηθι τῷ ἀδελφῷ σου, καὶ τότε ἐλθὼν πρόσφερε τὸ δῶρόν σου', δηλοῖ τῷ | τὴν διακονικὴν εὐχὴν ποιοῦντι διακόνῳ ἀναλαβέσθαι ἐξ ἀρχῆς καὶ ἐὰν τελειώσῃ πάλιν ἀναλαβέσθαι, ἕως οὗ φθάσῃ ἡ αὐτοῦ ἁγιωσύνη. προσεποιήσατο γὰρ τὴν γαστέραν αὐτοῦ νύξασαν αὐτόν. καὶ ἐλθὼν ἐν τῷ τιμίῳ κειμηλιαρχείῳ ἀπέστειλεν εὐθέως κἂν εἴκοσι ἑβδομαρίους, ἐπιζητοῦντας τὸν εἰρημένον κακότροπον κληρικόν· ὁ γὰρ σκοπὸς τοῦ ποιμένος οὗτος ἦν τοῦ ἁρπάσαι ἐκ τοῦ στόματος τοῦ λέοντος τὸ πρόβατον. ὁ δὲ τὸ θέλημα τῶν φοβουμένων αὐτὸν ποιῶν θεὸς ἐποίησεν κατὰ χεῖρας εὑρεθῆναι εὐθέως τὸν κληρικόν, καὶ ἐλθόντος αὐτοῦ ὡς τῆς ἀληθείας μαρτυρούσης πρῶτος ὁ πατριάρχης

---

7. τοῦ τὴν D. 9. εἰσ τὴν BE. 10. In Codex E sind die drei letzten Buchstaben von ἐκείνου ausradiert. θείον fehlt in E. 11. Matth. V 23. φάσκοντος ὅτι ἐὰν D. ἐπὶ τὸ θυσιαστήριον fehlt in D. 12. κἀκεῖ — θυσιαστήριον fehlt in C. μνησθεῖσ A. μνησθεὶσ D. σοῦ τὸ δῶρον A. ἔμπροσθεν fehlt in A. 13. πρῶτον BE. 15. διακονίαν τῆσ εὐχῆσ A. 16. πάλιν — ἕωσ fehlen in B, da das Pergament abgeschnitten ist. 17. ἕωσ οὗ ABCE. ἂν D. 18. γαστέρα CDE. 19. χημιλιαρχίω A. κειμιλιαρχείω E. 21. γὰρ] δὲ D. οὕτωσ C. ἦν οὗτοσ D. 22. ἐκ hat in Codex A der Corrector hinzugefügt. 22. τὸ πρόβατον ἐκ τοῦ κτλ. D. 24. εὐθέωσ εὑρεθῆναι AE. κατὰ χεῖρασ fehlt in A. 25. ὡσ fehlt in D.

ἔβαλεν μετάνοιαν εἰπών· 'Συγχώρησόν μοι, ἄδελφε.' αἰδεσθεὶς οὖν τὴν τοῦ τιμίου ἀρχιερωσύνην καὶ τὴν τῶν συνόντων παρουσίαν, μᾶλλον δὲ φοβηθεὶς τὸ κρῖμα καὶ φρίξας μή πως κατελθῃ πῦρ ἐξ οὐρανοῦ αὐτῇ τῇ ὥρᾳ καὶ ἀναλώσῃ αὐτὸν, θεωροῦντα τὴν τιμίαν ἐκείνην πολιὰν χαμαὶ κειμένην, ἔβαλεν καὶ αὐτὸς μετάνοιαν, αἰτῶν συγγνώμης καὶ φιλανθρωπίας τυχεῖν. καὶ εἰπόντος τοῦ πάπα· ''Ο θεὸς πᾶσιν ἡμῖν συγχωρήσῃ', ἀνέστησαν ἀμφότεροι καὶ εἰσῆλθον εἰς τὴν ἐκκλησίαν. καὶ τότε μετὰ πολλῆς χαρᾶς καὶ εὐφροσύνης παρέστη τῷ ἁγίῳ θυσιαστηρίῳ μετὰ καθαροῦ συνειδότος δυνάμενος εἰπεῖν τῷ θεῷ· ''Αφες ἡμῖν τὰ ὀφειλήματα ἡμῶν, ὡς καὶ ἡμεῖς ἀφίεμεν τοῖς ὀφειλέταις ἡμῶν.' οὕτως δὲ ἐσωφρονίσθη ἔκτοτε καὶ κατηνύγη ὁ ἀναγνώστης, ὡς ἀξιωθῆναι αὐτὸν καὶ τῆς τοῦ πρεσβυτέρου χειροτονίας.

Cap. XV. Θεοφόροι τινὲς τῶν ἁγίων πατέρων φασίν· 'Ἀγγέλων μέν ἐστι τὸ μηδὲ ὅλως μάχεσθαι, ἀλλ' ἐν παντελεῖ καὶ διηνεκεῖ εἰρήνῃ ὑπάρχειν, ἀνθρώπων δὲ τὸ ἀμφιβάλλειν μὲν, εὐθέως δὲ καὶ παρ' αὐτὰ διαλλάττεσθαι, δαιμόνων δὲ τὸ μάχεσθαι μὲν, ἀδιαλλάκτους δὲ τὴν ἡμέραν πᾶσαν παρέρχεσθαι.' τοῦτο δὲ προοιμιασάμεθα, φιλόχριστοι, τοῦ παρόντος ἡμῖν διηγήματος ἕνεκεν. Ἔδοξέν ποτε τοῦτον τὸν ἀοίδιμον μετὰ τοῦ προμνημονευθέντος Νικήτα τοῦ

---

2. ἁγίου C. τιμίου ἀνδρὸσ BE. τιμίου πρσ D. τιμίου A. 3. παρόντων A. κρίμα τοῦ θῦ E. iudicium Dei An. 6. συγχωρήσεωσ D. 8. συγχωρήσει ABE. ἀνέστησαν ἀμφότεροι καὶ εἰσῆλθον A. ἀνέστησαν καὶ ἦλθον ἀμφότεροι CD. ἀνέστησαν ἑκάτεροι καὶ εἰσῆλθον ἀμφότεροι B. ἀνέστησαν ἑκάτεροι καὶ εἰσῆλθωσαν ἀμφότεροι E. 9. ἁγίαν ἐκκλ. E. 12. ἀφίωμεν EF. οὗτοσ A. 13. ἐσωφρονίσθην F. κατηνύγει ACD. κατηνοίγει F. ἔκτοτε ὁ ἀν. D. ὥστε A. 14. πρεσβυτερίου E.
15. ΙΕ C. ΙΔ B. ΑΜΦΙΒΟΛΗ ΤΟΥ ΜΑΚΑΡΙΟΥ ΙΩΑΝΝΟΥ ΜΕΤΑ ΤΟΥ ΠΡΟΜΝΗΜΟΝΕΥΘΕΝΤΟΣ ΝΙΚΗΤΑ ΤΟΥ ΠΑΤΡΙΚΙΟΥ: D. φησὶν BDE. φησὶ C. φασὶν A. 16. ἀλλ' — διαλλάττεσθαι fehlt in B. 19. ἀδιαλάκτου C. 21. ἡμῶν E. ὑμῖν C. διηγήματοσ τὴν ὑπόθεσιν βουλόμενοι ἐξενεγκεῖν D. 22. ἀοίδιμον πριάρχην BE. νικήτα fehlt in D. νική hat C am Ende der Zeile unter Weglassung von τα.

πατρικίου περί τινος δημοσίου πράγματος ἀμφιβάλαι. ὁ δὲ τρόπος τῆς μάχης ἦν τοιοῦτος. ἀναγκαῖον γὰρ καὶ αὐτὸν εἰπεῖν, ψυχωφελῆ τυγχάνοντα. ὁ μὲν πατρίκιος ἤθελεν διοικῆσαι τὴν ἀγορὰν δημοσίου κέρδους ἕνεκεν. ὁ δὲ πατριάρχης τοῦτο οὐκ ἠνείχετο τῆς τῶν πενήτων προνοούμενος σωτηρίας, καὶ ἐν τούτῳ πολλὰ οὖν αὐτῶν ἐπὶ σεκρέτου φιλονεικησάντων καὶ ἀσυμβιβάστων μενόντων, ἀνεχώρησαν ἀμφότεροι πρὸς ἀλλήλους ὀργισθέντες ἀδιάλλακτοι. ἦν δὲ ὥρα πέμπτη, καὶ ἡ μὲν τοῦ πατριάρχου ἀντίστασις καὶ πικρία ὑπὲρ τῆς ἐντολῆς τοῦ θεοῦ ὑπῆρχεν, ἡ δὲ τοῦ πατρικίου κέρδους χρηματιστικοῦ ἕνεκεν. ὅμως φησὶν ὁ δίκαιος· 'Οὔτε ὑπὲρ εὐλόγου οὔτε ὑπὲρ ἀλόγου προφάσεως ὀργίζεσθαι ὀφείλει ὁ ἄνθρωπος'. ὥρας οὖν ἑνδεκάτης καταλαβούσης, δηλοῖ διὰ τοῦ πρωτοπρεσβυτέρου σὺν τῷ κλήρῳ ὁ πάπας τῷ πατρικίῳ τοῦτο τὸ ἀξιομνημόνευτον ῥῆμα· 'Δέσποτα, ὁ ἥλιος πρὸς δυσμάς ἐστιν'. ὡς δὲ τούτου τοῦ ῥήματος ἐκεῖνος ἤκουσεν, μὴ ἐνέγκας τὴν τῆς καρδίας αὐτοῦ πύρωσιν, ἀλλ' ὥσπερ ὑπὸ θείου πυρὸς τοῦ λόγου κατανυγεὶς τοῦ ὁσίου, σύνδακρυς εὐθέως ὅλος ἐγένετο, καὶ ἀναστὰς καταλαμβάνει τὸν μακάριον. ὡς οὖν τοῦτον εἶδεν ὁ δίκαιος, φησί· 'Καλῶς ἦλθεν ὁ υἱὸς τῆς ἐκκλησίας, ὁ ὑπήκοος τῆς φωνῆς αὐτῆς.' βαλόντων οὖν ἀμφοτέρων μετάνοιαν καὶ περιπλακέντων ἀλλήλοις ἐκάθισαν καὶ ἀνοίξας τὸ στόμα αὐτοῦ

---

1. πράγμαÏατοσ F. 2. τῆσ — τοιοῦτοσ fehlt in Cod. B, da das Pergament weggeschnitten ist. τῆσ τοιαύτησ μετόχησ ἦν οὗτοσ D. αὐτὸ D. 3. μὲν γὰρ BE. ἠθέλησεν D. ἠθέλησε E. 4. τοῦ δημοσίου A. 5. ἠνίχετο A. ἠνήχετο C. ἠνέσχετο BE. ἐδέχετο D. patiebatur An. 6. οὖν αὐτῶν fehlt in BE. καὶ ἐπὶ C. σεκραίτου A. σηκρήτου E. σεκρέτου die übrigen. 7. φιλονεικήσαντεσ E. ἀσυμβίβαστοι E. μεινάντων CD. μείναντεσ E. 10. ὁ δὲ D. 11. ἕνεκα E. 12. προφάσεωσ ὀφείλει τὸν ἄνον ἀδιάλλακτον εἶναι D. τὸν ἄνον C. 15. τοῦτο fehlt in C. τουτονὶ ῥῆμα C. 16. δέσποτα] τέκνον BE. 17. ἦχ. ἐκεῖνοσ D. μὴ — τῆσ fehlt in B, da das Pergament weggeschnitten ist. 18. τοῦ λόγου ABCE. τῷ λόγῳ D. πυρὸσ] ἄνθρακοσ F. 19. εὐθέωσ fehlt in D. γέγονεν A. 21. Nach ἐκκλησίασ fügen BE καλῶσ ἦλθεν hinzu. 22. βαλόντων D. 23. ἀλλήλοισ περιπτυξομένων F. ἀλλήλοισ ABCDE.

τὸ σοφὸν ὁ πάπας εἶπεν· 'Πίστευσόν μοι, δέσποτα, εἰ μὴ ὅτι οἶδά σε πάνυ θλιβόμενον ἐπὶ τούτῳ, ἐπεὶ οὐκ ὤκνουν ἐγὼ ἐλθεῖν πρὸς τὴν λαμπρότητά σου. καὶ γὰρ ὁ κύριος καὶ θεὸς ἡμῶν Ἰησοῦς Χριστὸς αὐτὸς περιήρχετο τὰς πόλεις
5 καὶ τὰς κώμας καὶ τοὺς οἴκους, ἐπισκεπτόμενος καὶ τοὺς ἀνθρώπους.' πάντων δὲ ἐπὶ τῇ ταπεινώσει τοῦ ἀρχιερέως οἰκοδομηθέντων καὶ θαυμασάντων, ἀπεκρίνατο πρὸς αὐτὸν ὁ πατρίκιος· 'Πίστευσον, πάτερ, ὅτι οὐκέτι χωροῦσιν τὰ ὦτά μου ἐκ τῶν ἐρχομένων καὶ διαβαλλόντων μοι τὰ πρά-
10 γματα.' τότε ὁ σοφὸς διδάσκαλος εἶπεν αὐτῷ· 'Πίστευσον,
290¹ τέκνον καὶ ἄδελφε. ἐὰν πᾶσιν, οἷς ἀκούομεν, | θέλωμεν πιστεύειν, πολλῶν ἁμαρτιῶν γινόμεθα κύριοι, μάλιστα ἐν τῷ καιρῷ τούτῳ, ὡς ἐγένοντο οἱ πολλοὶ τῶν ἀνθρώπων μισάλληλοι, κἀμὲ γὰρ πολλάκις παρωδήγησαν οἱ προσαναφέροντες
15 τὰς διοικήσεις τῶν πραγμάτων, καὶ μετὰ τὸ ποιῆσαί με πολλάκις τὴν ἐπεξέλευσιν, ὡς παρωδηγήθην, ὕστερον ἄλλοι τινὲς προσανέφερόν μοι, ὅτι παρεδιδάχθην ἐν τῷ κεφαλαίῳ. ὡς οὖν τοῦτο δεύτερον καὶ τρίτον ἔπαθον, ἔδωκα ὅρον ἑαυτῷ ἐκτὸς τῶν ἑκατέρων μερῶν μὴ δοῦναι τομὴν εἰς κε-
20 φάλαιόν ποτε, τοῖς δὲ προσαναφέρουσίν μοι, ὅτι, ἐὰν ψεύσωνται, τὴν ἁρμόζουσαν τιμωρίαν τῷ συκοφαντηθέντι ταύτην τῷ προσανενέγκαντί μοι καὶ ψευσαμένῳ διδόναι. καὶ ἐξ ἐκείνης τῆς ἡμέρας οὐδεὶς λοιπὸν τολμᾷ ἀνασφαλῶς κατά τινος προσανενέγκαι μοι τίποτε τὸ σύνολον. ὅπερ δυσωπῶ
25 καὶ νουθετῶ τὴν σὴν μεγαλοπρέπειαν, τέκνον, ὁμοίως ποιῆ-

---

1. πάνσοφον D. τὸ σοφὸν αὐτοῦ στόμα C. τὸ τίμιον καὶ σοφὸν αὐτοῦ στόμα BE. aperiens os suum An. δέσποτα] τέκνον BEF. 2. ἴδον D. ἐπὶ τούτῳ F. ἐπὶ τοῦτο die andern. 3. πρὸσ] ἐπὶ C. καὶ θσ fehlt in B. ὁ κσ ἡμῶν καὶ θσ ισ χσ. 5. καὶ fehlt in BDE. 7. πρὸσ αὐτὸν fehlt in B. 9. μοι fehlt in B. 12. γενόμεθα BCDE. ἁμαρτημάτων κύριοι γεν. D. καὶ μάλιστα BE. 13. ἐγένετο D. 14. προσανεφέροντεσ AB. 15. τὸ fehlt in A. 16. ὑπεξέλευσιν BE. παροδηγηθῆναι C. 19. τοῦτο wiederholt D nach τρίτον. 20. καὶ τοῖσ προαναφέρουσιν D. ὅτι fehlt in D. 22. προσενέγκαντι A. προσαναφέροντι D. μοι] με A. ψευδομένῳ D. παρέχειν CD. 23. λοιπὸν fehlt in D. ἀσφαλῶς CD. 24. ἀνενέγκαι BE. προσενέγκαι A. 25. νουθ. καὶ δυσωπῶ E.

σαι. πολλάκις γὰρ καὶ φόνους ἀνευθύνους ποιοῦσιν οἱ τὸ ἄρχειν πεπιστευμένοι, ἐὰν ὑπάρχωσι λογοπειθεῖς καὶ ἀβασανίστως τέμνωσιν τὰ εἰς αὑτοὺς ἐρχόμενα κεφάλαια.' καὶ ὁ πατρίκιος ὥσπερ ὑπὸ θεοῦ παραγγελθεὶς συνέθετο τὴν αὐτοῦ ἐντολὴν φυλάττειν ἄτρωτον.

Cap. XVI. Οὗτος ὁ ἀοίδιμος εἶχέν τινα ἀνεψιὸν ὀνόματι Γεώργιον. ἐν μιᾷ οὖν ποιήσαντος τούτου μετά τινος τῶν τῆς πόλεως καπήλων μάχην, ὑβρίσθη ὁ εἰρημένος Γεώργιος ὑπ' αὐτοῦ χαλεπῶς. ὁ δὲ πονήσας πικρῶς οὐ μόνον διὰ τὸ δημοσίως αὐτὸν ἀτιμασθῆναι, ἀλλ' ὅτι καὶ ὑπὸ οἰκτροτέρου, μάλιστα δὲ καὶ διὰ τὸ εἶναι αὐτὸν ἀνεψιὸν τοῦ πάπα, ἀνέρχεται πρὸς αὐτὸν ἐν τῷ κουβουκλείῳ αὐτοῦ ἰδιάζοντος, κλαίων σφοδρῶς. ὡς δὲ τοῦτον οὕτως συνεχόμενον καὶ δακρύοντα ἐθεάσατο ὁ πραότατος πατριάρχης, ἐπηρώτα αὐτὸν τὴν αἰτίαν τῆς κατεχούσης αὐτὸν ἀθυμίας, μαθεῖν ταύτην βουλόμενος. ὡς δὲ οὐκ ἴσχυσεν αὐτὸς ἐκ τῆς περιεχούσης πικρίας διαρθρῶσαι τὸν λόγον, οἱ παριστάμενοι σὺν αὐτῷ ὅτε ἡ ἀτιμία αὐτῷ συ|νέβη παρὰ τοῦ ἐργαστηριακοῦ, ἤρξαντο ἀπαγγέλλειν τῷ πάπᾳ τὴν αἰτίαν. 'καὶ ὡς ὅτι οὐκ ὤφειλεν,' φησὶν, 'οὕτως ἡ ἁγιωσύνη ὑμῶν καταφρονεῖσθαι, ὥστε τοὺς οἰκείους αὐτοῦ καὶ συγγενεῖς ἀτιμάζεσθαι ὑπὸ

---

2. ὑπάρχωσι] ὑπάρχουσι E. ὦσι F. εἰσὶ D. λογοπισθεῖσ A. 3. τέμνουσιν D. 4. ὁ δὲ πατρ. D. ὡσ ὑπὲρ ὑπὸ τοῦ θῦ A. ἐκ θῦ D. 5. ἄτρωτοσ E.

6. Ι̅ϛ̅ C. Ι Ε Β. ΠΕΡΙ ΤΟΥ ΑΝΕΨΙΟΥ ΤΟΥ ΠΑΠΑ ΟΝΟΜΑΤΙ ΓΕΩΡΓΙΟΥ D. 6. οὗτοσ τοίνυν ὁ ἀοίδιμοσ ἐν πατριάρχαισ BE. 7. οὖν ἡμερῶν D. itaque dierum An. τούτου ποιήσαντοσ A. τινῶν BE. 9. ὑπ' αὐτοῦ fehlt in E. παρ' αὐτοῦ A. πονήσασ τὴν καρδίαν A. 10. ἐκτροτέρου A. οἰκτοτέρου B. οἰκροτέρου C. οἰκτωτέρου D. 12. ἰδιαζόντωσ E. 13. καὶ κλαίων σφόδρα A. 15. τῆσ αἰτίασ A. 16. ταύτην fehlt in A. 17. αὐτὸν πικρίασ B. διαρθρῶσαι AE. διαθρῶσαι C. διαρθῶσαι B. διορθῶσαι D. ὁ παριστάμενοσ BE. 18. συνέβη αὐτῷ A. αὐτῷ fehlt in E. παρ' αὐτοῦ τοῦ C. παρὰ τοῦ τοῦ E. 19. ἤρξατο BE. ἀπαγγ.] λαλεῖν D. οὐκ fehlt in B. 20. ὑμῶν] σοῦ BE. οὕτωσ ἡ ἁ. σ. οὕτωσ B. 21. αὐτῆσ B. αὐτῇ E. ἀτιμασθῆναι D. ὑπὸ εὐτελῶν καὶ ἐξουθενημένων ἀνδρ. E.

ἐξουθενημένων ἀνδρῶν.' ὁ δὲ ὄντως ἀληθινὸς ἰατρὸς θέλων πρῶτον ὥσπερ ἐμπλάστρῳ τινὶ ἀποθεραπεῦσαι τὴν τοῦ οἰκείου ἀνεψιοῦ μανίαν, καὶ τότε ὥσπερ σιδήρῳ τὴν τομὴν καὶ ἀπαλλαγὴν τοῦ πάθους διὰ τοῦ πανσόφου αὐτοῦ στό-
5 ματος τούτῳ προσενέγκαι, τοιούτοις ἤρξατο λόγοις κατασβεννύειν τὸ πάθος καὶ λέγειν. 'Καὶ ὅλως ἐτόλμησέν τις ἀνοῖξαι τὸ στόμα καὶ ἀντιφθέγξασθαι πρὸς σέ; πίστευσον, τέκνον, ἐμοὶ τῷ πατρί σου, ὅτι ποιῶ εἰς αὐτὸν σήμερον πρᾶγμα, ἵνα ξενισθῇ πᾶσα ἡ Ἀλεξάνδρεια.' καὶ ὅτι εἶδεν
10 αὐτὸν ἀποθεραπευθέντα καὶ τὴν λύπην ἅπασαν ἀποτιναξάμενον, ὡς νομίζοντα ὅτι ἐπεξέρχεται τῷ ὑβρίσαντι αὐτὸν καὶ βουνευρίζει καὶ πομπεύει αὐτὸν διὰ τοῦ ἐπάνω τῆς ἀγορᾶς, λέγει αὐτῷ καταφιλῶν τὸ στῆθος αὐτοῦ· 'Τέκνον, ἐὰν ἐπ' ἀληθείας ἀνεψιὸς ἐμοῦ τοῦ ταπεινοῦ ὑπάρχῃς, ἑτοίμασον
15 σεαυτὸν καὶ δαρῆναι καὶ ὑβρισθῆναι ὑπὸ παντὸς ἀνθρώπου· ἡ γὰρ ἀληθινὴ συγγένεια οὐκ ἐξ αἵματος καὶ σαρκὸς, ἀλλ' ἐκ τῆς ἀρετῆς τῆς ψυχῆς γνωρίζεται.' εὐθέως οὖν μεταστειλάμενος τὸν ἐπάνω τῶν καπήλων, παρήγγειλεν αὐτῷ μηδέποτε λαβεῖν ἐξ ἐκείνου τοῦ καπήλου μήτε τὰς συνηθείας
20 αὐτοῦ μήτε δημόσια μήτε τὸ ἐνοίκιν τοῦ ἐργαστηρίου αὐτοῦ. τῆς γὰρ ἁγιωτάτης ἐκκλησίας καὶ αὐτὸ ὑπῆρχε. καὶ ἅπαντες ἐκπλαγέντες τὴν ἀκίνητον τοῦ ἀνδρὸς μακροθυμίαν, ἐνόησαν τοῦτο εἶναι, ὅπερ εἶπεν, ὅτι ποιῶ εἰς αὐτὸν πρᾶγμα, ἵνα ξενισθῇ πᾶσα ἡ Ἀλεξάνδρεια, τουτέστι τοῦ συγκροτῆσαι
25 αὐτὸν ἀντὶ τοῦ ἀμύνασθαι.

---

2. ἐνπλάστρῳ C. 4. τιμίου καὶ πανσόφου ΒΕ. 5. τοῦτο C. 6. τὸ πάθοσ fehlt in B. 9. πᾶσα ἡ ἀλεξ. ξενισθῇ ΒΕ. 10. ἀποτιναξάμενον Β. 11. νομίσαντα ΒΕ. ὑπεξέρχεται ΒΕ. 12. βουνευρίζει καὶ τύπτει D. διὰ τοῦ fehlt in C. τοῦ ἐπάνω fehlt in ΒΕ. 13. λέγει αὐτὸν Ε. 14. ἐμοῦ τοῦ ταπεινοῦ Ἰωάννου ἀνεψιὸσ ΒΕ. 19. λαβεῖν αὐτὸν D. τὰ δημ. Ε. 20. τὸ fehlt in C. ἐνοίκην AD. ἐνοίκιν C. ἐνοίκιον ΒΕ. 21. ἐκκ. ὑπῆρχε τὸ ἐργαστήριον ΒΕ. καὶ αὐτὸ ὑπῆρχε] καὶ αὐτὸσ ἦν F. et ipse An. ἅπαντεσ δὲ D. καὶ ἐκπλ. ἅπ. ΒΕ. 22. ἀκίνητον] πολλὴν καὶ ἄπειρον ΒΕ. 23. ὅτι fehlt in B. ποιήσω B. 24. ἡ fehlt in CD.

Cap. XVII. Ἐμηνύθη ποτὲ τούτῳ τῷ μακαρίῳ, ὅτι τις τῶν κληρικῶν μνησικακῶν πρός τινα ἀδιάλλακτος αὐτῷ διαμένει. ὁ δὲ ἐπεζήτει τὸ τούτου ὄνομα μαθεῖν καὶ τὸν βαθμόν. κυριακῆς οὖν | οὔσης τῇ ἐπαύριον ἔμαθεν τοῦτον 291ʳ Δαμιανὸν μὲν ὀνομάζεσθαι, διάκονον δὲ ὑπάρχειν. παρήγ- 5 γειλεν οὖν τῷ ἀρχιδιακόνῳ, ἵνα ὅταν εἰς τὴν ἐκκλησίαν ἔλθῃ ὁ αὐτὸς Δαμιανός, ὑποδείξῃ αὐτὸν αὐτῷ, μηδὲν τὸ σύνολον λέγων αὐτῷ. τῆς οὖν ἁγίας συνάξεως τῇ κυριακῇ γινομένης τῇ ἐπαύριον ἦλθεν καὶ ὁ διάκονος εἰς τὴν σύναξιν, καὶ θεωρήσας ὁ ἀρχιδιάκονος, ὑπέδειξεν αὐτὸν τῷ πατριάρχῃ. 10 δι' αὐτὴν οὖν καὶ μόνην τὴν ὑπόθεσιν παρέστη τότε ὁ πάπας τῷ ἁγίῳ θυσιαστηρίῳ· τί δὲ ἐβούλετο ποιῆσαι, οὐδενὶ ἐθάρρησεν. ὡς οὖν ἦλθεν ὁ διάκονος Δαμιανὸς δέξασθαι ἐξ αὐτοῦ τὴν ἁγίαν κοινωνίαν κατὰ τὸν ἴδιον βαθμόν, ἐκράτησεν τὴν χεῖρα αὐτοῦ ὁ ὅσιος καὶ εἶπεν· 'Ὕπαγε πρότερον, 15 διαλλάγηθι τῷ ἀδελφῷ σου καὶ τότε ἐλθὼν ἀξίως μεταλάμβανε τῶν ἀχράντων τοῦ ἀμνησικάκου Χριστοῦ μυστηρίων.' ἐντραπεὶς οὖν ἐπὶ τοῦ τοσούτου πλήθους τῶν κληρικῶν ἀντειπεῖν τῷ ὁσίῳ καὶ μάλιστα ἐν τοιούτῳ τόπῳ καὶ ἐν τοιαύτῃ φρικτῇ ὥρᾳ, συνέθετο τοῦτο ποιῆσαι, καὶ τότε τῶν 20 ἁγίων μυστηρίων μετέδωκεν αὐτῷ. ἔκτοτε οὖν ἅπαντες κληρικοί τε καὶ λαϊκοὶ παρεφυλάττοντο μὴ μνησικακεῖν ἀλλήλοις, φοβούμενοι μὴ καὶ αὐτοὺς θριαμβεύσῃ καὶ καταισχύνῃ, ὃν τρόπον καὶ τὸν διάκονον.

---

1. IZ C. I S̄ B. ΠΕΡΙ ΤΟΥ ΔΙΑΚΟΝΟΥ ΔΑΜΙΑΝΟΥ D. 1. τούτῳ ποτὲ E. τρισμακαρίῳ BE. 2. κληρικῶν αὐτοῦ D. μνησικακῶν fehlt in C. ἀδιάλακτος A. ἀδιαλλάκτως E. αὐτῷ] οὕτω BE. fehlt in A. 3. ἐξήτει A. τούτου τὸ D. 4. καὶ κυριακῆσ οὔσησ D. 5. μὲν AE. quidem An. Die andern lassen es weg. 6. οὖν] δὲ CD. ὅτ' ἂν ἔλθῃ εἰσ τὴν ἐκκλ. BCDE. 7. μηδὲν — αὐτῷ fehlt in BCDE Anast. 8. γενομένησ AE. 9. καὶ fehlt in CD. 10. θεωρήσασ αὐτὸν D. 13. διάκων D. 14. ὑπ' αὐτοῦ BE. 15. πρῶτον AD. 16. καὶ διαλλάγηθι B. μεταλάμβανε ABDE. μεταλαμβάνεισ C. 17. τῶν ἀμνησικάκων καὶ ἀχράντων τοῦ χῦ μυστηρίων E. 18. τὸ τοσοῦτον πλῆθοσ C. συγκληρικῶν E. 19. ἀντεῖπεν A. καὶ τοιαύτῃ C. καὶ ἐν τοιαύτῃ B. 22. παρεφύλαττον A. τοῦ μὴ A. Die Kapitel XVIII—XLIII hat der Schreiber von D übersprungen.

3*

Cap. XVIII. Εἶχεν μὲν οὖν γνῶσιν καὶ τῶν θείων γραφῶν ὁ ἐν ἁγίοις, οὐκ ἐν σοφίᾳ δὲ λόγου ταύτας ὡς ἐπὶ κενοδοξίας ἀποστηθίζων, ἀλλὰ δι' αὐτῆς τῆς τῶν ἔργων πράξεως καὶ τῆς τῶν ἐντολῶν τηρήσεως. καὶ ἦν ἰδέσθαι τὸ σέκρετον αὐτοῦ ἐφ' ἑκάστης, οὐδένα λόγον ἀργὸν κεκτημένον — πλὴν εἰ μὴ διοίκησις πράγματος πολιτικοῦ κατέλαβεν — ἀλλ' ἢ διηγήματα ἁγίων πατέρων ἢ γραφικὰ ζητήματα ἢ δογματικὰ προβλήματα διὰ τὸ πλῆθος τῶν περιεχόντων τὴν χώραν ἀνωνύμων αἱρετικῶν· ἐὰν δέ πού τις καταλαλίας ἀπήρξατο, τοῦτον εὐφυῶς ὁ πάπας δι' ἑτέρας συντυχίας, ὡς σοφὸς, ἀντιπεριέσπα, καὶ εἰ πάλιν ἐπέμενεν, οὐδὲν τέως αὐτῷ ἔλεγεν, ἀλλὰ τοῦτον σημειούμενος | παρήγγειλεν τῷ ἑβδομαρίῳ μηκέτι ἐᾶσαι αὐτὸν συνεισελθεῖν τοῖς μηνύουσιν, ὥστε δι' αὐτοῦ καὶ τοὺς λοιποὺς σωφρονισθῆναι.

Cap. XIX. Ὅρον δὲ καὶ ἄλλον ὃν ἐπετήδευσεν ὁ δίκαιος, δίκαιον μὴ παριδεῖν. ἀκούσας ὅτι ἡνίκα ἂν στεφθῇ βασιλεὺς, οὐδεὶς πρὸ τῶν μνημοραλίων μηνύει πρὸς αὐτὸν, τῆς συγκλήτου ἁπάσης καὶ τῶν στρατευμάτων παρεστώτων· ἀλλ' εὐθέως οἱ εἰρημένοι τῶν μνημάτων οἰκοδόμοι λαμβάνουσιν τέσσαρα ἢ πέντε κόμματα μαρμάρων μικρὰ ἐκ διαφόρων χροιῶν καὶ εἰσέρχονται πρὸς αὐτὸν καὶ λέγουσιν· 'Ποίου μετάλλου τὸ μνῆμά σου κελεύει γενέσθαι τὸ κράτος σου', αἰνισσόμενοι αὐτῷ, ὅτι ὡς ἄνθρωπος φθαρτὸς καὶ παρερχόμενος φρόντισον τῆς ἑαυτοῦ ψυχῆς καὶ εὐσεβῶς τὴν βασιλείαν διοίκησον, μιμεῖται καὶ οὗτος ὁ μακάριος τὴν

---

1. Ἰη̅ C. ΙΖ̅ B. 2. ὁ ἐν ἁγίοισ Ἰωάννησ ὁ πατριάρχησ BE. 3. κενοδοξία BE. αὐτῆσ fehlt in A. 4. ἦν A. ἦν C. 5. σέκραιτον C. σήκρητον E. 6. πραγμάτων πολιτικῶν B. πραγμάτων πολιτικοῦ E. 7. ἀλλὰ ἢ A. πρῶν ἁγίων BE. ζητήματα ἢ δογματικὰ fehlt in A. 10. ἀγχίνουσ καὶ σοφὸσ BE. 11. εἰ] ἡ A. 12. B hat τοῦτο; ν fügt der Corrector hinzu. παρήγγειλεν BE. 14. δι' αὐτοῦ fehlt in B.
15. ΙΘ̅ C. ΙΗ̅ B. ἀλλὰ καὶ ἄλλο ὃ C. ὅρον καὶ ἄλλον ἐπετήδ. A. ὁ δίκαιοσ πατριάρχησ BE. 17. μνημοναλίων BE. 18. πάσησ A. 19. ἀλλ' εὐθέωσ fehlt in E. 20. κόματα E. μικρὰ fehlt in B. 22. γενέσθαι κελεύει C. 24. τῆσ ἑαυτοῦ φρόντισον C. 25. οὕτωσ A.

ἀξιέπαινον ἀληθῶς ταύτην παράδοσιν καὶ ἐπιτρέπει ἑαυτῷ
μνῆμα οἰκοδομηθῆναι, ὅπου καὶ οἱ λοιποὶ πρὸ αὐτοῦ πατρι-
άρχαι κατέκειντο, ἀτελείωτον δὲ τοῦτο διαμεῖναι ἄχρι τῆς
αὐτοῦ τελευτῆς, ἵνα, ὡς ἀτελειώτου ὑπάρχοντος, κατ' ἐπί-
σημον ἑορτὴν, τοῦ κλήρου παρισταμένου, εἰσέρχονται οἱ λεγό- 5
μενοι φιλόπονοι, λέγουσι πρὸς αὐτόν· 'Τὸ μνῆμά σου, δέ-
σποτα, ἀτελείωτον ὑπάρχει. ἐπίτρεψον οὖν, ἵνα τελειωθῇ,
διότι οὐκ οἶδας ποίαν ὥραν ὁ κλέπτης ἔρχεται.' τοῦτο δὲ
ἐποίει ὁ ὅσιος οὕτως γίνεσθαι βουλόμενος μίμησιν ἀγαθὴν
καὶ τοῖς μετ' αὐτὸν πατριάρχαις καταλιπεῖν. 10
    Cap. XX. Τοῦ κυρίου ἐκ τῆς τῶν ἡμετέρων ἁμαρτη-
μάτων πληθύος τοὺς οἰκείους ναοὺς συγχωρήσαντος τοὺς ἐν
Ἱεροσολύμοις ὑπὸ τῶν θεηλάτων Περσῶν ἐμπρησθῆναι, μα-
θὼν ὁ ἁγιώτατος οὗτος πάπας, ἐν πολλῇ στενοχωρίᾳ τυγ-
χάνειν τὸν ὅσιον Μόδεστον, τὸν πατριάρχην Ἱεροσολύμων, 15
πρὸς τὴν τούτων ἀνέγερσιν καὶ ἀνοικοδόμησιν ἀποστέλλει
αὐτῷ χίλια μὲν νομίσματα, χίλια δὲ σακκία σίτου καὶ χίλια
ὀσπρέου, χιλίας λίτρας σιδήρου, χίλια κόλαθα μαινομένης,
χίλια ἀσκαλώνια οἴνου καὶ χιλίους Αἰγυπτίους ἐργάτας, δη- 292ʳ
λώσας αὐτῷ διὰ γραμμάτων· 'Σύγγνωθί μοι, ἐργάτα ἀληθινὲ 20
τοῦ Χριστοῦ, μηδὲν πέμψαντι ἄξιον τῶν ναῶν τοῦ Χριστοῦ.
ἤθελον γὰρ, πληροφορήθητι, εἰ τῶν ἐνδεχομένων ἦν, καὶ
αὐτὸς ἐγὼ ἐλθεῖν καὶ ἐργατεῦσαι ἐν τῷ οἴκῳ τῆς ἁγίας Χρι-
στοῦ τοῦ θεοῦ ἡμῶν ἀναστάσεως. πλὴν ἐκεῖνο παρακαλῶ τὴν

---

1. αὐτῷ μνῆμα A. μνῆμα αὐτῶ BE.   2. πατριάρχαι fehlt in A.
πατριάρχαι πρὸ αὐτοῦ E.   3. κατέκειντο BE. jacebant An. κατά-
κεινται AC.   5. εἰσερχόμενοι E.   8. ποία ὥρα C.   9. γενέσθαι C.
10. ἱεράρχαισ A.   καταλειπεῖν C.
11. ΚC. ΙΘB. τοῦ κῦ συγχωρήσαντος BE.   12. τοῖσ (sic) ἐν E.
13. ἐμπρισθῆναι E.   16. ἀνοικοδομὴν E.   17. μὲν fehlt in A.
ΝΝ̃ AF. Ν̃ χιλίουσ οἰκοδόμουσ αἰγυπτίουσ καὶ ἀναλώματα πλεῖστα
σίτου καὶ ὀσπρέου καὶ οἴνου καὶ λοιπῶν διαφόρων τροφῶν δηλώσασ
κτλ. F.   18. ὀσπρίου BE. ὀσπρίου καὶ C.   σιδήρου καὶ BE.
μέντσ B. μενομένησ ACE. menomenae An.   20. ἀληθινὲ ἐργάτα C.
21. τοῦ χῦ fehlt in E.   πέμψαντα C.   τὸν ναὸν BC.   23. ἐν]
ἐπὶ BE.   τῆσ ἁγίασ χῦ fehlt in A.

τιμίαν σου κεφαλὴν, μηδαμοῦ ἐντάξαι τὸ ἐλάχιστον ὄνομα τῆς ἐμῆς ἀναξιότητος, ἀλλὰ μᾶλλον τοῦτο αἰτήσασθαι Χριστὸν ἐκεῖ με ἀπογράψασθαι, ἔνθα ἀληθῶς ἡ ἀπογραφὴ ἡ μακαρία.'

Cap. XXI. Ἐπισπᾶται πρὸς ἑαυτὸν ὁ ὅσιος καὶ τοῦτο τὸ καλὸν, λέγω δὴ τὸ ἐν εὐτελεστάτῃ στρωμνῇ ἀνακλίνεσθαι καὶ οἰκτροῖς σκεπάσμασιν ἐν τῷ ἑαυτοῦ κελλίῳ κεχρῆσθαι· ὃν θεασάμενός τις τῶν κτητόρων τῆς πόλεως, ἀνελθὼν πρὸς αὐτὸν, καὶ ἰδὼν, ὅτι ἐν γοναχίῳ ἐσχισμένῳ καὶ ῥάσῳ σκέπεται, ἔπεμψεν αὐτῷ γοναχιον νομισμάτων τριάκοντα ἕξ, παρακαλέσας πολλὰ ἐν αὐτῷ αὐτὸν σκέπεσθαι εἰς τὸ μνημονεύειν, φησὶν, τοῦ "προσενέγκαντος. ὁ δὲ τοῦτο δεξάμενος καὶ διὰ τὴν πολλὴν τοῦ ἀνδρὸς παράκλησιν σπεπασάμενος τοῦτο μίαν νύκτα, διὰ πάσης σχεδὸν τῆς νυκτὸς ἔλεγεν πρὸς ἑαυτὸν, ὡς οἱ τούτου διηγοῦντο κουβικουλάριοι· 'Τίς εἴπῃ ὅτι ὁ ταπεινὸς Ἰωάννης — εἶχεν γὰρ ἀεὶ ἐπὶ στόματος τὸν λόγον τοῦτον — εἰς τριάκοντα ἕξ νομισμάτων παλλὶν σκεπάζεται, καὶ οἱ ἀδελφοὶ τοῦ Χριστοῦ ἐκ τοῦ ψύχους ἀποπήγνυνται. πόσοι εἰσὶν ἄρτι τρίζοντες τοὺς ὀδόντας ἀπὸ τοῦ κρύους· πόσοι εἰσὶν ψιαθίον ἔχοντες κάτωθεν τὸ ἥμισυ καὶ ἄνωθεν τὸ ἥμισυ, καὶ οὐ δύνανται ἁπλῶσαι τοὺς ἑαυτῶν πόδας, ἀλλὰ κοιμῶνται ὡς κουβάριν, τρέμοντες. πόσοι εἰς ὄρος ἐκοιμήθησαν ἄδειπνοι καὶ ἄλυχνοι, ἔχοντες διπλῆν ὀδύνην ἔκ τε

---

1. ἐλάχιστον fehlt in A. 2. τοῦτο fehlt in F. 3. ἀπογράψαι BE. ἡ vor μακ. fehlt in B.
5. Κδ̄ C. Κ̄Β. ἐπισπᾶτε E. αὐτὸν A. ε hat eine jüngere Hand übergeschrieben. 8. ὃν] ὃ C. κτητόρων] τὴν πόλιν οἰκοῦντων F. 9. καὶ ἰδὼν fehlt in CBF. καὶ ῥάσω fehlt in C. 10. παρακαλέσασ αὐτὸν BE. 11. σκεπάζεσθαι BE. εἰσ μνήμην C. 13. πολλὴν fehlt in C. 14. τοῦτο] αὐτὸ BE. ἔλεγεν fehlt in C. 15. ὡσ οἱ τοῦ κουβουκλείου αὐτοῦ παραμένοντεσ τοῦτο διηγοῦντο C. εἴποι C. 16. ὃ τᾰπεινὸσ A; τιο hat eine jüngere Hand in A übergeschrieben. ἀεὶ fehlt in E. 17. τοῦτον τὸν λόγον C. πάλιν AE. παλίον C. παλλίον B. 18. ἀποπίγνυνται AC. ἀποπνίγονται BE. (πηγνυμένουσ διατελεῖν Symeon). 21. καὶ ἄνωθεν τὸ ἥμισυ fehlt in ABE. 22. κουβάριν BE. κουβάρην A. ut glomus vel in globiis libri Anast. (AA. SS. Jan. T. II p. 506) fehlt in C.

τοῦ ψύχους καὶ τῆς νηστείας. πόσοι ἐπιθυμοῦσιν χορτασθῆναι ἀπὸ τῶν φυλλολαχάνων τῶν ῥιπτομένων ἀπὸ τοῦ ἐμοῦ μαγειρείου. πόσοι ἤθελον βάψαι τὸν ἑαυτῶν ψωμὸν εἰς τὸν ζωμὸν, ὃν ῥίπτουσιν οἱ ἐμοὶ μάγειροι· πόσοι ἐπιθυμοῦσιν κἂν ὀσφρανθῆναι οἴνου τοῦ ἐκχυνομένου εἰς τὸ | ἐμὸν 292,5 κελλάριον. πόσοι εἰσὶν εἰς τὴν πόλιν ταύτην ἐν τῇ ὥρᾳ ταύτῃ ξένοι μὴ ἔχοντες ποῦ καταλῦσαι, καὶ ἐν τῇ ἀγορᾷ κείμενοι, ἴσως καὶ βρεχόμενοι. πόσοι ἄρα ἔχουσιν ὅλον τὸν μῆνα ἢ καὶ δύο μὴ γευσάμενοι ἐλαίου· πόσοι εἰσὶν μὴ ἔχοντες δεύτερον ἱμάτιον θέρους καὶ χειμῶνος καὶ οὕτως ταλαι- 10 πωροῦσιν. σὺ δὲ προσδοκῶν καὶ τῆς αἰωνίου ἀπολαύσεως τυχεῖν καὶ οἶνον πίνεις καὶ ἰχθύας παμμεγέθεις ἀναλίσκεις καὶ εἰς κουβούκλεια διατρίβεις, ἄρτι δὲ μετὰ ὅλων τῶν κακῶν καὶ εἰς γονάχιον τριάκοντα ἓξ νομισμάτων θερμαίνῃ. ὄντως οὕτως ζῶν καὶ ἐν τοιαύτῃ ἀνέσει διάγων μὴ προσδοκήσῃς 15 τῶν ἐκεῖ ἡτοιμασμένων ἀγαθῶν ἀπολαῦσαι· ἀλλ' ἀκούσῃ πάντως, ὃ καὶ ὁ πλούσιος ἐκεῖνος ἤκουσεν· 'ἀπέλαβες τὰ ἀγαθά σου ἐν τῇ ζωῇ σου, οἱ δὲ πτωχοὶ τὰ κακά.' νῦν δὲ αὐτοὶ παρακαλοῦνται, σὺ δὲ ὀδυνᾶσαι. εὐλόγητος ὁ θεός· ὁ ταπεινὸς Ἰωάννης ἄλλην νύκτα εἰς σὲ οὐ σκεπάζεται. δί- 20 καιον γὰρ καὶ εὐαπόδεκτον τῷ θεῷ, ἵνα σκεπάζωνται ῥμδ ἀδελφοί καὶ δεσπόται σου, ἢ σὺ ὁ ταλαίπωρος.' ἐπιπράσκοντο γὰρ τέσσαρα παλλία τοῦ νομίσματος. εὐθέως οὖν ἔπεμψεν αὐτὸ ἐπὶ τὴν αὔριον, ἵνα πραθῇ, καὶ θεωρήσας αὐτὸ ὁ τοῦτο προσενέγκας ἠγόρασεν αὐτὸ εἰς τριάκοντα ἓξ 25

2. φύλλων τῶν λαχάνων C. 3. ἤθελον καὶ ἐπιθυμοῦσιν κἂν ὀσφρ. unter Weglassung der Worte βάψαι — μαγ. πόσοι E. εἰς τὸν ζωμὸν fehlt in C. 5. χύνουσιν B. τοῦ οἴνου E. 10. καὶ fehlt in B. 13. ἄρτι] ἔτι BE. 15. οὕτω E. τῇ αὐτῇ C. 16. ἀγαθῶν AF fehlt in BCE. ἀλλὰ A. 17. ἤκουσεν τὸ C. Luc. XVI 25. 18. νῦν οὖν C. 20. Ἰωάννησ ἄλλ ὃ σὲ οὐ σκ. E. κεπάζεται A. 21. εὐπρόσδεκτον A. τῷ θῶ fehlt in BE. τῷ fehlt in C. ἑκατὸν τεσσαράκοντα C. πεντίκοντα τέσσαρεσ B. 22. πτωχοὶ καὶ δεσπόται A. 23. παλία A. τῷ νομίσματι BE. 25. αὐτῶ τῶν ι̅ς̅' N̅N̅ A.

νομίσματα καὶ πάλιν προσήνεγκεν αὐτὸ τῷ πάπᾳ. ὡς δὲ πάλιν ἐπὶ τὴν αὔριον εἶδεν αὐτὸ προβληθὲν, ἠγόρασεν αὐτὸ ὁμοίως καὶ προσήνεγκεν τῷ πάπᾳ, δυσωπῶν ἵνα σκεπάζηται αὐτῷ. ὡς δὲ τρίτον τοῦτο ἐποίησεν, λέγει αὐτῷ ὁ ἐν ἁγίοις
5 χαριεντιζόμενος· ''Ἴδωμεν τίς περικακεῖ, ἐγὼ ἢ σύ.' ἦν γὰρ τῶν εὐπόρων πάνυ, καὶ ἡδέως ἐτρύγα αὐτὸν ὁ ὅσιος καὶ ἔλεγεν ἀεὶ, ὅτι ἐὰν σκοπῷ τοῦ δοῦναι τοῖς πτωχοῖς δύναταί τις καλοθελῶς ἀποδῦσαι τοὺς πλουσίους καὶ αὐτὸ τὸ ὑποκάμισον αὐτῶν, οὐχ ἁμαρτάνει, καὶ μάλιστα, ἐάν εἰσιν
10 ἄσπλαγχνοί τινες καὶ σκνιφοί. δύο γὰρ ταῦτα κερδαίνει ὁ τοιοῦτος, ἓν μὲν ὅτι τὰς ψυχὰς ἐκείνων σῴζει, δεύτερον δὲ
293ʳ ὅτι καὶ αὐτὸς ἐκ τούτου μισθὸν οὐκ ὀλίγον ἔχει. ἔφερεν δὲ καὶ πρὸς πίστωσιν τοῦ λόγου καὶ μαρτυρίαν ἀληθῆ τὸ κατὰ τὸν ἅγιον Ἐπιφάνιον καὶ Ἰωάννην τὸν ἐπίσκοπον Ἱερο-
15 σολύμων, πῶς διὰ τέχνης ἐπῆρεν τὸν ἄργυρον τοῦ πατριάρχου, ἤγουν αὐτοῦ τοῦ Ἰωάννου καὶ δέδωκεν τοῖς δεομένοις.

Cap. XXII. Ἄξιον καὶ ἁρμόζον τῷ προειρημένῳ κεφαλαίῳ ἐξηγεῖτο καὶ τοῦτο ἐν μιᾷ ἐπὶ πάντων ὁ ὅσιος. εἶχον, φησί, τινα παραμονίτην εἰς τὴν ἐμὴν ἀποθήκην ἐν Κύπρῳ
20 πιστὸν πάνυ καὶ παρθένον ἕως τελευτῆς αὐτοῦ. οὗτος οὖν διηγεῖτό μοι, ὅτι 'Ἐν Ἀφρικῇ ὄντος μου, γέγονε πρᾶγμα τοιοῦτον. παρέμενον γάρ,' φησί, 'τινι τελώνῃ εὐπόρῳ σφόδρα καὶ ἀνελεήμονι. ἐν μιᾷ οὖν τῶν πτωχῶν ἐν χειμῶνι καθεζομένων ἐν τῷ ἡλίῳ καὶ θερμαινομένων, ἤρξατο ἕκαστος
25 τοὺς οἴκους τῶν ἐλεημόνων ἐγκωμιάζειν καὶ ὑπερεύχεσθαι

---

1. προσήνεγκεν αὐτῷ τῷ πάπα. ὁ δὲ πάλιν ὁμοίωσ: hier bricht Cod. F fol. 173ᵛ ab. Hinter πάπα fügt B hinzu: δυσωπῶν ἵνα σκεπάζηται αὐτό. ὡς δὲ — τῷ πάπα fehlen in C. 3. σκεπάζεται AE. 4. αὐτὸ BE. 5. περικακήσει, τέκνον BE. 7. σκοπῶν B. 8. καλοθῶς C. 9. οὐ οὐχ B. 10. σκνιφοὶ] φειδολοὶ C. 13. καὶ fehlt in B. τὰ BE.

17. K̄BC. K̄ĀB. Hinter κεφαλαίῳ fügt C εἰπεῖν hinzu. 18. καὶ τοῦτο fehlt in AC. ἐν μιᾷ fehlt in A. 19. φησὶ fehlt in A. 21. μοι fehlt in BE. 22. γάρ φησι fehlt in BE. 23. καθ. ἐν χειμ. BE. 24. ἐν τῷ — θερμαινομένων fehlt in A. 25. τῶν φιλοθέων καὶ ἐλεημ. ἀνδρῶν BE. ἐπεύχεσθαι BE.

ἑνὶ ἑκάστῳ αὐτῶν, ὁμοίως καὶ τοὺς οἴκους τῶν ἀνελεημόνων ψέγειν. ἐν τῷ μεταξὺ οὖν ἦλθεν εἰς μέσον αὐτῶν καὶ τὸ ὄνομα τοῦ αὐθέντου μου τοῦ τελώνου, καὶ ἤρξαντο ὁ καθεῖς ἐρωτᾶν τὸν πλήσιον· "Ὄντως, σὺ ἄδελφε, ἔλαβές ποτε ἐκ τοῦ οἴκου ἐκείνου ἐντολήν;' καὶ πάντων ἐρωτησάντων ἀλλήλοις 5 οὐδεὶς εὑρέθη λαβών ποτε ἐκ τοῦ οἴκου αὐτοῦ τίποτε. λέγει οὖν εἷς ἐξ αὐτῶν· 'Τί δίδετέ μοι κἀγὼ λαμβάνω σήμερον ἐξ αὐτοῦ ἐντολήν;' καὶ ποιησάντων μετ' αὐτοῦ συνθήκην, ἔρχεται καὶ ἴσταται ἔξωθεν τοῦ πυλῶνος τοῦ οἴκου τοῦ τελώνου, περιμένων πότε μισσεύσῃ. ἐξ οἰκονομίας οὖν τοῦ 10 θεοῦ ἔφθασαν ὁμοῦ αὐτός εἰσερχόμενος εἰς τὸν πυλῶνα καὶ τὸ ἄλογον πεφορτωμένον τὰ σιλίγνια ἐκ τοῦ μαγκιπείου λόγῳ τοῦ ἀρίστου αὐτοῦ. θεωρήσας οὖν τὸν πτωχόν, ἁρπάζει ἀπὸ θυμοῦ, μὴ εὑρὼν λίθον, ἓν σιλίγνιον ἐκ τοῦ κανθηλίου καὶ ἀπολύει εἰς τὸ πρόσωπον αὐτοῦ. ἐκεῖνος 15 οὖν ἐδέξατο αὐτὸ καὶ ἀπῆλθεν πληροφορῶν τοὺς συναδέλφους αὐτοῦ ὅτι ἐξ αὐτῶν τῶν χειρῶν αὐτοῦ ἐδέξατο αὐτό. μετὰ οὖν δύο ἡμέρας ἠσθένησεν ὁ τελώνης ἀσθένειαν εἰς θάνατον καὶ θεωρεῖ κατὰ τοὺς ὕπνους ἑαυτὸν λογοθετούμενον καὶ τὰς ἑαυτοῦ πράξεις πάσας ἐπὶ | ζυγοῦ σταθμιζο- 293ᵛ 20 μένας. εἰς τὴν μίαν οὖν πλάστιγγα συνήγοντό τινες μαῦροι κακοειδεῖς. ἡ δὲ ἄλλη πλάστιξ ἄλλων τινῶν ὑπῆρχεν λευχειμονούντων καὶ φοβερῶν τῷ εἴδει, οἵτινες μηδὲν εὑρίσκοντες ἀγαθὸν ἀντισταθμῆσαι πρὸς τὰ πονηρὰ ἔργα τὰ συναγόμενα ὑπὸ τῶν μαύρων εἰς τὴν ἑαυτῶν πλάστιγγα 25

---

2. οὖν μεταξὺ BE. 3. ἡ τοῦ αὐθ. ἐπωνυμία A. ἤρξατο E. ὁ fehlt in A. 5. ἀλλήλοισ ACE. ἀλλήλουσ B. 6. τίποτε] ἐκείνου ἐντολήν B. 7. δίδητε C. δίδοτε A. λαβάνω B. 8. ἐξ αὐ. σήμ. ἐντ. λαμβάνω C. 9. πυλεῶνοσ A. 10. μισσεύσει BE. μισεύσῃ A. εἰσέλθη C. οὖν τοῦ] δὲ BE. 11. πυλεῶνα A. 12. μαμκιπίου A. μαγκηπίου BE. μαγκιπίου C. 13. λόγου C. 14. ἕνα (sic) E. 16. ἀδελφοὺς BE. 17. αὐτοῦ fehlt in A. 18. οὖν] δὲ BE. 20. ἐπὶ ζύγου πάσασ A. πάσασ fehlt in E. 21. καὶ εἰσ μὲν τὴν μίαν πλάστιγγα BE. 22. Auf fol. 174ʳ setzt Codex F wieder mit den Worten ein: [πο]νηρὰ ἔργα προσφέροντεσ. ἡ δὲ ἄλλη πλάστιξ κτλ. F. ἑτέρα BE. πλάστιγξ E. λευχημ. CE. λευκοφορούντων F. 23. εὑρικότεσ F. 24. ἀντισταθμίσαι A. 25. συνηγμένα B.

λίαν ἐλυποῦντο καὶ ἐστύγναζον καὶ διηπόρουν πρὸς ἀλλήλους καὶ ἔλεγον· 'Εἶτα ἡμεῖς οὐδὲν ἔχομεν ὧδε.' τότε λέγει εἷς ἐξ αὐτῶν· ''Οντως οὐδὲν ἔχομεν, εἰ μὴ ἓν σιλίγνιον ὃ δέδωκεν πρὸ δύο ἡμερῶν τῷ Χριστῷ ἀκουσίως καὶ αὐτό.'
5 καὶ βαλόντων αὐτῶν τὸ σιλίγνιον ἐξισώθη τῇ ἄλλῃ πλάστιγγι. τότε λέγουσιν τῷ τελώνῃ οἱ φαινόμενοι αὐτῷ λευχειμονοῦντες· ''Υπαγε, πρόσθες εἰς τὸ σιλίγνιον τοῦτο, ἐπεὶ ὄντως οἱ μαῦροι οὗτοί σε παραλαμβάνουσιν.' διυπνισθεὶς οὖν ἔγνω τὰ ὁραθέντα αὐτῷ μὴ εἶναι ψευδῆ, ἀλλὰ ἀληθῆ.
10 πάντα γὰρ τὰ ἀπὸ νεότητος αὐτοῦ καὶ ἃ ἦν αὐτὸς ἐπιλαθόμενος ἐθεώρει τοὺς αἰθίοπας ἐκείνους συνάγοντας καὶ φέροντας εἰς τὸ ζύγιον. καὶ ἔλεγεν· 'Βαβαί, ἐὰν ἓν σιλίγνιον ὃ ἔρριψα ἀπὸ θυμοῦ, οὕτως ὠφέλησεν, πόσων κακῶν ῥύεται ἑαυτὸν ὁ μεταδιδοὺς ἐν ἁπλότητι τὰ ἑαυτοῦ ὑπάρχοντα τοῖς
15 χρῄζουσιν.' καὶ τοῦ λοιποῦ οὕτως ἐσωφρόνησεν καὶ ἐγένετο ἄκρος ἐλεήμων, ὡς μηδὲ τοῦ ἰδίου σώματος φείσασθαι αὐτόν. συνέβη γάρ ποτε κατὰ συνήθειαν προσέρχεσθαι αὐτὸν ἀπὸ ἐννύχων εἰς τὸ τελωνεῖον καὶ ἀπαντᾷ αὐτῷ ναύτης ἀπὸ ναυαγίου γυμνὸς ὡς ἐγεννήθη, καὶ προσέπεσεν αὐτῷ δεό-
20 μενος σκέπης τυχεῖν. ἐκεῖνος οὖν νομίσας ὅτι πτωχός ἐστιν, ἀποδύεται τὸ ἐσωφόριον αὐτοῦ, ἀναγκαῖον ὑπάρχοντα, καὶ δίδωσιν αὐτὸ παρακαλέσας αὐτὸν ἵνα αὐτὸς αὐτὸ φορέσῃ. ἀπελθὼν δὲ ἐκεῖνος ἐρυθριῶν φορέσαι αὐτὸ ἔδωκεν αὐτὸ εἰς πράτην, ἵνα πραθῇ. καὶ ὡς ἐμίσσευσεν ὁ τελώνης, θεωρεῖ
25 αὐτὸ κρεμάμενον καὶ ἐλυπήθη σφόδρα. καὶ ἀνελθὼν εἰς τὸν | οἶκον αὐτοῦ, οὐδενὸς ἠνέσχετο γεύσασθαι, ἀλλὰ κλείσας

---

1. λίαν fehlt in B. ἔλοιπ. A. 2. εἶτα fehlt in C. 5. βαλλόντων E. αὐτῶν] αὐτὸ B. 6. τελῶνι C. λευχιμ. CE. λευκοφόροι F. 8. τοῦτοι F. 9. ἀλλ' C. 10. νηπιότητοσ BE. 12. εἷς] ἐπὶ BE. ἔλεγε (νE) BE 13. ἔριψα A. μετὰ θυμοῦ C. 16. ἐλεήμων ἄκρως E. μήτε BEC. ἰδίου αὐτοῦ φείσεσθαι σώμ. C. αὐτόν fehlt in C. 17. KB B. ὅθεν συνέβη ποτὲ BE. προέρχεσθαι C. 21. σοφόριον A. ὑπάρχοντα E. ὑπάρχων oder ὑπάρχον die andern. καὶ fehlt in C. 22. δίδωσιν αὐτῶ παρακ. αὐτῶ ἵνα αὐτὸσ φορέσῃ C. 24. ἐμίσευσεν C. θεωρεῖ] ἴδεν C. 25. Nach κρεμ. fügt C εἰσ τὴν ἀγορὰν hinzu, BE ἐπὶ τῆσ ἀγορᾶς. ἐλυπήθην C.

τὴν θύραν τοῦ κουβουκλείου αὐτοῦ ἐκαθέζετο κλαίων καὶ λογιζόμενος ὅτι οὐκ ἐγενόμην ἄξιός, φησιν, ἵνα ἔχῃ μου μνημόσυνον ὁ πτωχός. ὡς οὖν ἠθύμει, ἀπενύσταξεν καὶ ἰδοὺ θεωρεῖ τινα εὔοπτον ὡς τὸν ἥλιον φοροῦντα σταυρὸν ἐπὶ τῆς κεφαλῆς αὐτοῦ, καὶ τὸ ἐσωφόριον ὃ ἦν δεδωκὼς 5 τῷ ναύτῃ, ἐπιστάντα καὶ λέγοντα αὐτῷ· 'Τί κλαίεις, κῦρι Πέτρε;' τοῦτο γὰρ ἦν ὄνομα αὐτῷ. ὁ δὲ φησὶν, ὡς πρὸς θεὸν διαλεγόμενος, ὅτι 'Δέσποτα, ἐξ ὧν χορηγεῖς ἡμῖν διδοῦμέν τινι, καὶ εἰς αἰσχροκερδίας λαμβάνουσιν οἱ λαμβάνοντες.' τότε λέγει αὐτῷ· 'Γνωρίζεις τοῦτο;' καὶ δείκνυσιν αὐτῷ ὅτι 10 ἔσωθεν ἐφόρει τὸ ἐσωφόριον αὐτοῦ. λέγει αὐτῷ· 'Ναί, δέσποτα.' ὁ δὲ ἀποκριθεὶς εἶπεν αὐτῷ· 'Ἰδοὺ ἐγὼ αὐτὸ φορῶ, ἀφ' ἧς ἔδωκάς μοι αὐτό, καὶ εὐχαριστῶ τῇ προθέσει σου τῇ καλῇ, ὅτι ἐρίγων καὶ ἐσκέπασάς με.' εἰς ἑαυτὸν οὖν ἐλθὼν ἐξεπλάγη καὶ ἤρξατο μακαρίζειν τοὺς πτωχοὺς καὶ 15 λέγειν· 'Ζῇ κύριος. ἐὰν οἱ πτωχοὶ ὁ Χριστός μού ἐστιν, οὐκ ἀποθνῄσκω καὶ γένωμαι ὡς εἷς ἐξ αὐτῶν.'

Προσκαλεσάμενος οὖν εὐθέως τὸν νοτάριον αὐτοῦ, ὃν ἦν καὶ ἀγοράσας, λέγει αὐτῷ· 'Μυστήριον θέλω θαρρῆσαί σοι καὶ πίστευσον, ἐὰν ἐξάξῃς αὐτό, εἰς βαρβάρους πωλῶ 20 σε ἢ καὶ ἐὰν μὴ ἀκούσῃς μου.' δίδωσιν οὖν αὐτῷ εὐθέως

---

1. θύρα C. 3. ἠθύμει καὶ ὠδύρετο BE. 4. ἰδού] ὑπνώσασ BE. 5. τὸ σοφόριον C. ὦ C. 7. αὐτῷ ὄνομα BCE. ὄνομα αὐτῷ A. 8. ὅτι fehlt in BE. δίδομεν BE. 10. τότε fehlt in BE. αὐτῷ ὁ κ̄ο̄ BE. ὅτι — 12. αὐτὸ φορῶ] καὶ λέγει ἀφ' ἧσ ἔδωκάσ μοι αὐτὸ ἐγὼ αὐτὸ φορῶ A. 11. ὁ δὲ λέγει C. λέγει αὐτῷ BE. 12. φορῶ αὐτὸ E. 14. ἐρίγουν F. ἐσκέπασεσ C. 16. λέγει E. ὡσ ὁ χ̄ο̄ C. 17. καὶ προσκαλ. BE. 18. οὖν BE. 19. καὶ ἀγ. ἦν BE. καὶ ὠνητὸν εἶχε C. Hinter θαρρῆσαι σοι hat A: καὶ ἐὰν παρακούσῃσ μου, εἰσ βάρβαρον ἔθνοσ ἔχω σε πολλῆσαι καὶ εὐθέωσ δίδωσιν αὐτῷ κτλ. C: καὶ πίστευσον· ἐὰν ἐξάξῃσ με εἰσ βαρβάρουσ πωλῶ σε, εἰ δὲ καὶ εἰσακούσεισ μοι, λήψῃ παρ' ἐμοῦ χάριτασ καὶ τὴν ἐλευθερίαν σου. τοῦ δὲ ὑπισχνουμένου ποιεῖν τὸ κελενόμενον, δίδωσιν αὐτῷ κτλ. F: πίστευσον. εἰσ βαρβάρουσ πουλῶ σε ἐὰν μὴ ἀκούσῃσ μου. εὐθέωσ οὖν δίδει αὐτῷ κτλ. Ich bin diesmal in der Textconstituirung den Handschriften B und E gefolgt, da sie mit Anastasius übereinstimmen. 20. σε πωλῶ E. 21. εὐθέωσ fehlt bei An.

δέκα λίτρας χρυσίου καὶ λέγει αὐτῷ· ῾Ὕπαγε, ἀγόρασόν σοι πραγματείαν καὶ λάβε με καὶ ἀπένεγκε εἰς τὴν ἁγίαν πόλιν καὶ πώλησόν μέ τινι χριστιανῷ καὶ τὴν τιμήν μου δὸς πτωχοῖς.' τοῦ δὲ νοταρίου παραιτουμένου καὶ καταπληττο-
5 μένου, λέγει αὐτῷ πάλιν, ὅτι ῾Ἐὰν μὴ πωλήσῃς με, ἐγώ σε πωλῶ εἰς βαρβάρους καθὼς προεῖπόν σοι.' ὑπήκουσεν οὖν αὐτῷ ὁ νοτάριος καὶ καταλαβόντων αὐτῶν τοὺς ἁγίους τόπους εὑρέν τινα φίλον αὐτοῦ γνήσιον ὁ νοτάριος ἀργυροκόπον φυράσαντα. εἰς συντυχίαν οὖν ἐλθόντων ἀμφοτέρων
10 λέγει αὐτῷ ὁ νοτάριος· ῾Ἄκουσόν μου, κῦρι Ζωῖλε, καὶ ἀγόρασον ἕνα δοῦλον, ὅτι ἔχω καλὸν, ὅτι λέγει ὁ ἄνθρωπος ὅτι πατρίκιός ἐστιν.' ἀκούσας δὲ ὁ ἀργυροκόπος, ὅτι δοῦλον ἔχει, ἐθαύμασεν καὶ λέγει αὐτῷ· ῾Πίστευσον, ὅτι οὐκ εὐ-
294ᵛ πορῶ.' λέγει πάλιν αὐτῷ ὁ νοτάριος· ῾Δάνεισαι καὶ ἀγόρασον
15 αὐτόν· πολὺ γάρ ἐστιν καλός. καὶ εὐλογῆσαί σε ἔχει ὁ θεὸς δι' αὐτοῦ.' ἐπείσθη οὖν καὶ ἠγόρασεν αὐτὸν ῥυπαροφοροῦντα εἰς νομίσματα τριάκοντα. καὶ καταλιπὼν αὐτὸν ὁ νοτάριος, ἀνεχώρησεν εἰς Κωνσταντινούπολιν, πληροφορήσας αὐτὸν, ὅτι οὐδενὶ θαρρεῖ, ἀλλὰ καὶ ὅτι οὐ νοσφίζεται
20 ἐκ τῆς τιμῆς αὐτοῦ, τοῖς πτωχοῖς δὲ μᾶλλον εὐθέως δίδωσιν.

Ἦν οὖν ἰδέσθαι αὐτὸν ποτὲ μὲν ἑψοῦντα τῷ κυρίῳ αὐτοῦ, ποτὲ δὲ πλύνοντα, καίπερ μηδέποτε ἐν τινὶ τούτων συνειθισμένον. ἐταρίχευσεν δὲ ἑαυτὸν καὶ νηστείᾳ πολλῇ.

1. σου C. 2. με fehlt in A. ἀπένεγκαι E. ἀπάγαγέ μοι A. 3. πούλησόν μοι A. 4. τοῦ — 6. ὑπήκουσεν] τοῦ δὲ νοταρίου τὴν τοῦ αὐθέντου μὴ θέλω πρόσταξιν παρακοῦσαι μάλιστα καὶ διὰ τὴν ὡς εἴρηται τῆσ πράσεωσ εἰσ βαρβάρουσ ὀργὴν ὑπήκουσεν C. 5. ὅτι ἐὰν μὴ πωλήσῃσ με (hat A am Rande) ἐγώ πουλῶ σοι ὅπου εἶπον σοι εἰσ βαρβάρουσ A. ἐὰν μὴ τοῦτο ποιήσῃσ καὶ BE. σε] σοι F. 10. αὐτὸν C. ζωῆλε E. 11. πάνυ καλὸν C. ὅτι λέγει — ἐστὶν fehlt in CBE. 12. Das Wort ἀργυροκόποσ hat der Schreiber von C aus Irrtum zweimal gesetzt. ἔχει δοῦλον B. 13. ὅτι fehlt in C. ἐκπορῶ CF. 14. αὐτῷ πάλιν BE. 16. ῥυπαρο... οῦντα hat B wegen eines Lochs im Pergament. ῥυπαροφοῦντα (sic) E. 19. αὐτὸν μεθ' ὅρκου BE. θαρρεῖ ταῦτα BE. ἀλλὰ fehlt in BE. 20. ταῦτα εὐθέωσ E. 21. ἑψοῦντα] ὀψόντα E. 22. αὐτοῦ τὰ βρώματα BE. πλύνοντα] πλάττοντα (πλάνοντα E) τοὺσ ἄρτουσ καὶ τὰ λοιπὰ ἔργα τοῦ οἴκου ἐκτελοῦντα BE. τούτων] τοιούτω B.

ὡς οὖν εἶδεν ἑαυτὸν εὐλογηθέντα ὁ τούτου δεσπότης ὑπὲρ πᾶσαν εὐλογίαν, λέγει αὐτῷ αἰδούμενος τὴν ἄφατον αὐτοῦ ἀρετὴν καὶ ταπείνωσιν· 'Θέλω, ταπεινὲ Πέτρε, ἐλευθερῶσαί σε, καὶ ἵνα ἔσῃ τοῦ λοιποῦ ὡς ἀδελφός μου.' ὁ δὲ οὐ κατεδέξατο. ἦν δὲ θεάσασθαι αὐτὸν πολλάκις ὑβριζόμενον καὶ τυπτόμενον ὑπὸ τῶν συνδούλων αὐτοῦ. εἶχον γὰρ αὐτὸν ὡς ἔξηχον, ὥστε καὶ ὄνομα αὐτῷ ἐξενέγκαι ὁ παραπαίων. καθότι οὖν ἔθλιβον αὐτὸν οἱ σύνδουλοι αὐτοῦ καὶ ἐκοιμᾶτο ἐν θλίψει, ἐφαίνετο ὁ φανεὶς αὐτῷ ἐν Ἀφρικῇ φορῶν τὸ ἐσωφόριον αὐτοῦ, κρατῶν καὶ τὰ τριάκοντα νομίσματα ἐν τῇ χειρὶ αὐτοῦ λέγων αὐτῷ· 'Μηδὲν ἀθυμήσῃς, ἄδελφε Πέτρε. ἐγὼ ἔλαβον καὶ τὴν τιμήν σου. ἀλλ' ὑπόμεινον, ἕως οὗ γνωρισθῇς.' μετὰ οὖν χρόνον τινὰ παρεγένοντο ἀπὸ τῆς χώρας αὐτοῦ τινες ἀργυροπρᾶται ἐπὶ τὸ εὔξασθαι εἰς τοὺς ἁγίους τόπους. καὶ ἐκάλεσεν αὐτοὺς εἰς ἄριστον ὁ δεσπότης τοῦ κυροῦ Πέτρου. καὶ ἐν τῷ παρατίθειν αὐτὸν, εὐθέως ἐκεῖνος ἐγνώρισεν αὐτούς, καὶ αὐτοὶ δὲ ἐν τῷ ἀριστᾶν αὐτοὺς ἤρξαντο χαρακτηρίζεσθαι αὐτὸν καὶ εἰς τὸ οὖς ἀλλήλων λέγειν· 'Τί ὅμοιοῖ ὁ παῖς οὗτος τῷ κυρῷ Πέτρῳ τῷ τελώνῃ;' ἐκεῖνος δὲ ὑπέκρυβεν, ὅσον ἠδύνατο, τὴν ὄψιν αὐτοῦ. πάλιν οὖν ἐσθιόντων αὐτῶν, ἤρξαντο λέγειν πρὸς τὸν καλέσαντα αὐτούς· 'Ὄντως νομίζομεν πρᾶγμά σοι ἐβράχη, κῦρι Ζωῖλε. | καὶ γὰρ εἰ μὴ πλανώμεθα, δημόσιον πρόσωπον ἔχεις εἰς ὑπουργίαν σου.' οὐδὲ γὰρ ἐγίνωσκον ἀκριβῶς, ὅτι ἦν ἐκ τοῦ μαγειρείου καὶ τῆς νηστείας ἠλλοιωμένη ἡ

---

1. ὑπὲρ π. εὐλογίαν] καὶ τὸν οἶκον αὐτοῦ BE.   2. ἄφατον] ἅπασαν C. ἄκραν F.   4. τὸ λοιπὸν C.   5. πολλάκισ fehlt in BE.   6. καὶ τυπτόμενον fehlt in A.   δούλων A.   9. ἐφαίν. αὐτῶ BE.   11. καὶ λέγων BE.   ῥαθυμήσησ C.   12. ἀλλὰ A.   οὐ fehlt in A.   14. εἰς] ἐπὶ CE.   16. παρατιθέναι (παρατίθειν E) αὐτὸν τὰ βρώματα ἐπὶ τῆσ τραπέζησ εὐθέωσ ἐγνώρισεν αὐτούσ, ὁμοίωσ δὲ καὶ κτλ. BE.   τὰ ἑψητὰ παρατιθέναι τὸν πέτρον εὐθέωσ ἐγνώρισεν αὐτοὺσ καὶ αὐτοὶ κτλ. C.   18. χαρακτηριάζεσθαι A.   ἀλλήλοισ C.   19. ὁμοιεῖ CBE.   παῖσ] ἄνοσ BE.   21. αἰσθόντων A.   πρὸσ τοὺσ (sic) καλέσαντα A.   22. ὄντωσ κύρι ζώϊλε (ζώηλε E) BE.   πράγματα B.   ἐνβραχῂ A.   23. πλανοῦμεθα F.   24. ἐγίν. αὐτὸν B.   25. ἠλλυομένη C.

ὄψις αὐτοῦ. ἐπὶ πολὺ οὖν κατανοήσαντες αὐτὸν, λέγει εἷς ἐξ αὐτῶν· "Ὄντως ὁ κῦρις Πέτρος ἐστὶν καὶ ἐγείρομαι κρατῶ αὐτόν. πάνυ γὰρ ὁ βασιλεὺς ἀκούσας ἐλυπήθη περὶ αὐτοῦ, ὅτι ἄδηλος ἐγένετο.'

5 Ἔξωθεν οὖν ἱστάμενος ἤκουσεν ταῦτα καὶ θήσας ἐξ ἑαυτοῦ τὸ πινάκιον οὐκ εἰσῆλθεν, ἀλλ' ὠρθοδρόμησεν εἰς τὸν πυλῶνα. ὑπῆρχεν οὖν τῷ ἔχοντι αὐτὸν ὁστιάριος μογγὸς καὶ κωφὸς ἀπὸ γεννήσεως, ὅστις διὰ νεύματος μόνον ἤνοιγεν καὶ ἠσφάλιζεν. σπεύδων οὖν ὁ δοῦλος τοῦ θεοῦ
10 ἐξελθεῖν, λέγει τῷ κωφῷ καὶ μογγῷ· 'Σοὶ λέγω ἐν ὀνόματι Ἰησοῦ Χριστοῦ.' ὁ δὲ εὐθέως ὑπήκουσεν καὶ εἶπεν· 'Ναί, κῦρι.' ὁ δὲ πάλιν πρὸς αὐτόν· "Ἄνοιξον.' ἀπεκρίθη πάλιν ἐκ δευτέρου· 'ἐγώ, κῦρι.' ἀνέστη οὖν εὐθέως καὶ ἤνοιξεν αὐτῷ, καὶ ἐξελθόντος αὐτοῦ ἀνῆλθεν ὁ θυρωρὸς καὶ ἔκραξεν
15 ἐπὶ πάντων χαίρων καὶ ἀγαλλιώμενος, ὅτι ἤκουσεν καὶ ἐλάλησεν 'Κῦρι, κῦρι.' πάντων δὲ τῶν τοῦ οἴκου ἐκπλαγέντων, ὅτι ἤκουσαν αὐτοῦ λαλοῦντος, πάλιν φησὶν ὁ ποτὲ ἄλαλος· 'Ἐκεῖνος ὅπου ἐμαγείρευεν, ἐξῆλθεν τρέχων, ἀλλὰ βλέπετε μήπως φεύγων ἐστίν. μέγας γὰρ δοῦλος τοῦ θεοῦ ὑπάρχει
20 ὅτε γὰρ κατῆλθεν, εἶπέν μοι· 'Σοὶ λέγω ἐν ὀνόματι κυρίου.' καὶ εὐθέως εἶδον ἐκ τοῦ στόματος αὐτοῦ ἐξελθοῦσαν φλόγα καὶ ἁψαμένην τῶν ὠτίων μου, καὶ εὐθέως ἤκουσα καὶ ἐλάλησα.' καὶ ἀναπηδήσαντες καὶ καταδιώξαντες αὐτὸν ἅπαντες,

---

2. καὶ εἰ θέλετε ἐγείρ. καὶ κρατῶ BE. 3. ἀκούσασ fehlt in A. 5. ἐξ αὐτοῦ B. 6. καὶ παρ' αὐτὰ θήσας τὸν πίνακα C. ὅρμησεν C. 7. πυλεῶνα A. ὑπῆρχεν οὖν ὁ τότε τοῦ πυλῶνοσ ὁστιάρειοσ ἄλαλοσ καὶ κωφὸσ ἀπὸ γ. C. 9. ἐσφάλιζεν B. 10. μογγῷ] ἀλάλω C. σοὶ] σὺ AC. ἐν τῷ ὀνόματι A. 11. ιυ fehlt in BE. ἐπήκουσεν A. 12. κύριε BE. πάλιν ὁ μογγὸς BE. mutus et surdus An. πάλιν ὁ κωφὸσ καὶ ἄλαλοσ καὶ εἶπεν· ἐγώ C. 13. ἀνέστ.... εὐθέωσ hat B, weil das Pergament ein Loch hat. 14. αὐτὸν A. ἀνέκραξεν C. ἔκραξεν BE. 15. χαιρόμενοσ AE. καὶ ἀγαλλιῶν A. 16. καὶ πάντων δὲ C. 17. λαλοῦντοσ εἶπε ὁ ποτὲ ἄλαλοσ καὶ κωφὸσ C. 19. ἀλλ' εἰ καὶ φεύγων ἐξῆλθεν, μέγασ δοῦλοσ τοῦ θῦ ἐστιν C. 20. λέγει A. ιυ χῦ BE. 21. φλόγα πυρὸσ BE. 22. καὶ ἁψαμένη C. μου καὶ τῆσ γλώττησ μου BE. εὐθέωσ] παραχρῆμα BE. 23. τότε ἀναπ. BE.

οὐκέτι εἶδον αὐτόν. τότε μετενόουν καὶ ἐκόπτοντο ἅπαντες οἱ τοῦ οἴκου καὶ αὐτὸς ὁ κύριος αὐτοῦ τὸ ἐν ποίᾳ ἀτιμίᾳ εἶχον αὐτὸν καὶ μάλιστα οἱ κράζοντες αὐτόν· Ὁ παραπαίων.' ταῦτα τοῦ μακαριωτάτου καὶ θεοτιμήτου Ἰωάννου τοῦ πατριάρχου τὰ διηγήματα. 5

Οὐ μόνον γὰρ ἐκ τοῦ ἑαυτοῦ βίου ἱκανὸς ἦν καὶ τὸν μὴ θέλοντα ὠφεληθῆναι οἰκοδομῆσαι, ἀλλὰ καὶ ἐκ τῶν θεαρέστων αὐτοῦ καὶ ἀψευδῶν διηγημάτων. καὶ ἔλεγεν ἀεὶ τοῖς ταῦτα ἀκούουσιν· 'εἰ τοῦ | ἰδίου αἵματος οὐκ ἐφεί- 295ᵛ σαντό τινες τῶν ἀνθρώπων, ἀλλὰ καὶ αὐτὸ ἔδωκαν εἰς 10 χεῖρας τῶν ἀδελφῶν, μᾶλλον δὲ τοῦ Χριστοῦ, πῶς ἄρα ἡμεῖς μετὰ προθυμίας καὶ ταπεινώσεως ὀφείλομεν κἂν ἐκ τῶν ὑπαρχόντων ἡμῖν διδόναι τῷ Χριστῷ, ἤγουν τοῖς πτωχοῖς καὶ πένησιν, ἵνα τὴν ἀντιμισθίαν λάβωμεν παρὰ τοῦ δικαίου μισθαποδότου θεοῦ ἐν ἐκείνῃ τῇ φοβερᾷ καὶ 15 φρικτῇ τῆς ἀνταποδόσεως ἡμέρᾳ, ὥστε οὖν ὁ σπείρων φειδομένως, φειδομένως καὶ θερίσει καὶ ὁ σπείρας ἐν εὐλογίαις, τουτέστιν δαψιλῶς καὶ μεγαλοψύχως, πολυπλειόνως καὶ θερίσει, τουτέστιν τὰ ἀγαθὰ ἐκεῖνα κληρονομήσει τὰ πᾶσαν διάνοιαν ὑπερβαίνοντα.' 20

1. τότε] ὅθεν BE. τότε οὖν ἐκόπτοντο ἅπ. τοῦ οἴκου καὶ ὁ κύριοσ αὐτῶν C. 4. θεοτιμήτου] ἁγιωτάτου A. 6. βίου fehlt in C. 7. θέλοντα ὀφέλοντα οἰκοδ. E. οἰκοδομ. ὠφεληθῆναι A. 8. καὶ fehlt in C. 9. σώματοσ BE. ἐφήσαντο A. 11. τῷ ἀδελφῷ C. τῷ ζῶ C. ἄρα] γὰρ C. 12. πάσησ προθ. BE. οὐκ ὀφειλ. C. κἂν] καὶ BE. 13. ὑμῖν A. τοῖσ πένησιν CB. 16. Bei der Textconstituirung habe ich mich in der Hauptsache an Codex A angeschlossen; allein da er nach den Worten ἐν εὐλογίαισ fortführt: ἐν εὐλογίαισ καὶ θερίσει, scheint im Folgenden die Lesart der übrigen Handschriften vorzuziehen zu sein. Denn ebenso liest auch Anastasius: 'Qui nunc seminat parce, parce et metet: et qui seminat in benedictionibus, id est largo et magnanimiter, multipliciter et metet, hoc est, bona illa etc.' ὅτε ὁ νῦν σπείρας φ., φ. καὶ θερίσει καὶ ὁ σπείρασ νῦν ἐπ᾽ εὐλογίαισ, τουτέστιν δαψιλῶσ καὶ μεγαλοψύχωσ πολυπλειόνωσ καὶ θερίσει τουτέστιν τὰ ἀγαθὰ κτλ. Β. ὅτε ὁ νῦν σπείρασ φ., φ. καὶ θερίσει καὶ ὁ σπείρων νῦν ἐπ᾽ εὐλογίαις καὶ θερίσει· τουτέστι δαψιλῶς καὶ μεγαλοψύχωσ τὰ ἀγαθὰ ἐκεῖνα κτλ. Ε. ὅτι ὁ νῦν σπείρασ φειδομένοσ, φειδομένοσ καὶ θερίσει καὶ ὁ σπείρασ ἐπ᾽ εὐλογίαισ, τουτέστιν δαψ. καὶ μεγ. πολυπλείονασ καὶ θερίσει· τουτέστιν τὰ ἀγαθὰ κτλ. C.

Cap. XXIII. Πᾶσιν μὲν οὖν τοῖς κατορθώμασιν κεκοσμημένος ὑπάρχων ὁ ὅσιος, οὐδὲ τούτου ἀπελείπετο. πάνυ γὰρ ἠγάπα τὸ ἐντυγχάνειν τοῖς βίοις τῶν ἁγίων πατέρων, καὶ μάλιστα τῶν τὴν ἐλεημοσύνην ἀσκησάντων. ὅθεν ἐν μιᾷ ἐντυχὼν τῷ βίῳ τοῦ ἁγίου Σεραπίωνος τοῦ ἐπικληθέντος Σινδονίου καὶ εὑρὼν 'αὐτὸν ἐν μιᾷ', φησὶν, 'τὸ περιβόλαιον αὐτοῦ δεδωκότα τῷ πτωχῷ καὶ πάλιν παρεκεῖ ἀπελθόντα καὶ τῷ ῥιγῶντι συναντήσαντι κἀκείνῳ τὸ στιχάριον αὐτοῦ παρασχόντα, καὶ ὅτι γυμνὸς ἐκαθέζετο κρατῶν τὸ ἅγιον εὐαγγέλιον, καὶ ἐρωτηθεὶς ὑπό τινος· 'Τίς σε ἀπέδυσεν, ἀββᾶ;' ὑποδείξας τὸ εὐαγγέλιον, φησίν· 'Οὗτος.' καὶ 'ἄλλοτε αὐτὸ τὸ ἅγιον εὐαγγέλιον πωλήσαντα καὶ δεδωκότα ἐλεημοσύνην, καὶ τοῦ μαθητοῦ αὐτοῦ εἰρηκότος πρὸς αὐτόν· "Ἀββᾶ, τὸ εὐαγγέλιον ποῦ ἐστιν;" κἀκείνου εἰπόντος πρὸς αὐτὸν, ὅτι 'Πίστευσον, τέκνον, αὐτὸ τὸ λέγον μοι· Πώλησόν σου τὰ ὑπάρχοντα καὶ δὸς πτωχοῖς, αὐτὸ ἐπώλησα καὶ ἔδωκα αὐτοῖς, ἵνα ἐν ἡμέρᾳ κρίσεως ἔχωμεν περισσοτέραν παρρησίαν πρὸς θεόν.' καὶ ὅτι 'ἄλλοτε πάλιν χήρα γυνὴ αἰτήσασα τὸν αὐτὸν ἅγιον Σεραπίωνα ἐλεημοσύνην, ὅτι ἐπείνων τὰ τέκνα αὐτῆς, καὶ μὴ ἔχοντος αὐτοῦ τίποτε τὸ σύνολον δοῦναι αὐτῇ, ἐποίησεν αὐτὴν πωλῆσαι αὐτὸν εἰς μίμους Ἕλληνας ὑπάρχοντας, οὓς καὶ χριστιανοὺς ἐποίησεν ἐν ὀλίγαις ἡμέραις.' ταῦτα ἀναγνοὺς ὁ ὅσιος περὶ τούτου

---

1 ΚΓCB. τοῖσ τιμίοισ καὶ ἀγαθοῖσ κατορθ. B. τοῖσ τιμίοισ κατορθ. E. 2. τοῦτο C. 3. τοῦ ἐντ. E. 5. τὸν βίον C. σεραπίον F. 6. ἐν μιᾷ] ἐμιὰ F. 7. δεδωκότα (sic) τὸ περιβόλεον αὐτοῦ F. 8. ἀπελθόντι E. ἀπελθάτα (sic) F. τῷ] τινὶ B. ῥιγῶντι E. ῥιγοῦντι F. συναντήσασ C. στηχάριον B. 9. παρασχὼν C. 10. τὸ τίσ σε E. 11. ἅγιον fügen CBE hinzu. 12. ἅγιον lassen B und An. weg. πολήσασ καὶ δεδωκὼσ ἐλ. F. πολίσασ καὶ εἰσ ἐλεημοσύνην καὶ αὐτὸ παρασχὼν C. 14. κακεῖνοσ εἶπεν C. ἀπεκρίνατο BE. κἀκείνου εἰπόντοσ AF. 16. αὐτῶ τῶ λέγοντι C. Matth. XIX 21. 16. αὐτὸν C. 17. παρρ. περισσ. CBE. ὅτι AE. ὅτε CB. 19. αἰτήσατο F. σαραπίωνα C. 20. ἐπείνουν C. ἐπίνουν F. τὸ σύνολον τίποτε E. τίποτε] πόθεν A. 22. μίμους] ὠμοὺσ C. 23. ὁ ὅσιος καὶ τίμιοσ Ἰωάννησ ὁ πατριάρχησ BE.

τοῦ ἁγίου Σεραπίωνος ἐκπληττόμενος καὶ θαυμάζων τὴν τοῦ ἁγίου ἀρετὴν, ὅλος σύνδακρυς γενόμενος, προσκαλεσάμενος ἅπαντας τοὺς ἰδίους διοικητὰς, ἀνέγνω καὶ αὐτοῖς πάντα τὰ κατὰ τὸν ἅγιον Σεραπίωνα καὶ λέγει πρὸς αὐτούς· 'Βαβαὶ, ὦ φιλόχριστοι, τί ὠφελεῖται ἄνθρωπος ἐν- 5 τυγχάνων τοῖς βίοις τῶν ἁγίων πατέρων. πιστεύσατέ μοι ὅτι μέχρι τῆς σήμερον ἐνόμιζον, ὅτι κἂν τίποτε ποιῶ, δίδων τὰ ἐμπίπτοντά μοι χρήματα. οὐκ ᾔδειν δὲ ὅτι καὶ ἑαυτοὺς ἐπίπρασκόν τινες, συμπαθείᾳ νικηθέντες.'

Cap. XXIV. Ὑπερετίμα μὲν ἀεὶ τὸ μοναχικὸν σχῆμα ὁ 10 ἅγιος καὶ ἐσέβετο καὶ συνέπασχεν, ὅπου μάλιστα ἔβλεπεν μοναχὸν εἰς τὰς σωματικὰς χρείας στενούμενον. εἶχεν δὲ καὶ τοῦτο ὑπὲρ πολλοὺς ἐξαίρετον, ὅτι κατηγορίαν τὴν οἱανοῦν ἢ ψευδῆ ἢ ἀληθῆ οὐκ ἐδέχετο κατά τινος περιβεβλημένου τὸ μοναχικὸν σχῆμα. ἅπαξ γὰρ συνέβη αὐτὸν ἐξ 15 ὑποβολῆς τινων διαβόλων παθεῖν τι τοιοῦτον. τινὸς μοναχοῦ γυρεύοντος ἐν τῇ πόλει μετὰ μιᾶς κόρης νεωτέρας, καὶ ἐπαιτοῦντος ἐλεημοσύνην ἐπὶ ἡμέρας τινὰς, τινὲς τῶν τούτους θεωρησάντων σκανδαλισθέντες καὶ νομίσαντες ὅτι γυνὴ αὐτοῦ ἐστιν, προσανήνεγκαν τῷ πάπᾳ κατ' αὐτοῦ ἐγ- 20 κλήσεις, 'διότι', φησίν, 'θεοτίμητε, κωμῳδεῖ τὸ ἰσάγγελον τοῦ μοναχικοῦ βίου σχῆμα, κόρην τινὰ ἔχων εἰς γυναῖκα'· εὐθέως οὖν ὁ τοῦ θεοῦ θεράπων ὡς νομίζων κωλύειν τὰ πρὸς θεὸν ἁμαρτήματα, ὡς εἰς τοῦτο ὑπ' αὐτοῦ προχειρισθείς, ἐπέτρεψεν τὴν μὲν γυναῖκα πτερνισθῆναι ἐξ αὐτοῦ 25

---

1. τοῦ ἁγίου τούτου BCE. σαραπ. C. ἐκπληττόμενοσ fehlt in BE. θαυμάσασ BE. 2. ὅλως C. 3. διοικ. ἅπαντασ E. καὶ fehlt in BE. 4. λέγει αὐτοῖσ B. οὗτοσ ἄνοσ A. 6. ἁγίων fehlt in A. μοι fehlt in C. 7. ἐνόμιζον fehlt in C. κἂν fehlt in BE μέγα ποιῶ BE. διδοὺσ B. 9. εἰσ συμπάθειαν κινηθέντεσ C. συμπαθείᾳ κεινηθέντεσ F. An. falsch: quadam (= τινὶ) compassione superati.
10. K̄Δ CB. μὲν fehlt in A. 11. ἅγιοσ A. ὅσιοσ BEC. 14. κατὰ νοῦν περιβ. A. 16. ἐπιβολῆσ B. ἐπιβουλῆσ E. τοσοῦτον C. 18. ἀπαιτ. A. τινὲσ τοῦτο θεωρήσαντεσ καὶ C. 21. διότι ACE. διὰ τί B. propter quid An. 25. πτερνισθῆναι καὶ χωρ. ἐξ αὐτοῦ

καὶ χωρισθῆναι, αὐτὸν δὲ τυπτηθῆναι καὶ εἰς φυλακὴν
ἰδιάζουσαν ἀποκλεισθῆναι. ὡς οὖν διὰ πάσης συντομίας
ἡ κέλευσις τοῦ ὁσίου εἰς ἔργον προήχθη, φαίνεται αὐτῷ τῇ
νυκτὶ κατὰ τοὺς ὕπνους ὁ μοναχός, δεικνύων αὐτῷ τὸν
5 νῶτον αὐτοῦ ὅλον σεσημμένον — ὑπῆρχον γὰρ ἀφειδῶς
δήραντες αὐτὸν οἱ ἐκκλησιέκδικοι — λέγων αὐτῷ· 'Οὕτως
ἀρέσκει σοι, κῦρι ὁ πάπας, πίστευσον, τὴν μίαν σου ἐπλα-
νήθης ὡς ἄνθρωπος.' καὶ ταῦτα εἰπὼν αὐτῷ, ἀνεχώρησεν |
296ᵛ ἀπ' αὐτοῦ.
10   Πρωΐας δὲ γενομένης ἀνεμνήσθη ὁ μακάριος τὸ ὄναρ
τῆς νυκτός, καὶ ἐκαθέζετο ἐπὶ τοῦ κλιναρίου αὐτοῦ σύννους.
πέμπει οὖν εὐθέως καὶ μεταστέλλεται διὰ τοῦ συγκέλλου
αὐτοῦ τὸν μοναχὸν ἐκ τοῦ τόπου οὗ ἦν ἀποκεκλεισμένος,
ἐννοῶν εἰς ἑαυτὸν ὁ μακάριος, ἐὰν ὅμοιός ἐστι τῷ ὀφθέντι
15 αὐτῷ ἐν τῇ νυκτί. ὡς οὖν ἦλθεν μετὰ κόπου πολλοῦ —
οὐ γὰρ ἠδύνατο κινηθῆναι ἐκ τῶν ἀφορήτων πληγῶν —,
ἡνίκα τὸ πρόσωπον αὐτοῦ ἐθεάσατο ὁ πάπας, ἔμεινεν ἄφω-
νος, ἀκίνητος, σύννους, μὴ δυνάμενος φθέγξασθαι. μόνον
δὲ τῇ χειρὶ αὐτοῦ ἔνευσεν καθεσθῆναι αὐτὸν πλησίον αὐ-
20 τοῦ ἐν τῷ χαλαδρίῳ αὐτοῦ. εἰς ἑαυτὸν οὖν γενόμενος καὶ
κατασφραγισάμενος, παρεκάλεσεν τὸν μοναχὸν, περιζωσά-
μενόν τι, ἀποδύσασθαι ἀνερυθριάστως, ὅπως ἴδῃ τὸν νῶτον
αὐτοῦ, εἰ οὕτως ἐστίν, ὡς καὶ ἐν τοῖς ὕπνοις ἐθεάσατο·
μόλις οὖν πεισθεὶς τοῦτο ποιῆσαι περιζωσάμενος τὸ οἰκεῖον
25 περιβόλαιον, ἤρξατο ἀποδύεσθαι. ὡς οὖν ἀπεδύσατο δεῖξαι
τὸν ἑαυτοῦ νῶτον τῷ ὁσίῳ, ἐκ παραδόξου βουλῆς τοῦ θεοῦ

BE.   πτερνισθῆναι καὶ εἰσ φυλακὴν ἰδιάζουσαν ἀποκλεισθῆναι, τὸν
δὲ μοναχὸν τυφθῆναι καὶ αὐτὸν καὶ τῇ εἱρκτῇ παραδοῦναι C.   2.
πολλῆσ BE.   3. εἰσ fehlt in E.   τῇ νυκτὶ fehlt in A.   5. σεσημ-
μένον CE. σεσημένων AB.   σεσιμμένον F.   καὶ γὰρ ἀφ. ἔδηραν
αὐτὸν οἱ κλησιέκδικοι C.   6. ἐκλησιοέκδικοι F. ἐκλησέκδικοι E.
λέγων αὐτῷ] λέγοντα C.   9. ἀπ' αὐτοῦ fehlt in A.   10. δὲ] οὖν C.
fehlt in B.   11. τῆσ κλίνησ E.   σύνουσ EC.   12. συγκέλου A.
13. ἐκ τῆσ φυλακῆσ, λέγων ἐν ἑαυτῷ ὁ μ. C.   16. ἐκείνων πληγῶν
A.   17. ἦν. οὖν A. δὲ C. fehlt in BE.   ἄφωιοσ καὶ B.   18. σύν-
νουσ fehlt in BE.   μηδ' ὅλως B.   φθέγξαι A.   19. ἔνευεν E.
αὐτὸν fehlt in E.   20. χαραδρίω E.

ἐλύθη ὅπερ περιεζώσατο περιβόλαιον καὶ ἔπεσεν χαμαί, καὶ
πάντες ἐθεάσαντο αὐτὸν εὐνοῦχον εἶναι· ἀλλὰ διὰ τὸ νέον
ὑπάρχειν αὐτὸν οὐδενὶ ἦν τοῦτο κατάδηλον. θεασαμένων
οὖν αὐτὸν ἁπάντων καὶ τοῦ ὁσίου ἀρχιερέως καὶ μάλιστα
τοὺς τοῦ νώτου αὐτοῦ ὀλεθρίους αἰκισμούς, πέμψας εὐθέως, 5
τοὺς μὲν τοῦτον ἀπερισκέπτως λοιδορήσαντας ἠφόρισεν, τῷ
δὲ εὐλαβεστάτῳ μοναχῷ πλεῖστα ἀπελογεῖτο, ἐν ἀγνοίᾳ
λέγων εἰς αὐτὸν ἁμαρτῆσαι καὶ εἰς θεόν· πλὴν καὶ τοῦτο
παρῄνει ὁ δίκαιος· 'Μὴ οὕτως,' φησίν, 'ὦ τέκνον, ἀπαραφυ-
λάκτως ἐν ταῖς πόλεσιν διάγειν τοὺς τὸ ἅγιον καὶ ἀγγελι- 10
κὸν καθ' ὑμᾶς ἔνδυμα περιβεβλημένους, μάλιστα δὲ καὶ
γυναῖκα περιφέρειν ἐπὶ σκανδάλῳ τῶν θεωρούντων.' τότε
ὁ μοναχὸς μετὰ πολλῆς ταπεινώσεως ἀπελογεῖτο τῷ ὁσίῳ
λέγων· 'Πίστευσον, δέσποτα, οὐ ψεύδομαι· ἐν Γάζῃ ἤμην
πρὸ τῶν ὀλίγων τούτων ἡμερῶν, καὶ ἐξερχομένου μου ἐκ 15
τῆς πόλεως ἐπὶ τὸ ἐλθεῖν | καὶ προσκυνῆσαι τὸν ἅγιον ἀββᾶ 291ʳ
Κῦρον, ἀπαντᾷ μοι αὐτὴ ἡ καλῶς βραχεῖσά μοι κόρη ἔξωθεν
τῆς πόλεως, ἑσπέρας οὔσης λοιπόν, καὶ προσδραμοῦσα τοῖς
ποσίν μου, παρεκάλει συνοδεῦσαί μοι· ἔλεγεν γὰρ ἑαυτὴν
Ἑβραίαν εἶναι καὶ θέλειν γενέσθαι χριστιανήν. καὶ ἤρξατο 20
κατακρίνειν με λόγοις φρικτοῖς, ἵνα μὴ ἀφῶ ἀπολέσθαι
αὐτήν. φοβηθεὶς οὖν ἐγὼ τὸ κρῖμα τοῦ θεοῦ, ἔλαβον αὐ-
τήν, νομίζων ὅτι οὐ πέμπει πειρασμὸν ὁ σατανᾶς τοῖς εὐ-
νούχοις. οὐκ ᾔδειν δέ, ὅτι οὐδενὸς φείδεται. ἐλθόντων
οὖν ἡμῶν, ἁγιώτατε, καὶ τὴν εὐχὴν πληρωσάντων, ἐβάπτισα 25
αὐτὴν εἰς τὸν ἅγιον ἀββᾶ Κῦρον. καὶ ἐγύρευον μετ' αὐτῆς
ἐν ἁπλῇ καρδίᾳ ἐπαιτῶν ὀλίγην δαπάνην, ἵνα βάλω αὐτὴν

---

2. εἶναι] ὄντα E.   τὸν νέον A.   3. οὐκ ἦν C.   5. πέμπει BE.
6. καὶ τοῦσ B.   7. ἀπελογήσατο BE.   8. ἑαυτὸν BE.   ἁμαρτηκέναι F.
9. ἐπαρῄνει C.   οὕτω BE.   10. πολέσει E.   12. γυναῖκασ BE.
σκανδάλων A.   13. τῆσ ταπ. C.   15. πρὸ ὀλίγων τούτων τῶν ἡμ. C.
16. ἐπὶ] πρὸσ BE.   ἀβᾶ C.   ἀβάκυρον καὶ τῶ F.   19. παρεκάλει —
μοι fehlt in A.   21. κατακρίνειν μοι A.   λόγοις] ὅρκοισ A.   23.
πειρασμοὺσ A.   τοὺσ εὐνούχουσ A.   24. εἴδην C.   ὅθεν ἐλθόν-
των ἡμῶν BE.   25. ἁγιώτατε fehlt in A.   ἁγ. ἐνθάδε BE.   τὰσ
εὐχὰσ C.   πληρώσαντες ἐν αὐτῇ C.   26. ἀβᾶ C.   γυρεύων E.

εἰς μοναστήριον.' ὡς ταῦτα οὖν ἤκουσεν ὁ πατριάρχης, εἶπεν· 'Βαβαί, πόσους κρυπτοὺς δούλους ἔχει ὁ θεὸς καὶ οὐκ οἴδαμεν ἡμεῖς οἱ ταπεινοί,' καὶ ἐξηγήσατο τοῖς παροῦσιν τὸ ὅραμα, ὃ εἶδεν τῇ νυκτὶ περὶ αὐτοῦ, καὶ ἐξενέγκας ὁ 5 πάπας ἑκατὸν νομίσματα ἀπὸ χειρὸς, ἐδίδου αὐτῷ. ὁ δὲ θεοφιλὴς ἐκεῖνος ὄντως μοναχὸς οὐκ ἠνέσχετο λαβεῖν τι ἐξ αὐτῶν ἀξιομνημόνευτον, πρὸς τὸν πάπαν ἀποφθεγξάμενος λόγον, εἰπών· 'Ἐγὼ τούτων οὐ δέομαι, δέσποτα. ὁ γὰρ μοναχὸς, ἐὰν πίστιν ἔχῃ, τούτων οὐ χρῄζει. εἰ δὲ τούτων 10 χρῄζει, πίστιν οὐκ ἔχει.' ὅπερ μάλιστα πλειόνως ἐπληροφόρησεν ἅπαντας τοὺς ἀκούοντας, ὅτι δοῦλος θεοῦ ὑπάρχει. βαλὼν οὖν μετάνοιαν τῷ πάπᾳ, ἐξῆλθεν ἐν εἰρήνῃ· ἔκτοτε οὖν ἐκ περισσοῦ ἐτίμα καὶ ἐφιλοξένει τοὺς μοναχοὺς καὶ τοὺς καλοὺς καὶ τοὺς νομιζομένους εἶναι κακοὺς, καὶ 15 ἔκτισεν εὐθέως ξενίαν ἰδιαζόντως καὶ ἐκάλεσεν αὐτὴν πανδέκτην τῶν μοναχῶν.

Cap. XXV. Θανατικοῦ ποτε τὴν πόλιν καταλαβόντος, ἀπήρχετο καὶ αὐτὸς ὁ δίκαιος πρὸς τὴν τῶν ἐξοδίων θεωρίαν. πάνυ γὰρ ἔλεγεν τοῦτο εἶναι ὠφέλιμον καὶ τὴν τῶν 20 τάφων κατανόησιν. πολλάκις δὲ καὶ ψυχομαχοῦσίν τισιν 297ᵛ παρεκάθητο καὶ αὐτὸς τούτους ἰδίαις χερσὶν ἐκάμ'μυεν, μνήμην ἔχειν ἐκ τούτου διηνεκῆ βουλόμενος καὶ φροντίδα τῆς ἰδίας ἐξόδου, ἐπέτρεψεν δὲ καὶ τὰς συνάξεις ὑπὲρ τῶν τελευτώντων ἀόκνως καὶ ἀδιστάκτως ἐπιτελεῖσθαι. καὶ γὰρ 25 ἔλεγεν ὅτι 'πρὸ ὀλίγου χρόνου ἠχμαλωτεύθη τις εἰς τοὺς Πέρσας, καὶ κατελθὼν εἰς Περσίδα, ἀπεκλείσθη εἰς τὴν

---

1. οὖν ταῦτα ΒΕ. 4. ἐν τῇ ν. Α. καὶ] τότε ΒΕ. 5. ο' ο ν F νομ. ἑκατὸν ΒΕ. ἐδείδει αὐτὸν ἀπὸ χειρῶσ F. 6. ὄντωσ ἐκεῖνοσ Ε. 7. πάππαν C. 8. καὶ εἰπὼν ΒΕ. 10. ὅπερ μαλ.] τότε C. 11. πάντασ ΒΕ. ἀκούσαντασ Ε. τέλειοσ ὑπ. δοῦλοσ (τοῦ Ε) θυ ΒΕ. 13. ὑπερ περισοῦ C. ὑπερ ἐκ περι(σΕ)σοῦ ΒΕ. 15. ὅθεν εὐθ. ἔκτισεν ΒΕ.

17. ΚΕ CB. 18. τῶν fehlt in A. 20. ἡ — κατανόησισ C. 21. ἐκάμοιεν C. 22. διηνεκὴ ἐκ τούτου C. 25. ἠχμαλωτίσθη ΒΕ.

φυλακὴν τὴν καλουμένην Λήθην. τινὲς οὖν ἐκφυγόντες ἐκεῖθεν καὶ κατελθόντες ἐν Κύπρῳ καὶ ἐρωτηθέντες ὑπὸ τῶν γονέων αὐτοῦ, εἰ ἄρα εἶδον αὐτόν, ἀποκριθέντες εἶπον αὐτοῖς, ὅτι ἡμεῖς ταῖς οἰκείαις χερσὶν ἐθάψαμεν αὐτόν. οὐκ ἦν δὲ οὗτος περὶ οὗ ἠρώτων αὐτούς, ἀλλ' ἄλλος ὁμοιῶν αὐτῷ ἀπαραλλάκτως. εἶπον οὖν αὐτοῖς καὶ τὸν μῆνα καὶ τὴν ἡμέραν τῆς αὐτοῦ τελευτῆς. ἐκεῖνοι οὖν ὡς ἐπὶ νεκρῷ ἐποίουν αὐτῷ τρεῖς συνάξεις κατ' ἐνιαυτόν. μετὰ οὖν τέσσαρα ἔτη ἦλθεν ἐν Κύπρῳ φυγὼν ἐκ τῶν Περσῶν. εἶπον οὖν αὐτῷ οἱ ἴδιοι αὐτοῦ· Ὄντως, ἄδελφε, ἡμεῖς ἠκούσαμεν ὅτι ἀπέθανες καὶ τὰς μνείας σου ἐποιοῦμεν τρίτον τοῦ ἐνιαυτοῦ.' ὡς οὖν ἤκουσεν, ὅτι τρίτον τοῦ ἐνιαυτοῦ ἐποίουν ὑπὲρ αὐτοῦ, ἠρώτησεν αὐτούς, τὸ ἐν ποίῳ μηνὶ καὶ ἡμέρᾳ ταῦτα ἐπετέλουν, καὶ ἐκείνων εἰρηκότων, ὅτι τοῖς ἁγίοις θεοφανίοις καὶ τῇ ἁγίᾳ κυριακῇ καὶ τῇ ἁγίᾳ πεντηκοστῇ, εἶπεν αὐτοῖς, ὅτι 'τὰς τρεῖς ταύτας ἑορτὰς τοῦ ἐνιαυτοῦ ἤρχετό τις λευκοφόρος, ὡς ὁ ἥλιος, καὶ ἀπέλυσέν με ἀοράτως ἐκ τῶν σιδήρων καὶ τῆς φυλακῆς καὶ διεκίνουν ὅλην τὴν ἡμέραν, καὶ οὐδεὶς ἐγνώριζέ με. καὶ τῇ ἐπαύριον πάλιν ηὑρισκόμην φορῶν τὰ σιδηρᾶ.' ἔλεγεν οὖν ὁ ὅσιος, ὅτι 'καὶ ἐκ τούτου μανθάνομεν ἔχειν ἄνεσιν τοὺς κοιμηθέντας ἐξ ὧν ὑπὲρ αὐτῶν ποιοῦμεν συνάξεων.'

---

1. λίθην A. ἐκφυγότεσ A. 2. κατελθόντεσ A. ἐλθόντεσ BC. ἐλθόντεσ ἐκεῖθεν E. εἰσ κύπρον F. 5. ἀλλὰ AE. ὅμοιοσ B. ὁμοιῶν αὐτὸ E. αὐτὸν C. 7. τῆσ τελ. αὐτοῦ E. ὡσ fehlt in E. νεκροὶ corr. in ῶ E. 9. ἦλθεν ἀποδρὰσ τοῖσ πέρσαισ ἐν κ. C. 11. μνήμασ BE. 12. τοῦ ἐνιαυτοῦ fehlt in A. ὅτι κατ' ἐνιαυτὸν τρίτον ἐμνημόνευον αὐτὸν C. 13. τῶ ἐμποίω καὶ ποίω μηνὶ ταῦτα ἐπετέλουν A. πότε καὶ ἐν ποίω μηνὶ ταῦτα (ἔλεγον καὶ E) ἐτέλουν BE. ἠρ. αὐ. τὸν μῆνα καὶ τὴν ἡμέραν C. 14. καὶ fehlt in A. ὅτι fehlt in A. τὰ ἅγια θεοφάνια C. 15. πεντικοστῇ A. πεντεκοστὶ C. 16. εἶπεν οὖν A. ἑορτὰσ τοῦ ἐνιαυτοῦ A. temporibus anni An. ἡμέρασ die andern. 17. τισ fehlt in E. λευκ. ἀνὴρ BE. ἀπέλυεν F. ἀπ. με τῶν δεσμῶν E. ἐκ τῶν δεσμῶν καὶ τῆσ F. ἀοράτωσ — φυλακῆσ fehlt in BE. 18. καὶ hinter σιδήρων fehlt in A. διεκείνουν AC. 19. με ἐγνώρ. BE. 20. ηὑρισκόμην C. Κϛ B. καὶ fehlt in BE. 21. ἄνεσιν ἔχειν C.

Cap. XXVI. Ὅπερ ἐπὶ τῶν πράξεων τῶν ἁγίων ἀποστόλων ἀκούομεν γενόμενον, τοῦτο πολλάκις καὶ εἰς τοῦτον τὸν συμπαθέστατον συνέβαινεν. ὁρῶντες γὰρ πολλοὶ τὴν ἀνένδοτον αὐτοῦ καὶ ἀνεξέταστον πρὸς τοὺς δεομένους συμπάθειαν, ἐκινοῦντο πολλάκις πωλεῖν πολλὰ τῶν προσόντων αὐτοῖς ὑποστάσεων καὶ φέροντες παρεῖχον τῷ τοῦ θεοῦ εὐγνώμονι ὑπηρέτῃ· ὅθεν καί τις ἐλθὼν ἐν μιᾷ τῶν ἡμερῶν προσέφερεν αὐτῷ ἑπτὰ ἥμισυ λίτρας χρυσίου, πληροφορήσας τὸν ὅσιον μὴ κεκτῆσθαι ἄλλο τι ἐν χρυσῷ. ᾐτεῖτο δὲ παρ' αὐτοῦ μετὰ πολλῶν γονυκλισιῶν εὔξασθαι, ἵνα σώσῃ ὁ θεὸς τὸν υἱὸν αὐτοῦ. εἶχεν γὰρ ἕνα μονογενῆ υἱόν, ὡς ἐτῶν δεκαπέντε καὶ ἵνα ἐνέγκῃ τὸ πλοῖον αὐτοῦ μετὰ καλοῦ ἀπὸ Ἀφρικῆς. ἐκεῖ γὰρ ἦν ἀπελθόν. λαβὼν τοίνυν ὁ ἱεράρχης τὸ ποσὸν ἐκ τῆς χειρὸς αὐτοῦ καὶ θαυμάσας αὐτὸν οὕτως μεγαλοψυχήσαντα ἐπὶ τῷ προσενέγκαι αὐτῷ ὅλον τὸ ποσόν, ὅπερ ἐκέκτητο, ηὔξατο μὲν αὐτῷ καὶ κατὰ πρόσωπον πολλὰ καὶ οὕτως αὐτὸν ἀπέλυσεν. ὅμως διὰ τὴν πολλὴν αὐτοῦ πίστιν ἔθηκεν ὑπὸ τὴν ἁγίαν τράπεζαν τὸ ἀποκόμβιν τοῦ ποσοῦ ὁ πάπας ἐν τῷ εὐκτηρίῳ τοῦ κουβουκλείου αὐτοῦ καὶ σύναξιν εὐθέως ἐποίησεν τελείαν ἐπάνω αὐτοῦ, ὑπὲρ τοῦ προσενέγκαντος ἐκτενῶς τὸν θεὸν δυσωπήσας σωθῆναι τόν τε υἱὸν αὐτοῦ καὶ τοῦ ἐνέγκαι μετὰ σώσματος τὸ πλοῖον αὐτοῦ, καθὼς ἦν αὐτὸν αἰτησάμενος. μήπω οὖν τριάκοντα παρελθουσῶν ἡμερῶν ἐτελεύτησεν ὁ υἱὸς τοῦ ἀνθρώπου,

---

1. Κ̅ς̅ C. 2. γενόμενον fehlt in A. 5. πωλεῖν fehlt in C. 6. καὶ fehlt in C. εὐγνώμονι BEC. devoto An. συγγνώμονι A. 7. προσφέρει C. 8. πληροφορῶν BE. τὸν ὅσιον] αὐτὸν BE. 9. ἀλλ' ὅτι C. 10. γονοκλησιῶν A. 12. καὶ ἵνα ἐνέγκει τὸ πλοῖ: hier bricht F ab, fol. 179ᵛ. ἀπὸ ἀφρ. μετὰ καλοῦ C. 13. ἀπελθὼν AC. ὁ τίμιοσ ἱεράρχησ BE. 15. ἐπὶ τὸ AE. 16. ηὔξατο καὶ κατὰ πρόσωπον τὰ ἄν̅ω̅ πολλὰ καὶ ἀπέλυσεν οὕτωσ εὐξάμενοσ C. καὶ vor προσωπ. fehlt in A. 17. ἀπελ. αὐτόν B. αὐτὸν fehlt in E. διὰ τ. π. σπουδὴν A. 18. ἀποκόμβιν BCE. ἀποκόμβην A. 20. εὐθ. ἐποίησεν σύναξιν τελ. BE. σύν. τελείαν εὐθ. ἐποίησεν C. 21. τε fehlt in CBE. 22. τὸ ἐνέγκ. C. σώσματος C. σώματοσ A. σρ̅ιᾶσ BE. 23. αὐτὸν fehlt in BE. 24. καὶ ἐτελ. BE. τοῦ ἀνθρώπου fehlt in A.

τοῦ προσενέγκαντος τὰς ἑπτὰ ἥμισυ λίτρας τῷ πατριάρχῃ. καὶ εἰς τὰ τρίτα τοῦ παιδὸς κατέλαβεν καὶ τὸ πλοῖον αὐτοῦ ἀπὸ Ἀφρικῆς, εἰς ὃ ἦν καὶ ἀδελφὸς γνήσιος τοῦ αὐτοῦ ἀνδρὸς πιστικὸς, καὶ ἐλθὼν πλησίον τοῦ Φάρου ἐναυάγησεν καὶ ἀπώλεσεν ὅλον τὸν γόμον, καὶ οὐκ ἐσώθησαν, εἰ 5 μὴ αἱ ψυχαὶ καὶ μόνον καὶ τὸ σκάφος σάβουρον. ὡς οὖν καὶ ταύτην τὴν συμφορὰν ἔμαθεν ἐπελθοῦσαν αὐτῷ ὁ κύριος τοῦ πλοίου καὶ πατὴρ τοῦ παιδίου, κατὰ τὸν τοῦ προφήτου λόγον παρὰ βραχὺ παρῴκησεν τῷ ᾅδῃ ἡ ψυχὴ αὐτοῦ. οὔπω γὰρ τῆς θλίψεως τοῦ υἱοῦ αὐτοῦ κατασβεσθείσης, ἐπικατ- 10 έλαβεν αὐτὸν καὶ ἡ τοῦ πλοίου. ἀνηνέχθησαν οὖν πάντα τὰ συμβάντα αὐτῷ τῷ πάπᾳ καὶ σχεδὸν πλείω τοῦ παθόντος ἐν λύπῃ διέκειτο μάλιστα διὰ τὸν υἱὸν αὐτοῦ τὸν μονογενῆ. μὴ γινώσκων οὖν τί ποιῆσαι, παρακαλεῖ τὸν 298ᵛ φιλάνθρωπον θεὸν παραμυθήσασθαι τὸν ἄνδρα τῇ αὐτοῦ 15 ἀπείρῳ εὐσπλαγχνίᾳ· μεταστείλασθαι γὰρ αὐτὸν καὶ παραμυθήσασθαι κατὰ πρόσωπον ὁ ὅσιος ἠρυθρία· πλὴν τοῦτο αὐτῷ ἐδήλωσεν μηδὲν καταπεσεῖν. οὐδὲ γὰρ ἀκρίτως ὁ θεὸς ποιεῖ τίποτε, ἀλλὰ πάντα εἰς τὸ συμφέρον ὃ ἡμεῖς ἀγνοοῦμεν. ἵνα οὖν μὴ ἀπολέσῃ τὸν μισθὸν ὃν ἐποίησεν εἰς τὰς 20 ἑπτὰ ἥμισυ λίτρας καὶ τὴν πίστιν ἥνπερ ἐκέκτητο πρὸς τὸν ὅσιον πατριάρχην, λοιπὸν δὲ ἵνα καὶ ἡμεῖς ἐν τοῖς συμβαίνουσιν ἡμῖν πειρασμοῖς, ὅταν ἀγαθόν τι πράξωμεν, ἀτάραχοι καὶ εὐχάριστοι πρὸς τὸν θεὸν διαμένωμεν, θεωρεῖ κατὰ τοὺς ὕπνους ὁ εἰρημένος φιλόχριστος ἀνὴρ τῇ ἐπιούσῃ νυκτί τινα 25

---

1. ἥμισοι A.   2. παιδὸσ αὐτοῦ BE.   5. ὅλον fehlt in B. γόμον αὐτοῦ BE.   6. καὶ μόνον fehlt in C. μόναι BE.   8. παιδὸσ BE.   9. Psalm. XCIII 17.   ᾅδει C.   10. ἐπεχατέλαβεν AE. κατέλαβεν C.   11. αὐτῶ C. fehlt in A.   Hinter πλοίου fügt C συμφορὰ zu.   ὅθεν ἀνηνέχ. BE.   12. συμβεβηκότα BE.   αὐτῷ fehlt in C.   πλεῖον C.   14. ποιήσει BE.   παρεκάλει A.   17. κατὰ πρόσωπον fehlt in C.   ὁ ἅγιοσ C.   ἐρυθρία C.   19. ἐποίει C. 20. οὖν] δὲ BE.   μισθὸν αὐτοῦ A.   ὃν ἐποί. fehlt in B.   ἑπτὰ ἥμισυ λίτρας] ϛ̄ ∠ ⋏̄ E; die beiden Striche über dem Zeichen für ἥμισυ von jüngerer Hand hinzugefügt.   ἦν B.   22. δὲ fehlt in C.   24. τὸν fehlt in A.   διαμείνωμεν C. διαμένομεν A.   25. ἀνὴρ φιλόχρ. A.

ὡς ἐν σχήματι τοῦ ἁγιωτάτου πατριάρχου, λέγοντα αὐτῷ·
'Τί θλίβῃ, ἀδελφε, καὶ ἀθυμεῖς; οὐχί σύ με παρεκάλεσας
αἰτήσασθαι τὸν θεὸν ἵνα σωθῇ ὁ υἱός σου; ἰδοὺ ἐσώθη.
πίστευσον εἰ ἔζησεν, ἐξωλέστατος καὶ ἀκάθαρτος ἄνθρωπος
5 ἂν ἐγίνετο, καὶ περὶ τοῦ πλοίου σου ὄντως, εἰ μὴ ὁ θεὸς
παρεκλήθη διὰ τὸ ἀγαθὸν ὃ ἐποίησας καὶ διὰ τὴν εὐτέλειάν
μου, ἐπεὶ ἀπόφασις ἦν δοθεῖσα ἵνα ὅλον ὡς κεῖται σύμψυχον
εἰς τὸν βυθὸν ἀπέλθῃ, καὶ εἶχες ἀπολέσαι καὶ τὸν ἀδελφόν
σου· ἀλλὰ ἀνάστα καὶ δόξασον τὸν θεὸν τὸν χαρισάμενόν
10 σοι αὐτὸν καὶ σώσαντα καὶ τὸν υἱόν σου καθαρὸν ἐκ τοῦ
ματαίου βίου τούτου.' διυπνισθεὶς οὖν ὁ ἀνὴρ εὗρεν τὴν
καρδίαν αὐτοῦ παρακεκλημένην καὶ ἅπασαν αὐτοῦ τὴν λύπην
ἐκβεβλημένην, καὶ ἐνδυσάμενος τὰ ἱμάτια αὐτοῦ ἔρχεται δρο-
μαίως πρὸς τὸν τιμιώτατον πατριάρχην καὶ ῥίπτει ἑαυτὸν
15 εἰς τοὺς πόδας αὐτοῦ εὐχαριστῶν τῷ θεῷ καὶ αὐτῷ ἐξη-
γούμενος καὶ τὸ ὅραμα ὃ ἐθεάσατο. οὗτινος ἀκούσας, ὁ
δικαιότατος εἶπεν· 'Δόξα σοι, φιλάνθρωπε ἐλεῆμων, ὁ καὶ
τῆς δεήσεως ἡμῶν τῶν ἁμαρτωλῶν εἰσακούων.' πάλιν τε
καὶ πρὸς τὸν ἄνθρωπον εἶπεν· 'Μηδαμῶς, ὦ τέκνον, τῇ
20 ἐμῇ εὐχῇ ὅλως τὴν χάριν ἐπίγραφε, ἀλλὰ τῷ θεῷ καὶ τῇ
πίστει τῇ σῇ. αὕτη γὰρ καὶ τὸ πᾶν ἴσχυσεν.' ἦν γὰρ καὶ
πάνυ ταπεινόφρων ὁ ἅγιος καὶ λόγοις καὶ φρονήματι.

Cap. XXVII. Ἀπερχομένου ποτὲ τοῦ μακαρίου τούτου

---

1. ὁσιωτάτου C. fehlt in A. 2. θλίβει A. 5. ἀνοσ (fehlt ἂν)
ἐγίνετο A. ἂν ἐγένετο ἀνοσ C. ἀνοσ ἂν ἐγεγόνει B. ἀνοσ ἐγεγόνει
E. homo fieret An. ὄντως fehlt in C. εἰ μὴ καὶ ἐπὶ τοῦτο θσ C.
7. ὅλον — σύμψυχον] αὐτανδρον C. σύμψυχα AE. 8. τὸ πλοῖον
hinter βυθὸν fügen A und C hinzu. εἶχεσ ἀπολέσαι τὸ πλοῖον καὶ τὸν
ἀδελφόν σου A. καὶ εἶχεσ ἂν ἅμα καὶ τοὺσ σὺν αὐτῶ καὶ τὸν σὸν
ἀδελφὸν ἀπολέσαι C. 9. ἀλλ' C. δὸσ δόξαν τῶ θᾶ τὸν (sic) χαρι-
σάμενόν σοι τὸν σὸν ἀδελφὸν καὶ τοὺσ σὺν αὐτῶ πάντασ καὶ τὸν σὸν
ὑν ἐκ τοῦ ματαίου τούτου σώσαντα βίου C. 13. ἑαυτοῦ A. δρο-
μαῖοσ B. 15. αὐτὸν C. 16. ὁ δικ. πατριάρχησ E. 17. ὁ ἐλεημ. C.
18. τε καὶ] δὲ BE. 20. ὅλωσ fehlt in C und bei An. ἐπιγρ. τ.
χάρ. C. 21. καὶ nach γὰρ fehlt in C. 22. πάνυ fehlt in C.
καὶ λόγ. καὶ φρονήματι A. τῶ τε νῶ καὶ τῶ λόγω C.
23. ΚΖ CB. τούτου πατριάρχου BE.

εἰς ἐπίσκεψιν τῶν πτωχῶν εἰς τὸ λεγόμενον Καισάρειον —
ἐκεῖ γὰρ ἦν αὐτοῖς ποιήσας ὡς θόλους τινὰς ἐπιμήκεις,
ξυλίνοις πουλπίτοις περιεστρωμένους τὸ ἔδαφος εἰς τὸ ἀνα-
παύεσθαι αὐτοὺς μετὰ καὶ ψιαθίων καὶ παλλίων διὰ παντὸς
τοῦ χειμῶνος — μετά τινος τῶν συνόντων αὐτῷ ἐπισκόπων 5
χρηματιστικοῦ ὄντος, ἀσυμπαθεῖ δὲ τρόπῳ κατεχομένου, φησὶν
ὁ μακάριος πάπας πρὸς αὐτόν· 'Φιλοτίμησαι, ἀδελφε Τρωῖλε'
— τοῦτο γὰρ αὐτῷ ἦν ὄνομα —, 'τοὺς ἀδελφοὺς τοῦ Χριστοῦ.'
μηνύσας γὰρ ἦν αὐτῷ τις, λέγω δὴ τῷ πατριάρχῃ, ὅτιπερ
τριάκοντα λίτρας χρυσίου βαστάζῃ ἐν αὐτῇ τῇ ὥρᾳ ὁ σύγ- 10
κελλος τοῦ αὐτοῦ ἐπισκόπου Τρωίλου ἐπὶ τὸ ἀγοράσαι σύν-
θεσιν ἀργυροῦ ἀναγλύφου χάριν τῆς τραπέζης αὐτοῦ. τοῦ
δὲ ἐπισκόπου ὥσπερ ἐντραπέντος τὸν λόγον τοῦ πάπα,
μᾶλλον δὲ πρὸς ὥραν καὶ θερμοπνοήσαντος, ἀπὸ νομί-
σματος δοθῆναι πᾶσιν τοῖς καθημένοις ἀδελφοῖς προσέταξεν 15
τῷ τὰς τριάκοντα λίτρας τοῦ χρυσίου βαστάζοντι. ταχέως
οὖν ἡ τοιαύτη τοῦ χρυσίου ποσότης προσανηλώθη.

Ἀναχωρησάντων οὖν ἀμφοτέρων τοῦ τε πατριάρχου καὶ
τοῦ τὴν ἀκούσιον, ἵνα οὕτως εἴπω, ἐλεημοσύνην πεποιηκότος
ἐπισκόπου Τρωίλου ἐν τοῖς ἰδίοις ἐπισκοπείοις, ὥσπερ τις 20
ἄνους καὶ ψυχοφθόρος αὐτῷ λογισμὸς ἐπέπεσεν τῆς τῶν
χρημάτων μεταδόσεως ἕνεκεν, φρίκη τε φιλαργυρίας καὶ
ἀσπλαγχνίας καὶ μεταμελείας γέννημα παρείπετο πυρετῷ
παρὰ φύσιν συμμεμιγμένη. διὸ καὶ ἐπὶ κλίνην ὁ παρὰ

---

1. κεσάριον A. καισάριον CE. 2. ἦν αὐτὸσ C. αὐτοῖσ ἦν BE.
3. πουλπίτοισ τοῖσ A. 5. μετὰ τινὸσ τοῦ συνόντοσ αὐτῶ ἐπισκόπου
BE. μετά τινι τῶ συνόντι αὐτῶ ἐπισκόπω C. 6. χρηματικῶ
ὄντι AC. κατεχομένω AC. ὅθεν ἀπελθόντεσ ἄμφω φησὶν BE.
7. φιλοξένησον C. φιλοτίμησε (sic) E. 8. ἦν αὐτῶ BE. 10.
βαστάξει E. σύγκελοσ B. 11. τροῖλον so stets A. oder τροήλον. τῶ
B. 15. πᾶσι τοῖσ ἀδ. δοθῆναι A. καθημένοισ fehlt in A und bei An.
16. ταχ. οὖν] ὅθεν ταχ. BE. 17. ποσ. τ. χρυσ. BE. 18. οὖν]
δὲ BE. 19. ἵνα — εἴπω fehlt in C. 20. ποιήσαντοσ τοῦ προρη-
θέντοσ τρωΐλου λέγω τοῦ ἐπισκόπου εὐθὺσ ὥσπερ C. ἐν fehlt in A.
21. ἄννουσ A. ἐπέπ. λογ. C. 22. ἕνεκεν μεταδ. C. 23. γεννή-
ματα BE. πυρετῶ — συμμεμιγμένη fehlt in A. 24. συμμεμι-
γμένα BE. κλίνησ BE. ὁ fehlt in BE.

γνώμην ἀσθενὴς εὐθέως ἀνέπεσεν. ἑβδομαρίου οὖν ἐκ τοῦ ὁσιωτάτου πάπα πρὸς αὐτὸν καταλαβόντος καὶ ἐπὶ τὴν τράπεζαν αὐτοῦ καλοῦντος αὐτὸν, παρῃτήσατο· ῥιγοπυρετεῖν γὰρ ἑαυτὸν ἐξ αἰτίας τινὸς ἔλεγεν. ὡς οὖν τούτων ἤκουσεν
5 ὁ πάπας, εὐθέως ἐπέγνω τὴν αἰτίαν, ὅτι διὰ τὴν ἔξοδον
299ʳ τῶν τριάκοντα λιτρῶν ἠσθένησεν ὁ ἀκούσιος ἐλεήμων· ἦν γὰρ, ὡς προείρηται, πάνυ ἀσυμπαθὴς καὶ φιλάργυρος. μὴ ἐνέγκας οὖν ὁ μακάριος ἑαυτὸν μὲν ἐπὶ τράπεζαν θεραπεύεσθαι, ἐκεῖνον δὲ ἐπὶ τῆς κλίνης δεινῶς βασανίζεσθαι,
10 καταλαμβάνει ταχέως πρὸς αὐτὸν ὁ ὄντως ἀνυπερήφανος καί φησιν πρὸς αὐτὸν μειδιῶντι τῷ προσώπῳ· 'Ποίησον ἀγάπην, τέκνον Τρωΐλε, ἔχεις ὅτι ἐν ἀληθείᾳ εἶπόν σοι δοῦναι τοῖς ἀδελφοῖς τὴν τοιαύτην διάδοσιν· πληροφορήθητι, ἐν ἀστειότητι εἶπόν σοι δοῦναι· ἐγὼ γὰρ ἤθελον
15 παρασχεῖν αὐτοῖς ἀπὸ ἑνὸς νομίσματος διὰ τὴν ἁγίαν ἑορτήν. ἀλλὰ διὰ τὸ μὴ ἔχειν τὸν ἐμὸν διαδότην σὺν αὐτῷ τὸ ἐπαρκοῦν ποσὸν, τούτου χάριν προσεδάνεισάς μοι αὐτὸ καὶ ἰδοὺ ἤνεγκά σοι τὰς τριάκοντα λίτρας.' μόνον οὖν εἶδεν τὸ ποσὸν ὁ ἐπίσκοπος ἐν τῇ τιμίᾳ χειρὶ τοῦ σοφοῦ
20 ὄντως ἰατροῦ καὶ ποιμένος, ἐξαίφνης ὁ μὲν πυρετὸς ἠφανίζετο, τὸ δὲ ῥῖγος ὑπεχώρει, αἱ δὲ δυνάμεις καὶ ἡ τοῦ σώματος αὐτοῦ χροιὰ πρὸς ἑαυτὰς ἐπεστρέφοντο, ὡς ἐκ τούτου μὴ δυνηθῆναι λαθεῖν ταύτην εἶναι τὴν αἰτίαν τῆς ἐξαίφνης καταλαβούσης αὐτὸν ἀλλοιώσεως.
25 Δεξάμενος οὖν τὸ χρυσίον ἐκ τῶν τιμίων χειρῶν τοῦ πάπα, καὶ μηδὲ ὅλως ἀντειπών, ἀπῃτεῖτο παρ' αὐτοῦ ἔγγραφον ἐκχώρησιν τοῦ μισθοῦ τῶν διαδοθέντων τριάκοντα

---

1. ἀσθενείασ B. 2. αὐτὸν καὶ. τοῦ πάπα B. καὶ. τοῦ πάπα (fehlt αὐτὸν) E. 4. αὐτὸν AC. τοῦτο C. 6. τῶν ῑ λ̄λ̄ E. ἀκουσίωσ A. 7. συμπαθὴσ A. 9. τῆσ fehlt in B. 11. μειδιῶν τῷ πρ. A. 14. ὅτι ἐν ἀστ. E. ἀστιότητι C. ἀστιώτητι A. 15. αὐτοῖς] αὐτοὺσ E. 17. αὐτῷ C. τοῦτο A. 18. ἤγαγον C. ῑ λ̄λ̄ E. ὡσ μόνον οὖν τ. π. ὁ ἐ. οἶδεν C. 19. σοφοῦ fehlt in B. ὄντωσ σοφοῦ E. 20. καὶ ἐξ. BE. 22. χροὰ A χρυὰ E. ἐπεστρέφοντο A. ἐπανεστρέφοντο C. ἐπανήρχοντο BE. 27. ἐκχωρήσειν C.

τοῦ χρυσίου λιτρῶν· ἐποίησεν δὲ τοῦτο μετὰ χαρᾶς, γράψας ἰδίαις χερσὶν οὕτως· 'Ὁ θεὸς τῷ δεσπότῃ μου Ἰωάννῃ τῷ μακαριωτάτῳ πατριάρχῃ ταύτης τῆς Ἀλεξανδρέων μεγαλοπόλεως δὸς τὸν μισθὸν τῶν τριάκοντα λιτρῶν τῶν διαδοθέντων σοι, καθότι ἐγὼ τὰ ἐμὰ ἀπέλαβον.' τοῦτο οὖν λαβὼν ὁ ὅσιος, συνέλαβεν μεθ' ἑαυτοῦ καὶ τὸν αὐτὸν ἐπίσκοπον εἰς τὸ ἄριστον. ὡς γὰρ ἤδη εἴρηται, εὐθέως ὑγίανεν. θέλων οὖν ὁ μισθαποδότης θεὸς παιδεῦσαι αὐτόν, ἅμα δὲ καὶ πρὸς οἶκτον τοῦ ὁμοφύλου καὶ συμπάθειαν διεγεῖραι, δείκνυσιν αὐτῷ τῇ αὐτῇ ἡμέρᾳ καθεύδοντι αὐτῷ ἀπὸ τοῦ ἀρίστου τοῦ πάπα κατ' ὄναρ, οἷον μισθοῦ ἐστέρηται. 'θεωρεῖ | γάρ,' φησιν, 'οἶκον οὗ τὸ κάλλος καὶ τὸ μέγεθος οὐ δύναται τέχνη ἀνθρώπων μιμήσασθαι καὶ τὸν πυλῶνα τούτου ὁλόχρυσον καὶ ἐπάνω τοῦ πυλῶνος τίτλον ξύλινον ἐπιγεγραμμένον· 'Μονὴ αἰωνία καὶ ἀνάπαυσις Τρωίλου ἐπισκόπου.' ὡς οὖν τοῦτο ἀνεγίνωσκον,' φησιν, 'περιχαρὴς ἐγενάμην· ἐγίνωσκον γὰρ ἐμοὶ χαρισθῆναι ὑπὸ τοῦ βασιλέως τοῦ τοιούτου οἴκου τὴν ἀπόλαυσιν. οὔπω δὲ σχεδὸν τὴν τοιαύτην τοῦ τίτλου ἐπιγραφὴν ἀναγνῶναι ἔφθασα, καὶ ἰδού τις βασιλικὸς κουβικουλάριος ἔχων σὺν αὐτῷ καί τινας τοῦ ὀψικίου τοῦ θείου καὶ ὡς ἔφθασεν τὸν τοιοῦτον τοῦ φαιδροῦ οἴκου πυλῶνά φησιν πρὸς τοὺς ἰδίους ὑπουργούς· 'κατενέγκατε τὸν τίτλον.' καὶ ὡς κατήνεγκαν, πάλιν λέγει· 'Ἀλλάξατε αὐτὸν καὶ βάλετε ὅπερ ἔπεμψεν ὁ βασιλεὺς τῆς οἰκουμένης,' καὶ ἐξήνεγκαν καὶ ἔπηξαν ἄλλο, ἐμοῦ θεω-

6. αὐτὸν fehlt in B.   ἐπίσκ. τρώιλον BE.   7. ὡς — ὑγίανεν fehlt in C.   9. τὸ πρόσ A.   10. αὐτῷ fehlt in E.   11. κατ᾽ ὄναρ fehlt in A.   ἐσταίρητε A.   13. πυλεῶνα CE.   πυλαιῶνα A.   14. αὐτοῦ C.   πυλε(αι A)ῶνοσ C.   πυλώνοσ E.   17. ἐγενόμην ABE.   ὑπελάμβανον BE.   ἐνόμιζον C.   19. γραφὴν BE.   21. τοῦ θείου fehlt in C.   τοιοῦτον fehlt in C.   τὸν τούτου τοῦ φαιδροῦ οἴκου πυλῶνα E.   22. οἴκου ἐκείνου C.   πυλεῶνα C.   πυλαιῶνα A.   ἰδίουσ αὐτοῦ C.   24. ἀλάξατε αὐτὸ C.   βάλλετε E.   ὃν ἔπεμψεν E.   25. ἐξή. αὐτὸν BE.   ἔστησαν C.   ἄλλο AC. aliud An. ἄλλον BE.   ἐμοῦ φησὶ A.   Hinter ἄλλο hat C τοιαύτην ἔχον ὑπογραφήν.

ροῦντος ἐπιγεγραμμένον οὕτως· 'Μονὴ αἰωνία καὶ ἀνάπαυσις Ἰωάννου ἀρχιεπισκόπου Ἀλεξανδρείας, ἀγορασθεῖσα λιτρῶν τριάκοντα.' καὶ ὡς τοῦτο εἶδέν,' φησιν, 'διανέστη ἀπὸ τοῦ ὕπνου καὶ τῷ μεγάλῳ ἀρχιποιμένι τὰ ὁραθέντα αὐτῷ κατὰ
5 τοὺς ὕπνους διηγήσατο.' ὠφεληθεὶς καὶ αὐτὸς ἐκ τῆς ὑποθέσεως, γέγονεν ἔκτοτε ἐλεήμων.

Cap. XXVIII. Ὁ τὸν πλοῦτον τοῦ Ἰὼβ καιρῷ τινι ἀφειλάμενος κύριος ποιεῖ τὸ ὅμοιον καὶ τούτῳ τῷ παναρέτῳ Ἰωάννῃ. τῶν πλοίων γὰρ τῆς κατ' αὐτὸν ἁγιωτάτης ἐκκλη-
10 σίας λαβόντων βίαιον χειμῶνα κατὰ τὸν λεγόμενον Ἀδρίαν, ἔρριψαν ὅλους τοὺς γόμους αὐτῶν· ὑπῆρχον δὲ τὰ πλοῖα αὐτοῦ πάντα ἐν τῷ ἅμα. ἦν δὲ ἡ ὁλκὴ πολλὴ πάνυ τῶν ἐνθηκῶν αὐτῶν. εἶχον γὰρ ξηρόφορτα ἱμάτια καὶ ἄργυρον καὶ ἕτερα πράγματα ἀνώτερα, ὡς συμψηφισθῆναι τὸν ὄγκον
15 τοῦ ἀπελθόντος εἰς ἀπώλειαν ποσοῦ κεντηναρίων τριάκοντα τεσσάρων. πλεῖον γὰρ ἦσαν τῶν δεκατρίων πλοίων μυριοφόρων. ἐλθόντων οὖν ἐν Ἀλεξανδρείᾳ καὶ ὁρμησάντων, εὐθέως ὅλοι οἱ πιστικοὶ καὶ οἱ προναύκληροι ἐν τῇ ἐκκλησίᾳ προσέφυγον. τοῦ δὲ ὁσίου τοῦτο μαθόντος καὶ τὴν αἰτίαν
20 δι' ἣν προσέφυγον, πέμπει αὐτοῖς λόγον ἰδιόχειρον αὐτοῦ περιέχοντα οὕτως· 'Ὁ κύριος ἔδωκεν, ἀδελφοί, ὁ κύριος, ὡς ἠβουλήθη, καὶ ἀφείλατο. ὡς τῷ κυρίῳ ἔδοξεν, οὕτως καὶ ἐγένετο. εἴη τὸ ὄνομα κυρίου εὐλογημένον. ἐξέλθατε, τέκνα, μηδὲν ἐκ τούτου ὑφορώμενοι· ὁ γὰρ κύριος πάλιν μερι-
25 μνήσει περὶ τῆς αὔριον.' ἀνῆλθεν οὖν σχεδὸν τὸ ἥμισυ τῆς

---

1. καὶ ἀνάπαυσισ fehlt in C. 3. ὡσ δὲ τοῦτο ἴδεν, ἔξυπνοσ ἐγένετο C. φησὶ εἶδεν B. ἀπὸ] ἐκ BE. 4. ἀρχ. Ἰωάννῃ BE. κατὰ τ. ὕπν. fehlt in C. 5. καὶ ὠφ. BE. ἐκ τούτου ὠφ. καὶ αὐτὸσ ἔκτοτε γέγ. ἐλ. C. 6. γέγονε γὰρ A.
7. ΚΗ C. 8. ἀφελόμενοσ BEC. τὸ ὅμοιον fehlt in B. 10. βιαίου αὐτὰ χειμῶνοσ καταλαβόντοσ C. ἀδρείαν CAE. 11. αὐτῶν ἐν τῇ θαλάσσῃ BE. δὲ] γὰρ C. πάντα τὰ πλοῖα BEC. 12. δὲ καὶ BE. τῶν ἐνθ. αὐ. πολλῇ πάνυ BE. 13. ἄργυρ. πολὺν C. 14. ὡσ οὖν ψηφ. A. τούτων τῶν ὄγκων A. 16. πλείω A. 21. Iob I 21. ὡσ fehlt in AC. 22. ἀφείλετο CBE. 23. εὐλογ. εἰσ τοὺσ αἰῶνασ BE. ἐξέλθετε B.

πόλεως ἐν τῷ σεκρέτῳ ἐπὶ τὴν αὔριον, θέλοντες παραμυθήσασθαι τὸν ἀοίδιμον τοῦτον. αὐτὸς δὲ προλαβὼν ἤρξατο πᾶσιν λέγειν· 'Μηδὲν, ὦ τέκνα καὶ ἀδελφοὶ, χάριν τῆς τῶν πλοίων ἀστοχίας καταπέσητε. πιστεύσατε γὰρ, ὁ ταπεινὸς Ἰωάννης εὑρέθη αἴτιος. εἰ μὴ γὰρ ὑψηλοφροσύνην εἶχον, 5 οὐκ ἂν ταῦτα ἠστόχουν. ἀλλ' ἐπειδὴ ἐμεγαλοφρόνουν εἰς τὰ τοῦ θεοῦ καὶ ἐδόκουν ὅτι μεγάλα ἔργα ποιῶ διαδίδων τὰ τῶν ἀνθρώπων, τοῦτό μοι συνέβη. θέλων οὖν σωφρονίσαι με ὁ θεὸς, τοῦτο συνεχώρησεν γενέσθαι. ἡ γὰρ ἐλεημοσύνη τὸν μὴ νήφοντα πολλάκις εἰς ὑψηλοφροσύνην ἐπαίρει, 10 ἡ δὲ ἀκούσιος συμφορὰ ταπεινοῖ τὸν ὑπομένοντα. φησὶν γὰρ ἡ θεία γραφή· 'Πενία ἄνδρα ταπεινοῖ.' καὶ πάλιν ὁ Δαυὶδ τοῦτο γινώσκων ἔλεγεν· ''Αγαθόν μοι, ὅτι ἐταπείνωσάς με, ὅπως ἂν μάθω τὰ δικαιώματά σου.' δύο οὖν κακῶν ἐγενόμην αἴτιος, ὅτι τὴν διάδοσίν μου διὰ κενο- 15 δοξίας ἠπώλλον καὶ ὅτι διὰ τὸ ἐμὸν πάθος ἠπώλλοντο τὰ τοσαῦτα χρήματα καὶ ἔχω ἄρτι τὸ κρῖμα τῶν στενουμένων ψυχῶν. πλὴν, ἀγαπητοὶ, ὁ τότε ἐπὶ τοῦ δικαίου Ἰὼβ θεὸς καὶ νῦν ὁ αὐτός ἐστιν, ὃς οὐ διὰ τὴν ἐμὴν πτωχείαν, ἀλλὰ διὰ τὴν τῶν δεομένων χρείαν οὐκ ἐγκαταλείψει ἡμᾶς. αὐτὸς 20 γὰρ εἴρηκεν· 'Οὐ μή σε ἀνῶ οὐδ' οὐ μή σε ἐγκαταλίπω.' καὶ πάλιν· 'Ζητεῖτε πρῶτον τὴν βασιλείαν τοῦ θεοῦ, καὶ ταῦτα πάντα προστεθήσεται ὑμῖν.' βουλόμενοι οὖν παραμυθήσασθαι αὐτὸν οἱ τῆς πόλεως, ὡς εἴρηται, μᾶλλον ηὑρέθησαν ἀντιπαραμυθούμενοι ὑπὸ τῆς αὐτοῦ μακαριότητος. 25 λίαν οὖν βραχὺς χρόνος παρέβη καὶ ἐδιπλασίασεν ὁ θεὸς 301ʳ

---

1. σεκραίτω C. σηκρήτω E.   2. οὗτοσ BE.   4. καταπεσεῖτε A. γὰρ ὅτι BE.   7. διαδοὺσ B.   8. τοῖσ ἀνοῖσ BE.   σωφρονῆσαι E. σοφρονήσασθαι A.   καὶ σωφρονίσαι θέλων ἐπὶ τοῦτό μοι ὁ θσ οὕτωσ γενέσθαι συνεχ. C.   13. Psalm. CXVIII 71.   μοι A.   16. ἠπώλλον A.   ἠπώλων E.   perdebam Anast.   ἐποίουν B.   ἦλον C.   ἀπώλοντο EBC.   τὰ fehlt in C.   18. πλὴν δὲ BE.   ὅτε statt ὁ τότε C.   δικ. ἐκείνου Ἰὼβ B.   δικ. Ἰώβ. ἐκείνου E.   19. ὅστισ BE. 21. εἶπεν C. Hebr. XIII 5.   22. Matth. VI 33.   23. In E ist ἡμῖν geschrieben, aber von dem Schreiber selbst in ὑμῖν corrigirt.   26. οὐ βραχὺσ χρόνοσ παρῆλθεν C.   παρέβη] διέβη B.   προέβη E.

καὶ τῷ νέῳ ἡμῶν Ἰὼβ τὰ ὑπάρχοντα, καὶ πάλιν ἦν ὁ αὐτὸς μεγαλόψυχος περὶ τὴν συμπάθειαν, τάχα δὲ καὶ πολὺ τοῦ πρῴην αἰδεσιμώτερος.

Cap. XXIX. Εἰς ἐσχάτην πτωχείαν καταντήσαντί τινι τῶν οἰκείων παραμονητῶν ἰδιοχείρως ὁ ὅσιος πρὸς τὸ μηδένα γνῶναι δύο χρυσίου λίτρας δεδωκὼς, καὶ ἀκούσας παρὰ τοῦ λαβόντος, ὅτι 'Ταῦτα δεξάμενος, δέσποτα, οὐκέτι ἔχω ὄψιν προσέχειν εἰς τὸ τίμιον καὶ ἀγγελικόν σου πρόσωπον,' ἀξιέπαινον ὄντως καὶ σοφὸν πρὸς αὐτὸν ἀπεφθέγξατο λόγον· 'Οὔπω,' φησὶν, 'τὸ αἷμά μου ὑπέρ σου ἐξέχεα, ἄδελφε, ὡς ἐνετείλατό μοι ὁ δεσπότης μου καὶ πάντων Χριστὸς ὁ θεός.'

Cap. XXX. Ἐπειγόμενός τις ὑπὸ τῶν τὰ δημόσια εἰσπραττόντων καὶ μὴ εὐπορῶν ἀποδοῦναι — ἦν γὰρ ἀστοχήσασα ἡ χώρα διὰ τὴν λειψυδρίαν τοῦ Νείλου —, ἀπελθὼν ἱκέτευσεν δοῦκά τινα τῶν μεγιστάνων δανεῖσαι αὐτῷ πεντήκοντα λίτρας χρυσίου, καὶ ἔλεγεν δίδειν καὶ ἐνέχυρα, εἰ βούλοιτο, διπλᾶ. ὑπέσχετο οὖν ὁ δοὺξ δοῦναι αὐτῷ, πρὸς τὸ παρὸν δὲ ὑπερέθετο. τῶν οὖν ἀπαιτούντων στενοχωρούντων αὐτὸν, καταλαμβάνει καὶ αὐτὸς πρὸς τὸν πάνδοχον λιμένα, ὥσπερ ἅπαντες, λέγω δὴ πρὸς τὸν πραότατον καὶ ἀξιοθαύμαστον πατριάρχην. καὶ οὔπω σχεδὸν τὴν ἰδίαν περίστασιν αὐτῷ ἐξηγήσατο, καί φησι πρὸς αὐτόν· 'Δίδω, τέκνον, εἰ βούλει, καὶ ὅπερ φορῶ ἱμάτιον.' καὶ γὰρ μετὰ τῶν θαυμασίων αὐτοῦ κατορθωμάτων καὶ τοῦτο συνεκέκτητο τὸ μὴ δύνασθαι αὐτὸν ἰδεῖν τινα ἐκ περιστάσεως δακρύοντα καὶ μὴ εὐθέως καὶ αὐτὸν τοῖς οἰκείοις καταβρέχεσθαι δά-

---
1. τοῦ νέου Ἰὼβ ἡμῶν C.
4. ΚΘ CB. 5. τῶν — παραμ. fehlt in C. 8. τίμιόν σου καὶ ἀγγελ. πρόσ. BE. τίμιόν σου πρόσ. καὶ ἀγγ. C. 10. ἄδελφ. ἐξέχ. BEC. 11. ὁ δεσπότης μου ἰσ καὶ πάντων θσ BE. πάντων ἡμῶν C.
13. Λ CB. εἰσπραττομένων B. 15. χώρα αὐτοῦ C. 17. διδόναι B. καὶ fehlt in B. 18. μὲν αὐτῶ, πρόσ δὲ BE. 20. πάνδοχα A. 23. δίδωμι B. 24. εἰ βούλει fehlt in C. μετὰ τῶν πολλῶν καὶ θ. BE. 25. καὶ κατορθ. A. ἐκέκτητο BE. 26. αὐτὸν fehlt in E. 27. καὶ vor αὐτὸν fehlt in C. τοῖσ ἰδίοισ A.

χρυσίν. ὅθεν καὶ παρ' αὐτὰ τὴν αἴτησιν τοῦ θέλοντος παρ' αὐτοῦ δανείσασθαι ἐξεπλήρωσεν. καὶ τῇ ἐπιούσῃ νυκτὶ θεωρεῖ ὁ δοὺξ ὅτι ἵστατο ἐπὶ θυσιαστηρίου τινὸς εἰς ὃ προσέφερον πολλοὶ προσφοράς. καὶ κατὰ μίαν ἣν ἐτίθουν ἐλάμβανον ἑκατὸν ἀντ' αὐτῆς ἐκ τοῦ θυσιαστηρίου. ἦν δὲ 5 καὶ ὁ πατριάρχης ὄπισθεν αὐτοῦ. | ἔκειτο οὖν μία προσφορὰ 301ᵛ ἔμπροσθεν αὐτῶν εἰς ἓν σκαμνίον. καὶ λέγει τις τῷ δουκί· '"Απελθε, κῦρι ὁ δοὺξ, λαβὲ τὴν προσφορὰν ἐκείνην, καὶ προσένεγκε εἰς τὸ θυσιαστήριον καὶ ἔπαρον ἀντ' αὐτῆς ἑκατὸν προσφοράς.' ἐκείνου δὲ δυσοκνήσαντος, ἔδραμεν ὁ 10 πατριάρχης καίπερ ὄπισθεν αὐτοῦ ἑστώς. καὶ ἐπῆρεν αὐτὴν πρὸ αὐτοῦ καὶ προσήνεγκεν καὶ ἔλαβεν ὥσπερ ἅπαντες ἑκατὸν ἐκ τοῦ θυσιαστηρίου. ἐξυπνισθεὶς οὖν οὐκ ἠδύνατο διακρῖναι τὸ ὅραμα. ἔπεμψεν δὲ καὶ ἤνεγκεν τὸν θέλοντα δανείσασθαι, ἵνα παράσχῃ αὐτῷ. καὶ ὡς ἦλθεν, λέγει αὐτῷ 15 ὁ δοὺξ· 'Λαβὲ τὸ ποσόν.' Ὁ δὲ ἀποκριθεὶς εἶπεν αὐτῷ· 'Προέλαβεν τὸν μισθόν σου, δέσποτα, ὁ πατριάρχης. καὶ γὰρ τοῦ κυροῦ ὑπερθεμένου με, ἠναγκάσθην πρὸς ἐκεῖνον, ὡς πρὸς λιμένα, καταφυγεῖν. πολλὴ γὰρ ἦν ἡ ἐπίτασις τῶν ἀπαιτούντων.' ὡς οὖν ἤκουσεν τοῦτο, εὐθέως ὑπεμνήσθη 20 τοῦ ἐνυπνίου καὶ εἶπεν· '"Οντως καλῶς εἶπας ὅτι προέλαβεν τὸν μισθόν σου. προέλαβεν γὰρ, καὶ οὐαί τινι βουλομένῳ ποιῆσαι ἀγαθὸν καὶ ἀναμένοντι,' καὶ ἐξηγήσατο αὐτῷ καὶ πᾶσιν τὸ ἐνύπνιον ὃ ἐθεάσατο.

Cap. XXXI. Πορευομένου ποτὲ τοῦ ὁσίου ἐν τῷ ναῷ 25 τῶν ἁγίων νικηφόρων μαρτύρων Κύρου καὶ Ἰωάννου ἐν τῇ ἐνδόξῳ αὐτῶν μνήμῃ εὐχῆς χάριν, ἐξελθόντα τὴν πόρταν

---

5. ἐλάμβ. ἀ. αὐ. ἐκ τοῦ θυσ. ἑκατόν C.   6. ὄπιθεν C.   μία fehlt in E.   8. καὶ λάβε A.   11. ὄπιθεν C.   13. ἐκ] ἀπὸ C.   14. δὲ fehlt in E.   τῷ θέλοντι C.   15. αὐτῷ τὸ κέρμα BE.   εἶλθεν A.   16. ὁ δοὺξ fehlt in A.   ποσὸν ἄδελφε BE.   17. προσέλαβεν A.   18. ἀγίου κύρου BE.   19. ὥσπερ εἰσ λιμένα BE.   καταφυγήν A.   καταφεύγειν C.   ἐπιστασία A.   20. οὖν] δὲ A.   τοῦτο] τούτου E.   21. οὔτως καλῶς A.   23. τε καὶ πᾶσιν E.
25. ΛΛ C. ΛΒΒ.   26. νικηφόρων fehlt in BE.   27. χάριν εὐχῆσ C.

τῆς πόλεως δέχεται αὐτὸν γύναιον προσπίπτοντα καὶ λέγοντα· 'Ἐκδίκησόν με, ὅτι ἀδικοῦμαι ἐκ τοῦ γαμβροῦ μου.' τινῶν οὖν τῶν ἐχόντων παρρησίαν πρὸς αὐτὸν ἐκ τοῦ ὀψικίου αὐτοῦ λεγόντων, ὅτι ἐν τῷ ὑποστρέφειν αὐτὸν τὸ πρᾶγμα
5 αὐτῆς ποιεῖ, ἀπεκρίνατο ὁ πάνσοφος· 'Καὶ πῶς ὁ θεὸς τὴν εὐχήν μου προσδέξεται, ἐὰν ἐγὼ ταύτην ὑπέρθωμαι; τίς δὲ καὶ ὁ ἐγγυώμενος ὅτι ζήσομαι εἰς τὴν αὔριον; καὶ ὑπάγω πρὸς τὸν Χριστὸν περὶ αὐτῆς ἀναπολόγητος,' καὶ οὐκ ἀπέστη τοῦ τόπου, ἕως οὗ τὸ ἱκανὸν αὐτῆς γενέσθαι ἐποίησεν.
10 Cap. XXXII. Πρὸς τὴν πρόθεσιν οὖν τοῦ ἀοιδίμου
302ʳ τούτου ὅλην θεϊκὴν ὑπάρχουσαν ἔπεμψεν αὐτῷ ὁ | κύριος καὶ τοὺς θεοσύφους καὶ ἀειμνήστους Ἰωάννην καὶ Σωφρόνιον. σύμβουλοι γὰρ ἦσαν χρηστοὶ ἀληθῶς, οἷς καὶ ὡς πατράσιν ἀδιακρίτως ὑπήκουσεν καὶ ηὐχαρίστει ὡς γενναίοις
15 μάλιστα καὶ ἀνδρείοις στρατιώταις ὑπὲρ τῆς εὐσεβείας. καὶ γὰρ τῇ τοῦ ἁγίου πνεύματος θαρρήσαντες δυνάμει καὶ πόλεμον ἐν διαλέξεσιν τῆς σοφίας αὐτῶν μετὰ τῶν Σενηρομανιτῶν καὶ λοιπῶν περὶ τὴν χώραν τυγχανόντων ἀκαθάρτων αἱρετικῶν συγκρούσαντες, πολλὰς μὲν κώμας, πλεί-
20 στας δὲ ἐκκλησίας, ὡσαύτως δὲ καὶ μοναστήρια ἐκ τῶν στομάτων τῶν τοιούτων θηρίων δίκην προβάτων ὡς καλοὶ ποιμένες ἀπέσπασαν· διὸ καὶ μάλιστα ὑπερετίμα τοὺς ὁσίους ὁ πανόσιος.

---

1. γύναιον προσπίπτοντα καὶ λέγοντα A. προσπίπτον καὶ λέγον BE. γυνὴ προσπίπτουσα καὶ λέγουσα C. 5. ὁ πάνσοφοσ] ὁ τίμιοσ πατριάρχησ BE. 6. μου fehlt in B. προσδέξηται A. ὑπερθῶμαι E. 7. ἐγγυώμενός με C. 8. ἀναπ. περὶ αὐτῆσ E. 9. αὐτῇ B. 10. Die Capitelzahl ΛΒ fehlt im Codex C. Λ Γ Β. 11. τούτου ἀνδρὸσ BE. ὅλην τὴν θήκην C. ὑπάρχ. καὶ εὐλαβείασ πλήρη (πλήρησ E) BE. 13. χριστιανοί A. οἷσ καὶ ὁ πατριάρχησ ἀδιακρίτωσ ὑπήκουεν B. οἷσ κ. ὁ πατρ. ὑπήκ. E. 14. ὡσ γενναίουσ μάλ. καὶ ἀληθεῖσ τοῦ χῦ στρατιώτασ ὑπὲρ τ. εὐσ. ἀγωνιζομένουσ C. 16. δυν. θαρρ. BCE. 17. τῇ σοφίᾳ BE. σευηριανομαντῶν AB. σευηριομανιτῶν C. σευηριανιτῶν E. Severianitis An. 18. καὶ — ἀκαθάρτων fehlt in C. 19. συγκροτήσαντεσ E. 20. δὲ καὶ ἐκ. B. δὲ vor καὶ lässt A weg. ἐκ στομάτων E. ἐκ τῶν θηριωδῶν τούτων στομάτων ὡσ C. 23. ὁ πάνσοφοσ A. ὁ πανόσιοσ καὶ μέγασ ἱεράρχησ BE.

Cap. XXXIII. Εἰ δέ πού τινα σκληρὸν καὶ ἀπάνθρωπον καὶ πλήκτην πρὸς τοὺς οἰκείους δούλους ᾔσθετο ὁ μακάριος, τοῦτον πρῶτον μὲν μετεστέλλετο, καὶ μετὰ πολλῆς ἠπιότητος παρεκάλει λέγων· 'Τέκνον, ἦλθεν εἰς τὰς ἀκοάς μου τὰς ἁμαρτωλάς, ὡς ὅτι ἐξ ἐνεργείας τοῦ ἐχθροῦ μικρὸν σκληροτέρως περὶ τοὺς τοῦ οἴκου σου παῖδας φέρει. ἀλλὰ παρακαλῶ μὴ δοῦναι τόπον τῇ ὀργῇ· οὐ γὰρ διὰ τὸ πλήττειν τούτους δέδωκεν ἡμῖν αὐτοὺς ὁ θεός, ἀλλὰ διὰ τὸ δουλεύεσθαι, τάχα δὲ οὐδὲ διὰ τοῦτο, ἀλλὰ διὰ τὸ συγκροτεῖσθαι παρ' ἡμῶν, ἐξ ὧν ὁ θεὸς παρέσχεν ἡμῖν. τί γὰρ εἰπέ μοι καὶ ἔδωκεν ἄνθρωπος καὶ ἠγόρασεν τὸν κατ' εἰκόνα καὶ ὁμοίωσιν θεοῦ κτισθέντα καὶ τιμηθέντα; μὴ γὰρ τί ποτε σὺ ὁ δεσπότης αὐτοῦ περιττὸν αὐτοῦ κέκτησαι ἐν τῷ ἰδίῳ σώματι; χεῖρα ἢ πόδα ἢ ἀκοὴν ἢ ψυχήν; μὴ οὐχ ὅμοιός σού ἐστι κατὰ πάντα; ἄκουσον τοῦ φωστῆρος Παύλου λέγοντος· 'Ὅσοι εἰς Χριστὸν ἐβαπτίσθητε, Χριστὸν ἐνεδύσασθε. οὐκ ἔνι Ἰουδαῖος καὶ Ἕλλην, οὐκ ἔνι δοῦλος οὐδὲ ἐλεύθερος. πάντες γὰρ ὑμεῖς εἷς ἐστὲ ἐν Χριστῷ Ἰησοῦ.' εἰ οὖν παρὰ Χριστῷ ἴσοι ἐσμέν, καὶ πρὸς ἀλλήλους ἴσοι γενώμεθα· καὶ γὰρ ὁ Χριστὸς μορφὴν δούλου ἀνέλαβεν ἐκδιδάσκων ἡμᾶς μὴ ὑπερηφανεύεσθαι κατὰ τῶν συνδούλων ἡμῶν. | εἷς γάρ ἐστι δεσπότης πάντων ἐν οὐρανοῖς κατοικῶν καὶ τὰ ταπεινὰ ἐφορῶν· οὐκ εἶπεν τὰ πλούσια, ἀλλὰ τὰ ταπεινά. ποσὸν γὰρ καὶ χρυσὸν ἐδώκαμεν, ἵνα τὸν τιμηθέντα καὶ ἀγορασθέντα σὺν ἡμῖν αἵματι θείῳ καὶ δεσπο-

---

1. *AJ* B. In C fehlt die Capitelangabe. σκληρόν τινα E.
2. πληκτικόν C. 3. μὲν πρῶτον C. ἐπεστέλλετο E. 6. σκληρότεροσ E. φέρῃ BE. 8. αὐτοὺσ fehlt in A. 9. δουλεύεσθαι ὑπ' αὐτῶν BE. τάχα δὲ BE. οὐ A. fortasse vero nec An. 12. καὶ τιμηθέντα AE und An., es fehlt in BC. 13 σὺ] ἂν C. περὶ τῶν C. περισσὸν B. περισσότερον E. αὐτοῦ fehlt in E. 16. κράζοντοσ C. Gal. III 27, 28. 17. καὶ ἐλ. C. 18. εἰσ fehlt in C. ιυ fehlt in C. 19. ἔσται A. ἀλλήλοισ C. 20. γενόμεθα AC. καὶ γὰρ καὶ C. δούλου μορφὴν C. ἔλαβεν C. 21. ὑπερηφ. μηδὲ ἐπαίρεσθαι A. 22. ἡμῶν E. ὑμῶν die übrigen. 24. δεδώκαμεν BE.

τικῷ ἑαυτοῖς καταδουλώσομεν. δι' αὐτὸν οὐρανὸς, δι' αὐτὸν γῆ, δι' αὐτὸν ἀστέρες, δι' αὐτὸν ἥλιος, δι' αὐτὸν θάλασσα καὶ τὰ ἐν αὐτῇ· ἔστιν δὲ ὅτε καὶ ἄγγελοι αὐτῷ διακονοῦσιν. δι' αὐτὸν ὁ Χριστὸς πόδας δούλων ἔνιψεν, 5 δι' αὐτὸν ἐσταυρώθη καὶ πάντα τὰ λοιπὰ δι' αὐτὸν ἔπαθεν. σὺ δὲ τὸν παρὰ θεοῦ τιμηθέντα ἀτιμάζεις, καὶ ὥσπερ οὐ τῆς αὐτῆς φύσεως ὄντα ἀφειδῶς τύπτεις. εἰπὲ, οὕτως ἔχεις τὸν ταπεινὸν Ἰωάννην. ἤθελες ἵνα καθὼς πταίῃς, εὐθέως ἐπεξήρχετό σοι καὶ ἀπεδίδου ὁ θεός; οὐδαμῶς. εἰπὲ· πῶς 10 εὔχῃ καθ' ἡμέραν λέγων; Ἄφες ἡμῖν τὰ ὀφειλήματα ἡμῶν, ὡς καὶ ἡμεῖς ἀφίεμεν τοῖς ὀφειλέταις ἡμῶν.' τούτοις καὶ τοῖς τοιούτοις λόγοις ὁ μακάριος ἐκ τοῦ ἐνοικοῦντος αὐτῷ θησαυροῦ νουθετῶν τοῦτον ἀπέλυεν. καὶ εἰ μὴ ἔμαθεν τοῦτον διορθωσάμενον, παρεσκεύαζεν λεληθότως τὸν κατα- 15 πονούμενον προσφύγιον κρατῆσαι καὶ πρᾶσιν αἰτήσασθαι. καὶ τοῦτον ἀγοράζων ὁ δίκαιος παρ' αὐτὰ ἐλεύθερον αὐτὸν ἀπεκατέσταινεν.

Cap. XXXIV. Ἀκηκοὼς ποτέ τινος ἐλεήμονος παῖδα ὀρφανὸν καταλειφθέντα τῶν αὐτοῦ γονέων τελευτησάντων 20 καὶ ἐν πτωχείᾳ πολλῇ διάγειν τοῦτον, ἔλεγον γὰρ οἱ εὑρεθέντες ἐν τῇ διαθήκῃ τοῦ πατρὸς μάρτυρες, ὅτι 'οὐκ ἀφῆκεν αὐτῷ, δέσποτα, ὁ πατὴρ αὐτοῦ ἀποθνήσκων ἕως ἑνὸς νομίσματος· ἀλλ' ἔχων δέκα λίτρας χρυσίου, φέρει αὐτὸν ἐν τῇ ὥρᾳ, ὅτε τὴν διαθήκην ἔγραφεν καὶ λέγει αὐτῷ· 'Ταύτας 25 τὰς δέκα λίτρας ἔχω, τέκνον μου. τί θέλεις; ἐάσω σοι ταύτας

---

1. ἑαυτοῦσ A. καταδουλώσωμεν E. 3. ὅτι C. 4 ἔνηψε C. ἐνίψεν δούλων A. 5. ἐραπίσθη καὶ ἐσταυρώθη A. ἔπαθεν fehlt in AC. 6. τοῦ θῦ A. 7. ὄντασ (ὄντα E) φύσεωσ BE. οὐ τοὺσ AC. 8. ἤθελεσ καθὼσ πταίειν πρὸσ θῦ οἶδασ, εὐθέωσ ἐπείρχετό σοι καὶ ἀπεδίδει C. 9. ἐπεξήρχετο A. ἀπεδ. σοι A. 10. Hinter λέγων bieten B und E: οὐχὶ λέγεισ καθ' ἑκάστην. 11. ἀφίημεν C. 16. αὐτὸν fehlt in E. 17. ἀπεκατέστενεν A. καθίστα BE. ἐποίει C. 18. Die Capitelzahl fehlt in C. ΛΕ B. 20. πολλ. πτω. BE. πολλῇ τοῦ. διάγ. πτωχεία C. τοῦ πρσ αὐτοῦ εὑρεθέντεσ μάρτ. CE. 22. αὐτὸν BE. ὁ πῆρ αὐτοῦ, δέσποτα E. νομίσμ. ἑνόσ BE. 23. ἐν fehlt in BE. ἐν τῇ ὥρα fehlt in A. 24. ὅ τε A. 25. λίτρασ τοῦ χρυσίου BE. σὲ B.

ἣ τὴν δέσποινάν μου τὴν θεοτόκον κουράτορα καὶ προνοήτριαν·' τοῦ δὲ παιδὸς ἐκλεξαμένου τὴν ἁγίαν δέσποιναν, διέταξεν δοθῆναι ὅλα τοῖς πτωχοῖς. καὶ ἰδού,' φησιν, 'ὁσιώτατε, ἐν πολλῇ στενώσει ὑπάρχει νυκτὸς καὶ ἡμέρας τοῦ οἴκου τῆς δεσποίνης μὴ ἀφιστάμενος.' ὡς οὖν ταῦτα ἤκουσεν 5 παρὰ τῶν γινωσκόντων ὁ δίκαιος, μηδενὶ μηδὲν εἰπών, 303ʳ μεταστέλλεταί τινα νομικόν, καὶ διηγεῖται αὐτῷ τὸ πρᾶγμα, δώσας αὐτῷ ὅρον μηδενὶ θαρρῆσαι, ὃ ἐπιτρέπει αὐτῷ ποιῆσαι πρᾶγμα, εἰπὼν αὐτῷ· ''Ἄπελθε καὶ εἰς παλαιὰ τομάρια γράψον διαθήκην τινὸς ὀνόματι Θεοπέμπτου καὶ ποίησον 10 εἰς τὸν αὐτὸν χάρτην ἐμὲ καὶ τὸν πατέρα τοῦ παιδὸς ἀνεψιοὺς γνησίους καὶ ἄπελθε καὶ εἰπὲ τῷ νεωτέρῳ· 'Οἶδας, ἄδελφε, ὅτι γένος ὑπάρχων τοῦ πατριάρχου, οὐκ ὤφειλες οὕτως ἐν πτωχείᾳ διάγειν.' καὶ δεῖξον αὐτῷ καὶ τὸ χαρτίον καὶ εἰπὲ αὐτῷ ὅτι 'Ἐὰν σὺ ἐρυθριᾷς, ἐγὼ διοικῶ τὸ πρᾶγμά 15 σου πρὸς τὸν πάπαν.' καὶ βλέπε, τί σοι λέγει καὶ ἐλθὲ πάλιν πρός με.' ὡς οὖν πάντα τὰ κελευσθέντα αὐτῷ ὑπὸ τοῦ πατριάρχου ὁ νομικὸς ἐποίησεν, ἔρχεται πρὸς αὐτὸν λέγων ὅτι 'Συνέθετό μοι ὁ παῖς ἵνα ἐγὼ λαλήσω τὸ πρᾶγμα αὐτοῦ τῷ κυρῷ καὶ μεγάλας εὐχαριστίας ὁμολογεῖ μοι.' 20 εἶπεν οὖν ὁ ὅσιος· ''Ἄπελθε, εἰπὲ αὐτῷ ὅτι ἐγὼ ἐλάλησα τῷ πάπᾳ καὶ εἶπεν, ὅτι 'κἀγὼ γινώσκω ὅτι εἶχεν ὁ ἀνεψιός μου υἱόν, ἀλλὰ ἀπὸ ὄψεως τοῦτον οὐ γνωρίζω.' καλῶς οὖν ποιεῖς, φέρων αὐτὸν πρός με· φέρων τε αὐτόν, φέρε καὶ χάρτην μετά σου.' ὡς οὖν παρεγένοντο, ἔλαβεν αὐτὸν κατ' 25

---

1. τὴν vor θκον fehlt in C. τὴν ὑπεραγίαν θκον BE. προνοιητήν E. 2. ἐπιλεξ. B. δέσποιναν θκῦν BE. 6. ὁ δίκαιος A. ὁ ὅσιοσ BE. sanctus An. ὡσ ο. τ. ὁ ὅσιοσ ἤκουσεν C. 7. τὰ πράγματα BE. 8. δοὺσ BE. ὃ] καὶ C. 9. πρᾶγμα] γράμμα C. γράφον B. 10. ὄνομα C. θεοπέμπτου BCE und Symeon (Migne CXIV 945 B) Θεοπόμπου A. 11. αὐτὸν τὸν C. 13. ὑπάρχεισ B. καὶ οὐκ BC. ὤφελεσ C. ὀφείλεισ BE. 14. αὐτὸ B. τὸν χάρτην C. 17. πάλιν fehlt in A. 19. ὅτι συνέθετο AE, fehlt bei den übrigen. 20. μεγ. μοι εὐεργεσίασ ὁμολ. εἶπεν δὲ αὐτῷ ὁ ὅσιοσ BE. 24. φέρον τε A. φέρων δὲ BE. φέρων τε αὐ. φέρε fehlt in C. 25. τὸν χάρτην E. αὐτὸν fehlt in C.

ιδίαν ο δίκαιος και ήρξατο καταφιλείν αυτόν και λέγειν·
'Καλώς ήλθεν ο υιός του ανεψιού μου.' επλούτισεν ούν
αυτόν και ενεγάμισεν εν Αλεξανδρεία και οίκον και πάντα
τα της χρείας εχαρίσατο αυτώ, δείξαι σπουδάσας ο όσιος,
5 ότι ουκ εγκαταλείψει κύριος τους ελπίζοντας επ' αυτόν.

Cap. XXXV. Απαραλείπτως δε και ταύτης επιμελούμενος ο θαυμάσιος της εντολής της νομοθετούσης τον θέλοντα δανείσασθαι από σου μη αποστραφής, ουδέποτε εκώλυσέν τινα τον της τοιαύτης επικουρίας παρ' αυτού δεόμενον.
10 όθεν τούτο γινώσκων τις κακότροπος και επιθέτης ητήσατο αυτόν δανείσαι αυτώ είκοσι λίτρας χρυσίου. ην γαρ των λεγομένων γαλλοδρόμων. αγνωμονήσας ούν τον όσιον καθώς και | άλλους πολλούς, έλεγεν, ότι 'ουδέν μοι δέδωκεν.' εξήτησαν ούν οι της εκκλησίας οικονόμοι και διοικηταί τούτον
15 φυλακίσαι και δημεύσαι αυτού την υπόστασιν. ο δε μιμητής του ειπόντος 'Γίνεσθε αγαθοί και οικτίρμονες, ως ο πατήρ υμών ο εν τοις ουρανοίς, όστις ανατέλλει τον ήλιον αυτού επί πονηρούς και αγαθούς, και βρέχει επί δικαίους και αδίκους', ουδαμώς τούτοις συνεχώρησε τούτον θλίψαι το
20 σύνολον. των δε ταραττομένων κατ' αυτού, ως τω πατριάρχη εμπαίξαντι, και λεγόντων αυτών προς τον όσιον· 'Ου δίκαιόν εστι, δέσποτα, ίνα όπερ έχουσιν λαβείν οι πτωχοί, ούτος λάβη ο άσωτος·' ανταπεκρίνατο αυτοίς ο τρισμακάριος λέγων· 'Πιστεύσατε, αδελφοί, εάν παρά πρόθεσιν λάβητέ τι

---

2. Hinter μου fügen BE noch καλώσ ήλθεν το τέκνον τήσ εκκλησίασ hinzu. επλούτησεν AE. 3. ενεγάμισεν B. ενεγγάμησεν A. ενεγάμησεν die übrigen. 4. ο όσιοσ fehlt in C. 5. εγκαταλιμπάνει BE. derelinquet An. εγκατέλειπεν A. πάντασ τούσ BE.
6. Die Capitelzahl fehlt in C. ΛΕΒ. 7. Deuter. XV 7.
9. δεόμ. παρ' αυτού C. 11. αυτώ fehlt in C. αυτόν A. 12. γαλοδρόμων BE. 13. εξητησαν] εξήτησαν E. 15. φυλακήσαι AC.
15. δεσμεύσαι B. 16. Luc. VI 36. 17. Matth. V 45. ανατέλει AC.
20. ταραττομένων και βρυχόντων τους οδόντασ BE. 21. αυτών fehlt in C. προς αυτόν A und An. 23. τρισμακάριστοσ E. 24. πιστεύσατοι A. τίποτε A. τι die andern. λάβηται — παραβαίνεται — πληρούται E.

ποτε ἐξ αὐτοῦ, δύο ἐντολὰς παραβαίνετε καὶ μίαν πληροῦτε ὅτε καὶ εἰς τοὺς πτωχοὺς δοθῇ τὸ τοιοῦτον ποσὸν, μίαν μὲν, ὅτι ἐφάνητε ἀνυπομόνητοι πρὸς τὴν ζημίαν καὶ ἐγένεσθε καὶ ἄλλοις τύπος κακὸς, δευτέραν δὲ μὴ ὑπακούσαντες τῷ δεσπότῃ θεῷ τῷ εἰπόντι· ''Ἀπὸ τοῦ αἴροντος τὰ σὰ μὴ ἀπαίτει'. συμφέρει οὖν, ὦ τέκνα, ἵνα γενώμεθα πᾶσιν ὑπόδειγμα ὑπομονῆς. καὶ γὰρ καὶ ὁ ἀπόστολος λέγει· 'Διὰ τί οὐχὶ μᾶλλον ἀδικεῖσθε καὶ ἀποστερεῖσθε;' καὶ καλὸν μέν ἐστιν, ἀδελφοί, ἀληθῶς, παντὶ τῷ αἰτοῦντι διδόναι, ὑψηλότερον δὲ καὶ τιμιώτερον καὶ τῷ μὴ αἰτοῦντι, τῷ δὲ αἴροντι τὸ ἱμάτιον ἀπροαιρέτως ἐξ ἡμῶν διδόναι καὶ τὸν χιτῶνα ἀγγελικῆς ὄντως φύσεως μίμημα, μᾶλλον δὲ θεϊκῆς. ἐκ τῶν γὰρ ὑπαρχόντων ἡμῖν ὁ κύριος εὐποιεῖν τὸν πλήσιον προσέταξεν. ''Ἀγαθοποιήσεις γάρ,' φησιν, 'τῷ ἀδελφῷ σου, καθὼς εὐπορεῖ ἡ χείρ σου, οὐκ ἐκ τῶν ἀπὸ δίκης καὶ φιλονεικίας ἐκ τοῦ ἀδικοῦντος ἐπαιρομένων.'

Cap. XXXVI. Γέρων τις μέγας ὡς ἐτῶν ἐξήκοντα ἀκούσας τὰ τοιαῦτα πράγματα τοῦ μακαρίου, ἠθέλησεν πειράσαι αὐτὸν, εἴ ἐστιν λογοπειθὴς καὶ εὐσκανδάλιστος, καὶ εἰ, ὡς ἔτυχεν, κατακρίνει τινά. καὶ οἰκῶν πρότερον ἐν τῇ μονῇ τοῦ ἀββᾶ Σερίδωνος, ἐξῆλθεν καὶ ἔρχεται ἐν Ἀλεξανδρείᾳ καὶ ἀναλαμβάνεται πολιτείαν τοῖς | μὲν ἀνθρώποις εὐσκανδάλιστον, τῷ δὲ θεῷ εὐαπόδεκτον, τῷ διδόντι, ὥς φησιν ὁ Δαυὶδ, ἑκάστῳ κατὰ τὴν καρδίαν αὐτοῦ. εἰσελθὼν γὰρ εἰς

---

1. καὶ — ποσὸν fehlt in C. 2. τοὺς fehlt in BE. 3. γενήσεσθαι C. 4. κακίας τύπος C. δεύτερον ABE. δὲ fehlt in A. ὑπακούσαντας C. 5. τῷ δεσπ. θῷ fehlt in A. Luc. VI 30. 6. γινόμεθα A. 7. ἀποστ. παῦλος E. I. Cor. VI 7. 8. οὐχὶ fehlt in A. ἀδικεῖσθε] ἀπαιτεῖσθαι A. ἀποστερεῖσθε καὶ ἀδικῆσθε C. καλλὸν A. 9. ἀδελφοί, ἀληθῶς A. ἀλ. ἀδ. die andern. 12. ὄντος A. ἐκ τῶν γὰρ AE. ἐκ γὰρ τῶν BC. 13. τῷ πλησίῳ A. τὸ πλησίον E. fehlt in C. 14 φησιν fehlt in C. καὶ καθὼς C. 15. οὐχὶ δὲ BE. 16. δοκοῦντος ἐπερομένου A. ἐπαιρόμενον C.
17. Die Capitelzahl fehlt in Codex C. ΛΖ B. ἐτῶν ξ ὑπάρχων E. 18. ἤθελεν E. 19. εἰσ ἐστὶν A. καὶ εὐσκ. fehlt in C. 20. κατακρίνειν A. πρῶτον CE. ἐπὶ τῇ BE. 21. εἰσ ἀλεξάνδρειαν A. 23. ὁ fehlt in B. Psalm XIX 5.

τὴν πόλιν ἀναγράφεται ὅλας τὰς προϊσταμένας εἰς γνῶσιν καὶ ἤρξατο κάμνειν ἐργατείας καὶ λαμβάνειν ἡμερήσιον κεράτιον ἕν. ὡς οὖν ἔδυνεν ὁ ἥλιος, ἔτρωγεν ἑνὸς φολλεροῦ θέρμια, καὶ τὰ λοιπὰ ἐλάμβανεν καὶ εἰσήρχετο εἰς μίαν τῶν 5 προϊσταμένων καὶ ἐδίδει αὐτῇ τὰ φολλερὰ καὶ ἔλεγεν· 'Χάρισαί μοι τὴν νύκταν ταύτην καὶ μὴ πορνεύσῃς.' καὶ ἔμενεν ἐγγὺς αὐτῆς τὴν ἑσπέραν ἐκείνην, φυλάττων αὐτὴν, ἵνα μὴ πορνεύσῃ. ἵστατο οὖν ἀπὸ ἑσπέρας εἰς μίαν γωνίαν τοῦ κελλίου ἔμπροσθεν ὅπου ἐκοιμᾶτο ἡ γυνὴ, ψάλλων καὶ εὐχό10 μενος ὑπὲρ αὐτῆς καὶ βάλλων μετανοίας ἕως τοῦ αὔγους. καὶ ἐξερχόμενος ἐλάμβανεν λόγον ἐξ αὐτῆς ὅτι οὐθενὶ λέγει τὴν ἐργασίαν αὐτοῦ, ὥστε μία φανερώσασα τὴν πολιτείαν αὐτοῦ, ὅτι οὐ διὰ τὸ πορνεύειν εἰσέρχεται εἰς αὐτὰς, ἀλλὰ διὰ τὸ σῶσαι, ηὔξατο ὁ γέρων καὶ ἐδαιμονίσθη ἡ γυνὴ, 15 ὥστε ἐξ ἐκείνης καὶ τὰς λοιπὰς φοβεῖσθαι καὶ μὴ φανερῶσαι αὐτὸν πάντα τὸν χρόνον τῆς ζωῆς αὐτοῦ. ἔλεγον οὖν τινες τῇ δαιμονισθείσῃ· 'Τί ἐστιν; ἀπέδωκέν σοι ὁ θεὸς ὅτι ἐψεύσω. διὰ γὰρ τὸ πορνεύειν εἰσέρχεται ὁ κακέσχατος οὗτος καὶ οὐ δι' ἄλλο τίποτε.' λοιπὸν γὰρ ὁ ὅσιος Βιτάλιος — τοῦτο γὰρ 20 ἦν ὄνομα αὐτῷ — βουλόμενος τὴν τῶν ἀνθρώπων δόξαν φυγεῖν καὶ ψυχὰς ἐκ σκότους ἀνακαλέσασθαι, ἔλεγεν ἀκουόντων πάντων ὡς ἔκαμνεν εἰς τὴν ἐργατείαν καὶ ἀπελύετο ἑσπέρας· "Ἄγωμεν, κύρι· ἄρτι ἡ κυρὰ ἡ δεῖνα ἀναμένει σε,

---

2. ἐργάτασ A. ἐργατίασ C.   ἡμερήσιον E. ἡμερίσιον B. ἡμέριον AC.   3. ἕν fehlt in A   οὖν fehlt in C.   μίασ BE.   φολεροῦ AC.   φόλλεωσ B. φάλεωσ E.   5. ἐδίδη A. ἐδίδου BE.   αὐτὴν A. φολλερὰ B. φωλερά E.   φολερὰ AC.   6. νύκτα BCE.   8 οὖν] δὲ BE.   οὖν εἰσ μίαν γωνίαν τοῦ κελλίου αὐτῆς ἀπὸ ἑσπέρασ ἕωσ πρωὶ ψάλλων A.   10. τοῦ fehlt in A.   12. τὴν τὴν ἐργασίαν A.   πολιτείαν] ἐργασίαν C.   13. πρὸσ αὐτ. BE.   15. ὥστε A. ὡσ die andern. ἐξ ἐκείνησ fehlt in A.   φοβεῖσθαι A   φοβηθῆναι die andern.   16. οὖν] δὲ BE.   17. τί ἐστιν fehlt in E.   τί ἐν; ἀπέδωκέν σοι ὁ θσ̄ AC.   18. πορνεῦσαι C.   τοῦτοσ A.   19. γὰρ] δὲ βιτάλιοσ B.   δὲ καὶ ὁ ὅσ. Βιτ. E   20. βητάλλιοσ A.   21. ἀνακαλέσασ A.   22 ἔκαμνεσ A. ἐργατίαν A. ἐργασίαν C.   ἀπολυέτω A.   23. κύρι BCE.   κύρη A. ἄρτι] ὅτι A   κυρὰ C. κυρία B.   ἡ κυρὰ ἴδη ἀναμένη A.   ἡ ὁ δεῖνα E.   περιμένει BE.

ὅπου ἦν ὁ ὀρδινος αὐτοῦ.' πολλῶν οὖν ἐγκαλούντων αὐτῷ καὶ ἐμπαιζόντων ἔλεγεν· 'Τί ἐγὼ οὐ φορῶ σῶμα ὡς πάντες ἢ τοῖς μοναχοῖς μόνοις ὠργίσθη ὁ θεός; ὄντως καὶ αὐτοὶ ἄνθρωποί εἰσιν, ὡς πάντες.' ἔλεγον οὖν αὐτῷ τινες· 'Λαβέ σοι μίαν γυναῖκα, ἀββᾶ, καὶ ἄλλαξον τὴν φορεσίαν σου, ἵνα μὴ βλασφημῆται ὁ θεὸς διὰ σοῦ καὶ ἔχῃς κρῖμα τῶν σκανδαλιζομένων ψυχῶν.' ὁ δὲ ἀπεκρίνατο αὐτοῖς λέγων πάλιν, ἐποίει δὲ καὶ τὸν ὀργιζόμενον· '"Οντως οὐκ ἀκούω ὑμῖν, ὑπάγετε ἐξ ἐμοῦ. ἄρτι οὐδὲν ἄλλο ποιῶ ἵνα ὑμεῖς μὴ σκανδαλίζησθε, εἰ μὴ ὅτι λαμβάνω γυναῖκα, ἵνα φροντίζω οἴκου καὶ ποιῶ κακὰς ἡμέρας. ὁ θέλων σκανδαλισθῆναι σκανδαλισθῇ καὶ δώσει κριούς. τί θέλετε ἐξ ἐμοῦ; μὴ κριταὶ κατεστάθητέ μοι ὑπὸ τοῦ θεοῦ· ὑπάγετε, ἑαυτῶν φροντίσατε ὑμεῖς· ὑπὲρ ἐμοῦ γὰρ οὐκ ἀπολογεῖσθε. εἷς ἐστιν ὁ κριτὴς καὶ ἁγία ἡμέρα κρίσεως ὁ ἔχων ἀποδοῦναι ἑκάστῳ κατὰ τὰ ἔργα αὐτοῦ.' ἔλεγεν δὲ ταῦτα κράζων. τινὲς οὖν ταῦτα πολλάκις ἀκούσαντες ἐξ αὐτοῦ τῶν ἐκκλησιεκδίκων, προσανήνεγκαν τῷ πάπᾳ τὸ κατ' αὐτὸν κεφάλαιον. ὁ δὲ θεὸς ὁ γινώσκων ὅτι οὐ θέλει ὁ ὅσιος προσκροῦσαι τῷ ἀββᾶ Βιταλίῳ, ἐσκλήρυνεν τὴν καρδίαν αὐτοῦ, καὶ οὐκ ἐπίστευσεν αὐτοῖς — ἦν γὰρ καὶ ἐκ τῆς πείρας τοῦ προμνημονευθέντος εὐνούχου ἔμφοβος — ἀλλ' ἐπετίμησεν αὐτοῖς σφοδρῶς τοῖς κατὰ τοῦ ἀββᾶ Βιταλίου προσανενέγκασιν αὐτῷ, εἰπὼν πρὸς

---

1. ὀρρδινοσ C. ἐγκαταλαλούντων αὐτὸν A. αὐτῷ fehlt in C. 4. εἰσὶν fehlt in B. αὐτὸν A. 5. σὺ E. μία A. 6. βλασφημεῖται ABC. ἔχεισ AC. 7. λέγων πάλιν A. · λέγ. lassen die übrigen weg. δὲ καὶ τῶν ὀργιζομένων A. δὲ ἑαυτὸν καὶ ὀργιζόμενον BE. δὲ ἑαυτὸν ὀργιζ. C. 8. ὑμῶν A. 9. ἀπ' ἐμοῦ C. ἄρτι] ἢ C. ἄλλο τι A. 11. σκανδαλισθήτω BE. ὁ σκανδαλιζόμενοσ ἆσ σκανδαλίζεται καὶ ἆσ δώσει κριούσ τί τοῦτο; μὴ γὰρ κτλ. C. 12. ἐμοῦ ἀκούειν BE. μὴ γὰρ BC. γὰρ fehlt in AE. 13. ἑαυτοὺσ C. 14. ἀπολ. τῷ θῷ BE. ἡμέρα A. ἁγία BE. ἡ ἁγία ἡμέρα τῆσ κρίσεωσ C. sancta dies iudicii An. ἐκείνη ἡ ἔχουσα C. 16. δὲ καὶ C. κράζων μεγάλωσ B. ἔλεγεν — κράζων fehlt in E. 17. πολλάκισ ταῦτα C. ἀκούσ. ἔκδικοι τῆσ ἐκκλησίασ λέγω, προσαν. C. διὰ τῶν BE. ἐκκλησεκδίκων E. 18. φιλανοσ θσ BE. 22. ἔμφοβοσ fehlt in AC. 23. βιταλίου εἰποῦσιν εἰπὼν οὕτωσ παυσ. C.

αὐτούς· Παύσασθε ἐκ τοῦ συκοφαντεῖν τοὺς μοναχοὺς ἢ οὐκ οἴδατε, τί περὶ τοῦ ἐν ἁγίοις Κωνσταντίνου τοῦ βασιλέως τὰ κατ' αὐτὸν συγγράμματα περιέχουσιν, ὅτι, φησὶν, τινὲς μὴ φοβούμενοι τὸν θεὸν μετὰ τὸ τελεσθῆναι τὴν ἁγίαν
5 σύνοδον τὴν ἐν Νικαία, ἤρξαντο κατ' ἀλλήλων διδεῖν φάμουσα τῷ μακαρίῳ βασιλεῖ οἱ μὲν κληρικοὶ ὄντες, οἱ δὲ μοναχοί, καὶ συνοψίσας ὁ ἅγιος τοῦ θεοῦ Κωνσταντῖνος τὸν κατήγορον καὶ τὸν κατηγορούμενον, ἀμφοτέρων ἤκουσεν; καὶ ὡς εὗρεν τὰς πολλὰς τῶν τοιούτων διαβολῶν ἀληθεῖς οὔσας,
10 ἐνέγκας ἅπτοντα κηρὸν, ἔκαυσεν πάντα τὰ δοθέντα αὐτῷ φάμουσα εἰπών· 'Ὄντως τοῖς οἰκείοις ὀφθαλμοῖς εἰ εἶδον ἱερέα τοῦ θεοῦ ἤ τινα τῶν τὸ μοναχικὸν σχῆμα περιβεβλημένων ἁμαρτάνοντα, τὴν χλαμύδα μου ἂν ἥπλουν καὶ ἔσκεπον αὐτὸν, ἵνα μὴ ὁραθῇ ὑπό τινος. καὶ εἰς τὸν δοῦλον δὲ τοῦ
15 θεοῦ τὸν εὐνοῦχον οὕτω ἐνομίζετε καὶ ἐβάλετέ με παρ' 304ʳ ὁδὸν καὶ ἐποίησα τῇ ψυχῇ μου κρῖμα μέγα.' | ἐντρέψας οὖν μεγάλως αὐτοὺς, ἀπέλυσεν.

Ὁ δὲ δοῦλος τοῦ θεοῦ Βιτάλιος τῆς οἰκείας ἐργασίας οὐκ ἐπαύετο. παρεκάλει δὲ καὶ τοῦτο τὸν θεὸν· ὥς τισιν μετὰ
20 θάνατον αὐτοῦ ἐφανέρωσεν ἐν ὀπτασίᾳ, ἵνα μὴ λογίσηται ἁμαρτίαν τοῖς σκανδαλιζομένοις εἰς αὐτὸν, ὅτι τὸ πρᾶγμα, ὃ ἔπραττέν, φησιν, εὐσκανδάλιστον ἦν καὶ οὐκ ἔσχεν ἄνθρω-

---

1. ἐκ fehlt in C.   2. τί fehlt in C.   βασ. πῶσ τὰ C.   4 τελευθῆναι C.   τὴν fehlt in BE.   5. κατ' ἀλλήλων fehlt in B. 5. διδόναι B.   5 (und 11) φάμουσα E.   φαμοῦσα AB.   Hinter ἀλλήλων hat C: λέγειν τῷ βασιλεῖ κληρικοὶ δῆλον ὅτι καὶ μοναχοί. 6. οἱ δὲ καὶ μοναχοὶ A.   7. συνοψήσας ABE.   τῶν κ—ων καὶ τῶν κ—ων A.   9. ὡσ fehlt in A.   διαβολὰσ C.   10. ἐπενέγκασ BE. πάσασ τὰσ δοθείσασ αὐτῷ λοιδορίασ C.   11. ὄντωσ] ὅτι A.   εἰ οἰκείοισ BE.   εἰ vor εἶδον fehlt in BE.   ἴδω E.   12. τὸν τὸ μόνα C.   13. ἂν fehlt in AE.   ἥπλων A.   ἤπλωσα C.   ἐσκέπαζον A.   14. δὲ fehlt in C.   τοῦ θῦ οὕτωσ ἐνομίζετε λέγω δὴ τὸν εὐνοῦχον καὶ ἐβάλετε με E.   τοῦ θῦ εὐνούχου οὕτωσ ἐνομίζετε καὶ ὑπεβάλετέ με C.   15. εὐνοῦχον τὸν μοναχὸν A.   παρ ὁδὸν fehlt in C.   16. κρῖμα περιπεσεῖν A. Die übrigen lassen περιπεσεῖν weg.   17. αὐτοὺσ μεγαλ. BEC. 19. κατὰ τοῦτο C.   τισιν] τίσ οὖν A.   20. ἐν ὀπτασ. ἐφαν. BE. ἐν ὀπτ. φανερώσει C.

πος κρῖμα ἐξ ἐμοῦ, εἴ τι ἂν ἐλάλησεν. πολλὰς οὖν ἐκ τῶν τοιούτων γυναικῶν κατένυξεν ἡ ἐργασία αὐτοῦ, καὶ μάλιστα, ὅτε ἔβλεπον αὐτὸν τῇ νυκτὶ, ἐκτείνοντα τὰς χεῖρας καὶ εὐχόμενον ὑπὲρ μιᾶς ἑκάστης. διὸ καὶ αἱ μὲν τοῦ πορνεύειν ἐπαύοντο, αἱ δὲ ἐλάμβανον ἄνδρας καὶ ἐσωφρόνουν, αἱ δὲ καὶ παντελῶς τὸν κόσμον ἀφίουσαι τὸν μονήρη βίον μετήρχοντο. οὐδεὶς μέντοι ἔγνω ἕως τῆς αὐτοῦ κοιμήσεως, ὅτι ἐκ τῆς αὐτῆς νουθεσίας καὶ εὐχῆς τὰ ἄσεμνα γύναια τοῦ πορνεύειν ἐπαύοντο.

Ὅθεν ἐν μιᾷ ἐξερχομένου αὐτοῦ ἐκ τῆς πρώτης τῶν τοιούτων γυναικῶν εἰς τὸ αὖγος, ὑπαντᾷ αὐτῷ τις ἄνθρωπος ἀκάθαρτος εἰσερχόμενος εἰς τὸ πορνεῦσαι μετ' αὐτῆς. καὶ ὡς εἶδεν αὐτόν, λέγω δὴ τὸν ὅσιον Βιτάλιον, ἐξ αὐτῆς ἐξερχόμενον, δέδωκεν αὐτῷ κόσσον εἰπὼν πρὸς αὐτόν· Ἕως ποτὲ, κακέσχατε χριστεμπαῖκτα, οὐκ ἐνδίδεις τῶν πραγμάτων σου;' ὁ δὲ εἶπεν πρὸς αὐτόν· 'Πίστευσον, λαμβάνεις κόσσον, ταπεινὲ, ἵνα πᾶσα ἡ Ἀλεξάνδρεια συναχθῇ εἰς τὰς κραυγάς σου.' οὔπω οὖν ὀλίγος χρόνος παρῆλθεν καὶ ἐκοιμήθη ἐν εἰρήνῃ ἐν τῷ κελλίῳ αὐτοῦ ὁ ἅγιος Βιτάλιος, μηδενὸς ὅλως νοήσαντος. εἶχεν γὰρ μικρὸν πάνυ κέλλιον ἐπὶ τὴν λεγομένην πύλην τοῦ Ἡλίου, ὅθεν καὶ πολλάκις συνάξεως ἐπιτελουμένης εἰς τὴν πλησίον τοῦ κελλίου αὐτοῦ ἐκκλησίαν τοῦ ἁγίου Μητρᾶ, συναγόμενά τινα τῶν γυναίων τούτων πρὸς ἀλλήλας ἔλεγον· Ἄγωμεν, ἄγωμεν· πάλιν ὁ ἀββᾶς Βιτάλιος σύναξιν ἔχει·' καὶ ἐρχομένων αὐτῶν ἐθεράπευεν αὐτάς.

Κοιμηθέντος οὖν αὐτοῦ ὡς προείρηται ἐν τῷ ἰδίῳ κελλίῳ καὶ μηδενὸς νοήσαντος, εὐθέως παρίσταταί τις δαίμων ὡς

---

1. ἐξ ἐμοῦ fehlt in BE.   ξένου C.   δ' ἂν BE.   2. κατήνυξεν E.   3. τῇ νυκτὶ ἐκείνῃ A.   5. ἔμεν B.   6. καὶ fehlt in A. ἀφοῦσαι A.   7. μέντοι] δὲ BE.   8. αὐτῆς] αὐτοῦ E.   καὶ εὐχῆς fehlt in C.   10. ἐν fehlt in A.   11. γυναικῶν fehlt in C.   ἀπαντᾷ E. 14. αὐτὸν E.   16. σου τῶν πονηρῶν C.   19. ὅσιος BE.   ὁ ἅγ. Βιτ. ἐν τῷ κ. αὐτοῦ C.   21. πύλην τ. Ἡ. AC.   τοῦ Ἡ. πύλην BE. 23. μητρὰ A.   Metrae Anast. μηνᾶ die übrigen.   24. βιτάλιο C. βιττάλιοσ A.

αἰθίοψ κακοειδὴς τῷ δεδωκότι τὸν κόσσον τῷ ἀββᾶ Βιταλίῳ
καὶ δίδει αὐτῷ κόσσον λέγων· 'Δέξαι τὸν κόσσον ὃν ἔπεμψέν
σοι ὁ ἀββᾶς Βιτάλιος.' καὶ πεσὼν εὐθέως ἤρξατο ἀφρίζειν.
συνήχθη οὖν κατὰ τὴν προφητείαν τοῦ ἀββᾶ Βιταλίου σχε-
5 δὸν πᾶσα ἡ Ἀλεξάνδρεια εἰς τὴν βίαν ἣν ἔπασχεν ὑπὸ τοῦ
δαίμονος, καὶ μάλιστα ὅτι καὶ τὸν κτύπον τοῦ δοθέντος
αὐτῷ κόσσον ἤκουσάν τινες, ὡς ἐπὶ σαγιττοβόλου. μετὰ
ἱκανὰς οὖν ὥρας ἀνανήψας ὁ πάσχων διέρρηξεν τὰ ἱμάτια
τοῦ στήθους αὐτοῦ καὶ ἔτρεχεν ἐπὶ τὸ κέλλιον τοῦ ὁσίου
10 κράζων καὶ λέγων· '"Επταισά σοι, δοῦλε τοῦ θεοῦ, Βιτάλιε,
ἐλέησόν με,' συνέτρεχον δὲ καὶ πάντες οἱ ἀκούσαντες, καὶ
ὡς ἔφθασε τὸ κέλλιον τοῦ ὁσίου, ἐξῆλθεν πάλιν ὁ δαίμων
ῥίψας αὐτὸν πάντων θεωρούντων. καὶ ὡς εἰσῆλθον ἔνδον
οἱ συνακολουθήσαντες, εὗρον τὸν ὅσιον ἱστάμενον εἰς τὰ
15 ἑαυτοῦ γόνατα καὶ εὐχόμενον καὶ τῷ κυρίῳ τὴν ψυχὴν παρα-
θέμενον καὶ εἰς τὸ ἔδαφος ἐπιγραφὴν τοιαύτην· '"Ανδρες
Ἀλεξανδρεῖς, μὴ πρὸ καιροῦ τι κρίνετε, ἕως ἂν ἔλθῃ ὁ κύ-
ριος'. ἐξωμολογεῖτο δὲ καὶ ὁ ἄνθρωπος ὁ δαιμονισθεὶς τὸ
τί ἦν ποιήσας τῷ ὁσίῳ καὶ τί ὁ ὅσιος εἶπεν αὐτῷ.

20 Προσανηνέχθη οὖν τῷ μακαριωτάτῳ Ἰωάννῃ τῷ πάπᾳ
πάντα τὰ κατὰ τὸν ὅσιον Βιτάλιον, καὶ κατελθὼν μετὰ τοῦ
κλήρου ἦλθεν ἐπὶ τὸ λείψανον τοῦ ὁσίου Βιταλίου, καὶ ὡς
εἶδεν τὴν ἐπιγραφὴν εἶπεν· '"Οντως ταύτην ὁ ταπεινὸς Ἰω-
άννης διὰ τοῦ θεοῦ ἐξήλησεν, ἐπεὶ τὸν κόσσον ὃν ἔλαβεν ὁ
25 παθὼν, ἐγὼ ἐλάμβανον.' τότε οὖν πᾶσαι αἱ πόρναι καὶ αἱ
ἀποταξάμεναι ἐξ αὐτῶν καὶ αἱ λαβοῦσαι ἄνδρας μετὰ κηρῶν

---

1. τὸν fehlt in B. βιτταλίῳ A. 2 δίδη A. δίδει C. δίδω-
σιν BE. 4. βηττταλίου A. 5. ἡ fehlt in E. ἀλεξάνδρειαν στὴν
corr. die erste Hand in ἀλεξάνδρεια εἰσ τὴν E. 6. καὶ — κτύπον
fehlt in A. 7. ὡς fehlt in ABE. ἐπὶ] ἀπὸ BE. σαγιτοβόλου
BCE. σαγητοβόλου A. 8. ἀνανίψας C. 9. ἑαυτοῦ A, aber das ε
ist von zweiter Hand zugesetzt. τοῦ στήθουσ fehlt in BE. 10. βιτ-
τάλιε A. 11. καὶ vor πάντ. fehlt in AC. ἀκούοντεσ B. 12. ἐφθα-
σαν AC. 15. τὴν ψυχ. τῷ θῷ C. παραθέμενοσ E. 17. τι
fehlt in B. 20. μακαρίῳ ταῦτα C. 21. πάντα fehlt in C.
ὅσιον] μακάριον BE. 22. βιταλίου fehlt in BE. 24. ἐπὶ A.

καὶ λαμπάδων προεκόμιζον αὐτὸν κλαίουσαι καὶ λέγουσαι·
'Ἀπωλέσαμεν τὴν σωτηρίαν ἡμῶν καὶ τὴν διδαχήν'. ἐξη
γοῦντο γὰρ λοιπὸν τὴν πολιτείαν αὐτοῦ πᾶσιν, καὶ ὅτι οὐ
δι' αἰσχρὸν πρᾶγμα πρὸς ἡμᾶς εἰσήρχετο, καὶ ὅτι οὐδέποτε
εἴδομεν αὐτὸν ἐπὶ πλευρὰν κοιμηθέντα ἢ μίαν ἐξ ἡμῶν κρα- 5
τήσαντα τῇ χειρὶ αὐτοῦ, καὶ μεμφομένων αὐτάς τινων καὶ
λεγόντων ὅτι 'Διὰ τί ταῦτα πᾶσιν οὐκ ἐλέγετε, ἀλλ' ἐσκαν- 305ʳ
δαλίζετο εἰς αὐτὸν πᾶσα ἡ πόλις;' ἐξηγοῦντο λοιπὸν τὸ κατὰ
τὴν δαιμονισθεῖσαν κεφάλαιον, καὶ ὅτι τοῦτο ἡμεῖς φοβού
μεναι ἐσιωπῶμεν. ταφέντος οὖν αὐτοῦ ἐν πολλῇ τιμῇ, ἔμει- 10
νεν ὁ ὑπ' αὐτοῦ παιδευθεὶς καὶ ἰαθεὶς, ποιῶν τὸ μνημό
συνον αὐτοῦ. ὕστερον δὲ καὶ ἀπετάξατο εἰς τὸ μοναστήριον
αὐτοῦ τοῦ ἀββᾶ Σερίδωνος ἐν Γάζῃ καὶ ἔλαβεν τὸ κέλλιον
τοῦ ἀββᾶ Βιταλίου κατὰ πίστιν, καὶ εἰς αὐτὸ ἔμεινεν ἕως
τῆς τελευτῆς αὐτοῦ. 15

Καὶ ὁ ὁσιώτατος δὲ πατριάρχης πολλὰ ηὐχαρίστησεν τῷ
θεῷ, ὅτι οὐ συνεχώρησεν αὐτὸν ἁμαρτῆσαι εἰς τὸν δοῦλον
αὐτοῦ Βιτάλιον· πολλοὶ δὲ πολλὰ ἔκτοτε ἐν Ἀλεξανδρείᾳ
ὠφελήθησαν καὶ ἐξενοδόχουν τοὺς μοναχοὺς καὶ ἠσφαλίζοντο
τοῦ μὴ κατακρίνειν ὡς ἔτυχέν τινα παρ' αὐτῶν. ἐποίησεν 20
δὲ καὶ ἰάσεις μετὰ θάνατον τὸ τίμιον μνῆμα τοῦ ὁσίου Βι
ταλίου διὰ τῆς θείας χάριτος, οὗ ταῖς εὐχαῖς δῴη ἡμῖν ὁ
κύριος ἀγαθὴν πολιτείαν καὶ ἔλεος ἐν ἡμέρᾳ, ὅτε φανερώσῃ
τὰ κρυπτὰ τῶν ἀνθρώπων καὶ γυμνώσῃ τὰς βουλὰς τῶν
καρδιῶν. 25

Cap. XXXVII. Ἐπιτρέψας ποτὲ ὁ ὅσιος δοθῆναί τινι

---

1. οὐαὶ ἡμῖν ὅτι ἀπ. BE. 3. αὐτοῦ λοιπὸν BE. λοιπὸν fehlt
in C. πάσαν E. 4. δι' αἰσχρῶν πραγμάτων C. 5. πλευρᾷ A.
6. τινῶν] πάντων BE. 7. οὐ πᾶσιν BE. 9. καὶ τὸ A. 11. καὶ
ἰαθεὶσ fehlt in C. 12. αὐτοῦ fehlt in AE. τοῦ ἁγίου σερίδωνοσ E.
14. κατὰ πίστιν fehlt in E. ἔμεινεν ἐν αὐτῷ C. 15. τῆσ αὐτοῦ
τελ. BC. 16. δὲ fehlt in A. τὸν θν̅ BC. 17. αὐτῷ BE.
19. ὠφελήθησαν A. 21. βιταλίου A. 22. χάριτοσ τοῦ κυ̅ ἡμῶν
ιυ̅ χυ̅ BE. εὐχ. καὶ πρεσβείαισ. BE. ὁ κσ̅] κσ̅ E. 23. ἔλεοσ
εὑρεῖν BE. ἡμ. κρίσεωσ BE. φανερώσει E. 24. γυμνώσει CE.
26. $\overline{AZ}$ C. $\overline{AH}$ B.

αἰτήσαντι εὐποιΐαν δέκα φόλλεις μόνον, ὑβρίζετο ὑπ' αὐτοῦ κατὰ πρόσωπον χαλεπῶς ὁ μακάριος, ὡς μὴ δεδωκὼς αὐτῷ ὅσα ἤθελεν. τῶν δὲ τοῦ ὀψικίου ζητούντων δῆραι τὸν ὑβρίσαντα, ἐπετίμησεν τούτοις σφοδρῶς ὁ πάπας εἰπών· 'Ἐάσατε αὐτόν, ἀδελφοί. ἔχω ἐγὼ ἑξήκοντα ἔτη ὑβρίζων διὰ τῶν ἔργων μου τὸν Χριστὸν καὶ μίαν ὕβριν οὐ βαστάζω ἐξ αὐτοῦ·' καὶ ἐπέτρεψεν τῷ διαδότῃ λῦσαι τὸ προχείριον αὐτοῦ καὶ ἐᾶσαι τὸν πτωχὸν ἐπᾶραι ὅσον ἤθελε λογάριν.

Cap. XXXVIII. Ἐν μιᾷ δέ ποτε ἤκουσεν ὁ πάνσοφος ὅτι ἐλεήμων ὑπάρχει ὁ δεῖνα, μεταστέλλεται αὐτὸν ἐν ἱλαρότητι κατ' ἰδίαν καὶ λέγει αὐτῷ· 'Πῶς ἐγένου ἐλεήμων, ἐκ φύσεως ἢ ἑαυτὸν βιασάμενος;' ὅθεν οἱ μὲν τῶν ἐρωτωμένων ὑπ' αὐτοῦ αἰδούμενοι ἔκρυβον, οἱ δὲ ἔλεγον αὐτῷ· δι' ὃ εἰς ἐπερωτηθεὶς ὑπὸ τοῦ ὁσίου ἀπεκρίνατο οὕτως· 'Πίστευσον, δέσποτα, ὅτι οὐδὲν δίδω οὐδὲ ποιῶ ἀγαθόν· πλὴν δὲ αὐτὸ τοῦτο ὃ ποιῶ καὶ παρέχω, | ἐξ ὧν ὁ Χριστὸς καὶ αἱ εὐχαί σου χορηγοῦσιν, οὕτως ἐσυνήθισα. ἤμην πρώην πάνυ ἄσπλαγχνος καὶ ἀσυμπαθὴς, καὶ ἐν μιᾷ ἐφύρασα καὶ ἐστενώθην. ἤρξατο οὖν ὁ λογισμός μου λέγειν μοι· "Ὄντως ἐὰν ὑπῆρχες ἐλεήμων, οὐκ ἐγκατελίμπανέν σε ὁ θεός". ὥρισα οὖν ἡμέριον διδόναι πέντε φόλλεις τοῖς πτωχοῖς. καὶ ὡς ἠρχόμην δοῦναι, εὐθέως ὁ σατανᾶς ἐνέκοπτέν με λέγων· "Ὄντως αἱ πέντε φόλλεις αὗται ἀρκοῦσιν τῷ οἴκῳ εἰς λάχανον ἢ εἰς βαλανικόν", καὶ λοιπὸν εὐθέως ὡς ἵνα ἐκ τῆς γούλας

---

1. φόλεισ CE φόλισ A, auch im Folgenden haben die Handss. nur ein λ. παρ' αὐτοῦ C. 3. τοῦ δὲ ὀψ. δῆραι τοῦτον βουλῆ θέντοσ ἐπετ. C. ὑβρίζοντα A. 4. ὁ παπ. σφ. C. 5. αὐτὸν ἀδελ/ Hier bricht mit fol. 442 cod. B. ab und fol. 443 beginnt wieder: τοῦτο προεφασισάμην (Cap. XLIV S. 90, 11) ἐγω ὑβρίζων E. 6. τω χω E. 7. αὐτοῦ fehlt in CE. 8. θέλει C. λογάρην A. 9. ΛΗ C. εἴποτε δὲ ἦκ. CE. 10. μετεστέλλετο CE. 11. ἔλεγεν CE. ἐκ φ. ἐλε. C. 13. αὐτῶ fehlt in E. εἰσ δὲ ὑπὸ τ. ὁσίον ἐρωτηθεὶσ C. 14. ὑπὸ] παρὰ E. 15. αὐτῶ A. 16. ὃ fehlt in C. ὁ χσ] ὁ θσ E. 17. ἐσυνήθησα AC. συνήθησα E 20. ἐγκατελείμπανεν A. ὥρισα] ἐθέμην C. 21. ὡσ ἔθοσ διδεῖν ἔλαβον C. 22. με λέγων] μοι λέγειν E. 23. οἴκω σου E. 24. ἢ] καὶ E. εὐθέωσ ἰστέρουν αὐτὰ μηδὲν παρασχών C. τῆσ γούλασ fehlt in E.

τῶν τέκνων μου ἐστέρουν αὐτά, οὐδὲν ἐδίδουν. ὡς οὖν εἶδον, ὅτι νικῶμαι ὑπὸ τοῦ πάθους, λέγω τῷ παιδίῳ μου· "Ἡμέριον ἵνα κλέπτῃς, ἐμοῦ μὴ νοοῦντος, πέντε φόλλεις καὶ δίδῃς εἰς εὐποιῖαν·᾽ εἰμὶ γὰρ τραπεζίτης, δέσποτα. ἐκεῖνος δὲ καλῶς ποιῶν ἤρξατο κλέπτειν δέκα, ἔστιν δὲ ὅτε καὶ κε- 5 ράτιν. ὡς εἶδεν οὖν, ὅτι εὐλογήθημεν, ἤρξατο καὶ τριμίσια κλέπτειν καὶ δίδειν. ἐν μιᾷ οὖν θαυμάσας τὰς εὐλογίας τοῦ θεοῦ, εἶπον αὐτῷ· "Ὄντως, πολὺ ὠφέλησαν, τέκνον, αἱ πέντε φόλλεις. θέλω οὖν, ἵνα δίδῃς δέκα.᾽ τότε λέγει μοι καὶ ὁ παῖς μειδιῶν· "Ὕπαγε, εὖξαι ταῖς κλεψοσύναις μου, 10 ἐπεὶ ὄντως σήμερον οὐκ εἴχομεν ἵνα φάγωμεν ἄρτον. ἀλλ᾽ ἐάν ἐστι κλέπτης δίκαιος, ἐγώ εἰμι.᾽ τότε οὖν εἶπεν, ὅτι καὶ τριμίσια ἐδίδει καὶ κεράτια. καὶ λοιπὸν ἐκ τῆς πίστεως ἐκείνου ἐσυνήθισα, δέσποτα, δίδειν ἀπὸ ψυχῆς.᾽ οἰκοδομηθεὶς οὖν ὁ ὅσιος πάνυ, εἶπεν πρὸς αὐτόν· ᾽Πίστευσον, πολλὰ πα- 15 τερικὰ ἀνέγνων. τίποτε τοιοῦτον οὐκ ἤκουσα.᾽

Cap. XXXIX. Μνησικακοῦντά τινα τῶν ἐμφανῶν πρὸς ἄλλον ἄρχοντα ἀκούσας οὗτος ὁ μέγας Ἰωάννης, νουθετήσας πολλάκις, πεῖσαι αὐτὸν οὐκ ἠδυνήθη διαλλαγῆναι αὐτῷ. ἐν μιᾷ οὖν πέμπει καὶ φέρει αὐτὸν ὁ ὅσιος ὡς χάριν δημοσίου 20 πράγματος. καὶ ποιεῖ σύναξιν ἐν τῷ εὐκτηρίῳ αὐτοῦ μηδένα ἔχων, εἰ μὴ τὸν σύγκελλον αὐτοῦ. ὡς οὖν ἡγίασεν ὁ πάπας καὶ ἐξεφώνησεν τὴν εὐχὴν τοῦ ᾽Πάτερ ἡμῶν ὁ ἐν τοῖς οὐρανοῖς᾽, ἤρξαντο λέγειν οἱ τρεῖς τὸ ᾽Πάτερ ἡμῶν᾽.

---

2. ἶδον AC. 2. νηκοῦμαι A. πάθουσ] δαίμονοσ E. παιδὶ C. τὸ παιδίον F. 3. φόλησ E. 4. δίδεισ C δίδησ E. δίδην A. 4. ἤμην C. 5. δέκα δέκα C. δέκα φόλεισ E. κεράτιον CE. κεράτειν A. 6. ἰδὼν οὖν C. ὡσ οὖν ἰδεν F. τριμήσια C. τριμίσσια E. 8. οὕτωσ C. 9. θέλω οὖν ἵνα ἀπὸ τοῦ νῦν ἵνα δίδησ ῖ E. 10. καὶ fehlt in CE. 11. ἵνα φάγ. fehlt in AE. 12. δίκαιοσ πού ποτε F. 13. τριμήσια C. τριμίσσια E. δίδη A. ἐδίδουν E. 14. ἐσυνήθησα AC. συνήθσα E. δίδην A. διδόναι E. 15. πάνυ ἐκ τῆσ τοιαύτησ ψυχωφελοῦσ διηγήσεωσ εἶπεν κτλ. E. πίστευσον, ἀδελφέ C.

17. ΛΘ C. 18. ὁ μέγ. οὗτ. C. καὶ νουθ. F. 19. ἠδυνήθην C. 23. τοῦ] τὸ C. 24. Hinter οὐρνοῖσ führt E so fort: καὶ ἤρξαντο λέγειν οἱ τρεῖσ ὡσ ἔφθασαν εἰσ τὸ· ἄφεσ κτλ.

306ʳ καὶ ὡς ἔφθασαν εἰς τὸν λόγον τοῦ '"Ἄφες | ἡμῖν τὰ ὀφειλήματα ἡμῶν, ὡς καὶ ἡμεῖς ἀφίεμεν τοῖς ὀφειλέταις ἡμῶν', νεύει τῷ συγκέλλῳ ὁ πατριάρχης, ἵνα σιωπήσῃ· ἐσιώπησεν δὲ καὶ αὐτὸς ὁ πάπας καὶ ἔμεινεν ὁ ἄρχων μόνος λέγων τὸν στίχον τοῦ '"Ἄφες ἡμῖν, ὡς καὶ ἡμεῖς ἀφίομεν'. καὶ εὐθέως στραφεὶς ὁ ὅσιος λέγει αὐτῷ πραείᾳ τῇ φωνῇ· 'Βλέπε, εἰς ποίαν φρικτὴν ὥραν τι λέγεις τῷ θεῷ, ὅτι ὥσπερ ἐγὼ ἀφῶ, οὕτως καὶ σὺ ἄφες μοι'. ὡς ὑπὸ πυρὸς οὖν εὐθέως βασανισθείς, ὁ εἰρημένος ἄρχων ἔπεσεν ἐπὶ πρόσωπον εἰς τοὺς πόδας τοῦ ὁσίου λέγων· 'Ὅσα κελεύεις ὁ κῦρις, ποιεῖ ὁ δοῦλός σου'. καὶ διηλλάγη ἔκτοτε τῷ ἐχθρῷ αὐτοῦ μετὰ πάσης ἀληθείας.

Cap. XL. Ὑπερήφανον δὲ πάλιν, εἰ ἐθεώρησέν τινα ὁ μακάριος, τοῦτον μὲν εἰς πρόσωπον οὐκ ἤλεγχεν. ὅταν δὲ αὐτὸν ἐν τῷ σεκρέτῳ αὐτοῦ καθήμενον ἔβλεπεν, παρεισέφερεν περὶ ταπεινοφροσύνης λόγους ἵνα διὰ τῆς τοιαύτης διδασκαλίας ὑποκρούσῃ τὸν ὑπερήφανον καὶ σωφρονίσῃ λέγων οὕτως· 'Θαυμάζω, κύριοι δεσπόται μου, πῶς οὐ μνημονεύει ἡ ἀθλία μου ψυχὴ τῆς ταπεινοφροσύνης, ἧς ὑπέδειξεν ἡμῖν ἐπὶ τῆς γῆς ὀφθεὶς ὁ υἱὸς τοῦ θεοῦ, ἀλλ' ὑπερφυσῶμαι καὶ ὑπεραίρομαι τοῦ ἀδελφοῦ μου, ἐάν εἰμι μικρὸν ἢ εὐειδέστερος αὐτοῦ ἢ πλουσιώτερος ἢ ἐνδοξότερος ἢ ἀρχὴν ὀφφικίου τινὸς ἔχων, μὴ ἐννοούμενος τὴν θείαν φωνὴν τὴν λέγουσαν· 'Μάθετε ἀπ' ἐμοῦ, ὅτι πρᾶός εἰμι καὶ ταπεινὸς τῇ καρδίᾳ, καὶ εὑρήσετε ἀνάπαυσιν ταῖς ψυχαῖς ὑμῶν'. μηδὲ τὰς τῶν ἁγίων φωνὰς λογιζόμενος, ὅτι ὁ μὲν γῆν καὶ σπο-

2. ἀφίωμεν Ε. 3. ὁ πριάρχησ ΑΕ. 4. ὁ πάπασ C. 5. τοῦ] τὸ Ε. ἀφιέμεν Ε. 6. βλίπε, ἀδελφέ Ε. 7. ἀφίω Ε. οὕτω CΕ.
8. οὗτοσ καί σοι Α. 10. κίρισ Α.
13. MC. 15. παρείσφερεν Α. παρέφερε Ε. διδασκαλίασ] ὑπερηφανίασ Ε, aber am Rande steht nichts. 17. σωφρονήσῃ ΑΕC.
18. κύριοι καὶ δ. C. κύριοι μου καὶ δεσπόται Ε. 19. τῆσ fehlt in C.
20. ὁ ὀφθείσ τσ Ε. ἀλλὰ C. ὑπερφυσσοῦμαι Α. 21. ἐὰν ἄρα Ε.
μικρὸσ C. 23. τινοσ ὀφφ. Ε. ἔχω C. ἐννοῶν Ε. 24. Matth. XI 29.
25. εὑρήσητε Ε. ἡμῶν Α. ἡμῖν Ε, aber ω hat die erste Hand darüber gesetzt. 26. Jes. Sir. XVII 32

δὸν, ὁ δὲ σκώληκα καὶ οὐκ ἄνθρωπον, ὁ δὲ ἰσχνόφωνον καὶ βραδυγλώσσους ἑαυτοὺς ὠνόμαζον, καὶ ὅτι καὶ ὁ Ἡσαῖας ὅτε τὸν θεὸν ἰδεῖν ἠξιώθη, ὡς χωρεῖ ἄνθρωπος, τότε ἀκάθαρτα χείλη ἔχοντα ἑαυτὸν ἀπεφήνατο· 'τί γὰρ καί εἰμι ὁ ταπεινός; οὐχὶ ἀπὸ πηλοῦ ἐπλάσθην, ὅθεν ἐστὶν καὶ ἡ πλίν- 5 θος; οὐχὶ πᾶσαν ἣν δοκῶ ἔχειν δόξαν, ὡς ἄνθος χόρτου μαραίνεται;' τούτοις οὖν καὶ τοῖς τοιούτοις καὶ ἄλλοις πλείοσιν λόγοις ὁ σοφώτατος, ὡς δῆθεν περὶ | ἑαυτοῦ λέγων, τὸν τὴν 306ᵛ νόσον τῆς οἰήσεως καὶ ὑπερηφανείας ἔχοντα καυστηριάζων, ὠφέλει αὐτοῦ τὴν ψυχήν. ἐνόει γὰρ ὁ τὸ τραῦμα ἔχων, 10 ὅτι περὶ αὐτοῦ ὁ πατριάρχης αἰνίττεται.

Cap. XLI. Καὶ τοῦτο δὲ συνεχῶς ὁ θεοτίμητος προέφερεν εἰς μέσον εἰς ταπεινοφροσύνης ὑπόθεσιν, ὅτιπέρ φησιν· 'Εἰ ἐνενοούμεθα καὶ ἐλογιζόμεθα τὴν τοῦ θεοῦ περὶ ἡμᾶς εὐσπλαγχνίαν καὶ ἀγαθότητα, οὐδὲ εἰς τοὺς οὐρανοὺς 15 ἐκουφίζομεν τοὺς ὀφθαλμοὺς ἡμῶν ἀλλὰ διὰ παντὸς ἐν ταπεινῷ σχήματι καὶ φρονήματι διήγομεν. ἵνα γὰρ παρίδω τὸ πῶς ἐκ τοῦ μὴ ὄντος εἰς τὸ εἶναι ἡμᾶς παρήγαγεν ὁ πλάστης καὶ τῇ ἁμαρτίᾳ καὶ τῇ παρακοῇ πλανηθέντας πάλιν ἀνεζήτησεν καὶ τῷ ἰδίῳ αἵματι ἐξηγόρασεν ἐκ τοῦ θανάτου 20 καὶ πᾶσαν τὴν γῆν καὶ αὐτὸν τὸν οὐρανὸν εἰς ὑπηρεσίαν τῶν ἀνθρώπων ἔταξεν, ἀλλὰ καὶ νῦν πῶς ἁμαρτάνοντας οὐκ ἐξολοθρεύει, ἀλλὰ μακροθυμεῖ ἡ ἀκίνητος ἐκείνη φύσις καὶ ὁ ἀνεξίκακος ἐκεῖνος ὀφθαλμός; καὶ ἡμῶν πολλάκις βλασφημούντων αὐτοὺς παρακαλεῖ καὶ κολακεύει διὰ τῆς οἰκείας 25

---

1. Psalm. XXI 7; Exod. IV 10. ὁ δὲ] καὶ C. οὐχ ἀνὸν E. ἰσχνόφωνον C. ἰσχνάφονον A. βραδύγλωσσον καὶ ἰσχνόφωνον E. 2. ὁ Ἡσαῖας] ἡσαίασ E. Ἐσαΐας VI 5. 3. ὡς — ἄνθρ. fehlt in E. 5. vgl. Iob. X 9. 6. Esaïas XL 6; I. Petri I 24. δοκῶν A. 8. ἑαυτοῦ] αὐτοῦ A. λέγων] λέγειν E. 9. οἰήσεως E. φύσεωσ A. οἴησ. καὶ fehlt in C. 9. ἔχοντα] ἔχων A. 10. τὸ τραῦμα] τραῦμα A C. τρ. τοιοῦτον C. 11. ἐνίττεται E.

12. $\overline{MA}$ C. Das Folgende fehlt in A; denn hinter αἰνίττεται fol. 306ᵛ folgt sogleich πάλιν δὲ καὶ περὶ τῆσ ἁγίασ κτλ. (Cap. XLII S. 83, 16). προέφερεν E προσέφ. C. 13. ὅτι περ φησὶν fehlt in C. dicens An. 17. καὶ φρονήματι fehlt in C. 18. ὄντωσ C. εἰσ τὸ εἶναι fehlt in C. ut essemus An. 19. ἁμαρτία παρακοῇ E. 22. οὐκ ἁμαρτ. ἐξωλόθρευσεν C. 23. ἐκεῖνοσ fehlt in E.

φιλανθρωπίας ἄνωθεν ὑετοὺς πρὸς τὴν ἡμετέραν ζωὴν ἐπιχορηγῶν. πόσους κακούργους ὑπάγοντας φονεῦσαι ἢ κλέψαι σκέπει καὶ οὐ παραδίδει πιασθῆναι καὶ τιμωρηθῆναι; πόσους ὄντας εἰς τὰ πλοῖα εἰς τὸ πέλαγος ἐπὶ τὸ πειρατεύειν τὰ 5 ἀπαντῶντα αὐτοῖς πλοῖα καὶ φονεύειν τοὺς ἐν αὐτοῖς ὄντας καὶ οὐ συγχωρεῖ τῷ βυθῷ παραπεμφθῆναι, ἀλλ᾽ ἐπιτιμᾷ τῇ θαλάσσῃ τοῦ μὴ καταπιεῖν αὐτούς, ἐκδεχόμενος τὴν ἐπιστροφὴν τῆς κακίας αὐτῶν. πόσοι ἐπιορκοῦσιν τὸ σῶμα καὶ τὸ αἷμα αὐτοῦ τὸ ἄχραντον, καὶ ἀνέχεται καὶ μακροθυμεῖ μὴ 10 ἀποδιδοὺς αὐτοῖς ἐνθάδε τι δυσχερές. πόσους ἐν ὁδῷ λῃστεύοντας οὐ παραδίδει εἰς βρῶσιν τοῖς συναντῶσιν αὐτοῖς θηρίοις; πόσους ὑπάγοντας εἰς διορυγὰς ἢ εἰς ὁδοστασίας σκέπει τοῦ μὴ ἀναλωθῆναι ὑπὸ τῶν φυλαττόντων κυνῶν ἢ καὶ ἀνθρώπων; καὶ ἐμοῦ ἔσθ᾽ ὅτε ἢ μετὰ τῆς πόρνης 15 ἀνακειμένου ἢ μετὰ μεθυόντων ἢ αἰσχρολόγων συνδιάγοντος ἢ τῇ λοιπῇ ἁπλῶς τοῦ βίου ἁμαρτίᾳ συγκειμένου, ἡ μὲν μέλισσα περισπᾶται καὶ τὰς κοιλάδας καὶ τὰς φάραγγας περιέρχεται, ἐπιζητοῦσα συνάξαι μοι καρπὸν, ἵνα γλυκάνῃ τὸν λάρυγγα, τὸν αἰσχρὰ καὶ ἀκάθαρτα φθεγγόμενον, ἡ δὲ 20 σταφυλὴ σπεύδει διὰ τοῦ καύματος πεπανθῆναι, ἵνα ἐμπλήσῃ στόμα καὶ εὐφράνῃ καρδίαν, τὴν τοῦ ποιητοῦ παρακούσασαν. τὰ ἄνθη ἄλληλα κατατρέχουσιν, ἵνα τέρψωσιν τοὺς ὀφθαλμοὺς τοὺς ταῖς πορνείαις καὶ ταῖς ἀλλοτρίαις γυναιξὶν εἰς ἀσωτίαν νεύοντας. ἡ συκῆ θορυβεῖ, ἵνα φθάσῃ θεραπεῦσαι

---

3. πιασθῆναι] πρισθῆναι (sic) E.   4. εἰσ πλοῖα E.   ἐπὶ τὸ] ἐπὶ τὰ (sic) E.   5. τοῖσ (sic) ἐν αὐτοῖσ ὄντασ E.   6. καὶ fehlt in E.   τῶ β. παρ. οὐ συγχ. C.   8. κακίασ] malitiae An.   καρδίασ C.   10. ἀποδιδοὺσ] reddens An.   ἀποδιδόναι τοῖσ C.   11. παραδιδεῖ C.   συναντοῦσιν EC.   12. ὑπάγοντας διορυγὰσ ἢ ὁδοστασίασ κατεργάσασθαι C.   13. σκέπη C.   15. τῶν μεθ. C.   16 συγκειμένου] προσκαθημένου E.   Hinter προσκαθημένου fährt E fort: οὐκ ἀναιρεῖ καὶ πατάσσει, ἀλλὰ μακροθυμεῖ καὶ ἀνέχεται. ὅθεν ἡ μὲν κτλ. fehlt in C und bei An.   17. τοὺσ φ. C.   19. ἡ δὲ — 21. παρακούσασαν fehlt in E.   20. σπεύδη C.   21. εὐφρανεῖ C.   22. ὁμοίως καὶ τὰ ἄνθη E.   23. εἰσ ἀσωτίαν νεύοντασ C. ad luxuriam innunnt An.   πρὸσ ἀσωτίαν νεύοντα E. ad lux. tunditur ms. Gemblac.   24. Hinter νεύοντα fügt E zu: ὁ δὲ ἄνοσ μόνοσ ἐκ πάντων τούτων ἀνοητεύει χεῖρον.   ἡ συκῆ — p. 81, 2 γυναῖκα fehlt in E.

τὴν χεῖρα διὰ τοῦ μεγέθους καὶ τὸ στόμα διὰ γλυκύτητος, τὰ κρατοῦντα καὶ καταφιλοῦντα τὴν ἀλλοτρίαν γυναῖκα. τοιαῦτα οὖν ἔργα, ὦ ἀδελφοί, πράττοντές,' φησιν, 'καὶ τοιαύτας εὐεργεσίας ἀντιλαμβάνοντες παρὰ τοῦ φιλανθρώπου θεοῦ, ποῖον ὀφείλομεν ἔχειν φρόνημα, ἐννοούμενοι τὴν ἐσχάτην ἡμῶν καὶ φρικτὴν ὥραν;' πολλὰ γὰρ καὶ περὶ μνήμης θανάτου καὶ ἐξόδου ψυχῆς διελέγετο ἀεὶ ὁ μακάριος, ὥστε διαφόρως εἰσέρχεσθαί τινας πρὸς αὐτὸν ἐν ὑπερηφάνῳ σχήματι καὶ γελῶντι προσώπῳ καὶ ἀπονενοημένῳ ὀφθαλμῷ καὶ ἐξέρχεσθαι ἐν ταπεινῷ ἤθει καὶ κατανενυγμένῳ προσώπῳ καὶ δακρύουσιν ὀφθαλμοῖς. διὸ καὶ ἔλεγεν ὅτι 'Ὡς νομίζω ἐγὼ ὁ ταπεινός, ἀρκεῖ εἰς σωτηρίαν τὸ συνεχῶς καὶ ἐμπόνως λογιζομένῳ τὸν θάνατον καὶ μεριμνῶντι, ὅτι οὐδεὶς ἡμῖν ἐν τῇ ὥρᾳ ἐκείνῃ συμπαθήσει ἢ συμπορεύσεται ἐκ τοῦ βίου τούτου, εἰ μὴ τὰ ἀγαθὰ ἡμῶν ἔργα. καὶ πῶς τῶν ἀγγέλων ἐρχομένων καὶ κατασπευδόντων θορυβεῖται τότε ἡ ψυχή, ἐὰν εὑρεθῇ ἀνέτοιμος; πῶς παρακαλέσει προστεθῆναι αὐτῇ ὀλίγον χρόνον ζωῆς καὶ ἀκούσεται· τί γὰρ τὸν καιρὸν ὃν ἔξησας, καλῶς ἐδαπάνησας;' Καὶ πάλιν ἔλεγεν ὡς περὶ ἑαυτοῦ· 'Πῶς ταπεινὲ Ἰωάννη, παρελθεῖν ἰσχύσεις τὰ θηρία τοῦ καλάμου, ὅταν ὡς τελῶναί σοι ἀπαντήσωσιν; οὐαὶ ποῖος φόβος καὶ τρόμος περιέχει τὴν ψυχήν, τότε λογοθετουμένην ὑπὸ τοσούτων λογοθετῶν πικρῶν καὶ ἀνελεημόνων.' καὶ γὰρ πάνυ ἦν τῷ ἐν ἁγίοις τοῦτο σεσημειωμένον τὸ ὑπὸ τοῦ ἁγίου Συμεὼν τοῦ στυλίτου δι' ἀποκαλύψεως γνωρισθέν, ὅτιπέρ φησιν·

---

3. φησιν fehlt in E.   6. ἡμῶν] ἡμέραν E. novissimam nostram An.   ὥραν, καθ' ἣν μέλλει ἀποδοῦναι ἑκάστῳ κατὰ τὰ ἔργα αὐτοῦ. ταῦτα καὶ τὰ τούτοισ ὅμοια πολλὰ διελέγετο ἀεὶ ὁ μακάριοσ καὶ περὶ μνήμησ κτλ. E.   8. ἐν fehlt in C.   9. ἐξέρχεσθαι ἐξ αὐτοῦ E.   10. ἤθη C.   11. ὀφθαλμοῖσ· ὅθεν καὶ περὶ ἑαυτοῦ πολλὴν φροντίδα καὶ μέριμναν ἐποιεῖτο ἀεὶ διὰ τὴν ἐκ τοῦ βίου αὐτοῦ ἔξοδον καὶ ἔλεγεν ὅτι κτλ. E.   13. μεριμνῶντι ἀεὶ E.   14. συμπαθήσῃ C.   συμπορεύσηται C.   15. εἰ μὴ] ἢ C.   καὶ πῶσ] πῶσ γὰρ E.   16. θορυβεῖται] θορυβῇ C.   17. παρακαλέσῃ C.   20. ἰσχύσῃσ C.   vgl. Psalm LXVII 31. 21. ὅταν ἀπαντῶσί σοι ἐν τῷ ἀέρι τελωνεῖα τελωνεῖα E.   τε καὶ C. 22. τὴν σὴν τότε ψυ. περιέχει λογ. C.   24. τῷ ἐν ἁγίοισ] τῶν ἐν ἄλλοισ C.   τούτῳ E.   25. δι' ἀπ. γνω.] ἀποκαλυφθὲν C.

Ἐξερχομένης τῆς ψυχῆς ἐκ τοῦ σώματος ἀπαντῶσιν αὐτῇ ὡς ἀνέρχεται ἀπὸ τῆς γῆς εἰς τὸν οὐρανὸν χοροὶ δαιμόνων, ἕκαστος ἐν τῷ ἰδίῳ τάγματι. ἀπαντᾷ αὐτῇ ὁ χορὸς τῶν δαιμόνων τῆς ὑπερηφανείας· ψηλαφῶσιν αὐτὴν, ἐὰν ἔχῃ τὰ ἔργα αὐτῶν. ἀπαντᾷ ὁ χορὸς τῶν πνευμάτων τῆς καταλαλίας· θεωροῦσιν, ἐάν ποτε κατελάλησεν καὶ οὐ μετενόησεν. ἀπαντῶσι πάλιν παράνω οἱ δαίμονες τῆς πορνείας· ἐρευνῶσιν, ἐὰν γνωρίζωσιν ἐν αὐτῇ τὰ ἐπιτηδεύματα αὐτῶν. καὶ ὅταν ἀπὸ τῆς γῆς ἕως τοῦ οὐρανοῦ ἡ ἀθλία ψυχὴ λογοθετουμένη ἔσηται, παρὰ μίαν αὐτῆς οἱ ἅγιοι ἄγγελοι ἵστανται καὶ οὐ βοηθοῦσιν αὐτῇ, εἰ μὴ αἱ ἀρεταὶ αὐτῆς.' ταῦτα ἐννοῶν ὁ ἀοίδιμος ἔμφοβος περὶ τῆς τοιαύτης ὥρας ἐγίνετο καὶ ἐμμέριμνος, φέρων ἐπὶ μνήμης καὶ τὸ τοῦ ἁγίου Ἱλαρίωνος λόγιον,(ὅπερ μέλλων τοῦ βίου ἐξέρχεσθαι ἐδειλίασεν καὶ ἔλεγεν τῇ ἑαυτοῦ ψυχῇ· 'Ογδοήκοντα ἔτη, ὦ ταπεινὴ ψυχὴ, ἔχεις δουλεύουσα τῷ Χριστῷ καὶ φοβῇ ἐξελθεῖν; ἔξελθε, φιλάνθρωπός ἐστιν' καὶ ἔλεγεν ἑαυτῷ ὁ πατριάρχης· ''Εὰν ὀγδοήκοντα ἔτη δουλεύσας τῷ Χριστῷ καὶ νεκροὺς ἐγείρας καὶ σημεῖα πεποιηκὼς τὴν πικρὰν ὥραν ἐφοβήθη ἐκείνην, τί ἔχεις σὺ, ταπεινὲ Ἰωάννη, ποιῆσαι ἢ εἰπεῖν, ὅταν ἀπαντήσωσιν εἰς πρόσωπόν σου οἱ ὠμοὶ ἐκεῖνοι καὶ ἄσπλαγχνοι τελῶναι καὶ φορολόγοι; πρὸς ποίους ἔχεις ἐξισχῦσαι ἀπολογήσασθαι πρὸς τοὺς τοῦ ψεύδους, πρὸς τοὺς τῆς καταλαλιᾶς, πρὸς τοὺς τῆς ἀσπλαγχνίας, πρὸς τοὺς τῆς φιλαργυρίας, πρὸς τοὺς τῆς μνησικακίας, πρὸς τοὺς τοῦ μίσους, πρὸς τοὺς τῆς ἐπιορκίας;' καὶ ἐπαπορῶν ἔλεγεν· ''Ο θεός· σὺ αὐτοῖς ἐπι-

---

2. χοροὶ χοροὶ EC. 3. αὐτὴν E. 5. αὐτὴν nach ἀπ. E. fehlt in C und bei An. 7. παράνω οἱ] παράνομοι C. 8. γνωρίσωσιν E. 10. ἔσητε C. 11. ἀρ. μόναι E. ταῦτα καὶ τὰ τούτοισ ὅμοια E. 12. καθ' ἑκάστην ἐμφ. καθ' ἑκάστην E, aber die beiden letzten Worte sind durchstrichen. 16. χῶ] θῶ E. 17. φῖλανόσ ἐστιν ὁ θσ E. ἐπέλεγεν E. 18. ἐγείρασ ἀναστήσασ E. 19. ἐφοβήθην C. ἐφ. τὴν πικρὰν ἐκείνην ὥραν E. 20. ἢ εἰπεῖν fehlt in C. ἀπαντῶσιν E. 22. Hinter φορολόγοι fügt E πρὸ προσώπου σου hinzu. πόσουσ E. ἔχεισ ἄρα E. 23. τοῦ fehlt in C. 26. ἐπαπορῶν] ἐπὶ πάντων C. dementatus An.

τίμησον, ἐπεὶ πᾶσα ἰσχὺς ἀνθρώπων ἀδυνατεῖ πρὸς αὐτούς, σὺ, κύριε, δὸς ἡμῖν ὁδηγοὺς ἁγίους ἀγγέλους τοὺς φυλάσσοντας καὶ κυβερνῶντας ἡμᾶς. πολλὴ γάρ ἐστιν ἡ καθ' ἡμῶν αὐτῶν μανία, πολὺς ὁ φόβος, πολὺς ὁ τρόμος, πολὺς ὁ κίνδυνος τοῦ πελάγους τοῦ ἀέρος τούτου· εἰ γὰρ ἀπὸ πόλεως εἰς πόλιν ἐπὶ τῆς γῆς πορευόμενοι δεόμεθα τοῦ χειραγωγοῦντος, ἵνα μὴ εἰς κρημνοὺς ἐμπέσωμεν ἢ εἰς ἀγρίων θηρίων τόπους ἢ εἰς ποταμοὺς ἀπεράντους ἢ εἰς δύσβατα καὶ ἄβατα ὄρη ἢ εἰς λῃστῶν χεῖρας ἢ εἰς ἐρημίαν ἀκατάληπτον καὶ ἄνυδρον καὶ ἀπολώμεθα, πόσους ὁδηγοὺς ἰσχυροὺς καὶ θείους φύλακας δεόμεθα, ἐκπορευόμενοι τὴν μακρὰν ὁδὸν ταύτην καὶ αἰώνιον, λέγω δὴ τὴν ἐκ τοῦ σώματος ἔξοδον καὶ πρὸς τὸν οὐρανὸν ἄνοδον.' αὗται αἱ θεόσοφοι τοῦ μακαρίου πρὸς ἑαυτὸν καὶ πρὸς πάντας διδασκαλίαι, αὗται αὐτοῦ αἱ καθημεριναὶ φροντίδες καὶ μελέται.

Cap. XLII. | Πολλὴν δὲ καὶ περὶ τῆς ἁγίας συνάξεως 306ᵛ φροντίδα ἐποιεῖτο καὶ σπουδὴν ἐπεδείκνυτο. ἐν μιᾷ γὰρ τῶν ἡμερῶν βουλόμενος τοὺς πολλοὺς ἀνακόψαι τοῦ ἐξέρχεσθαι ἀπὸ τῆς ἀπολύσεως τοῦ ἁγίου εὐαγγελίου ἐκ τῆς ἐκκλησίας εἰς ἀργολογίας ἀντὶ τῆς εὐχῆς ἀπασχολεῖσθαι τί ποιεῖ; καταλείψας τε εὐθέως, ἡνίκα ἀνεγνώσθη τὸ ἅγιον εὐαγγέλιον ἐν τῇ ἐκκλησίᾳ καὶ αὐτὸς ἐξῆλθεν καὶ ἐκαθέσθη ἔξω σὺν τῷ ὄχλῳ. καὶ πάντων δὲ ἐκπληττομένων, εἶπεν πρὸς αὐτοὺς ὁ δίκαιος· 'Τέκνα, ὅπου τὰ πρόβατα, ἐκεῖ καὶ

---

2. σὺ δὲ C. φυλάσσοντασ ἡμᾶσ C. γάρ ἐστιν δέσποτα Ε.
5. πελάγου C. πελάγουσ τοῦ ἀέροσ τούτου Ε. pelagi aëris huius An.
11. μακαρίαν C. 13. τὸν fehlt in C. θεόσ. καὶ τίμιαι Ε.
15. αὗται αἱ ἑαυτοῦ καθ. C.
16. Die Capitelzahl fehlt in C, hier beginnt wieder fol. 306ᵛ cod. A. πολλὴν] πάλιν A. 17. σπεύδειν C. ἐπιδείκνυτο A. 18. τοῦ μὴ CE. 19. ἀπὸ] ἐκ C. ἁγίου fehlt in A. 20. καὶ εἰσ ἀργολογίασ καὶ φλυαρίασ Ε. ἀπασχολεῖσθαι Ε. ἀργολογίασ καὶ ματαίασ τοῦ βίου συντυχίασ Ε. τί ποιεῖ; καταλείψασ μετὰ τὸ ἅγιον εὐαγγέλιον καὶ αὐτὸσ τὴν ἐκκλησίαν, ἐξῆλθεν κτλ. C. 21. τε fehlt in E. ἡνίκα] τὴν A. 22. ἔξω καὶ ἐκαθ. A. καὶ fehlt in E. 23. δὲ] ἐπὶ τοῦτο C. ἐκπλ. ἐπὶ τῇ ἀναχωρήσει αὐτοῦ Ε. 24. πρ. αὐτ. εἶπεν C. ἀδελφοὶ καὶ τέκνα Ε.

6*

ὁ ποιμήν. εἰσέλθατε ἔσω καὶ εἰσέρχομαι. ἢ μείνατε ὧδε καὶ μενῶ. καὶ ἐγὼ δι' ὑμᾶς κατέρχομαι εἰς τὴν ἁγίαν ἐκκλησίαν, ἐπεὶ ἠδυνάμην ποιῆσαι αὐτῷ σύναξιν ἐν τῷ ἐπισκοπείῳ.' ἅπαξ οὖν καὶ δεύτερον ποιήσας τὸ αὐτὸ σχῆμα ὁ 5 μακάριος ἐσωφρόνισε καὶ ἐν τούτῳ τὸν λαὸν μεγάλως καὶ διωρθώσατο. ἐφοβοῦντο γὰρ μὴ πάλιν τὸ αὐτὸ σχῆμα ποιήσῃ αὐτοὺς ὁ ἀείμνηστος.

Συντυχάνειν δέ τινα εἰς τὸ ἱερατεῖον οὐδ' ὅλως κατεδέχετο, ἀλλ' ἐπὶ πάντων ἐξέβαλεν αὐτὸν ἔξω, λέγων· 'Εἰ μὲν 10 διὰ τὸ εὔξασθαι παρεγένου ἐνταῦθα, εἰς τοῦτο τὸν νοῦν σου καὶ τὸ στόμα σου ἀπασχόλησον· εἰ δὲ συντυχίας ἕνεκεν, γέγραπται· Ὁ οἶκος τοῦ θεοῦ οἶκος προσευχῆς κληθήσεται. μὴ οὖν ποιήσῃς αὐτὸν σπήλαιον λῃστῶν.'

Τοῦτο δὲ ἦν τὸ θαυμασιώτερον τοῦ ἐν ἁγίοις τούτου 15 πάπα, ὅτι μήτε τὸν μονήρη βίον ἀσκήσας, μήτε ἐν κλήρῳ διατρίψας ἐν ἐκκλησίᾳ, ἀλλὰ καὶ γυναικὶ νομίμως προσομιλήσας, οὕτως ἐκράτησεν τῆς καταστάσεως τῆς ἐκκλησίας, ἀπὸ καλίγων πατριάρχης χειροτονηθείς, καὶ εἰς τοιοῦτον ὕψος ἀρετῆς ὑψώθη, ὥστε πολλοὺς τῶν ἐν ἐρήμῳ ἀσκήσει δια- 20 πρεψάντων ὑπερνικῆσαι.

---

1. ἢ εἰσέλθετε E. 2. καὶ ἐγώ] ἐγώ E. ἡμᾶσ A 3. ἑαυτῶ π. C. ποιῆσ. ἑαυτῶ E. 4. δεύτερον τοῦτο C. δεύτερον καὶ τρίτον E. τὸ — σχῆμα fehlt in C. ὁμ. ἐσωφρόνησε καὶ ἐν τούτω τὸν λαὸν μεγάλωσ καὶ διωρθώσατο E. Beatus erudivit et in hoc plebem magnifice et emendavit An. ὁ μακάριοσ τὸν λαὸν μεγάλωσ διωρθώσατο A. ὁ μακ. ἐσωφρόνησε καὶ ἐν τούτω τὸν λαὸν καὶ διορθώσατο· ἔκτοτε ἐφοβοῦντο μὴ κτλ. C. 7. ποιήσασ ποιήσει αὐτοῖσ ὁ E. ὁ ἀείμ.] ὁ ἅγιοσ C. 8. συντυχάνειν — 13. λῃστῶν ist in C durchstrichen. συντυχάνην ἴδεν A. συντυγχάνειν E. ἐκατεδέχετο A. 9. ἐξέβαλλεν E. 11. τὸ στόμα σου καὶ τὸν νοῦν σου ἀπασχόλησον A. ἕνεκε A. ἕνεκα E. 12. Matth. XXI 13. 13. ἑαυτὸν A. σπήλαιον] οἶκον A. 14. Codex C knüpft an ποιήσῃ αὐτοὺς ὁ ἅγιοσ gleich die Geschichte von der Porphyria (XLIII) und von den beiden Geistlichen, die zugleich Schuster sind, an (XLIV). Der Anordnung der Hdschr. A und E folgt auch Anastasius. Vor τοῦτο hat C M ς. 15. τῶ — βίω A. μηδὲ A. 16. νομίμωσ A. legitime An. νομίμω CE. 17. τὴν κατάστασιν C. 18. καλλίγων E. ἀνυψώθη E. 19. ὥστε] ὠσ E. τῶν ἐν ἐρήμω ἀσκήσει A. καὶ ἐν ἐρήμω ἐν ἀσκήσει C. τὸν ἐν ἐρήμω καὶ ἀσκήσει E. eremitarum et in arcta via An. διαπρέψαντασ ὑπερακοντίσαι C.

Βουλόμενος δὲ μηδὲ τούτου τοῦ καλοῦ τυγχάνειν ἄμοιρος, λέγω δὴ τῆς τοῦ μοναδικοῦ βίου καταριθμήσεως, ἐπιτηδεύει πρᾶγμα τοιοῦτον. συναγαγὼν δύο τάγματα ὁσίων μοναχῶν, τάσσει τούτοις πᾶσαν χρείαν χορηγεῖσθαι ἐκ τῶν προσόντων αὐτῷ χωρίων ἐν τῇ ἑαυτοῦ πόλει, καὶ ποιήσας αὐτοῖς κέλλια, ἔταξεν ἐν τοῖς δυσὶν εὐκτηρίοις τῆς δεσποίνης ἡμῶν, τῆς ἁγίας θεοτόκου καὶ τοῦ ἁγίου Ἰωάννου, ἅπερ ἦν αὐτὸς ἐκ θεμελίων οἰκοδομήσας, εἰπὼν τοῖς θεοφιλεστάτοις μοναχοῖς οὕτως· 'Ἐγὼ μετὰ θεὸν τὴν χρείαν τὴν σωματικὴν φροντίζω ὑμῖν, ὑμεῖς δὲ τῆς ψυχικῆς μου φροντίσατε σωτηρίας, ἵνα ἡ λυχνικὴ καὶ ἡ νυκτερινὴ ἀγρυπνία ἐμοὶ παρὰ θεῷ λογίζηται. εἴ τινα δὲ ἐν τοῖς ἡμετέροις κελλίοις λειτουργίαν ποιήσητε, ὑπὲρ τῶν ὑμετέρων ἔσται ψυχῶν.' τοῦτο δὲ ἐποίησεν βουλόμενος σπουδαιοτέρους τοὺς θεοφιλεῖς μοναχοὺς ἀπεργάσασθαι. ὅθεν καὶ διεκράτησεν ἡ τοιαύτη αὐτοῦ θεάρεστος σύστασις τῶν ταγμάτων καὶ καθ' ὁμοίωσιν μοναστηρίου ἐκ τούτων ἡ κατ' αὐτὸν πόλις σχεδὸν πολιτεύεται, ἐν διαφόροις τόποις τὰς παννυχίους ὑμνῳδίας τῷ θεῷ προσφέρουσα.

Καὶ τοῦτο δὲ ὁ μακάριος οὗτος πάντας ἐδίδασκεν καὶ διεμαρτύρετο, τὸ μηδαμῶς μηδ' ὅλως ποτὲ τῆς τῶν αἱρετικῶν κοινωνίας, μᾶλλον δὲ κοινώσεως μετασχεῖν, 'εἰ καὶ πᾶσαν τὴν ὑμετέραν ζωήν,' φησιν ὁ μακάριος, 'ἐκ τινος ἀνάγκης ἢ

1. M J C. βουλόμενοσ δὲ τούτου τοῦ καλοῦ ἄμοιροσ μὴ τυγχ. E. 4. ἀνδρῶν μοναχῶν E. τάσ ἢ A. τούτοισ AC. 5. χωρίον E. 6. αὐτοῦ A. αὐτοὺσ A. 7. τῆσ ἁγίασ fehlt in E. 8. ἐκ θεμελίων fehlt in A. 9. οὕτωσ fehlt in C. οὕτωσ· πρεσ τίμιοι καὶ πνικοὶ E. 10. μου fehlt in A. σρῖασ φροντίσατε C. 11. τὸ λυχνικὸν E. Das zweite ἡ fehlt in C. ἐμῇ C. παρὰ θῶ fehlt in C. 12. λογίζεται AC. λογίζητε E. τινα] τι C. λειτουργίασ CE. 13. ἡμετέρων A. 16. θεάρεστος C. καὶ δίκην μοναστηρίου ἡ κατ' αὐτὸν πόλισ ἐκ τούτου πολιτεύεται ἐν διαφ. κτλ. E. 17. τούτων ὥστε καὶ αὐτὴν ἅπασαν σχεδὸν τὴν πόλιν τοῦ δικαίου τούτου μιμησαμένη τὸν τρόπον παννυχίοισ ὑμνῳδίασ τῷ θῶ προσφέρειν C.
20. οὕτοσ fehlt in C. οὕτω E. πᾶν A. ἐδίδασκεν καὶ fehlt in C. 21. διεμαρτύρατο CE. τὸ fehlt in A. μηδὲ CE. ποτὲ fehlt in C. αἱρετ. πλησιάζειν C. 23. τῆσ αὐτῶν κοιν. C. ἡμετέραν A. φησὶν ζωὴν A. ἐκτενῶσ A.

περιστάσεως ἀκοινώνητοι ἐν τῷ μὴ εὑρίσκειν τῆς καθολικῆς ἐκκλησίας κοινωνίαν διαμένητε. εἰ γάρ,' φησι, 'γυναῖκα σωματικὴν νομίμως κτησάμενοι, ἐὰν εἰς χώραν μακρὰν ἐκτὸς ταύτης χρονοτριβήσαντες, καταλιπεῖν ταύτην καὶ ἄλλῃ ζευχθῆ-
5 ναι ὑπὸ τοῦ θεοῦ καὶ τῶν νόμων κωλυόμεθα, ἐὰν δὲ τοῦτο πράξωμεν, τιμωρούμεθα, πῶς ἄρα τῷ θεῷ διὰ τῆς ὀρθῆς πίστεως καὶ καθολικῆς ἐκκλησίας συζευχθέντες (ὥς φησιν ὁ ἀπόστολος· Ἡρμοσάμην ὑμᾶς ἑνὶ ἀνδρὶ παρθένον ἁγνὴν παραστῆσαι τῷ Χριστῷ'), ἐὰν τὴν ὀρθόδοξον καὶ ἁγίαν πίστιν
10 μοιχεύσωμεν διὰ τῆς κοινωνίας τῶν αἱρετικῶν, οὐχὶ τῆς κολάσεως ἐν τῷ μέλλοντι αἰῶνι τῆς ἐκδεχομένης τοὺς αἱρετικοὺς γενώμεθα συμμέτοχοι; κοινωνία γάρ,' φησι, 'διὰ τοῦτο
307ᵛ εἴρηται διὰ τὸ συγκοινωνεῖν καὶ στοιχεῖν τὸν | κοινωνοῦντα οἷς κοινωνεῖ. μὴ τοίνυν, δυσωπῶ,' φησιν, 'ὦ τέκνα, τοῖς τοι-
15 ούτοις εὐκτηρίοις προσψαύσητε κοινωνίας ἕνεκεν.'

Cap. XLIII. Μετὰ πάντων αὐτοῦ τῶν κατορθωμάτων καὶ τοῦτο ὁ μακάριος ἐκέκτητο, λέγω δὴ τὸ μὴ ὡς ἔτυχεν κατακρίνειν τὸν πλησίον ἢ τοὺς κατακρίνοντας ἀποδέχεσθαι, εἴπω δὲ αὐτοῦ καὶ διδασκαλίαν περὶ τούτου τοῖς πᾶσιν
20 ὠφέλιμον.

Νεώτερός τις ἁρπάσας μονάστριαν ἔφυγεν ἐν Κωνσταντινουπόλει. τοῦτο μαθὼν ὁ δίκαιος περίλυπος ἐγένετο ἕως θανάτου· χρόνου δὲ ὀλίγου διελθόντος συγκαθημένου αὐτοῦ

---

1. ἀκοινώνητον μένειν, ἕως οὐ τῆσ ὀρθοδόξου καὶ καθολικῆσ ἐκκλησίασ τύχοι τὴν κοινωνίαν εἰ γάρ C.   2. διαμένηται A. διαμένετε E.   ἡ γάρ A.   σωμ. νομ. fehlt in A.   3. χώραν τινα E. ἐκ statt ἐκτὸσ A.   4. καταλιπεῖν CE. καὶ καταλειπὴν A. ταύτῃ E. ἄλλην C; es fehlt in A.   ἀναζευχθῆναι A. συζευχθῆναι E.   5. τοῦ νόμου A.   καὶ τοῦτο E.   καὶ εἰ — πράξομεν C.   κωλυόμεθα μᾶλλον δὲ τιμωρ. E.   καὶ τιμ. C.   7. συζευ. A.   8. II. Kor. XI 2. γὰρ ὑμᾶσ C.   ἡμᾶσ A.   παρθένῳ A.   9. πίστιν τοῦ χυ C.   10. μοιχεύσωμεν CE.   μοιχεύωμεν A.   11. τοῖσ ἐκδεχομένοισ A. τοῖσ αἱρετικοῖσ AE.   14. δυσωπῶ ὑμᾶσ E.   15. εὐκτηρίοσ (sic) E. ἕνεκα E.
16. Die Capitelzahl fehlt in C.   17. τὸ] τοῦ A.   18. κατακρίνειν — ἢ fehlt in A.   18. εἶπον δὲ αὐτοῖσ A.   19. τοῖσ πᾶσιν] τούτοισ A.   21. ἁρπάξασ C.   ἐν] ἐπὶ E.   23. τινὸσ ὀλίγου CE. διελθ.] παρελθόντοσ E.   καθημένου C.

ἐν μιᾷ ἐν τῷ τιμίῳ αὐτοῦ κειμηλιαρχείῳ μετά τινων τῶν τοῦ κλήρου καὶ συντυχίαν ψυχωφελῆ κινοῦντος, ἦλθεν εἰς μέσον ἡ μνήμη τοῦ νεωτέρου τοῦ τὴν μονάστριαν ἁρπάσαντος, καὶ ἤρξαντο οἱ συγκαθήμενοι τῷ ὁσίῳ ἀναθεματίζειν τὸν τοιοῦτον νεώτερον ὡς δύο ψυχὰς ἀπολέσαντα, μίαν μὲν τὴν αὐτοῦ, ἑτέραν δὲ τῆς μοναστρίας. ἐπεστόμισεν οὖν καὶ ἐνέκοψεν αὐτοὺς ὁ μακάριος λέγων· 'Μὴ, τέκνα, μὴ οὕτως· ἐπεὶ παριστῶ ὑμῖν ὅτι καὶ ὑμεῖς δύο ἁμαρτίας ποιεῖτε, μίαν μὲν, ὅτι παραβαίνετε τὴν ἐντολὴν τοῦ εἰπόντος· 'Μὴ κρίνετε, ἵνα μὴ κριθῆτε·' ἔπειτα οὐδὲ οἴδατε ἀκριβῶς, ἐὰν ἕως σήμερον ἁμαρτάνουσιν καὶ οὐ μετενόησαν.'

Ἀνέγνων γὰρ βίον πατρός τι τοιοῦτον περιέχοντα, ὅτι 'Ἐν πόλει τινὶ δύο μοναχοὶ ἀπῆλθον εἰς διακονίαν, καὶ ὡς παρήρχετο ὁ εἷς διά του τόπου, κράζει αὐτῷ μία πόρνη καὶ λέγει· 'Σῶσόν με, πάτερ, ὥσπερ ὁ Χριστὸς τὴν πόρνην.' ὁ δὲ τῆς τῶν ἀνθρώπων αἰσχύνης μηδὲ ὅλως φροντίσας, λέγει αὐτῇ· 'Ἀκολούθει μοι.' καὶ κρατήσας αὐτὴν τῆς χειρὸς αὐτῆς, ἐξῆλθεν ἐκ τῆς πόλεως δημοσίως, πάντων θεωρούντων. ἐγένετο οὖν φήμη, ὅτι ὁ ἀββᾶς ἔλαβεν γυναῖκα τὴν κυρὰν Πορφυρίαν· οὕτως γὰρ ἐκαλεῖτο. ἀπερχομένων οὖν αὐτῶν ἵνα βάλῃ αὐτὴν εἰς μοναστήριον, εὗρεν ἡ γυνὴ εἰς μίαν ἐκκλησίαν παιδίον χαμαιριφῆ καὶ ἐπῆρεν αὐτὸ, ἵνα ἀναθρέψῃ αὐτό. τινὲς οὖν μετὰ ἐνιαυτὸν ἦλθον εἰς τὴν χώραν, ὅπου ἦν ὁ ἀββᾶς καὶ ἡ Πορφυρία ἡ ἀπὸ πορνῶν. καὶ ἰδόντες

---

1. ἐν μιᾷ fehlt in C. 2. ἢ. εἰσ μνήμην εὐθέωσ εἰσ μέσ. A. 3. τοῦ προρηθέντοσ νεωτ. ἐκείνου C. λέγω δὴ ἀρπ. C. 5. μὲν] δὴ C. 6. ἑαυτοῦ AE. ἐπετίμησεν A. οὖν] δὲ E. ἐνέκοψεν AE. ἀνέκ. C. 7. ὁ μακάρ. αὐτ. C. ἀδελφοὶ καὶ τέκνα E. τεκνία A. μὴ λέγετε οὗτ. E. 8. παρίσω die Hdschr. παρίστω ὑμῖν ὅτι fehlt in C. 9. ὑμεῖσ νῦν E. Matth. VII 1. 10. ἔπειτα οὐδὲ] οὐδὲ πάλιν C. 11. καὶ — μετενόησαν fehlt in C. 12. ἀνεγὰρ A. ἀν. γὰρ ἐγὼ E. τι fehlt in C. 14. ὁ εἰσ fehlt in C. τινοσ τόπου CE. αὐτὸν CE. καὶ λέγει fehlt in AE. dicens An. 15. ὁ δὲ μοναχὸσ E. 16. μηδ' ὅλωσ CE. 17. ἐκ τῆσ C. αὐτῆσ fehlt in C. 18 δημοσ. ἐκ τ. π. CE. 19. ἀββᾶσ AE An. σάκασ C. κιρὰν A. 21. βάλλῃ A. εἰσ μίαν γωνίαν τῆσ ἐκκλησίασ E. 22. χαμαὶ ῥιφέντα C fehlt in E. 24. ἡ ἀπὸ πορ. Hier bricht die Erzählung der Hdschr. A ab, denn

αὐτὴν ἔχουσαν τὸ παιδίον, λέγουσιν αὐτῇ· "Ἀληθῶς καλὸν ἀββαδόπουλον ἐγέννησας". οὔπω γὰρ ἦν λαβοῦσα τὸ ἅγιον σχῆμα. ἀπελθόντες οὖν εἰς Τύρον οἱ ἰδόντες αὐτὴν — ἐκεῖθεν γὰρ ἦν ἐπάρας αὐτὴν ὁ ἀββᾶς —, ἐφήμισαν ὅτι 'ἐγέννησεν
5 ἐκ τοῦ ἀββᾶ ἡ Πορφυρία καὶ ἡμεῖς εἴδομεν τὸ παιδίον τοῖς ὀφθαλμοῖς ἡμῶν, ὁμοιάζον αὐτῷ.' ὅτε οὖν προέγνω ἐκ τοῦ θεοῦ ὁ ἀββᾶς τὴν τελευτὴν αὐτοῦ, λέγει τῇ ἀμμᾷ Πελαγίᾳ — οὕτως γὰρ μετωνόμασεν αὐτήν, ὅτε ἔδωκεν αὐτῇ τὸ ἅγιον σχῆμα —· "Ἄγωμεν εἰς Τύρον, ὅτι ἔχω ἐκεῖ ἀπόκρισιν, καὶ
10 θέλω, ἵνα ἔλθῃς μετ' ἐμοῦ'. ἡ δὲ μὴ δυνηθεῖσα ἀντειπεῖν αὐτῷ, ἠκολούθησεν αὐτῷ, καὶ ἦλθον ἀμφότεροι, ἔχοντες καὶ τὸ παιδίον ἐτῶν ὑπάρχοντα ἑπτά. ὡς οὖν ἠσθένησεν ὁ ἀββᾶς τὴν ἐπὶ θάνατον ἀσθένειαν, ἀνῆλθον εἰς ἐπίσκεψιν αὐτοῦ ἐκ τῆς πόλεως ἕως ἑκατὸν ψυχῶν, καὶ λέγει· 'Φέρετε λαμπρά'.
15 ὡς οὖν ἦλθεν τὸ θυμιατήριον γέμον τῶν λαμπρῶν, ἔλαβεν καὶ ἐκένωσεν αὐτὰ εἰς τὸ στιχάριον αὐτοῦ καὶ εἶπεν· 'Πληροφορήθητε, ἀδελφοί, ὅτι, ὥσπερ ἐφύλαξεν ὁ θεὸς τὴν βάτον ἄφλεκτον ἐκ τοῦ πυρός, καὶ ὡς οὐδὲ τὸ στιχάριόν μου τοῦτο ἥψαντο τὰ λαμπρὰ ταῦτα, οὕτως οὐδὲ ἐγὼ ἔγνων ἁμαρτίαν
20 γυναικός, ἀφ' ἧς ἐγεννήθην'. καὶ πάντες κατεπλάγησαν, πῶς οὐ κατεφλέχθη τὸ στιχάριον αὐτοῦ ἐκ τοῦ πυρός. καὶ ἐδόξασαν τὸν θεόν, τὸν ἔχοντα τοιούτους κρυπτοὺς δούλους. ἐκ δὲ τῆς προφάσεως τῆς ἀμμᾶς Πελαγίας τῆς ποτε πόρνης καὶ ἄλλαι πόρναι ἠκολούθησαν αὐτῇ καὶ ἀπετάξαντο, μετ'

---

die beiden folgenden Blätter enthalten ein Stück von der Legende des hlg. Mamas; das Ende der Legende von der hlg. Porphyria geben wir also bloss nach C und E.
3. οὖν] δὲ E.   αὐτὴν ἦν ἐπάρασ E.   4. ἐφήμησάν C. ἐφησαν E.   5. ἴδωμεν C. ἴδομεν E.   6. ὁμοιάζων C.   ἐκ τοῦ θεοῦ fehlt in C.   7. ἀμμᾷ] μοναχῇ E. Nonnae Pelagiae An.   8. οὕτωσ γὰρ ἦν μετονομασθεῖσα εἰσ τὸ ἅγιον σχῆμα E.   9. ἄγωμεν, κυρία μου E.   11. ἦλθον] ἐλθόντεσ C. venerunt An.   ἔχοντεσ μεθ' ἑαυτῶν E.   12. λοιπὸν ἑπτὰ ἐτῶν ὑπάρχοντα E.   ὑπάρχων C.   15. γέμον γεμῶν C.   τῶν fehlt in C.   16. αὐτό E.   17. ὁ θεὸσ lässt C weg.   19. ἐγὼ fehlt in E.   20. ἐξ ἧσ ἐγεννήθη E.   καὶ] τότε E.   21. κατεφλέχθη] ἐκάη E.   22. ἐδόξαζον C. τοιούτουσ lässt E weg.   23. ἐκ τ. πρ. οὖν E.

αὐτῆς ἀναχωρήσασαι εἰς τὸ μοναστήριον αὐτῆς· ὁ γὰρ δοῦλος τοῦ θεοῦ ὁ μοναχὸς ὁ κουρεύσας αὐτὴν, ἡνίκα ἐπληροφόρησεν πάντας, παρέδωκεν τῷ κυρίῳ τὸ πνεῦμα ἐν εἰρήνῃ.' 'διὰ τοῦτό,' φησι, 'λέγω ὑμῖν, ὦ τέκνα, μὴ προχείρους εἶναι εἰς τὸ σκώπτειν καὶ κρίνειν τὰ ἀλλότρια. πολλάκις γὰρ τὴν 5 μὲν ἁμαρτίαν τοῦ πόρνου εἴδομεν, τὴν δὲ μετάνοιαν αὐτοῦ, ἣν ἐποίησεν κρυπτῶς, οὐκ ἐθεασάμεθα, καὶ ἔστιν ὅτε κλέψαντά τινα ἐθεωρήσαμεν, τοὺς δὲ στεναγμοὺς καὶ τὰ δάκρυα, ἃ προσήγαγε τῷ θεῷ, οὐκ ἐπιστάμεθα. καὶ ἡμεῖς μὲν ἔχομεν αὐτὸν οἷον εἴδομεν αὐτὸν κλέπτην ἢ πόρνον ἢ ἐπίορκον, 10 παρὰ δὲ θεῷ ἐδέχθη ἡ κρυπτὴ αὐτοῦ μετάνοια καὶ ἐξομολόγησις, καί ἐστιν παρ' αὐτῷ τίμιος.' πάντες οὖν ἐξεπλήττοντο ἐπὶ τῇ διδαχῇ τοῦ ἐναρέτου ποιμένος τούτου καὶ διδασκάλου.

Cap. XLIVa. Δύο κληρικῶν ὄντων τζαγγαρίων καὶ ἐγγὺς ἀλλήλων καμνόντων, ὁ μὲν εἷς εἶχεν τέκνα πολλὰ 15 καὶ γυναῖκα καὶ πατέρα καὶ μητέρα, ἐσχόλαζεν δὲ καὶ τῇ ἐκκλησίᾳ ἀδιαλείπτως, καὶ ὅλους μετὰ θεὸν ἔτρεφεν ἐκ τῆς τέχνης αὐτοῦ, ὁ δὲ ἄλλος, καίπερ τεχνικώτερος ὤν, διὰ τὸ μὴ σχολάζειν αὐτὸν τῇ ἐκκλησίᾳ, ἀλλὰ σχεδὸν καὶ τὰς κυριακὰς κάμνειν, οὐδὲ ἑαυτὸν μόνον τρέφειν ἴσχυσεν. ἐξή- 20 λευεν οὖν οὗτος τῷ γείτονι αὐτοῦ, καὶ ἐν μιᾷ μὴ φέρων τὸν φθόνον λέγει αὐτῷ μετ' ὀργῆς· 'Πόθεν σὺ οὕτως ἐπλούτησας; ἐγὼ δὲ σχολάζων πλεῖόν σου τῇ τέχνῃ μου ἐφύρασα.' ὁ δὲ λέγει αὐτῷ, θέλων ποιῆσαι αὐτὸν σχολάζειν τῇ ἐκκλησίᾳ· 'Ὡς ἀπέρχομαι ἐν τῇ ἁγίᾳ ἐκκλησίᾳ, εὑρίσκω λογάριν ἐρριμ- 25

---

2. κυριεύσασ E. 4. φησι fehlt in C. 6. μὲν fehlt in C. τὴν μὲν E. εἴδομεν] ἴδομεν E. vidimus An. οἴδαμεν C. τὴν δὲ μετάνοιαν αὐτοῦ οὐ γινώσκομεν C. 9. ἡμεῖσ μὲν τυχὸν αὐτὸν ἔχομεν κλέπτην ἢ ἐπίορκον ἢ πόρνον E. 11. ἐδέχθη αὐτοῦ CE. 12. οὖν οἱ ἀκούοντεσ E. 13. διδασκάλου καὶ ἐδόξαζον τὸν θῦ E.

14. XLIV. MBC. Mit diesem Kapitel setzt Codex D fol. 95ᵛ wieder ein. 18. ἕτεροσ E. καίτοι E. 20. τρέφειν μόνον D. ἴσχυεν E. 21. τὸν γείτονα E. ἐν μιᾷ τῶν ἡμερῶν E. 22. σοι C. ἐπλούτισασ CD. 24. αὐτὸν fehlt in E. ἐκκλησίᾳ λέγει αὐτῶ· ὄντωσ οὕτωσ ἤμην καγὼ πρῶτον· ἀλλ' ἀφ' οὗ ἠρξάμην συχνάζειν τῇ ἐκκλησίᾳ D. 25. ὡσ ἐν τῇ ἐκκλησίᾳ ἀπέρχεσθαι οἶδα, κατὰ τὴν ὁδὸν

μένον χαμαί, καὶ ἐκεῖθεν ἐκ τοῦ κατὰ μέρους ἐπλούτησα. ἀλλ' ἐὰν θέλῃς, ἀεὶ κράζω σε καὶ ἔρχῃ μετ' ἐμοῦ καὶ εἴ τι εὕρομεν, λαμβάνεις τὸ ἥμισυ.' ὡς οὖν ἐκεῖνος πεισθεὶς ἠκολούθει αὐτῷ, ἀπερχομένῳ εἰς τὴν ἐκκλησίαν, ἀδιαλείπτως
5 εὐλόγησεν αὐτὸν ὁ θεὸς καὶ ἐπλούτισεν. τότε λέγει αὐτῷ ὁ καλὸς σύμβουλος· 'Εἶδες, ἄδελφε, ἓν ψεῦμα διὰ τὸν θεόν, πόσον ὠφέλησεν τὴν ψυχήν σου καὶ τὴν ὑπόστασίν σου. πίστευσον, οὐδὲν εὑρὸν ποτε χαμαὶ ὡς ἐνόμισας χάριν λογαρίου, ἀλλ' ἐπειδὴ ὁ κύριος εἶπεν· 'Ζητεῖτε πρῶτον τὴν
10 βασιλείαν τοῦ θεοῦ καὶ τὴν δικαιοσύνην αὐτοῦ, καὶ ταῦτα πάντα προστεθήσεται ὑμῖν', διὰ τοῦτο προεφασισάμην, ἵνα μόνον λιμνισθῇς, καὶ ἰδοὺ οὐκ ἀπέτυχα, ἀλλ' εὗρες καὶ ὑπερεῦρες.' τοῦτο οὖν μαθὼν ὁ ὅσιος πάπας ἐποίησεν τὸν καλὸν σύμβουλον πρεσβύτερον, ὡς ἄξιον· ἦν γὰρ ἀναγνώστης.

15 Cap. XLIV b. Καὶ μέχρι μὲν τῶν ἐνταῦθα ὁ προμνη-
310ʳ μονευθεὶς | θεοσεβέστατος Μηνᾶς ὁ ἀπὸ οἰκονόμων τῆς ἁγιωτάτης ἐκκλησίας τῆς Ἀλεξανδρέων μεγαλοπόλεως ἡμῖν διηγήσατο, τὰ δὲ ἀκόλουθα καὶ ἡ ἐμὴ εὐτέλεια ἱστόρησεν, τινὰ δὲ καὶ ἀπό τινων ἀξιοπίστων ἀκήκοα· εἰρηκότων οὖν
20 ἡμῶν ἐν τοῖς προειρημένοις ἔν τινι κεφαλαίῳ, πολλὴν συνδεθῆναι πνευματικὴν ἀγάπην πρὸς τὸν μακάριον τοῦτον πάπαν καὶ πρὸς τὸν πατρίκιον Νικήταν, ἱκανὸν σύμβολον τῆς τοιαύτης πρὸς ἀλλήλους σχέσεως καὶ τὸ παρὸν ὑπάρχει κεφάλαιον.

25 Ὅτε κατὰ συγχώρησιν θεοῦ, μᾶλλον δὲ διὰ τὰς ἁμαρτίας

εὑρίσκω λογάριν καὶ ἐξεκεῖθεν πλουτῶ. καὶ εἰ θέλεισ, ἔργου καὶ σὺ μετ' ἐμοῦ κτλ C.
3. εὑρίσκωμεν D. 4. ἀπερχόμενοσ C. 6. σύμβ. ἐκεῖνοσ D. ἓν fehlt in C. 7. τὴν ὑπόστ.] τὸν βίον. 9. Matth. VI 33. 10. καὶ τὴν δ. αὐτοῦ fehlt in E.
11. Mit den Worten τοῦτο προεφασισάμην beginnt Cod. B fol. 443 wieder. 12. λιμνισθῆσ BE. λιμνισθεὶσ D. λιμνησθῆσ C. ἀπέτυχα CE. ἀπέτυχον BD. 13. τοῦτο] τότε D. 14. καλοσύμβουλον D.
15. Das folgende Stück bieten die Codd. B, E, C, ebenso A fol. 310 von dem Worte θεοσεβέστατοσ an; in D fehlt es. 18. ἡ fehlt in A.
19. ἀξιοπ. ἀνδρῶν BE. N͞A B. 20. συνθῆναι AE. 21. τοῦτον πάπαν B. 22. σύμβ. καὶ B.

ἡμῶν ἔμελλεν Ἀλεξάνδρεια τοῖς ἀθέοις Πέρσαις παραδίδοσθαι, μνημονεύσας ὁ ποιμὴν τοῦ εἰπόντος· "Ὅταν διώκωσιν ὑμᾶς ἐκ τῆς πόλεως ταύτης, φεύγετε εἰς τὴν ἄλλην", ἔφυγεν εἰς τὴν ἰδίαν πατρίδα, λέγω δὴ ἐν Κύπρῳ, ἐν τῇ οἰκείᾳ πόλει. ὅθεν εὐλόγου προφάσεως δραξάμενος ὁ προειρημένος πατρί- 5 κιος Νικήτας φησὶν πρὸς τὸν ὅσιον· 'Δέομαι, εἰ εὗρον χάριν ἐνώπιόν σου, μὴ ἀπαξιώσῃς σκυλῆναι ἕως τῆς βασιλίδος τῶν πόλεων καὶ τὰς εὐπροσδέκτους σου εὐχὰς χαρίσασθαι τοῖς εὐσεβεστάτοις βασιλεῦσιν.' ὁ δὲ τῇ πολλῇ πίστει τοῦ ἀνδρὸς εἴξας, ὑπήκοος πρὸς τοῦτο ἐγένετο, τοῦ θεοῦ καὶ τὴν πρό- 10 θεσιν αὐτοῦ δεῖξαι θελήσαντος καὶ τὴν παρ' αὐτοῦ τιμήν, ὅση ἦν πρὸς τὸν μακάριον. χειμαζομένου οὖν τοῦ πλοίου πολλάκις ὑπὸ βίας τῶν ἀνέμων, ἔνθα ἦν ὁ ὅσιος σὺν τῷ πατρικίῳ, καὶ τῷ βυθῷ παραπέμπεσθαι μέλλοντος, θεωρεῖ ὁ πολλάκις μνημονευθεὶς πατρίκιος καὶ οἱ σὺν αὐτῷ ἀξιω- 15 ματικοὶ τῇ νυκτί, ἐν ᾗ ἡ ζάλη ἐγίνετο, τὸν πατριάρχην ποτὲ μὲν μετὰ πτωχῶν πανταχοῦ τοῦ πλοίου περιτρέχοντα, ποτὲ δὲ πάλιν σὺν αὐτοῖς τὰς χεῖρας εἰς τὸν οὐρανὸν ἐκτείνοντα καὶ τὴν ἐξ ὕψους βοήθειαν ἐφελκόμενον· ὅτε δὲ τὴν καλουμένην Ῥόδον ἔφθασαν ἀναβάλλοντες, θεωρεῖ ἔξυπνος ὢν ὁ 20 Θεόκλητος οὗτός τινα εὐνοῦχον ἐξαστράπτοντα τῇ μορφῇ καὶ χρυσοῦν σκῆπτρον ἐν τῇ δεξιᾷ χειρὶ κατέχοντα παραστάντα αὐτῷ καὶ λέγοντα· 'Δεῦρο κέλευσον· ὁ βασιλεὺς τῶν βασι-

---

1. ἡ Ἀλεξ. Ε.   2. Matth. X 23.   διώκουσιν AC.   ἡμᾶσ C.
3. ἔφυγεν καὶ οὗτοσ ΒΕ.   ἠθέλησεν πορευθῆναι Α.   4. τῇ ἰδίᾳ πόλει ΒΕ.   οἰκιάλη Α.   5. ἐκ λόγου Α.   ἀρξάμενοσ C.   εἰρημένοσ Β.   6. δέον με Α.   δέομαι τῆσ σῆσ τιμιότητοσ καὶ καθαρᾶσ συνειδήσεωσ, δέσποτα ΒΕ.   ἡ εὗρον Α.   χάριν ὑποσσοῦ Α.
7. σκυλῆναι ΒΕ.   σκυλθῆναι Α.   συνανελθῆναι μοι C.   τῆσ πόλεωσ Α.
8. τιμίασ καὶ εὐπροσδ. ΒΕ.   σου θῶ ΒΕ.   τοῖσ εὐσ. χαρ. C.
9. πίστει καὶ παρακλήσει ΒΕ.   10. πρὸσ τοῦτο ὑπήκ. Α.   τὸν θν̅ C.
11. καὶ τὴν fehlt in C.   τιμὴ C.   12. ὃ ἦν Α.   χειμαζομένων Α.
ὑπὸ βιαίων ἀνέμων ΒΕ.   οὖν] γὰρ CE.   13. τῶν πλοίων Α.   ὑπὸ -- πρικίῳ fehlt in C.   15. πολλάκισ] πάλαι Α.   16. νυκτὶ ἐκείνῃ ὅτε Α.   17. μὲν fehlt in Α.   μετὰ τῶν πτ. ΑΕ.   18. τοῖσ αὐτ. Α.
ἐκτείνων εἰσ τὸν οὐν̅ν̅ C.   10. ἐξαιτούμενον Α.   N̅B̅ Β.   ἐξ.
ὢν] κατ' ὄναρ C.   21. οὗτοσ πατριάρχησ ΒΕ.   22. χρυσὸν C.
χειρὶ αὐτοῦ C.   23. καλεῖ σε ὁ β. C.   τῶν βασιλ. fehlt in Α.

310ᵛ λευόντων ζητεῖ σε.' μηδὲν οὖν μελλήσας, | εὐθέως μεταστέλλεται τὸν πατρίκιον Νικήταν καὶ λέγει αὐτῷ μετὰ πολλῶν δακρύων· 'Σὺ μὲν, ὦ δέσποτα, πρὸς τὸν ἐπίγειον βασιλέα με ἐκάλεσας. ἀλλὰ προλαβὼν ὁ ἐπουράνιος προσεκάλεσεν
5 τὴν ἐμὴν εὐτέλειαν.' καὶ διηγήσατο αὐτῷ τὴν ὀπτασίαν τὴν αὐτῇ τῇ ὥρᾳ φανεῖσαν αὐτῷ τοῦ εὐνούχου, μᾶλλον δὲ τοῦ ἀγγέλου. περιχαρὴς οὖν καὶ περίλυπος γενόμενος ὁ αὐτὸς ἐνδοξότατος ἀνήρ, ἐμποδίσαι τὸν ὅσιον οὐκ ἠδυνήθη· πλουσίως οὖν τῶν ὁσίων αὐτοῦ ἐμπλησθεὶς εὐχῶν καὶ τοῖς βασι-
10 λεῦσιν ταύτας κομισάμενος, μετὰ πολλῆς τιμῆς ἐπαναλῦσαι αὐτὸν ἐν Κύπρῳ παρεκελεύσατο.

Cap. XLV. Καταλαβόντος οὖν αὐτοῦ τὴν ἰδίαν πόλιν Ἀμαθοῦντα καλουμένην, διαθήκην οἰκείαν γράψαι τάχιστα τοῖς αὐτῷ ὑπουργοῦσι προσέταττεν. τῶν δὲ ὀξέως καὶ ἀν-
15 υπερθέτως χάρτην καὶ κάλαμον παραστησάντων, ἐπέτρεψε τὸ ἱερὸν ἐκεῖνο στόμα γράψαι οὕτως· 'Ἰωάννης δοῦλος, διὰ δὲ τὴν ἐπιτεθεῖσάν μοι τῆς ἱερωσύνης ἀξίαν χάριτι θεοῦ ἐλεύθερος, εὐχαριστῶ σοι ὁ θεός, ὅτι ἐπήκουσας τῆς ἐμῆς ἀθλιότητος, παρακαλούσης τὴν σὴν ἀγαθότητα, μὴ εὑρεθῆναί
20 μοι τελευτῶντι, εἰ μὴ ἓν τριμίσιον. ὅθεν πληροφορῶ πάντας, ὅτι οὐ κέκτηται ὁ βίος τοῦ ταπεινοῦ Ἰωάννου ἄλλο τί ποτε, εἰ μὴ ἓν τριμίσιον. εὑρόντος γάρ μου ἐν τῷ τιμίῳ ἐπισκοπείῳ τῆς κατὰ συγχώρησιν θεοῦ κατ' ἐμὲ ἁγιωτάτης ἐκκλησίας τῆς Ἀλεξανδρέων μεγαλοπόλεως, ὅτε ἐν αὐτῇ προ-
25 εχειρίσθην ἐπίσκοπος, περὶ τὰ ὀγδοήκοντα κεντηνάρια χρυ-

---

1. μελήσασ C. μηδὲν οὖν μελλ. εὐθέως οὖν A. 3. πρὸσ τὴν ἐπ. βασιλείαν C. 4. πορεύεσθαι με AC. 5. τὴν fehlt in C. 6. τῇ αὐτῇ τῇ ὥρᾳ φανεὶσ C. τὴν ἑαυτὴν τῇ ὥρᾳ τῇ φανεῖσαν A. 8. ἠδυνήθην AC. ἠδύνατο, ἀλλὰ BE. 9. οὖν] ὦν A. fehlt in BE. τῶν τιμίων καὶ ὁσίων B. τῶν τ. καὶ ἁγίων E. εὐχ. ἐμπλησθεὶσ BE. 11. πρὸσ κύπρον C. παρεσκευάσατο C.
12. ΝΓΒ. ΜΕC. ἰδίαν C. 13. τάχειστα F. 14. αὐτῶ lässt C weg. 16. τὸ τίμιον καὶ ἱερὸν BE. 20. με A. τελευτ. fehlt in A. ὅθεν — τριμ. fehlt bei An. 20. u. 22. τριμήσιον C. τριμίσσιον E. εὑρῶντόσ μου γὰρ C. εὖρον γάρ μου A. 24. μεγαλ. Ἀλεξ. E. ἐν ταύτῃ A. προεχειρίσθη AC.

σίου, καὶ εἰσοδιάσαντός μου ἐκ τῶν φιλοχρίστων ἀνθρώπων ὅσα σχεδὸν ἀνθρώπου ἀριθμὸν ὑπερβαίνουσιν, εἰς ἑαυτὸν τὸν νοῦν ἐπισυναγαγὼν καὶ γνοὺς ταῦτα πάντα τοῦ δεσπότου πάντων εἶναι, σπουδὴν ἐποιησάμην τὰ τοῦ θεοῦ τῷ θεῷ δοῦναι, ὅθεν καὶ τὸ ὑπολειφθέν μοι τοῦτο τριμίσιον, καὶ αὐτὸ ὂν τοῦ θεοῦ, καὶ αὐτὸ κελεύω δοθῆναι τοῖς τοῦ θεοῦ.'

Ὦ τῶν παραδόξων πραγμάτων, ὦ τῆς εὐγνωμοσύνης τοῦ ὁσίου, οὐ προσέσχεν τοῖς οὐκ ἰδίοις ὡς ἰδίοις, ὅπερ πάσχουσιν πολλοὶ τῶν ἐν εὐπορίᾳ ὑπαρχόντων, τὰς τοῦ θεοῦ δωρεὰς ἢ καὶ ἐξ ἀδικίας συναχθέντα ὡς ἴδια καὶ μετ' αὐτῶν συναπερχόμενα θησαυρίζοντες, καὶ μὴ δαψιλῶς τοῖς δεομένοις παρέχοντες· ἀλλ' ἐκεῖνα ἐζήτει τὰ ἀεὶ μένοντα καὶ μηδέποτε δαπανώμενα, ὅθεν καὶ τῶν ἀψευδῶν ἐπαγγελιῶν οὐκ ἀπέτυχεν τῶν φασκουσῶν ἐκ προσώπου τοῦ θεοῦ, ὅτι 'τοὺς δοξάζοντάς με δοξάσω.' ὄντως γὰρ μεγάλως ἐδόξασεν τὸν ὅσιον τοῦτον ὁ ἐν τοῖς αὐτοῦ κατορθώμασιν εἰς ἀεὶ δοξαζόμενος κύριος. οὐ φέρων γὰρ ὁ ἀοίδιμος οὗτος τῇ ἑαυτοῦ προσκαίρῳ ζωῇ συμπανθῆναι τὰ ὅσια καὶ ἀξιέπαινα κατορθώματα, τί διεπράξατο; ξενοδοχεῖα, γηροκομεῖα καὶ μοναστήρια ἐκ θεμελίων κτίσας καὶ χοροὺς ὁσίων μοναχῶν συστησάμενος, ἀκατάπαυστον ὄντως δικαιοσύνης μνήμην κέκτηται διὰ τῶν ἐπιτελουμένων ἐν αὐτοῖς ἀγαθουργημάτων. ὅπερ γὰρ περὶ τῶν κακὰ διαπραττόντων καὶ διαδόχους τῶν ἰδίων κακῶν μετὰ θάνατον ἐν τούτῳ τῷ βίῳ καταλιμπα-

2. ἀριθμὸν ἄνου CE. ἄνων ἀρ. B. ἑαυτὸν δὲ EB. 3. τὸν νοῦν] οὖν A. ἐπεισυναγαγὼν C. πάντα ταῦτα A. 5. τριμήσιον C. τριμίσσιον E. τριμίσην A. τριμ. τῷ θῶ καὶ αὐτὸ δοθῆναι κελεύω C. τριμίσιον τοῦ θῦ κελεύω καὶ αὐτὸ δοθῆναι τοῖσ τοῦ θῦ. BE. 8. ὦ A hier und nachher. 9. ὁσίου ὦ τῆσ ἀγαθότητοσ καὶ εὐσπλαγχνίασ BE. οὐ fehlt in A. προσέτυχεν C. ὡς ἰδίοισ fehlt in A. 14. δαπανούμενα AC. 16. I. Reg. II 30. NΔ B. ὄντωσ γὰρ ὄντωσ μεγάλωσ BE. 17. εἰσ lässt C weg. 18. τῆσ ἑ. προσκαίρου ζωῆσ C. 19. συμπαθῆναι C. 20. τί fehlt in C. δὲ ἐπράξατο A. προκομία statt γηροκομεῖα C. 21. κτήσασθαι A. 22. κεκτήμεθα C. 23. ἐπιτελουμένοισ αὐτοῖσ A. 24. κακῶν C. τῶν ἑαυτῶν ἀτοπημάτων BE. 25. τῷδε BE.

νόντων φησὶν ὁ θεῖος ἀπόστολος Παῦλος, ὅτι 'Τινῶν αἱ
ἁμαρτίαι πρόδηλοί εἰσιν, προάγουσαι εἰς κρίσιν, τισὶν δὲ
καὶ ἐπακολουθοῦσιν', τοῦτο ἐκ τοῦ ἐναντίου ἐπὶ τούτου
τοῦ μακαρίου ἔστιν εἰπεῖν, ὅτι τινῶν αἱ δικαιοσύναι πρό-
δηλοί εἰσιν, προάγουσαι εἰς βασιλείαν οὐρανῶν, τισὶν δὲ καὶ
ἐπακολουθοῦσιν, ἐξ ὧν εἷς καὶ οὗτος καθέστηκεν. Καὶ ὅτι
οὐ μῦθος οὔτε πρὸς χάριν ἐστὶν τὸ εἰρημένον, μαρτυρήσῃ
δ' ἂν ἡμῖν εὖ μάλα σαφῶς καὶ τὸ παρ' αὐτὰ τῆς τιμίας
αὐτοῦ κοιμήσεως ἐπιτελεσθὲν τεράστιον. ἀποδόντος γὰρ
10 αὐτοῦ καὶ παραθεμένου τὴν οἰκείαν ψυχὴν ἐν χειρὶ κυρίου
— ὥς φησιν τὸ ἱερὸν γράμμα· 'Δικαίων ψυχαὶ ἐν χειρὶ
κυρίου' — καὶ ταύτην αὐτῷ ὡς θυσίαν ἄμωμον παραθε-
μένου, μέλλοντος τοῦ τιμίου αὐτοῦ σώματος τιμίως καὶ
μετὰ τῆς προσηκούσης ἱεροπρεποῦς τελετῆς ἔν τινι εὐκτηρίῳ
15 οἴκῳ τοῦ ἁγίου θαυματουργοῦ Τύχωνος κατατίθεσθαι, γίνε-
ταί τι τοιοῦτον παράδοξον σημεῖον. κατέκειτο ἔν τινι σορῷ,
ἔνθα καὶ ὁ δίκαιος κατατίθεσθαι ἔμελλεν, δύο τινῶν ἐπι-
σκόπων προκοιμηθέντων ὁσίων ὅσια ἀληθῶς σώματα, ἅπερ
ἐν ἀψύχῳ που τέως διάγοντα φύσει τῶν ἐμψύχων ὄντως ἴσην
20 τῷ ὁσίῳ τιμὴν προσαπένειμαν. ὡς γὰρ τὸ σῶμα τοῦ μακα-
ριωτάτου πάπα τῶν δύο ἐκείνων σύνθετον ἔμελλεν γενέσθαι,

---

1. ὁ ἱερώτατοσ BE. ἀπ. fehlt in BE. I. Tim. V 24. 2. πρό-
δηλαι A. προάγουσιν A. 3. τούτοισ C. τοῦ ναντίου A. τού-
του] δὲ C. 4. μάκαροσ E. τοῦ μακαρίου τοῦτο (= τούτου) A.
οὗτινων C. πρόδηλαι A. 5. προάγουσιν A. εἰσ τὴν βασ. τῶν
οὐνῶν A. τὴν σὴν (für τισὶν) A. 6. ἐξ ὧν καὶ εἰσ τούτων καθ.
A. 7. ὁ statt οὐ C. μισθὸσ C. τῶν εἰρημένων C. μαρτυρήσει
CAE. 9. ἐπιτελίσθαι A. 10. propriam An. ἰδίαν C. ἀγίαν A.
11. ὥς — κυρίου fehlt in BE. Weish. Sal. III 1. 12. ἄμωμον οἷα
ἱεράρχησ ἀληθῶσ ὧν προσενηνοχὼσ μέλλοντοσ κτλ. BE. παραθε-
μένω A. 13. καὶ ἁγίου BE. 14. προσηκ. αὐτῷ τιμῆσ ἱερ. A. τε-
λετῆς] τελευτῆσ CE. In A ist das Wort weggelassen. 15. θαυμα-
τουργοῦ fehlt in A. 16. NEB. κατέκειντο E. 18. ἀληθῶσ καὶ
τίμια BE. 19. φ. τῷ ὄντι ὡσ ἔμψυχα ἐγένοντο τῷ ὁσίῳ τιμὴν τοῦ-
τον προσαπονέμοντεσ C. εἰσὶν (= ἴσην) A. 20. προσαπένειμον A.
προσένειμαν E. τὸ τίμιον σ. BE. τοῦ μακαριωτάτου: am Rand
in E von derselben Hand πᾶ zugefügt. 21. τῶν τῶν in E; aber das
erste τῶν ist nachträglich getilgt worden. μέσον τῶν δ' ἐκ. ἔμελλεν
τίθεσθαι C. γενέσθαι ἤμελλεν E.

τιμήσαντες τὸν ἀρχιποιμένα οἱ ποιμένες καὶ τὴν πολλὴν
αὐτοῦ αἰδεσθέντες παρρησίαν πρὸς θεὸν ἅμα καὶ θαυμά-
σαντες, ἑαυτῶν τὰ σώματα, μᾶλλον δὲ τῇ τοῦ θεοῦ κελεύσει,
ὥσπερ ζῶντές τινες, ὑποχωρήσαντες μέσον τὸν ἱερὸν τοῦτον
συνελάμβανον, τιμὴν καὶ αὐτοὶ προστάξει θεοῦ, ὥσπερ θεο- 5
τιμήτῳ, αὐτῷ προσκομίζοντες, καὶ πᾶσιν εὐθὺς ἐμφανίζοντες
τὴν ἐκεῖθεν αὐτῷ παρὰ θεοῦ δωρηθεῖσαν δόξαν τε καὶ
ὑπερύψωσιν. ὅπερ μέγιστον καὶ παραδοξότατον θαῦμα οὐχ
εἷς οὐδὲ δέκα οὐδὲ ἑκατὸν ἐθεάσαντο, ἀλλὰ πᾶς ὁ παρα-
γενόμενος ἐπὶ τὴν ἔντιμον αὐτοῦ κηδείαν ὄχλος.   10

Cap. XLVI. Ἕτερον δὲ αὐτοῦ παραδοξότερον, ὅπερ ἔτι
μὲν ζῶν ἐν σαρκὶ ἐνήρξατο θαῦμα, μετατεθεὶς δὲ πρὸς
κύριον ἐτέλεσεν, ὁ λόγος φράσαι πειράσεται. γυνή τις ἐκ
τῆς ἐνεγκαμένης τὸν ἅγιον πόλεως ὑπάρχουσα, ὡς ἤκουσεν
αὐτὸν παραγενόμενον ἐκ τῆς Ῥόδου καὶ ἄγγελον αὐτῷ ἐκεῖσε 15
φανέντα καὶ τὴν κλῆσιν τὴν πρὸς τὸν κοινὸν δεσπότην
μηνύσαντα, ἁμάρτημα βαρύτατον ἑαυτῇ συγγινώσκουσα, ὅπερ
οὐδὲ εἰς ἀκοὰς ἀνθρώπων δυνατὸν εἰσελθεῖν διισχυρίζετο,
πίστιν ἀδίστακτον ἀναλαβοῦσα πρὸς τὸν ὅσιον δρομαίως
καταλαμβάνει καὶ τῶν ποδῶν αὐτοῦ ἐπιλαβομένη μετὰ 20
πολλῶν δακρύων ἐβόα λέγουσα κατ' ἰδίαν τῷ ἁγίῳ· ''Ἁμάρ-
τημα, ὦ τρισμακάριε ἔχω ἡ ἀθλία εἰς ὦτα ἀνθρώπων ἐλθεῖν
μὴ δυνάμενον, καὶ οἶδα, ὅτι, ἐὰν θέλῃς, δύνασαί μοι αὐτὸ

---

1. οἱ προποιμένεσ C. fehlt in A.   τὴν fehlt in A.   2. πρὸσ
θῦ παρρ. αἰδ. CE. παρρησ. πρ. θῦ αἰδ. B.   3. αὐτῶν C.   4.
τινες] ἀλλήλων C.   ἀποχωρ. C. ἀποχωρ. ἑαυτοὺς BE.   τοῦτον
ἄνδρα BE.   5. συνέλαβον C.   τῇ πρ. C.   ὦσπ. Θεοτίμητον καὶ
αὐτοὶ τῶ θῶ προσκ. C.   6. προσκομίζονται A.   7. θῶ ABE.
δοθεῖσαν C.   9. ἅπασ A.   10. κηδ. αὐτοῦ C.
11. M̄ς̄ C.   N̄ς̄ B.   παράδοξον A.   Nach παραδοξότερον fährt
C fort: διηγήσομαι θαῦμα.   14. ὅσιον BE.   15. καὶ lässt A weg.
αὐτὸν C.   17. ἑαυτὴν A. ἐναυτῇ E.   18. εἰσελθῆναι C.   19.
ἀδιάστακτον A. ὀρθὴν ἀδ. E.   δρομαῖοσ E.   20. καταλαμβάνειν E.
καὶ — ἐπιλαβομένη fehlt in A. ἐπιλαβομένην E.   21. βοῶσα καὶ A.
τῶ ἁγίω κατ' ἰδίαν E.   22. ὦ τρισμακάριε δοῦλε τοῦ ὄντως ἀληθι-
νοῦ χῦ τοῦ θῦ ἡμῶν ἁμάρτημα ἔχω μέγιστον πάνυ ἡ ἀθλία ἐγὼ καὶ
ταλαίπωροσ εἰσ ὦτα κτλ. BE.   23. ὅτι fehlt in A.

συγχωρῆσαι· εἶπεν γὰρ περὶ τῶν καθ' ὑμᾶς ὁ κύριος, ὅτι
'Ὅσα ἂν λύσητε ἐπὶ τῆς γῆς, ἔσται λελυμένα ἐν τοῖς οὐ-
ρανοῖς, καὶ ὅσα ἂν δήσητε ἐπὶ τῆς γῆς, ἔσται δεδεμένα ἐν
τοῖς οὐρανοῖς, καὶ ἄν τινων ἀφῆτε τὰς ἁμαρτίας, ἀφίενται
5 αὐτοῖς, ἄν τινων κρατῆτε, κεκράτηνται'. τούτων τῶν ῥη-
μάτων ἐπακούσας παρὰ τῆς γυναικὸς ὁ ὅσιος, καὶ φοβηθεὶς,
μήπως, ἐὰν τὴν αἴτησιν αὐτῆς παραιτήσηται, αἴτιος αὐτῇ
αἰωνίου κολάσεως γένηται, δυναμένης αὐτῆς ἀπαλλαγῆναι
τῆς οἰκείας ἁμαρτίας ἐκ τῆς πίστεως ἧς εἶχεν πρὸς αὐτόν,
10 λέγει πρὸς αὐτὴν ἐν ταπεινῷ σχήματι· 'Εἰ ἄρα πιστεύεις,
ὦ γύναι, τῷ θεῷ, ὅτι διὰ τῆς ταλαιπωρίας μου συγχωρῇ
σοι τὸ ἔγκλημα, ὃ λέγεις, ἐξομολόγησαί μοι αὐτό.' ἡ δὲ
εἶπεν· 'Οὐ δύναμαι, δέσποτα, εἰπεῖν αὐτό. οὐ γὰρ δύναται
ἀκοὴ ἀνθρώπου βαστάσαι αὐτό.' λέγει οὖν πάλιν πρὸς αὐ-
15 τὴν ὁ ὅσιος· 'Καὶ ἐὰν ἐρυθριᾷς, ἄπελθε καὶ γράψον αὐτὸ,
ἐὰν γινώσκῃς γράμματα, καὶ φέρε μοι.' ἡ δὲ πάλιν ἀπε-
κρίνατο πρὸς αὐτόν· 'Ὄντως, δέσποτα, οὐ δύναμαι.' μείνας
οὖν ὁ ὅσιος μικρόν τι σιωπῶν, εἶπεν αὐτῇ· 'Οὐ δύνασαι
γράψαι καὶ βουλλῶσαι καὶ ἐνέγκαι μοι;' τότε εἶπεν αὐτῷ·
20 'Ναὶ, δέσποτα, τοῦτο ποιῶ, παρακαλοῦσα τὴν τιμίαν καὶ
ἰσάγγελόν σου ψυχὴν μὴ λυθῆναι μηδόλως εὑρεθῆναι ὑπό

---

1. ἡμᾶσ C.   2. Matth. XVIII 18. ὅσα ἐὰν C.   λύσηται A.
3. ὅσα ἐὰν C.   δήσηται A.   ἐπὶ — γῆσ fehlt in BCE.   λελοι-
μένα (statt δεδεμένα) A.   4. τῷ οὐνῷ C.   Nach οὐνοῖσ hat A:
καὶ ἄν τινῶν κρατεῖτε τὰσ ἁμαρτίασ, κρατίεντε αὐτοῖσ καὶ ἄν τινῶν
ἀφίετε κτλ. Johann. XX 23.   ἀφείενται C.   7. μήπωσ fehlt in C.
αὐτῆσ C.   8. γίνεται C.   9. οἰκίασ A.   ἔχει CBE.   10. αὐτῇ
statt πρ. αὐ. A.   εἰ lässt C weg.   11. ὦ γύναι fehlt in C.   τα-
λαιπώρου μου εὐχῆσ C.   συγχωρίσοι A.   συγχωρεῖ σοι BE.   συγχω-
ρήσει σοι κσ; ναὶ δέσποτα πιστεύω.   καὶ δεήθητι τῷ θῷ ἐπὶ τοῦτο
ὅσισ καὶ δυνάμεωσ ἔχεισ καὶ εἰπὲ τί τὸ ἔγκλημά σου C.   13. ὄντωσ
οὐ BE.   δύναμαί σοι BE.   αὐτῷ A.   οὐδὲ BE.   Nach ἔγ-
κλημα σου führt C fort: καὶ λέγει τῷ ἁγίῳ ἡ γυνή. ἀκοὴ τοῦτο δέ-
σποτα παραδέξασθαι οὐ δύναται. λέγει οὖν πρὸς αὐτὴν πάλιν κτλ.
14. αὐτῷ A.   15. γράψε A.   16. ἐὰν γιγνώσκεισ γράμματα A.
οἰκεῖα σου γράμματα C.   μοι αὐτό B.   17. δύν. τοῦτο ποιῆσαι BE.
18. μικρὸν τίποτε σιωπήσασ ὁ ἅγιοσ εἶπεν αὐτῇ C.   τι fehlt in BE.
19. βουλῶσαι ACE.   τότε] καὶ E.   21. εἰσάγγελον A.   ἁγίαν C.
σου ψυχὴν B.   λυθ. τοῦτο C.   μηδὲ ὅμωσ CE.

τινὸς τὸ πιττάκιόν ποτε.' λόγον οὖν λαβοῦσα ὑπὸ τοῦ θεοτιμήτου τοῦ μηδένα ἄνθρωπον λύειν καὶ ἀναγινώσκειν τὸ αὐτῆς πιττάκιον, ἔγραψεν ἰδιοχείρως τὸ ἁμάρτημα καὶ βουλλώσασα ἤγαγεν τῷ μακαρίῳ. δεξάμενος οὖν ὁ ὅσιος τὸ πιττάκιον, μετὰ πέντε ἡμέρας πρὸς κύριον τὴν ἐκδημίαν ἐποιήσατο, μηδενὶ μηδὲν τὸ παράπαν περὶ τοῦ τοιούτου πιττακίου διαθέμενος ἢ μηνύσας. τῆς οὖν γυναικὸς ἐκ τοῦ συμβεβηκότος, μᾶλλον δὲ ἐξ οἰκονομίας θεοῦ μὴ ὑπαρχούσης ἐν τῇ πόλει τῇ ἡμέρᾳ, ἐν ᾗ μετετέθη ἐν εἰρήνῃ ἐκ τοῦ παρόντος βίου πρὸς τὴν ἐκεῖθεν ὁ πατριάρχης, βουλομένου καὶ ἐν τούτῳ δεῖξαι τοῦ θεοῦ, ὅσην πρὸς αὐτὸν, ὡς γνήσιος θεράπων, παρρησίαν ἐκτήσατο· ἀλλὰ μετὰ μίαν ἡμέραν παραγενομένης αὐτῆς τῆς καταθέσεως τοῦ τιμίου αὐτοῦ λειψάνου, ὡς ἤκουσεν τὴν κοίμησιν αὐτοῦ, ἔκνους καὶ παράφρων σχεδὸν εὐθέως ἐγένετο, νομίσασα τὸ ὑπ' αὐτῆς ἐπιδοθὲν πιττάκιον ἐν τῷ ἐπισκοπείῳ καταλειφθὲν πᾶσιν ποιῆσαι τὸ ἑαυτῆς πταῖσμα κατάδηλον. δρομαίως οὖν ἀναπηδήσασα καὶ τὴν πρότερον αὐτῆς ἀδίστακτον πίστιν ἐπὶ τῆς ψυχῆς ἀναλαβοῦσα, τὴν σορὸν τοῦ θεοτιμήτου κατέλαβεν, καὶ ὥσπερ ζῶντι αὐτῷ ἀληθῶς οὕτως ἀποδυσπετοῦσα διελέγετο· "Ἄνθρωπε τοῦ θεοῦ, σοὶ αὐτῷ οὐκ ἠδυνήθην τὸ ἐμαυτῆς ἁμάρ-

---

2. τοῦ fehlt in A. 3. πιττ. αὐ. B. τὸ τοιοῦτον πιττ. αὐ. πορευθεῖσα ἔγρ. E. ἰδιαχειρὶ BE. βουλώσασα AE 5. τὴν fehlt in A. 7. μηνύσας] μηνοίσασ A. ποιήσασ E. 10. τὴν] τὸν A. βουλ. τοῦτο δεῖξαι A. 11. ὡσ ἦν A. Codex C weicht von dem Worte εὑρεθῆναι an so stark von dem Texte der Handschriften A und B ab, dass ich seine Worte besser hersetze: εὑρεθ. δὲ τὴν ἁμαρτίαν μου ἄγραφον. λόγον οὖν λαβοῦσα ὑπὸ τοῦ θεοτιμήτου μηδ' ἕνα ἄνον λύειν τὸν ταύτησ χάρτην, ἀπελθὼν ἔγραψεν τὸ ταύτησ ἀνόμημα. καὶ βουλώσασα ἤγαγε τῶ μακαρίῳ. δεξάμενοσ οὖν ὁ ὅσιοσ τὸ τοιοῦτον βεβουλωμένον τῆσ ἀνομίασ ἐπίγραμμα, μεθ' ἡμέρασ τινὰσ ὀλίγασ πρὸσ κν ἐξεδήμησεν. ἡ δὲ γυνὴ τοῦτο ἀκούσασα, πρὸσ τὸν τοῦ ἁγίου κλαίουσα ἔδραμεν λάρνακα, τοιάδε πρὸσ τὸν ἅγιον ἀφιοῦσα φωνάσ· τί τοῦτο ἅγιε τοῦ θῦ τί καθυπερβολὴν τὴν σὴν δούλην ἐλύπησασ; τί δυνάμενοσ ἀπαλλάξαι μου τὸ ἀνόμημα κενὴν οὕτωσ καὶ λυπουμένην κατέλιπεσ; εἴθε κτλ. 14. ἔννουσ A. 15. ἐγ. εὐθέωσ BE. ἐπιδοθέντα A. 17. αὐτῆσ BE. δρομαῖοσ B. 18. πίστιν] γνώμην A. 20. ἔλεγεν A. 21. ἑαυτῆσ A.

Leontios' Iohannes Eleemon. 7

τημα διηγήσασθαι διὰ τὸ καθ' ὑπερβολὴν ὑπάρχειν βαρύτατον· καὶ ἰδοὺ νῦν πᾶσιν ἐγένετο τάχα κατάδηλον καὶ γνώριμον. εἴθε μὴ σοὶ τὸ ἐμὸν πρᾶγμα ἐφανέρωσα. οἴμοι· δοκοῦσα τῆς αἰσχύνης ἀπαλλαγὴν εὕρασθαι, αἰσχύνη πᾶσιν 5 γεγένημαι. ἀντὶ ἰατρείας βλασφημίαν ἐκομισάμην. τί μοι πρός σε χρεία τὸ μυστήριον τῆς ψυχῆς μου φανερῶσαι; ὅμως οὐ μὴ ἀποκάμω οὐδ' οὐ μὴ ἀπιστήσω οὐδὲ ἀποστήσωμαι ἐκ τῆς σῆς σοροῦ τὰ ἐμὰ δάκρυα, ἄχρις οὖν πληροφορίαν περὶ τῆς ἐμῆς αἰτήσεως δέξωμαι. οὐ γὰρ ἀπέθανες, 10 ὅσιε, ἀλλὰ ζῇς. γέγραπται γὰρ, ὅτι 'Δίκαιοι εἰς τὸν αἰῶνα ζῶσιν.' πάλιν τε τοὺς αὐτοὺς λόγους ἐξαναλαμβανομένη ἔλεγεν· 'Οὐδὲν ὦ ἄνθρωπε τοῦ θεοῦ αἰτῶ σε, εἰ μὴ πληροφόρησαί μου τὴν καρδίαν. τί ἄρα κἂν τὸ ἐπιδοθέν σοι πιττάκιον γέγονεν;'

15 Ὁ θεὸς οὖν ὁ εἰπών ποτε πρὸς τὴν Χαναναίαν· ''Η πίστις σου σέσωκέν σε', αὐτὸς καὶ ταύτην ἐπληροφόρησεν. τρεῖς γὰρ ἡμέρας προσκαρτερήσασα ἐν τῷ μνήματι τοῦ ὁσίου καὶ μηδὲ ὅλως βρώσεως ἢ πόσεως γευσαμένη, τῇ τρίτῃ νυκτί, ἐν ὅσῳ πάλιν τοὺς αὐτοὺς σκληροὺς καὶ πιστοὺς λόγους τῷ 20 μακαριωτάτῳ ἔλεγεν μετὰ δακρύων, ἰδοὺ ἐξέρχεται ὁ τοῦ

---

2. τάχα fehlt in BE. 3. πρᾶγμα] ἀνόμημα C. 4. ἀπαλλαγῆναι C. αἰσχύνη μᾶλλον ἐγὼ γέγονα πάντων C. 5. ἰατρίασ AB. ἀντὶ — ἐκομ. fehlt in C. ἐνομισάμην A. 6. πρὸσ χρία A. χρ. ὑπῆρχε BE. τῆσ ἐμῆσ ψυχῆσ τὸ μυ. C. αἰσχύνησ statt ψυχῆσ A. 7. ἀπιστίσω A. οὐδὲ ἀποστήσομαι fehlt in A. ἀποστήμαι E. 8. σωροῦ AE. σοροῦ ταύτησ BE. τὰ ἐμὰ lassen BE und An. weg. 8. ῥαίνουσα BE. ἄχρισ οὖν A. ἄχρισ οὐ BE. 9. δέξομαι E. φανερῶσαι· ὅμωσ οὐ μὴ τῆσ σῆσ λάρνακοσ ἀποστῶ πέρ, ἀνένδοτα χαίουσα δάκρυα καὶ καταβοωμένη σου, ἕωσ οὐ τὸ ἐμὸν ἴδιον πληρούμενον καταθύμιον. οὐ γὰρ κτλ. C. 10. πέρ ἄγιε C. ὅτι fehlt in A. 11. Weish. Sal. V 16. δὲ C. πάλιν — ἔλεγεν fehlt in BE. 12. ἔλεγεν. τοῦτο καὶ μόνον ἅγιε αἰτῶ τοῦ θῦ. πληροφόρησον κτλ. C. οὐδὲν οὖν E. εἰ μὴ lässt A weg. πληροφόρησον A. 14. γέγονε γράμμα C. 15. ὁ δὲ εὔσπλαγχνοσ καὶ φιλᾶνοσ θ̄σ ὁ εἰπὼν BE. ὁ δὲ θ̄ο ὁ ποτὲ τὴν χαναναίαν εἰπὼν C. Matth. XV 28. 16. οὖτοσ BE. πληροφορῆσαι εὐδόκησεν C. 17. ἐν lässt E weg. ἐν τῷ τοῦ ἁγίου λάρνακι C. 18. μηδόλωσ ἢ C. γευσαμένησ C. 19. ὅσον A. νυκτὶ τοὺσ αὐτοὺσ ὀδυντηροὺσ τῷ μακαρίῳ ἔλεγε λόγουσ ἰδοὺ κτλ. C. αὐτῆσ B. 20. μετὰ δ. ἔλεγεν BE. ἑαυτοῦ CBE.

θεοῦ θεράπων ἐκ τῆς αὐτοῦ θήκης ὀφθαλμοφανῶς μετὰ τῶν δύο ἐπισκόπων τῶν συγκειμένων αὐτῷ, ἑνὸς ἔνθεν καὶ ἑνὸς ἔνθεν αὐτοῦ ἱσταμένων, καὶ λέγει πρὸς αὐτήν· 'Μέχρις πότε, γύναι, τοὺς ἐνταῦθα σιαίνεις καὶ οὐκ ἐᾷς αὐτοὺς ἀναπαῆναι; κατέβρεξεν γὰρ ἡμῶν τὰς στολὰς τὰ σὰ δάκρυα.' καὶ ταῦτα εἰπὼν δίδωσιν αὐτῇ τὸ ἴδιον πιττάκιον βεβουλλωμένον, λέγων πρὸς αὐτήν· 'Δέξαι, γνωρίζεις τοῦτο; λῦσον καὶ βλέπε.' καὶ εἰς ἑαυτὴν ἐκ τῆς ὀπτασίας ἐλθοῦσα, εἶδεν πάλιν τοὺς ἁγίους εἰσελθόντας εἰς τὸν ἴδιον τόπον καὶ ἑαυτὴν ἔχουσαν τὸ πιττάκιον. ἐπισκέπτει οὖν καὶ εἶδεν τὴν βούλλαν ἑαυτῆς σῴαν καὶ πεφυλαγμένην, καὶ λύσασα τὰ ἑαυτῆς γράμματα εὑρίσκει ἀπαλειφθέντα καὶ ὑ̒πογραφὴν ὑποκάτω αὐτῶν ἔχουσαν οὕτως· 'Διὰ Ἰωάννην τὸν δοῦλόν μου ἐξήλειπταί σου ἡ ἁμαρτία.' τίς λαλήσει τὰς δυναστείας κυρίου, ὦ φίλοι καὶ ἀδελφοί; τίς οὕτως εὔσπλαγχνος καὶ φιλάνθρωπος, ποιῶν τὸ θέλημα τῶν φοβουμένων αὐτὸν καὶ δοξάζων τοὺς δοξάζοντας αὐτὸν καὶ διὰ θαυματουργιῶν μεγαλύνων αὐτούς;

Οὐκ ἐν τῷ τόπῳ δὲ μόνον, ἔνθα ἡ τιμία αὐτοῦ κοίμησις γέγονε, γνώριμος ἡ πρὸς θεὸν αὐτοῦ εὐαρέστησις ἀναδέδεικται, ἀλλὰ καὶ τοῖς πόρρω που ταύτης ἀπέχουσιν.

Ἐν αὐτῇ γὰρ τῇ ἡμέρᾳ, ἐν ᾗ πρὸς κύριον ἐκ τοῦδε τοῦ βίου ὁ μακάριος οὗτος τὴν ἐκδημίαν ἐποιήσατο, τὶς τῶν

---

2. τοῦ ἑνὸσ BE. καὶ ἑνὸσ ἐκεῖθεν C. 3. ὦ γύναι, μέχρι BE. μέχρι τίνοσ C. 4. ἐνθάδε B. σιανεῖσ A. κειμένους σιαίνεις C. αὐτοὺσ fehlt in E. 6. αὐτήν A. βεβουλωμένον ACE. 7. εἰπὼν BE. πρ. αὐ. lassen BE weg. πρὸσ fehlt in C. δέξαι γύναι. ἡ δὲ λαβοῦσα, λέγει αὐτῇ· γνωρ. κτλ. BE. λύσασ βλέπε A. 8. καὶ fehlt in C. ἑαυτὴν οὖν C. ἐλθόντασ C. 10. ἔχουσα AC. ἐπισκέπτει A. ἐπισκήπτει BE. βλέπει C. 11. ἑαυτῆσ βούλλαν C. βούλαν A. βούλλαν E. 12. εὑρ. fehlt in A. εὑρ. τὰ αὑτῆσ γράμματα ἀπαλειφέντα C. εὑρ. τὰ ἑαυτῆσ γρ. ἀπαλειφθέντα E. ὑπογρ. ὑπογεγραμμένην C. 13. αὐτῶν fehlt in A. 14. ἁμαρτία, γύναι BE. τοῦ κῦ BE. 15. καὶ fehlt in A. 16. αὐτῶν C. 18. μεγάλων A. 19. N̄Ē B. 20. πρ. τὸν θ̄ν C. ἀναδέδεικται fehlt in C. 21. που fehlt in C. 22. Mit den Worten τῇ ἡμέρᾳ γὰρ ἐν ᾗ beginnt wieder Cod. D fol. 96. χ̄ν C. θ̄ν D). 23. ἐπιδήμησεν C. ἐνεδήμησεν AD.

τὴν ἀγγελικὴν πολιτείαν ἐξησκηκότων καὶ σχῆμα μοναχικὸν κατερχομένων ἀνὴρ θαυμαστὸς καὶ ἐνάρετος Σαβῖνος ὀνόματι ἐν Ἀλεξανδρείᾳ οἰκῶν θεωρεῖ ὥσπερ ἐν ἐκστάσει γενόμενος τὸν θεοτίμητον Ἰωάννην ἐκ τοῦ ἰδίου ἐπισκοπείου
5 ἐξερχόμενον μετὰ τοῦ κλήρου παντός, κηρία βαστάζοντα καὶ πρὸς τὸν βασιλέα ὑπάγοντα, ὡς εὐνούχου τινός, φησι, κουβικουλαρίου τούτου προσκαλουμένου, καὶ μίαν κόρην, ὡς ὁ ἥλιος, ἡνίκα δ' ἂν τὸν πυλῶνα τοῦ ἐπισκοπείου ἐξεληλύθει — ὅπερ σημαίνει τοῦ ἰδίου σώματος τὸν χωρισμόν —, δεξα-
10 μένην αὐτὸν καὶ χειροκρατοῦσαν καὶ ἐπὶ τὴν κεφαλὴν στέφανον ἐξ ἐλαιοχλάδων περιβεβλημένην. εὐθέως οὖν ἔγνω ὁ ὅσιος Σαβῖνος τὴν μετάστασιν τοῦ πατριάρχου πρὸς κύριον ἐν αὐτῇ τῇ ὥρᾳ γεγενῆσθαι· διὸ καὶ σημειωσάμενοί τινες τὸν μῆναν καὶ τὴν ἡμέραν — ἦν γὰρ ἐπίσημος τοῦ ἁγίου
15 ἀθλοφόρου Μηνᾶ — καί τινων ἐλθόντων ἀπὸ Κύπρου καὶ ἐπερωτησάντων τῶν οἰκούντων ἐν Ἀλεξανδρείᾳ περὶ τῆς μεταστάσεως τοῦ ὁσίου, ἔγνωσαν ἀληθῆ εἶναι τὴν ὀπτασίαν διὰ τὸ κατ' αὐτὴν τὴν ὥραν γενέσθαι, ἐν ᾗ καὶ ἐτελειώθη ὁ μακάριος, καὶ μάλιστα ἐκ τοῦ κατὰ τὴν κόρην τὴν χεῖραν
20 κρατοῦσαν αὐτοῦ ὑποδείγματος. ἦν γὰρ ὑποσχέσεις λαβὼν

---

1. εὐαγγελικὴν A. ἔξησκ. fehlt in BE. ἐξησκηκότων οὖ τῇ αὐτοῦ προσεφοίτησε λάρνακι καὶ ταῖσ αὐτοῦ πρὸσ θῇ ἐντεύξεσιν οὐκ ᾐτήσατο. θεάρεστόσ τισ ἀνὴρ καὶ ἐνάρετος κτλ. C. μοναδικὸν BED. 2. ἐπιόντων BE. μεττερχομένων D. τοὔνομα BE. 3. Nach οἰκῶν fügen BE hinzu: ἐν τοῖσ λεγομένοισ πτεροῖσ κανωποῦ (κανόβου E). 5. κηρία αὐτῶν πάντων βασταζόντων BE. 6. ὑπαγόντων BE. καὶ ὡσ BE. φησι fehlt in AC. φησί τινοσ D. 7. τούτου A. 8. δ' ἂν] γὰρ A. τὸν πυλεῶνα A. fehlt in B. ἐξεληλύθη A. ἐξῆλθεν E. 9. τὸν fehlt in A. ὁ χωρισμὸσ C. δεξαμένη C. 10. καὶ χειροκρατοῦσαν fehlt in AC. κεφαλὴν αὐτῆσ BE. 11. ἐξ αἰλέων κλάδων A. ἐλέο (am Rande αἶ) D. περιβεβλημένη C. ἔγνων A. 12. ἅγιοσ A. 13. ἐν — ὥρα fehlt in C. γενέσθαι B. γεγονέναι C. 14. μῆναν] μῆνα E. ἐπίσκοποσ A. λέγω δὴ τοῦ ἁγίου DE. 15. ἀθλοφόρου fehlt in D. 16. ἐπερ. τῶν τούτου μαθητῶν καὶ τῶν BE. καὶ τῶν οἰκ. E. ἐπερωτήσαντεσ τινὲσ τῶν οἰκούντων D. 18. κατ' αὐτὴν] ταύτην A. 19. κ. τὰ μάλ A. χειροκρατοῦσαν DE. 20. αὐτὸν BE. ὑπόσχεσιν BE.

παρ' αὐτῆς ὁ ὅσιος, καθὼς ἐν τοῖς προοιμίοις τοῦ βίου εἴ-
πομεν, ὅτι, 'ἐὰν κτήσῃ με φίλην, ἐγώ σε πρὸς τὸν βασιλέαν
εἰσφέρω,' ὅπερ καὶ ἀψευδῶς | πεποίηκεν. 315ᵛ

Οὐκ ἐκ τούτου δὲ μόνον πάντες τὴν πληροφορίαν εἰλή-
φασιν, ὅτι ἡ ἐλεημοσύνη αὐτοῦ καὶ ἡ συμπάθεια ἡ πρὸς 5
τοὺς δεομένους ἐν τῇ τῶν οὐρανῶν βασιλείᾳ αὐτὸν εἰσή-
γαγεν, ἀλλ' ὅτι καὶ ἕτερος τῶν τὴν πόλιν οἰκούντων Ἀλε-
ξάνδρειαν φοβουμένων τὸν θεὸν εἶδεν ἐν αὐτῇ τῇ νυκτί, ἐν
ᾗ καὶ ὁ ὅσιος Σαβῖνος, πάντας τοὺς πτωχοὺς καὶ ὀρφανοὺς
καὶ χήρας ἐλαιοκλάδα βαστάζοντας καὶ τὸν πατριάρχην ὀψι- 10
κενόντας εἰς τὴν ἐκκλησίαν ὑπάγοντα. οὐ μόνον δύο ἢ δέκα
ἢ ἑκατὸν πληροφορίαι τυγχάνουσιν. διὸ γινώσκομεν σαφῶς,
ὅτι τῆς τῶν ἁγίων συγκαταριθμήσεως ἠξιώθη ὁ ἀοίδιμος
οὗτος. ἀλλ' ἰδοὺ καὶ ἑτέρα, ἥτις ἐναργεστέρως τοῦτο
παρίστησιν. 15

Ὑμνῳδίας γὰρ ἐτησίου μετὰ χρόνον ἱκανὸν τῆς κοιμή-
σεως τοῦ ὁσίου ἐπιτελουμένης ἐν τῷ ναῷ τοῦ ἀνωτέρω μνη-
μονευθέντος ἁγίου Τύχωνος, ἔνθα καὶ τὸ τίμιον λείψανον
τοῦ μακαριωτάτου πάπα Ἰωάννου κατετέθη — ἦν δὲ ἡ
τελειουμένη ἱερὰ τῆς παννυχίδος ψαλμῳδία τῆς ἐτησίου 20
μνήμης τοῦ ἁγίου θαυματουργοῦ Τύχωνος —, ὁ τῶν θαυ-
μασίων κύριος δεῖξαι πᾶσιν θέλων, οἵας τιμῆς τὸν ὅσιον

2. ἂν A. κτίσῃ BD. βασιλέα BE. Nach den Worten πρὸσ
κ͞υ γεγονέναι 100,12 bietet Codex C: καὶ εὐθὺς ἔγραψε τὴν ἡμέραν.
τοῦ ἁγίου γὰρ μηνᾶ ἡ τότε ἦν ἡμέρα. τινῶν δὲ ἀπὸ κύπρου ἐλθόν-
των, οὕτως γενέσθαι τὴν κοίμησιν τοῦ ἁγίου ἀνήγγειλαν. Alles Nach-
folgende bis zu den Worten S. 102, 7 καὶ μηδεὶσ ff. lässt C weg.
4. ΝΘΒ. τοῦδε A. 5. αὐτῶ A. αὐτὸν D. 6. βασιλείαν A.
αὐτὸν fehlt in AD. 7. ἀλλ' ἔτι A. ἀλεξανδρίαν A. 8.
φοβούμενοσ D. ἑαυτῇ A. 9. ὁσιοσάβηνοσ A. ἅπαντασ BE.
10. ἐλεωκλ A. 11. ὅθεν οὐ BE. δὲ δύο AD. δέκα τυγχά-
νουσιν D. 12. δι' ὧν BE. 14. οὗτοσ ὁ ἀοίδ BE. ἑτέρα fehlt
in A. εἴτισ A. ἐνεργέστεροσ A. ἐναργέστεροσ D. 16. ὑμνῳδίασ
ἐτελείου μετὰ χρόνον τῆσ κοιμήσεωσ ἐπιτελουμένησ A. 18. τοῦ ἁγ. A.
καὶ fehlt in A. 19. πάπα fehlt in BE. Ἰωάννου τούτου A. 20.
ἐπιτελουμένη BE. ἡ ἱερὰ A. πανονχίδοσ A. 21. μελῳδία καὶ
ἀνύμνησισ BE. καὶ θαυμ. BE. Τύχωνος· ἐν ἧ ὥσπερ καὶ αὐτὸσ
ὁ ὁσιώτατος συναγαλλιώμενοσ ἅμα καὶ συγχορεύων ἱερῶσ καὶ μυστικῶς
τοῖσ τῶν ὕμνων λειτουργοῖσ ὁ τῶν κτλ. BE. θαυμάτων E.

αὐτοῦ δοῦλον Ἰωάννην ἠξίωσεν, εὐδόκησεν ἐκ τοῦ τιμίου
αὐτοῦ λειψάνου μύρων ἰαματικὴν εὐωδίαν πᾶσιν ἀναβλύσαι,
ἧς ἅπαντες ἐν εὐφροσύνῃ ἀπολαύσαντες, δόξαν ἀνέπεμψαν
τῷ πατρὶ καὶ τῷ υἱῷ καὶ τῷ ἁγίῳ πνεύματι τῷ ἀληθινῷ
5 θεῷ ἡμῶν τῷ τοὺς οἰκείους ἁγίους ἐν δόξῃ ἀτελευτήτῳ
δοξάσαντι.

Καὶ μηδείς, ὦ φιλόχριστοι, τῇ τοιαύτῃ θαυματουργίᾳ
ἀπιστείτω. καὶ γὰρ μέχρι τοῦ νῦν ἔστιν ἰδεῖν ἐν ταύτῃ τῇ
φιλοχρίστῳ τῶν Κυπρίων νήσῳ ἐν διαφόροις ἁγίοις τὴν τοι-
10 αύτην τοῦ θεοῦ χάριν ἐνεργοῦσαν καὶ ὥσπερ ἐκ πηγῶν τὴν
τῶν μύρων εὐωδίαν ἐκ τῶν τιμίων αὐτῶν λειψάνων προ-
χεομένην εἰς δόξαν τῆς αὐτοῦ ἀγαθότητος, τιμὴν δὲ τῶν
ἁγίων αὐτοῦ, προθυμίαν δὲ καὶ ζῆλον ἀγαθὸν τῶν μετα-
γενεστέρων ἀνθρώπων, ὅπως κατὰ μίμησιν αὐτῶν πολιτευ-
15 σάμενοι τῶν αὐτῶν τιμῶν καὶ ἡμεῖς ἀξιωθῶμεν παρὰ τοῦ
δικαίου μισθαποδότου θεοῦ. γενώμεθα τοίνυν, ἀγαπητοί,
314ʳ καὶ ἡμεῖς ἐκπληρωταὶ τῶν προγεγραμμένων κατορθωμά-
των τοῦ ἁγίου τούτου πατρὸς ἡμῶν Ἰωάννου, καὶ ὡς πάρ-
οικοι ὄντες καὶ παρεπίδημοι ἐν τῇ ζωῇ ταύτῃ, εἰς τὸν αἰῶνα
20 θησαυρίσωμεν τὸν μέλλοντα διὰ τῆς δαψιλοῦς τῶν δεομένων
ἐπιδόσεως. κατὰ γὰρ τὸν θεῖον ἀπόστολον 'ὁ σπείρων ἐπ'
εὐλογίαις ἐπ' εὐλογίαις καὶ θερίσει', ἀντὶ τῶν φθαρτῶν τὰ
ἄφθαρτα, ἀντὶ τῶν προσκαίρων τὰ αἰώνια, ἀντὶ τῶν αἰσθη-

---

2. μύρον AE. μῦρον B.   εὐωδ. ἐκπέμπον ἅπασιν BE.   3.
εἶσ A.   ἧσ οἱ παρατυχόντεσ BE.   εὐφρ. καὶ θυμηδία BE.   ἀπο-
λαύοντεσ D.   αἶνον καὶ δό. BE.   ἀναπέμψωμεν A.   5. ἡμῶν
θῶ BE.   τοῦ τοῦσ A.   Die Worte ἐν — ἀτελευτήτῳ lassen AD
weg.   μηδὲν A.   τοῖσ ἀνωτέρω. τοῦ ἁγίου ῥηθήσῃ θαύμασιν ἀπι-
στήσει C.   9. Die Worte ἐν — ἁγίοισ fehlen in C.   9. νίσσου A.
10. χάριν τοῦ θῦ C.   11. αὐτοῦ A.   προερχομένην BE.   12.
μὲν τῆς BE.   13. καὶ εἰσ προθ. D.   δὲ] τε BE. fehlt in D.
15. καὶ ἡμεῖσ τιμῶν CE.   ἀξιωθ. τιμῶν D.   16. τοίνυν ὑμεῖσ ἐκ-
πλ. A.   καὶ ἡμεῖσ ὦ ἀγαπητοὶ C.   ἀγαπητοί· τοῦ ἁγίου τούτου ἐφάμι-
λοι ἵνα (ἵνα C) κατὰ τὸν θεῖον ἀπόστολον λέγοντα εὑρεθῶμεν· ὁ σπείρων
κτλ. CB.   17. γεγραμμένων A.   19. παροικοῦντεσ D.   21. II. Kor. IX 6.
23. θερήσει C.   θερ. τουτέστιν BE.   23. ταὶ αἰών. E.   αἰώνια
ἀγαθὰ BE.   ἀντὶ τῶν αἰσθητῶν καὶ ὁρωμένων fehlt in CBE. Anast.
1 Cor. II 9.

τῶν καὶ ὁρωμένων ἃ ὀφθαλμὸς οὐκ εἶδεν καὶ οὓς οὐκ ἤκουσεν καὶ ἐπὶ καρδίαν ἀνθρώπου οὐκ ἀνέβη, ἃ ἡτοίμασεν ὁ θεὸς τοῖς ἀγαπῶσιν αὐτόν. ὧν γένοιτο πάντας ἡμᾶς ἐπιτυχεῖν χάριτι καὶ φιλανθρωπίᾳ τοῦ κυρίου ἡμῶν Ἰησοῦ Χριστοῦ, μεθ' οὗ τῷ πατρὶ ἅμα τῷ ἁγίῳ πνεύματι δόξα, 5 τιμή, κράτος νῦν καὶ ἀεὶ καὶ εἰς τοὺς αἰῶνας τῶν αἰώνων. ἀμήν.

---

1. I. Kor. 11 9. οἶδεν C. ἴδεν D. 3. ὧν] ησ A. 4. τῷ ἁγίῳ καὶ ἀγαθῷ καὶ ζωοποιῷ πνι C. τῷ παναγίῳ καὶ ζωοποιῷ πνι D. 5. δόξα — κρατοσ fehlt in D.

Anhang I.

Die Erzählung vom schiffbrüchigen Rheder (cap. X) nach dem Codex Berolinensis (fol. 163ᵛ — 165ʳ).

Ναύκληρός τις ἀπὸ ἀλλοδαπῆς ξένος τυγχάνων, ἐδυσ-
τύχησε κατὰ τὴν ἐμπορίαν· καὶ προσελθὼν τῷ μακαρίῳ,
ἐδέετο μετὰ πολλῶν δακρύων συμπαθείας παρ' αὐτοῦ ἀξιω-
θῆναι, ὡς καὶ πάντες. ἐπιτρέπει οὖν δοθῆναι αὐτῷ χρυσίου
λίτρας πέντε. ὡς δὲ ταῦτα ἔλαβεν, ἀπελθὼν ἠγόρασεν ἐν-
θήκην, καὶ ἐμβληθεὶς εἰς τὸ ἑαυτοῦ πλοῖον, ἀπέπλευσεν.
κατὰ σύμβασιν δὲ, ἔξωθεν τοῦ Φάρου ναυαγήσας, πάντα
τὸν φόρτον ἀπώλεσεν, τὸ δὲ πλοῖον διεσώθη. προσέρχεται
πάλιν τῷ μακαρίῳ πατριάρχῃ καί φησιν· 'Ἐλέησόν με, ἅγιε
τοῦ θεοῦ.' λέγει αὐτῷ ὁ πάπας· 'Πίστευσον, ἄδελφε, εἰ μὴ
συνέμιξας τοῖς τῆς ἐκκλησίας χρήμασι τὰ καταλειφθέντα σοι
χρήματα, οὐκ ἂν ἐναυάγησας· ἀπὸ γὰρ κακῶν εἶχες αὐτά.
καὶ διὰ τοῦτο συναπώλεσας καὶ τὰ ἀπὸ καλῶν.' ὅμως πάλιν
ἐπιτρέπει δοθῆναι αὐτῷ ἑτέρας χρυσίου λίτρας δέκα, παραγ-
γείλας αὐτῷ μὴ συμμίξαι αὐτοῖς ἄλλα χρήματα.' ὁ δέ γε
ὁμοίως καὶ ταῦτα λαβών, ὡσαύτως ἐνθήκην ἀγοράσας καὶ
τῷ πλοίῳ ἐμβαλών, τὴν διὰ θαλάσσης πορείαν ἀπήρξατο.
ἡμέρας δὲ ὁδὸν διανύσας, βιαίου ἀνέμου πνεύσαντος, εἰς
τὴν γῆν ἐξερίφη, σὺν τῷ φόρτῳ ἀπολέσας καὶ τὸ πλοῖον·
μόναι δὲ αἱ ψυχαὶ ἐσώθησαν, θεοῦ τοῦτο βουληθέντος. ὁ
οὖν ναύκληρος ἐξαπορηθεὶς ἐπὶ τοῖς ἐξαοράτως αὐτῷ συμ-

---

4. ἀλλοδαπῆ. 5. ἐμπορείαν. 6. ἰδέετω. 7 und 17. δοθῆναι.
9. ἐνβληθεὶσ. 14. καταληφθέντα. 19. ὡσ αὔτωσ. 22. σὺν
τοῦ φόρτου (sic). ἀπωλέσασ. 24. ἐξαποριθεὶσ. συμβεβηκώσι.

βεβηκόσι, καὶ ὅλως τῇ λύπῃ καὶ ἀθυμίᾳ καταβαπτισθεὶς, καὶ μὴ ἔχων ὅ τι καὶ πράξειεν, ἠβουλήθη ἑαυτὸν | ἀπάγξα-σθαι. ὁ δὲ θεὸς, ὁ πάντοτε τῆς τῶν ἀνθρώπων σωτηρίας προνοῶν, οὐκ εἴασεν τοῦτο γενέσθαι· ἀλλ' ὑποτίθεται τῷ μακαριωτάτῳ πατριάρχῃ, καὶ ὡς ἤκουσεν τὸ συμβὰν αὐτῷ, δηλοῖ τῷ ναυκλήρῳ μηδὲν τὸ σύνολον διστάσαντα ἐλθεῖν πρὸς αὐτόν. ὁ δὲ καταπασάμενος χοῦν καὶ τὸν χιτῶνα ἀπρεπῶς διαρρήξας, προσέρχεται τῷ πατριάρχῃ. ὡς οὖν ἴδεν αὐτὸν ἐν τοιούτῳ σχήματι ὁ πάπας, ἐμέμψατο αὐτὸν καὶ εἶπεν· Ἵλεώς σοι κύριος· εὐλόγητος κύριος· πιστεύω ὅτι ἀπὸ τοῦ νῦν οὐ ναυαγήσεις, ἕως ἐν τῇ ζωῇ ταύτῃ ὑπάρχεις. τοῦτο δὲ συνέβη, ὅτι καὶ αὐτὸ τὸ πλοῖον ἐξ ἀδικίας ἦν σοι κτισθέν.' εὐθέως οὖν ἐκέλευσεν παραδοθῆναι αὐτὸν ἕνα δρόμωνα ἐκ τῶν πλοίων τῶν διαφερόντων τῇ κατ' αὐτὸν ἁγιωτάτῃ ἐκκλησίᾳ, γόμον ἔχοντα σῖτον μυριάδων δύο.

Ὃν παραλαβὼν, ἐξῆλθεν ἀπὸ Ἀλεξανδρείας, συνοδοιπόρους καὶ τὰς τοῦ μακαρίτου εὐχὰς ἔχων. ὡς δὲ ἐβεβαιοῦτο ὁ αὐτὸς ναύκληρος ὅτι 'Εἴκοσι νυχθήμερα διηνύσαμεν σφοδροῦ καὶ ἐπιτηδείου ἀνέμου ἡμᾶς διϊθύνοντος, μὴ εἰδότες ὅλως, εἴτε γνωρίσαι δυνηθέντες ἢ ἀπὸ τόπου ἢ ἀπὸ ἄστρου ἢ ἀπὸ ἑτέρου σημείου, τὸ ποῦ ἀπερχόμεθα, εἰ μὴ μόνον ὁ τοῦ πλοίου κυβερνήτης, ὡς ἔλεγεν, ἐθεώρει τὸν πάπαν σὺν αὐτῷ τὸν αὐχένα κατέχοντα καὶ λέγοντα· 'Μὴ φοβοῦ μηδὲ δειλιάσῃς· καλῶς διανύεις τὸν πλοῦν.' μετὰ δὲ εἰκοστὴν ἡμέραν ἀνεφάναμεν εἰς τὰς | νήσους τῆς Βρετανίας. ἐξελθόντων δὲ ἡμῶν ἐπὶ τῆς γῆς, τῷ λιμένι τῷ πλοίῳ προσορμίσαντες, εὕρομεν λιμὸν μέγαν, ὑπὸ πολλῆς ἀσιτίας κατεχομένην τὴν νῆσον, καὶ, ὡς ἔπος εἰπεῖν, πάντας διαφθείρεσθαι μέλ-

---

7. χειτῶνα. 8. διαρρήξασ. 11. ναυάγησησ. 12. ὑπάρχησ. 13. κτησθέν. παραδωθῆναι. 15. κατ' αὐτὸν (der Copist hatte κατὰ ταὐτὸν geschrieben und dann den dritten und vierten Buchstaben ausradirt). ἔχων. 16. συνοδυπόρους. 19. ἐπιτηδίου. διηθύνοντοσ. 21. ὁ] darnach ist ein Buchstabe ausradirt. 22. πλοίου. 24. διανοίεις. 25. νήσσους. 26. λιμένει — πλοίω. προσωρμήσαντεσ. εὕρωμεν. 27. λιμών. 28. νήσσον.

λοντας. ώς ούν έδηλώθη τώ πρώτω τής πόλεως ή άφιξις ημών, και ότι σίτον γέμει το πλοΐον, μετά πολλής περιχαρίας έδέξατο ημάς λέγων· Ὁ δοκεῖ ύμΐν, εκλέξασθε, ή εκάστω μοδίω νομίσματος ενός ανταλλάξατε ήμΐν τον σΐτον, ή κασσί-
5 τερον αντί του φόρτου λάβετε.' έλάβομεν δε έξ ημισείας αμφότερα.'

Πράγμα δε επάγει ειπείν ό λόγος, τοις μεν άπείροις τών του θεού δωρεών δύσπιστον ή και άπιστον, τοις δε φιλοθέοις και μη είδόσι τα μεγαλεία του θεού πολυπραγμο-
10 νεΐν λίαν πιστόν και ευαπόδεκτον και προς δοξολογίαν αύτου εφέλκοντος· παλινοστήσαντες γαρ και την Άλεξάνδρειαν καταλαβεΐν επειγόμενοι, ώς ήδη καλώς εμπορευσάμενοι εφθάσαμεν πόλει τινί καλουμένη Πεντάπολις. έξενέγκας ούν ό ναύκληρος πωλήσαι εκ του κασσιτήρου, είχεν εκεΐσέ τινα
15 συναλλάκτην δεόμενον εξ αύτου, δίδωσιν αυτώ λίτρας πεντήκοντα. εκείνος ούν θέλων δοκιμάσαι το είδος, ει καλόν εστιν, τώ πυρί προσήνεγκεν, και εύρεν αυτό άργύριον πρωτεΐον όντα· ό δε νομίσας ότι πειράσαι αυτόν βουλόμενος τούτο εποίησεν, ενέγκας αυτό, ούτωσί προς τον ναύκληρον |
20 ειρωνιάζων έφη· Ὁ θεός συγχωρήση σοι, άδελφε, ίνα τι ούτως πειράζων πρός με πεποίηκας, ως εν δόλω και ού γνησίως τα προς την σην φιλίαν διακείμενον, αργύριον αντί κασσιτήρου δεδωκώς.' έκπλαγείς ούν επί τώ λόγω ό ναύκληρος λέγει· 'Πίστευσόν μοι· εγώ ως κασσίτερον αυτό
25 έχω. ει δε ό ποιήσας το ύδωρ οίνον, αυτός δι' ευχών του πάπα και τον κασσίτερον εις αργύριον μετέβαλεν, ξένον ούδέν. ίνα δε πληροφορηθής, είσελθε εις το πλοΐον, και βλέπεις τα έτερα τών μαξίων ών έλαβες.' εισελθόντων ούν αμφοτέρων,

---

3. έκλέξασθαι. 5. αντή. ελάβωμεν. ειμισίασ. 8. δωραιών. 9. είδώσι. μεγαλία. πολλυπρ. 10. λείαν. 11. παλινοστίσαντεσ. 14 und 23. κασσιτείρον. 15. συναλάκτην. 16. δωκιμάσαι. 17. αύτώ. 19. αύτώ. 20. συγχωρήσει. 21. μαι πεποίεικασ. 24. αύτώ. 25. αύτόσ δι' ευχών του πάπα αύτόσ letzteres Wort nachträglich getilgt. 26 und S. 107, 1. κασσήτερον. 27. πληροφοριθήσ.

εὗρον τὸν κασσίτερον ὅλον εἰς ἀργύριον δοκίμιον μεταβληθέντα.

Καὶ θαυμαστὸν οὐδὲν, ὦ φιλόχριστοι· ὁ γὰρ Αἰγύπτου τὸ ὕδωρ μεταποιήσας εἰς αἷμα καὶ τὴν ῥάβδον εἰς ὄφιν μετασχηματίσας καὶ τὴν φλόγα εἰς δρόσον μετενεγκὼν, καὶ τοῦτο τὸ παράδοξον εὐκόλως ἐποίησεν, ἵνα καὶ τὸν αὐτοῦ θεράποντα ἀφθόνως τὸν πλοῦτον ἐπιχορηγήσῃ, καὶ τὸν ναύκληρον ἐξ ἀπορίας εἰς εὐπορίαν καταστήσῃ.

1. εὗρων.   7. ἐπιχωριγήση.   8. ἀποϱείασ.

Anhang II.

Bruchstück aus dem von Iohannes Moschos und dem Sophisten Sophronios verfassten Leben des heiligen Iohannes des Barmherzigen von Alexandria.

fol. 134ʳ Βίος καὶ πολιτεία τοῦ ὁσίου πατρὸς ἡμῶν Ἰωάννου ἀρχιεπισκόπου Ἀλεξανδρείας τοῦ ἐλεήμονος.

Τὰς τῶν ἀγαθῶν ἀνδρῶν ἀναγράπτους τιθέναι πράξεις καὶ τὴν τούτων μνήμην τῷ μετὰ ταῦτα χρόνῳ παραδιδόναι πρᾶγμα πολλῆς ὠφελείας τῷ βίῳ καθέστηκε πρόξενον. ζήλου
10 γάρ τι κέντρον ἐνίησι ταῖς τῶν φιλοθέων ψυχαῖς ἡ τῶν αὐτοῖς κατορθωθέντων διήγησις καὶ πρὸς τὴν τῶν ὁμοίων ἐργασίαν παρακαλεῖ. ὧν εἷς ἐστιν καὶ ὁ νῦν ἡμῖν εἰς διήγησιν προκείμενος βίος, Ἰωάννου, φημὶ, τοῦ χρηστοῦ, ᾧ τῇ πράξει κατάλληλος ἡ ἐπωνυμία. ἐλεήμων γὰρ προσηγόρευ-
15 ται διὰ τὴν πολλὴν πρὸς τοῦτο ῥοπὴν καὶ τὸ περιὸν τῆς χρηστότητος.

Ὃν ἤνεγκε μὲν Κύπρος ἡ νῆσος· καὶ ὥς τι φυτὸν εὐθαλὲς καὶ ἀρεταῖς κατάκομον ἀνεθρέψατο, ἡ περιφανὴς δὲ Ἀλεξάνδρεια ἀρχιερέα τε καὶ πολιοῦχον εὐμοίρησεν. τούτῳ
20 πατὴρ μὲν τῶν ἐπιφανῶν, Ἐπιφάνιος τοὔνομα, ᾧ καὶ τὸ τῶν πολλῶν διαφέρον εἰς ἀρετὴν ἐπιτραπῆναι τῆς νήσου
134ᵛ τὴν ἀρχὴν παρεσκεύασε· μήτηρ δὲ κοσμία καὶ ἀνδρὶ τοιούτῳ προσήκουσα, πρὸς τῷ σωματικῷ κάλλει καὶ τῷ ψυχικῷ

---

5. Die am Rande angemerkten Blattzahlen sind die des Codex Parisinus 1487 (G). 6. Am Ende der Ueberschrift hinter ἐλεήμονος fügt H noch hinzu: κύρι εὐō. 8. παραδιδόναι] παρατιθέναι G. 17. ὥς τι] ὅσ τι H.

διαλάμπουσα. τοιούτους Ἰωάννης λαχὼν τοὺς γεννήτορας, οὐκ ᾔσχυνε τὸ γένος, ἀλλ' ἐπικοσμῆσαι μᾶλλον διὰ σπουδῆς ἔθετο· ὥστε δῆλον ἀπὸ τοῦ καρποῦ γίνεσθαι τὸ δένδρον, καὶ οὐκ αὐτὸν ἐκεῖθεν ἐγκαλλωπίζεσθαι, ἀλλ' ἐκείνους ἀπὸ τοῦ παιδὸς σεμνύνεσθαι μᾶλλον, πατέρας εἶναι τοῦ τοιού- 5 του γνωριζομένους. ἐπεὶ δὲ εἰς μέτρον ἡλικίας καλῶς καὶ τραφεὶς καὶ παιδευθεὶς ἐληλύθει, γυναικὶ πρὸς γάμου κοινωνίαν καὶ ἄκων παρὰ τῶν γεννητόρων ζεύγνυται· ἧς τὴν συνοίκησιν τῷ πείθεσθαι κἂν τούτῳ τοῖς γονεῦσι παραδεξάμενος τὴν συνάφειαν ἀπεστράφη, τὸ σῶφρον κἂν τῷ 10 γάμῳ καὶ ἐγκρατὲς ἀσπασάμενος. ἀλλ' ἡ πολλὴ τοῦ κηδεστοῦ ἐπίθεσις ἠνάγκασε τὸν μέγαν τοῖς φυσικοῖς ὑπεῖξαι θεσμοῖς, ἐξ οὗ παίδων μὲν πατὴρ ἀποδείκνυται. θᾶττον δὲ τὸ καλεῖσθαι πατὴρ ἀφαιρεῖται, θανάτου τομῇ τῶν παίδων αὐτῷ πρὸ ὥρας ἐκκοπέντων. ἐπεὶ δὲ τοῖς κλάδοις καὶ τὴν 15 ῥίζαν ὁ κοινὸς τοῦ γένους φθορεὺς συνεξέτεινε, καὶ τὴν κοινωνὸν αὐτῷ τοῦ βίου ἀφείλετο, εὐχαριστεῖ μὲν ἐπὶ πᾶσιν ἡ εὐγνώμων ψυχὴ τῷ καὶ δεδωκότι καὶ ἀφελομένῳ θεῷ, ὕλην δὲ ἀρετῆς τὸ πρᾶγμα ποιεῖται, καὶ τὴν ἐκείνων στέρησιν φροντίδων ἀπόθεσιν λογισάμενος ἀπερισπάστως προσ- 20 ήδρευε τῷ θεῷ καὶ πρὸς τῇ τοῦ Χριστοῦ θύρᾳ διὰ παντὸς κρούοντι τὰ σπλάγχνα τῆς θείας χρηστότητος αὐτῷ διανοίγονται. ἀμέλει γοῦν καὶ αὐτὸς ἐκεῖνα κατὰ τὸ δυνατὸν ἐκμιμούμενος, ἀνοίγει καὶ σπλάγχνα καὶ θύρας πάσας καὶ χεῖρα τοῖς δεομένοις, οὐ ψεκάδας τινὰς ἐλέους μικρολόγως 25 παρέχων, ἀλλ' ὄμβρους ὑετίζων χρηστότητος, καὶ ἀμφοτέραις τὸν πλοῦτον ἐξαντλῶν τοῖς χρῄζουσιν.

Ἐντεῦθεν ἐπίδηλος τοῖς πᾶσι γίνεται, οὐκ ἰδιώταις μόνον καὶ ἄρχουσιν, ἀλλὰ καὶ αὐτῷ βασιλεῖ· Ἡράκλειος δὲ ἦν τότε τὰ Ῥωμαίων σκῆπτρα διέπων· ὅθεν ἡ τῶν Ἀλεξαν- 30 δρέων πόλις, πατριάρχου τότε χηρεύουσα, ἐπὶ τὸν ἄνδρα τοῦτον ὅλῳ πόθῳ χωρεῖ, καὶ βασιλέως δεῖται μὴ διαμαρτεῖν

---

1. τοὺς lässt H weg.   26. ὄμβρουσ ὅλουσ H.   30. τότε ἦν H.

τοῦ σκοποῦ, ἀλλ' ὑπὸ ἀρχιερεῖ τῷδε τὴν κατ' αὐτοὺς ποιμαίνεσθαι ἐκκλησίαν. καὶ ὁ μὲν εὐθὺς μετακαλεῖται τὸν μέγαν καὶ πᾶσι τρόποις ἐπιβῆναι τοῦ θρόνου πείσειν ἐπιχειρεῖ. ὁ δ' ἀνθίσταται γενναιότερον, τὸν ὄγκον τοῦ πράγματος δεδοικέναι λέγων, καὶ μὴ οἷός τε εἶναι ἀξιώματος τοσούτου μέγεθος ὑπελθεῖν. ἐπεὶ δὲ Νικήτας ὁ τὴν ἀξίαν πατρίκιος μεγάλα τὸ τηνικαῦτα παρὰ βασιλεῖ δυνάμενος, ἀδελφός τε κατὰ πνεῦμα τῷ μακαρίῳ τελῶν καὶ δεσμοῖς αὐτῷ φιλίας ἄριστα συνημμένος, ἄλλως τε δὲ καὶ τὸ ἀπαράμιλλον τῆς τοῦ ἀνδρὸς ἀρετῆς ἀκριβῶς ἐπιστάμενος καὶ ἄξιον εἶναι τοῦ θρόνου, εἰ καί τινα ἕτερον, ἐγνωκώς, τῷ βασιλεῖ σφοδρῶς ἐνέκειτο, μὴ ὑπανεῖναι λέγων, ἀλλὰ καὶ ἄκοντα πρὸς τὸν θρόνον ἀναγαγεῖν, ὁ βασιλεύς, ὁρμῇ πλείονι καὶ πνεύματι προσχὼν θερμοτέρῳ, πείθει τὸν ἄνδρα τὴν ἀρχιερωσύνην καταδέξασθαι, οὐκ ἀθεεὶ γενέσθαι τήν τε τοσαύτην τοῦ δήμου τῶν Ἀλεξανδρέων συγκίνησιν καὶ τοῦ κρατοῦντος τὴν ἔνστασιν λογισάμενον. γίνεται τοίνυν τοῦ Μάρκου θρόνου διάδοχος, τῷ χρόνῳ μὲν πολλοστὸς μετ' ἐκεῖνον, οὐ πολὺ δὲ τοῦ βίου καὶ τῆς ἀρετῆς λειπόμενος· ὥσπερ ἄρα καὶ δηλοῦν ἔχουσι τὰ μετὰ τὴν ἀρχὴν εὐθὺς τοῦ ἀνδρὸς κατορθώματα.

Ὡς γὰρ ἐπέβη τοῦ θρόνου, ἀγὼν αὐτῷ πρὸ παντὸς ἑτέρου τὸ Μάρκου κήρυγμα καὶ τὴν τῶν φθασάντων πατέρων πίστιν ἀνανεώσασθαι καὶ τὰ τῶν αἱρετικῶν παραφυέντα ζιζάνια ῥίζαις αὐταῖς ἐξελεῖν. τοῦ γὰρ Κναφέως Πέτρου προσθήκην τινὰ βλάσφημον κατὰ τῆς θεότητος τῷ τρισαγίῳ παρενεῖραι τολμήσαντος καὶ τῷ 'ἅγιος ἀθάνατος' τὸ 'ὁ σταυρωθεὶς δι' ἡμᾶς' προσθέντος, ὁ θεῖος ἐκεῖνος ἀνὴρ τὸ βλάσφημον τοῦτο ὑπεξελών, ἀπαθῆ καὶ ἀθάνατον τὴν θεότητα ἐδογμάτισέ τε καὶ τὸ ποίμνιον οὕτω | φρονεῖν ἐδίδαξεν. ἑπτὰ δὲ μόνα εὑρηκὼς ὀρθοδόξων εὐκτήρια,

3. πείσειν] τοῦτον H.   10. ἀκριβέστερον H.   14. ἱερωσύνην H.
17. Μάρκου] μακαρίου H.   μάρκου corrigirt eine ganz junge Hand.
22. διὰ παντὸς H.   27. παραινεῖραι H.

δεκαπλασιάζει ταῦτα, εἰς ἑβδομήκοντα καταστήσας. εἶτα σπουδήν τε πᾶσαν εἰσφέρει τοὺς παντοδαπαῖς ἁλόντας αἱρέσεσιν ἐπιστρέψαι πρὸς τὴν εὐσέβειαν καὶ ζῆλον οἷον περὶ τὰς χειροτονίας θερμότατον, ὥστε λημμάτων μὲν αὐτοὺς καθαρεύειν, ἐκτὸς δὲ δοκιμασίας μηδεμίαν αὐτῶν γίνεσθαι πρὸς τούτους ἐπιμέλειαν, ὅσην περὶ τὴν τῶν ἀδικουμένων προστασίαν, καὶ τὸ μὴ τοὺς δικάζοντας θεραπείᾳ πρόσωπον καταπροδιδόναι τὸ δίκαιον, ἀλλὰ ζυγῷ δικαιοσύνης σταθμᾶσθαι τὰς κρίσεις, καὶ μήτε πρὸς χάριν αὐτοὺς ὁρᾶν, μήτε μὴν πρὸς ἀπέχθειαν.

Τὸ δὲ μεῖζον αὐτῷ καὶ ἰδιαίτατον ὁ διάπυρος πρὸς τοὺς πένητας ἔλεος ἦν καὶ τὸ περὶ τὴν θεραπείαν τῶν δεομένων ἄπληστον καὶ ἀφύλακτον καὶ τὸ μηδὲ ὅλως φειδὼ ποιεῖσθαι χρημάτων, ὥστε καὶ αὐτοῦ πολλάκις τοῦ πυθμένος ἅψασθαι. ξενοδοχεῖα γοῦν καὶ νοσοκομεῖα, πτωχοτροφεῖά τε πρὸς ταῖς ἄλλαις αὐτοῦ εὐποιίαις δειμάμενος, ἀπέταξε τούτοις καθημερινὰ σιτηρέσια, καὶ τοσοῦτον αὐτῷ τὸ περὶ τὰ τοιαῦτα ἐπιμελὲς ἦν, ὡς καὶ γυναιξὶν ἀπόροις αἷς πρὸς τὸ τίκτειν οὐκ ἦν καταγώγια οὐδέ τι τῶν πρὸς θεραπείαν ἐπιτηδείων, οἴκους ἑπτὰ ἐν διαφόροις ἀποτάξαι τόποις τῆς πόλεως, κλίνας τε καὶ στρωμνὰς ἐν τούτοις εἶναι παρασκευάσαι καὶ τροφῶν χορηγίαν τὸ τῶν τικτουσῶν ἐπιδεὲς θεραπεύουσαν. ἐπὶ τούτοις τῶν πενομένων τοῦ κλήρου προμήθεια καὶ τὸ ἑκάστῳ τούτων ἐτήσια χρήματα ἐπιρρεῖν, οὐκ αὐτοῖς δὲ μόνον, ἀλλὰ καὶ τῶν ἐπισκόπων ὅσοις οὐκ αὐτάρκη τὰ πρὸς τὸ ζῆν ἐτύγχανε δαπανήματα. ἀλλὰ τί ταῦτα πρὸς τὴν μεγάλην τῆς προαιρέσεως αὐτοῦ θάλασσαν καὶ τὸ ἀχανὲς ἐκεῖνο πέλαγος τῆς χρηστότητος; Νεῖλος γάρ τις ἦν ἕτερος δαψιλεῖ τῷ ῥεύματι τῆς ἐλεημοσύνης, οὐ τὴν Αἴγυπτον ὡς ἐκεῖνος ἄρδων μόνην, ἀλλὰ καὶ αὐτὴν τὴν σύμπασαν, ὡς εἰπεῖν, περιρρέων. τίς γὰρ τῶν ἁπανταχόθεν ἐπιδημούντων, βίου σπανίζων καὶ αὐτῷ προσελθὼν, στυγνῷ προσώπῳ,

---

6. τούτους] τούτοισ G. 32. στυγνῷ] συχνῶ G.

κεναῖς ἐπανῆλθε χερσὶ καὶ οὐχὶ πλουσίας ἀπέλαυσε τῆς χρηστότητος; μᾶλλον δέ τινα τῶν ἐνδεῶς ἐχόντων ὅπου ποτ' ἂν καὶ γῆς ὑπῆρχε μαθὼν, οὐκ αὐτάρκη τὰ πρὸς τὴν χρείαν αὐτῷ παρέσχεν· Περσῶν γὰρ τὸ τηνικαῦτα τὴν Σύρων
5 γῆν πᾶσαν λῃϊσαμένων, οἱ τὰς τούτων χεῖρας ἐκφυγεῖν δυνηθέντες, ὅσοι τε τῶν λαϊκῶν ἦσαν ἄρχοντες ὁμοῦ καὶ ἀρχόμενοι, καὶ ὅσοι τοῦ κλήρου αὐτοῖς ἐπισκόποις εἰς Ἀλε-
137ʳ ξάνδρειαν καταφεύγουσιν, | οἷς πᾶσιν ὁ πλούσιος ἐκεῖνος καὶ ἀστενοχώρητος ἑστιάτωρ ἱλαρῶς καθ' ἑκάστην ἐχορήγει
10 τὰ πρὸς τὴν χρείαν, οὐ πρὸς τὸ πλῆθος βλέπων τῶν δεομένων, ἵνα τι καὶ μικρόψυχον ὑποστῇ, ἀλλὰ πρὸς τὸν ἀνοίγοντα χεῖρα καὶ παντὶ ζῴῳ εὐδοκίας μεταδιδόντα. Ῥασμιόζου δὲ τοῦ ἀρχιστρατηγοῦ Χοσρόου τοὺς σεβασμίους τῶν Ἱεροσολύμων τόπους δῃώσαντός τε καὶ ἐκπορθήσαντος, ἐπεὶ
15 τοῦτο ἤκουσεν ὁ τοῦ θεοῦ ἄνθρωπος, καὶ ὡς πάντα τὰ ἅγια πυρὶ παρεδόθη, θρηνεῖ μὲν ἐπίσης Ἱερεμίᾳ τὸ γεγονός, οὐ μέχρι δὲ τούτου τὸ συμπαθὲς ἵστησι, ἀλλὰ καὶ Κτήσιππόν τινα θεοφιλῆ ἄνθρωπον ἀποστέλλει χρυσίον αὐτῷ συχνὸν ἐγχειρίσας, σῖτόν τε καὶ τροφὰς ἑτέρας καὶ περιβόλαια καὶ
20 πρὸς τὴν αὐτῶν μετακομιδὴν ὑποζύγια πάμπολλα, ὁμοῦ μὲν τὴν ἐρήμωσιν κατοψόμενον, ὁμοῦ δὲ τοὺς ἐκ τῆς αἰχμαλωσίας περιλειφθέντας ἱκανῶς διὰ τῶν εἰρημένων ἀνακτησόμενον. πρὸς τούτῳ καὶ Θεόδωρον Ἀμαθοῦντος ἐπίσκοπον καὶ Ἀναστάσιον τὸν τοῦ ὄρους τοῦ μεγάλου καθηγουμένου
25 Ἀντωνίου καὶ Γρηγόριον Ῥινοκουρούρων ἐπίσκοπον ἐπὶ ἀναλήψει τῶν αἰχμαλώτων ἐκπέμπει, χρυσίον οὐκ εὐαρίθμητον παρασχόμενος.

1. ἀπήλαυσε H.   17. κτίσιππον H.

Anmerkungen.

1, 13. τοὺς [πρὸ] τῆς ἡμετέρας γενεᾶς ἄνδρας] πρὸ kann unmöglich richtig sein. Denn Leontios stellt sich gerade in Gegensatz zu der allgemein verbreiteten Ansicht, die nach ihm nur auf Anstiften des Teufels zurückgehen kann, als wäre die Ungerechtigkeit und Gottlosigkeit der Gegenwart so viel grösser, als die der früheren Geschlechter. Um diesen Satz zu widerlegen, entschliesst er sich zur Abfassung der Biographie εἰς τὸ δεῖξαι καὶ ἐφ' ἡμῶν τοὺς βουληθέντας καὶ τὴν ἑαυτῶν πρόθεσιν ἐκβιασαμένους ὑψηλοτέρους ἡμῶν ἀναδειχθῆναι (2, 5). H. Usener schlägt deshalb vor: τοὺς ἐπὶ τῆς ἡμετέρας γενεᾶς ἄνδρας zu lesen. In ähnlicher Weise hebt Leontios auch vita S. Symeonis 1672 A die grosse Bedeutung der zeitgenössischen Gottesmänner hervor: καὶ γὰρ τῶν ἐφ' ἡμῖν ἐστιν καὶ ἐν τῇ ἡμετέρᾳ ἐξουσίᾳ κεῖται τῷ πόθῳ τῶν μελλόντων τῶν παρόντων ὡς παρερχομένων καταφρονῆσαι ἢ πάλιν πόθῳ καὶ ἐπιθυμίᾳ τῶν παρόντων τῶν ἀπεράντων ἀγαθῶν ἀποτυχεῖν· καὶ ὅτι ἀληθὲς τὸ λεγόμενον, ἐλέγχουσιν ἡμᾶς πάντες μὲν οἱ ἀπ' αἰῶνος ἄνθρωποι, οἱ τῷ θεῷ εὐαρεστήσαντες, τῆς ἡμετέρας καὶ αὐτοὶ φύσεως ὑπάρχοντες, μάλιστα δὲ οἱ ἐν τῇ ἡμετέρᾳ γενεᾷ φωστῆρες ἀναδειχθέντες· ὧν εἷς καὶ οὗτος ὁ πάνσοφος Συμεὼν καθέστηκεν.

S. 2, 10: τοῦ θαυμασίου ἀνδρὸς καὶ ἀρχιερέως Ἰωάννου] Ausser der von Leontios verfassten Biographie und den bei Symeon Metaphrastes erhaltenen Resten aus der von Johannes Moschos und Sophronios angefertigten Lebensbeschreibung existiren nur wenige Nachrichten über das Leben des heil. Johannes von Alexandrien. Sophronios der Zeitgenosse gedenkt seiner in der Beschreibung der Wunder der beiden Heiligen Johannes und Kyros, welche derselbe während Johannes' Regierung verfasst hat. Spicileg. Roman. ed. Mai III p. 128 (Migne 87 c 3437 AB): Εὐλόγιος μὲν γὰρ, ὁ ἀοίδιμος τῆς Ἀλεξανδρέων μεγαλοπόλεως ὁ ἡγούμενος τῆς ἐκκλησίας οἰκονομεῖν τῶν ἁγίων τὰ πράγματα προβάλλεται τὸν Χριστόδωρον . . . . καὶ Θεόδωρος δὲ ὁ μακάριος ὁ μετ' Εὐλόγιον τὰ τῆς καθέδρας διαδεξάμενος, τοῦτον ἐπὶ τὴν ποίμνην εἶναι ἐκέλευσεν· οἷς καὶ Ἰωάννης ὁ κατ' ἐξοχὴν χρηματίζων φιλόπτωχος τὴν αὐτῶν ἀρχὴν σὺν θεῷ κληρωσάμενος, καὶ νέμων αὐτὰν ἐπὶ τοῦ παρόντος τὰ πρόβατα, σύμψηφος γέγονεν, καὶ διοικεῖν αὐτὸν τὸ τῶν ἁγίων ἐθέσπισε τέμενος. ἐφ' οὗ καὶ τὰ τοῖς μάρτυσι δρώμενα γράφεται τέρατα. Cfr. p. 165 (Migne 87 c 3453 A): ὁ κληρωθεὶς μετὰ ταῦτα διάκονος (Ἰωάννης) ἐκ λαϊκοῦ μὲν καταστήματος ... χειροθεσίᾳ δὲ πατριαρχικῇ Ἰωάννου τοῦ νῦν τὴν Ἀλεξανδρέων ἐκκλησίαν ποιμαίνοντος. Sodann giebt Brunck (Analect. t. III p. 125; wieder abgedruckt bei Migne 87 c 4009) zwei angeblich von demselben Sophronios, dem nachherigen Patriarchen von Jerusalem, verfasste Epitaphien des barmherzigen Johannes:

I.

Εἰς Ἰωάννην τὸν ἐλεήμονα πάπαν Ἀλεξανδρείας.

Τύμβε, τίς ἢ πόθεν ἦν, ἔτι παῖς τίνος, ἔργα καὶ ὄλβον
Νεκροῦ, ὃν ἔνδον ἔχεις, ἔννεπε, κευθόμενον;
Οὗτος Ἰωάννης, Κύπριος γένος, υἱὸς ἐτύχθη
Εὐγενέος Στεφάνου, ἦν δὲ νομεὺς Φαρίης.
Κτήμασι μὲν πολύολβος ὅλων πλέον, ὧν τρέφε Κύπρος,
Ἐκ πατέρος πατέρων, ἐξ ὁσίων τε πόνων·
Ἔργα δὲ θέσκελα πάντα λέγειν, ἅπερ ἐν χθονὶ τεῦξεν,
Οὐδ' ἐμοῦ ἐστι νοοῦ, οὐδ' ἑτέρων στομάτων.
Πάντα γὰρ ἄνδρα παρῆλθε φαεινοτάτης ἀρετῇσι
Δόξαντα κρατέειν ταῖς ἀρεταῖς ἑτέρων.
Τοῦ καὶ κάλλεα πάντα, τάπερ πτόλις ἔλλαχεν αὕτη,
Εἰσὶ, φιλοφροσύνης κόσμος ἀρειότατος.

II.

Εἰς τὸν αὐτόν.

Ἀρχὸς Ἰωάννης Φαρίης ἀρετῶν ἱερῶν
Ἐνθάδε νῦν μετὰ τέρμα φίλῃ παρὰ πατρίδι κεῖται·
Θνητὸν γὰρ λάχε σῶμα, καὶ εἰ βίον ἄφθιτον ἔσχεν,
Ἀθανάτους πρήξεις τε κατὰ χθόνα ῥέξεν ἀπείρους.

Die Chronographen merken nur an, wie lange er regiert habe. Theophanes z. J. 6101 (296, 15 de Boor): Ἀλεξανδρείας ἐπίσκοπος Ἰωάννης ἔτη Ι, cfr. 298, 10; 299, 26. Nikephoros chronogr. syntagm. 129, 13 de Boor: μζ Ἰωάννης ὁ Κύπριος ὁ καὶ ἐλεήμων ἔτη ῖ. Chronogropheion Syntomon (Euseb. ed. Schoene I App. 74, 16): με: Ἰωάννης ὁ Κύπριος ἔτη ῖ cod. Coislin. CXX fol. 226ʳ: μαʹ Ἰωάννης ἔτη ῖ. Etwas ausführlicher handelt über sein Leben der Patriarch

Eftiśijûs (Eutychios, Sa'îd ibn Baṭriḳ) in seinen Annalen (II 215—216 und 219—220 Pocock), aber fast alles ist der vita des Leontios entlehnt. Nur p. 216 der Uebersetzung von Pocock lesen wir: „Iohannes autem misericors (Iûḥanâ al-raḥûm) quodcumque possedit in eleemosynam erogare solitus est, ut vestes quibus indutus erat, exuens pauperibus distribueret, imo et aliquando vestes sacras in quibus sacra celebraret, prae summa qua erat misericordia, ipsis daret appellatusque est Iohannes misericors." Nach der ihm eigenthümlichen falschen Zeitrechnung setzt Eutychios ihn unter Kaiser Phokas an. Maḳrîzî (ed. Wüstenfeld p. 47) hat seine kurze Notiz über Iûḥanâ al-raḥûm nur aus Eutychios geschöpft. Ibn Rahib (chronicon orientale p. 102), der lediglich die monophysitische Patriarchenreihe aufzählt, bemerkt doch unter dem Patriarchen Andronikos (616—623): „Zu derselben Zeit lebte Johannes der Almosenspender." Die Griechen feiern sein Andenken am 12. November. Das Menologion des Kaisers Basileios Porphyrogennetos (Migne Patr. Gr. CXVII, 157) bietet Folgendes:

τῇ αὐτῇ ἡμέρᾳ (= Νοεμβ. ιβ̄)·

Μνήμη τοῦ ὁσίου πατρὸς ἡμῶν Ἰωάννου τοῦ ἐλεήμονος, πατριάρχου Ἀλεξανδρείας.

Κύπριος ἦν οὗτος τὸ γένος υἱὸς Ἐπιφανίου τοῦ τότε τῆς νήσου ἄρχοντος. γυναικὶ δὲ προσομιλήσας κατὰ βούλησιν τοῦ πατέρος καὶ τέκνων πατὴρ γεγονώς, ἐπεὶ τὸν βίον ἀπέλιπον ἥ τε γυνὴ καὶ τὰ τέκνα αὐτοῦ, πᾶσαν τὴν ἔφεσιν αὐτοῦ πρὸς θεοῦ ἀρέσκειαν ἔτρεψε, καὶ διὰ λαμπρότητα βίου ὑπὸ Ἡρακλείου τοῦ βασιλέως, αἰτησαμένου τοῦ δήμου τῶν Ἀλεξανδρέων αὐτὸν, πατριάρχης Ἀλεξανδρείας καθίσταται, κανονικῶς τὴν χειροτονίαν δεξάμενος. διαπρέψας δὲ ἐν τῇ ἀρχιερωσύνῃ ἔτη πολλὰ, καὶ μυρία ποιήσας θαύματα, καὶ τοῖς δεομένοις ἀφθόνως χορηγήσας τὰ πρὸς τὴν χρείαν, καὶ διὰ τὴν πολλὴν ἐλεημοσύνην τὴν τοῦ ἐλεήμονος ἐπίκλησιν λαβών, καὶ πᾶσιν αἰδέσιμος καταστὰς, ὡς ἡ περὶ αὐτὸν βίβλος κατὰ πλάτος δηλοῖ, καὶ πολλοὺς τῶν ἀπίστων ἐπιστρέψας ἐπὶ τὸν κύριον, ἐν γήρᾳ βαθεῖ τὴν γῆν ἀφεὶς, πρὸς οὐρανὸν ἀνέδραμε χαίρων. —

Ungefähr dasselbe melden die zu Venedig herausgegebenen Menaeen, Monat November σελ. ϙε̄. Um Unbedeutendes zu übergehen, nennen sie Johannes Erzbischof, nicht Patriarchen, und nach dem Bericht über seine Wahl fügen sie hinzu: ὃς ἐπὶ τὴν λυχνίαν εὐαγγελικῶς τιθεὶς δίκην πυρσοῦ τῇ οἰκουμένῃ ἐξέλαμψε, πρῶτος τὴν ἐν τῷ τρισαγίῳ ὕμνῳ προσθήκην κωλύσας, προστιθέντων γνώμῃ κακουργῷ τινων τὸ· Ἅγιος ἀθάνατος ὁ σταυρωθεὶς δι' ἡμᾶς. Die Quelle des Menologions wie der Menaeen ist Symeon Metaphrastes.

In den älteren lateinischen Martyrologien, bei Beda und Ado von Vienne, fehlt Johannes; auch in den alten Handschriften des Usuardus findet er sich nicht; nur die „exemplaria aucta" haben ihn aufgenommen. AA. SS. m. Iun. T. VII Usuard. ex edit. Soller. p. 667, Ms. Bruxellen. XI Nov.: „Apud Cyprum civitatem quae dicitur Amathunta depositio sanctissimae memoriae Ioannis eleymonis Alexandrinae civitatis archiepiscopi." Ms. Hagenoyen.: „item sancti Iohannis elemosinarii episcopi et confessoris." XIINov. (Soller. p. 669) Antverp.-Max: „apud Alexandriam beati Iohannis episcopi et confessoris qui elemosinarius dicitur." XXIII Jan. (AA. SS. Iun. T. VI, 2 p. 55) bieten Sollerius' Handschriften nichts, wohl aber schreiben diesem Tage die Ausgaben von Greven und Molanus seine Geburt zu. Ferner bietet das von Henschen (AA. SS. m. Ian. T. II S. 495) benutzte Ms. Florarium: „eodem die (XXIII Ianuar.) translatio S. Ioannis Alexandrini qui ob eximiam in Christo liberalitatem nomen eleemosynarii meruit anno salutis 641." Zum XIII Juli (AA. SS. Iun. T. VII p. 399) hat das Ms. Centulen.: „Alexandriae S. Ioannis patriarchae qui ele⟨emon⟩ nuncupatur." Ms. Bruxellen.: „apud Alexandriam beati Iohannis patriarchae viri dei et in compassione et eleemosynarum largitione piissimi." Ms. Aquicinct.: „Alexandriae beati Ioannis episcopi eleemosynarii."

Nach Le Quien hat er nicht allein die Herzen der Katholiken, sondern auch der haeretischen Jakobiten gewonnen, welche sein Andenken am 16. Choiak (12. December) begehen; indessen das ist ein Irrthum des gelehrten Mannes. Zwar wird ein Johannes der Mitleidige am 16. Hâtûr von dem Verfasser des äthiopischen Kalendariums (H. Ludolf, commentat. ad hist. Aethiop. p. 398) erwähnt; indessen im koptischen Synaxar (ed. Wüstenfeld S. 119) fehlt er. Dagegen erwähnen Seldens arabisches und Ludolfs äthiopisches Kalendarium zum achten Baünas diesen Johannes. Aus dem äthiopischen Synaxar hat Ludolf (l. c. S. 289) Folgendes: „Salutem Iohanni simili Abrahamo ... erogando stipem poscentibus consumsit vestimenta sua omnia, nec reliqui fecit cilicium suum, ita ut in spelunca nudus repertus fuerit." Also genau der Bericht, welchen wir schon bei Eutychios gefunden haben. Offenbar ist hier Homonymie im Spiele. Irgend ein ägyptischer Ascet Namens Johannes, wegen seiner beispiellosen Freigebigkeit gegen die Armen ebenfalls „der Mitleidsvolle" zubenannt, wird mit dem gleichnamigen Patriarchen von Alexandrien verwechselt. Dazu kommt, dass auch im koptischen Synaxar am achten Tage des Monats Baünas Johannes der Patriarch zwar nicht erwähnt wird, wohl aber ein anderer Johannes, der Sohn des Makarios, welcher zu Athribis (Atrib) den Märtyrertod erlitt. (Briefliche Mittheilung von Herrn Professor Wüstenfeld in Göttingen.) Auch die Armenier feiern das Andenken eines mitleidigen Johannes; aber dieser war ein armenischer, aus Griechenland stammender Mönch, welcher unter König Abas dem Bagratunier (929—953) lebte. Der armenische Bericht über ihn zeigt viele Verwandtschaft mit dem ägyptischen über Johannes Makarios' Sohn, vgl. die Weltgeschichte des Step'anos Asołik von Tarôn S. 174 Małxasean: „Aber in der Landschaft Širak wurde das sogenannte Römerkloster (Hoŕomosin vank') gebaut durch Jôhannês, welcher durch den Schmuck der Barmherzigkeit ausgezeichnet war, weil er aus Barmherzigkeit und Tugendhaftigkeit (soviel Almosen) spendete, dass er sich selbst seiner Kleider beraubte, wenn er Bettlern begegnete." Man sieht, ähnliche Typen der Mönchsfrömmigkeit gehören nicht zu den Seltenheiten.

S. 2, 12: Ἰωάννης καὶ Σωφρόνιος] Johannes ist der ὁ Μόσχος (Photios bibl. 162 a 33 hat ὁ τοῦ Μόσχου, wohl Missverständniss aus dem Prolog des Pratum Spir.: Ἰωάννου ... ἐπίκλην τοῦ Μόσχου ἐπονομαζομένου) oder ὁ εὐκρατᾶς (Coteler. eccl. Gr. m. II 341, 655; I 795) zubenannte Schriftsteller, der Verfasser des λειμωνάριον oder νέος παράδεισος.[1]) Der Schreiber des Prologs[2]) sagt, dass Johannes beim Persereinfalle Palästina verlassen und erst nach Antiochien, dann nach Alexandrien sich begeben habe. In Aegypten, das er schon früher einmal unter der Regierung des Tiberios (578—582) besucht hatte, hielt er sich sehr lange auf. Prolog (Biblioth. vet. patrum Paris. 1624 II p. 1054 B-C.): κἀκεῖθεν πάλιν βλέπων ἐπικρατοῦν τὸ ἔθνος (τῶν Περσῶν) ᾤχετο ἐπὶ τὴν Ἀλεξάνδρειαν καὶ πᾶσαν τὴν περὶ αὐτὴν ἔρημον διελθών (ἦν γὰρ καὶ ἐν ἀρχῇ τῆς βασιλείας Τιβερίου εἰς διακονίαν ἐν Αἰγύπτῳ πεμφθείς) καὶ μέχρις Ὀάσεως καὶ τὴν περὶ αὐτὴν ἔρημον εἰσελθὼν καὶ θεασάμενος τοὺς ἐκεῖσε πατέρας, ἐκεῖθέν τε πάλιν ἀκούσας τὴν γενομένην τῶν ἁγίων τόπων ἅλωσιν καὶ τὴν τῶν Ῥωμαίων δειλίαν, καταλιπὼν τὴν Ἀλεξάνδρειαν ἐπὶ τὴν τῶν Ῥωμαίων μεγάλην πόλιν ἀπέπλευσεν σὺν τῷ ἑαυτοῦ γνησιωτάτῳ μαθητῇ Σωφρονίῳ. Sein Besuch Aegyptens fällt also in die Epoche von Johannes' Patriarchat. 614 oder etwas später wandte er sich nach Rom. Er starb daselbst in dem Jahr 619; denn seine Schüler brachten seinen Leichnam im Beginn der VIII. Indiction (1. Sept. 619) nach Jerusalem. Johannes gedenkt seines Aufenthalts

---

1) Der Verfasser selbst sagt übrigens λειμών in der Widmung an Sophronios, Migne 87 c, 2852.

2) Bei Migne ist der Prolog aus Versehen nicht abgedruckt.

zu Alexandria sehr oft, vgl. prata spirit. 60, 105, 145, 146, 171, 172, 184, 195. Unter Tiberios reiste er nach der Oase (112); ebenso besuchte er die sonstigen berühmten Mönchscolonien, so Sketis (152), Terenuthis (54), die Thebaïs (44, 143), Lykopolis (161). Gemeinsam mit Sophronios stattete er den Klöstern und Eremitencolonien um Alexandria Besuch ab; vgl. 69, 77, 110, 111, 143, 162 u. s. f. Sophronios war sein Schüler. Er heisst in der Widmung (Migne 87 c, 2852): ἱερὸν καὶ πιστὸν τέκνον Σωφρόνιε, ferner σοφιστής 69, 92, 102, 157, 162, ἑταῖρος 111, 113, ἀδελφός 92, 102, 135, ὁ κύριος Σωφρόνιος 69, 77, ὁ κύριός μου 110. Schon die Väter des VIII. Jahrhunderts haben diesen Sophronios für den bekannten Erzbischof von Jerusalem gehalten und betrachteten ihn als Verfasser des λειμωνάριον; vgl. Ioannes Damasc. ed. Le Quien I p. 328: ἐκ τοῦ λειμωναρίου τοῦ ἁγίου πατρὸς ἡμῶν Σωφρονίου ἀρχιεπισκόπου Ἱεροσολύμων, ebenso der Abt Eustathios in den Akten des zweiten nicänischen Concils (Mansi XIII 60): κἀγὼ, ἅγιοι πατέρες, βίβλον ἐκφέρομαι τοῦ αὐτοῦ πατρὸς ... τοῦ ἐν ἁγίοις πατρὸς ἡμῶν Σωφρονίου ἐκ τοῦ λειμωναρίου. Dieser Sophronios wird dann Erzbischof von Jerusalem genannt. Auch Nikephoros in der Kirchengesch. VIII 41 hält Sophronios für den Verfasser. Wie diese Meinung aufkommen konnte, welche doch schon ein oberflächlicher Blick in das Buch selbst widerlegen musste, ist nicht ganz leicht zu verstehen. Sie erklärt sich vielleicht daraus, dass Johannes Moschos, im Vorgefühl des nahenden Todes, seinen Schüler Sophronios mit der Herausgabe seines Werkes betraut hat (prolog. l. c. p. 1054 D). Die gewöhnliche Ansicht ist nun, dass Sophronios, der Freund des Johannes Moschos, und der nachherige Erzbischof von Jerusalem identisch seien; so urteilen Le Quien, Fabricius, Wagenmann (Herzogs Realencyclopädie X² S. 302) und Ch. Hole (W. Smith and H. Wace, a dictionary of Christian biography III S. 406 ff.). Fabricius (Bibl. Gr. IX 22 N. c) hat nun allerdings darauf aufmerksam gemacht, dass weder Johannes Antiochenos (Coteler. eccl. Gr. mon. I 167) noch Photios den Sophisten Sophronios als den nachherigen Erzbischof bezeichnen. Man könnte für die Unterscheidung beider auch eine Gewohnheit des Leontios geltend machen, welcher bei den in seiner Biographie erwähnten Personen sorgfältig anmerkt, wenn sie im Laufe der Zeit eine höhere Rangstellung sich errungen haben. So bemerkt er bei dem von Johannes wegen übel angebrachter Sparsamkeit gescholtenen Oekonomen, derselbe sei später Bischof von Amathus geworden. Bei Erwähnung des Johann als seinem Vorbilde nacheifernden Kronprinzen Konstantin vergisst er nicht beizufügen, dass derselbe seinem

Vater Herakleios in der Regierung nachgefolgt sei. Dagegen bei Sophronios erwähnt er seine spätere Patriarchalwürde nicht, obgleich er lange nach 634 geschrieben hat. Endlich hat der Prolog zum λειμωνάριον die Angabe, dass Sophronios späterhin als einfacher Mönch seine Tage im Theodosioskloster bei Jerusalem verbracht habe, l. c. p. 1055: καὶ ἐπαγαγὼν (τὸν μακάριον Ἰωάννην) καθὼς ἐνετείλατο, κατέθετο ἐν τῷ κοιμητηρίῳ τοῦ ἐν ἁγίοις Θεοδοσίου μετὰ τῶν ἐκεῖσε κατακειμένων ἁγίων πατέρων, τὸν ὑπόλοιπον χρόνον ἐν αὐτῇ τῇ μονῇ διανύσας. Ich hatte darum früher gemeint (Hist. Ztschr. N. F. XXV 4), der Sophist Sophronios sei vom Erzbischof zu trennen. Indessen das lässt sich nicht halten. Sophronios der Verfasser des Enkomions auf die beiden Märtyrer Kyros und Johannes heisst im Codex Vaticanus 1607 „ein Mönch aus dem Kloster des Vaters Theodosios", Mai Spicil. Rom. III p. 1 (= Migne 87 c, 3379): τοῦ μακαρίου Σωφρονίου μοναχοῦ μονῆς ἀββᾶ Θεοδοσίου τῆς κατὰ τὴν ἔρημον οὔσης τῆς Ἁγίας Χριστοῦ τοῦ θεοῦ ἡμῶν πόλεως. Ebenso Migne 87 c 3665 B: ἔστι μὲν ὄνομα τῷ γεγραφότι Σωφρόνιος, πόλις Δαμασκὸς ἡ μητρόπολις . . . τὸ δὲ μοναστήριον ὅπερ ὁ ἱερὸς Θεοδόσιος . . . ἀνὰ τὴν ἔρημον τῆς Ἁγίας Χριστοῦ θεοῦ ἡμῶν πόλεως ἵδρυσεν. Dass dieser Schriftsteller mit dem Patriarchen Sophronios identisch sei, ist unzweifelhaft; das beweist die in diesem Werke wiederkehrende Eigenthümlichkeit seiner Rhetorik; dasselbe ist von Anfang bis zum Ende unter den Zwang der doppeldaktylischen Cadenz gebeugt (W. Meyer, der accentuirte Satzschluss in der griechischen Prosa S. 18). Auch bezeichnet er in dieser Schrift einen Johannes als seinen πνευματικὸς πατὴρ καὶ διδάσκαλος (Migne 87 c 3668 B), in welchem schon Mai mit Recht den Johannes Moschos erkannt hat. Die entscheidenden Worte des Prologs: τὸν ὑπόλοιπον χρόνον ἐν αὐτῇ τῇ μονῇ διανύσας können demnach nicht etwa heissen, dass Sophronios im Theodosioskloster gestorben sei. Die Angaben des Prologs sind derart, dass sie zum guten Theil aus dem Munde des Sophronios selbst kommen konnten, und demnach wird man, wie mir Usener mittheilt, aus jenen Worten nur entnehmen können, dass bei Abfassung des Prologs Sophronios noch Insasse des Klosters war. Zwischen 619—634 liegt eine gute Zeit; während derselben, und zwar schwerlich lange nach 619, ist das λειμωνάριον zusammen mit dem Prologe herausgegeben worden (ähnlich fasst die Stelle schon der Biograph in den AA. SS. m. Mart. T. II p. 68 auf). Es ist übrigens bemerkenswerth, wie wenig der grosse Einfluss, welchen diese beiden „Vorkämpfer der Frömmigkeit" auf den Erzbischof ausübten, in der vita des Leontios hervortritt. Das Bruchstück aus seiner Biographie, welche Johannes und Sophronios verfasst hatten, erwähnt gleich bei seiner Thronbesteigung, dass er vor allem das Unkraut der Häresie mit der Wurzel auszurotten bestrebt war. Das übergeht Leontios an dieser Stelle. Er macht das durch Johannes und Sophronios veranlasste Eintreten des Erzbischofs für die Rechtgläubigkeit an einer ziemlich versteckten Stelle in einem recht kurzen Capitel (32 S. 64, 10—23) ab und kommt auf das Verhältniss zu den Irrgläubigen nur noch einmal kurz zurück (S. 85, 20—86, 15). Es ist klar, dass Leontios das Schwergewicht durchaus auf die praktisch-christliche Thätigkeit seines Helden legt. Vgl. Hist. Ztschrft. N. F. XXV S. 26 ff.

S. 4, 3: $Κῦρον \ καὶ \ Ἰωάννην$] Vgl. AA. SS. m. Ian. T. II 1081—1095; Spicileg. Rom. III 1—670 und IV 230—252 = Migne 87 c 3380—3696; Migne 114, 1232—1249. Nach dem Patriarchen Sophronios ist ihr Gedächtnisstag der 6. Mechir, Migne 87c 3408 B: $ἡμέραν \ εἶχεν \ ἕκτην \ ὁ \ παρ' \ Αἰγυπτίοις \ Μεχίρ, \ μίαν \ δὲ \ καὶ \ τριάκοντα$ (l. $τριακοστήν$, geschr. $λα$) $ὁ \ παρὰ \ Ῥωμαίοις \ Ἰανουάριος, \ ὅτε \ μάρτυρες \ οἱ \ φιλόχριστοι \ διὰ \ Χριστὸν \ μαρτυρήσαντες \ κεφαλὰς \ ἀπετμήθησαν$. Ebenso begehen die Kopten das Andenken „des Abukir und des Johannes" ($Ἀββάκυρος \ καὶ \ Ἰωάννης$ schon Sophronios Migne 87 c 3597 B) am sechsten Amsîr (Mechir). F. Wüstenfeld, Synaxar S. 282. Ludolf comment. S. 407. Diese beiden waren die ägyptischen Nationalheiligen, gerade wie in Syrien Sergios und Bakchos. Vgl. Bischof Theodoros von Paphos in der vita des hl. Spyridon (Jahrb. f. protest. Theol. XIII p. 224): $εὐχῆς \ ἕνεκα \ εἰς \ τοὺς \ ἁγίους \ μάρτυρας \ Κῦρον \ καὶ \ Ἰωάννην \ παρεγενόμην \ ἐν \ Ἀλεξανδρείᾳ \ κατὰ \ τὸν \ καιρόν, \ ἐν \ ᾧ \ εἰσῆλθον \ οἱ \ Πέρσαι \ ἐν \ Αἰγύπτῳ$.

S. 5, 15: $ἣν \ διοικήσας \ τὴν \ οἰκονομίαν \ τῆς \ ἁγιωτάτης \ ἐκκλησίας \ ΒΕ \ τῆς \ αὐτῆς \ Ἀλεξανδρέων \ μεγαλοπόλεως$] Ueber den offenbar sehr zahlreichen Klerus der Patriarchalkirche von Alexandrien sind wir nur sehr unvollständig unterrichtet. Aus dem wenigen, was uns überliefert wird, ersehen wir aber, dass sich in Alexandrien (und ebenso an den andern grossen Kirchensitzen des Ostens) ganz ähnliche Zustände herausgebildet hatten, wie in KP an der grossen Kirche. Dort hatte Justinian (Novell. III 1) die Zahl der Kleriker beschränkt auf 60 Presbyter, 100 Diakone, 40 Diakonissen, 90 Subdiakone, 110 Lectoren und 25 Sänger; zu diesen 425 Klerikern kamen noch 100 Thürhüter ($πυλωροί$, ostiarii). Um 100 höher ist die von Herakleios 612 erlaubte Zahl der Kleriker (Zachariae, Ius Gr. R. III 35), nämlich: 80 Presbyter, 150 Diakone, 40 Diakonissen, 70 Subdiakone, 160 Lectoren und 25 Sänger, dazu 75 Thürhüter. Aus dieser Masse der εὐλαβεῖς κληρικοί scheidet sich die Aristokratie τῶν λεγομένων ἐπιταγμάτων, entsprechend den ὀφφίκια τῆς μεγάλης ἐκκλησίας oder den ἀρχοντίκια μεγάλα der spätern Zeit, deren Zahl von Herakleios auf 2 σύγκελλοι, 12 καγκελλάριοι, 10 ἔκδικοι, 12 ῥεφερενδάριοι, 40 νοτάριοι und 12 σκευοφύλακες festgesetzt wird. Offenbar ähnlich organisirt und gleichfalls recht zahlreich war der Kathedralklerus von Alexandrien. Mitglied des Klerus wird man durch Ordination (χειροτονία), oder bei den niederen Stufen durch Handauflegung (σφραγίζονται); dagegen zu den ἐπιτάγματα findet einfache Wahl statt: εἴ τις ἐπίσκοπος . . . πρεσβύτερον ἢ διάκονον . . . προβάλλοιτο ἐπὶ χρήμασιν οἰκονόμον ἢ ἔκδικον ἢ παραμονάριον. Canon Chalced. II.

Folgende ἐπιτάγματα sind in Alexandria nachweisbar:

ὁ σύγκελλος. Johannes hat nur einen 77, 22; auch sein Vorgänger Eulogios hat nur einen σύγκελλος JM 3012 C. Die einflussreiche Vertrauensstellung brachte die Inhaber vorwärts; Theodoros z. B. wurde Metropolit von Libya sicca.

ὁ οἰκονόμος 5, 15; 7, 2; 21, 11; 90, 16. Hier und 8, 3; 9, 9; 68, 14 werden οἰκονόμοι in der Mehrzahl erwähnt; vgl. Novell. 123, 33: τοὺς δὲ οἰκονόμους καὶ πτωχοτρόφους καὶ ξενοδόχους καὶ νοσοκόμους καὶ τοὺς τῶν ἄλλων εὐαγῶν οἴκων διοικητὰς καὶ τοὺς ἅπαντας κληρικοὺς κελεύομεν ὑπὲρ τῶν ἐμπιστευθεισῶν αὐτοῖς διοικήσεων παρὰ τῷ ἰδίῳ ἐπισκόπῳ ᾧ ὑπόκεινται ἀποκρίνεσθαι καὶ τοὺς λογισμοὺς τῆς ἰδίας διοικήσεως ποιεῖσθαι, καὶ εἰσπράττεσθαι ὅπερ ἐξ αὐτῶν ὀφείλοντες ἀποδειχθείησαν, ἐκείνῳ τῷ εὐαγεῖ ἀποδοθησόμενον οἴκῳ οὗτινος ἐκ τῆς διοικήσεως τὸ χρέος φανείη. Unter den οἰκονόμοι in der Mehrzahl sind die mit der finanziellen Leitung der einzelnen opera pia betrauten Kleriker zu verstehen (8, 9 wird ihnen die Armenverpflegung anvertraut), während dem οἰκονόμος die gesammte Finanzleitung der Kathedralkirche untersteht. Hi quos oeconomos vocant, hoc est qui ecclesiasticas consuerunt tractare rationes cod. Theod. IX 45, 3. In KP: κρατῶν πάντα τὰ κτήματα τῆς ἐκκλησίας καὶ πᾶν τὸ ἐσοδιαζόμενον ἐξ αὐτῶν Codinus 3, 4. Der XXVI. Kanon des Concils von Chalcedon hatte verordnet, dass in jedem Bisthum zur Verwaltung des Kirchengutes ein οἰκονόμος ἐκ τοῦ ἰδίου κλήρου eingesetzt werde, weil bis dahin diese Verwaltung oft lediglich in den Händen der Bischöfe gelegen und dies zu Verschleuderungen geführt hatte. In Alexandrien ist das Amt übrigens älter, da bereits Proterios πρεσβύτερος καὶ οἰκονόμος gewesen war. Das Amt war ein hochangesehenes; wie Proterios, sind auch Johannes Tabennesiotes und Johannes Hemula von demselben zum Patriarchat gelangt. Theophanes 128, 30; 140, 29.

οἱ διοικηταί. Sie werden von den οἰκονόμοι unterschieden 9, 9; 68, 14; vgl. 10, 14; 49, 3; andrerseits heissen οἰκονόμος und λογοθέτης 21, 17 und 22, 25 διοικηταί. Aber auch Justinian unterscheidet Nov. 120, 6, 3: εἰ δέ τις ἢ ἐπίσκοπος ἢ οἰκονόμος ἢ διοικητὴς οἱουδήποτε εὐαγοῦς οἴκου εἴτε ἐν τῇ βασιλίδι πόλει εἴτε ἐν ταῖς ἐπαρχίαις κειμένου χρήματα ἐδανείσατο κτλ. Vielleicht haben sie, entsprechend dem μέγας σακελλάριος in KP, die Aufsicht über Besitz und Verwaltung der Klöster gehabt.

ὁ διαδότης der Begleiter des Erzbischofs, welcher das Geld zu momentanen Liebesspenden nachträgt. 8, 18; 17, 13; 17; 18; 58, 16; 76, 7. Unter Umständen sind es mehrere: οἱ τὴν διάδοσιν πεπιστευμένοι 14, 6. 10.

ὁ λογοθέτης der Kanzler 21, 11, auch an der Sophienkirche: εἰς τὸ λογογραφεῖν καὶ εἰς τὰς δημοσιακὰς καὶ ἀρχοντικὰς ὑποθέσεις λογογραφεῖν Codinus 4, 14. Eine ähnliche Stellung nimmt in Jerusalem ὁ τοῦ εὐαγοῦς σεκρέτου καγκελλάριος καὶ πρωτονοτάριος ein. Sophronios im Briefe an Sergios Migne 87c, 3200 A.

ὁ ἀρχιδιάκονος 35, 10; JM. 3009. Das Amt war hochangesehen; von dieser Stufe gelangten Theophilos und Dioskoros zum Patriarchat, und Timotheos kam mit Kyrillos in die Wahl.

ὁ ἀποκρισιάριος der ständige Gesandte am Hof und beim dortigen Patriarchat ist gleichfalls eine einflussreiche Vertrauensperson. Dioskoros erhob seinen Apokrisiarios Anatolios zum Patriarchen der Hauptstadt.

οἱ ἐκκλησιέκδικοι 11, 6; 12; 50, 6; 71, 17. Zu ihnen gehört wohl auch ὁ ἐπὶ τῆς εἰρήνης 8, 3. Sie entsprechen den defensores ecclesiae der abendländischen Kirche. Der 78. Kanon des Concils von Karthago (Beveridge συνοδικόν p. 612) bittet um Einsetzung der defensores ecclesiarum, ἐκδίκων τῶν ἐκκλησιῶν, zum Schutz der Armen gegen die Tyrannei der Reichen. Balsamon im Commentar verweist auf die XV. Novelle Justinians, wo aber von den bürgerlichen, nicht den kirchlichen ἔκδικοι die Rede ist; daher seine Verwunderung, dass das dort Verordnete so völlig in Abgang gekommen. Die kirchlichen ἔκδικοι haben das Recht, Soldaten und Kaufleute in Gegenwart einiger Kleriker als Zeugen rechtsgültig zu verheiraten und darüber eine Urkunde auszustellen. Novell. 74, 4, 1. Des ferneren wird ihnen von Justinian die Aufsicht über Ordnung und Disciplin in den Klöstern eingeräumt. Novell. 133, 4. Die ἐκκλησιέκδικοι der Hauptkirche sollen speciell darüber wachen, dass an den andern Kirchen keine ἐμφανιστικά gezahlt werden. Novell. 56, 1. Eine ähnliche polizeilich-richterliche Befugniss werden sie auch in Alexandrien besessen haben. Körperliche Züchtigung eines Mönchs ist z. B. ihre Sache. 50, 6. Sie scheinen Presbyter gewesen zu sein, πρεσβύτερος καὶ ἔκδικος Mansi VI 777.

ὁ νομικὸς τῆς ἁγιωτάτης ἐκκλησίας von Johannes Moschos Migne 87 c 3073 A erwähnt.

οἱ νοτάριοι. Sie sind sehr zahlreich z. B. auf dem II. Concil von Ephesos, während Dioskoros freilich zu Chalkedon nur zwei bei sich zu haben behauptete. Sie sind gewöhnlich Diakone oder Anagnosten, Mansi VI 772; 792; dagegen der πρῶτος (primicerius) τῶν νοταρίων hat Presbyterrang.

οἱ σκευοφύλακες. Diese so wenig als die ῥεφερενδάριοι finde ich in Alexandrien erwähnt. Natürlich besass aber das reiche κειμηλιαρχεῖον der Hauptkirche seinen κειμηλιάρχης u. s. f.

οἱ καγκελλάριοι 9, 9; 11, 5. Sie bilden bereits den Uebergang zu den Unterbeamten: ὑπηρέται ἐτύγχανον ὄντες, οἷς δὴ τὰ ἀρχεῖα ἐπεφρόντιστο τῆς τε ἄλλης εὐκοσμίας πέρι, καὶ ὅπως μὴ χύδην ἅπασι τοῖς βουλομένοις ὡς αὐτὸν εἰσιτητέα εἴη. τούτους δὲ ἔθος Ῥωμαίοις ἐκ τῶν κιγκλίδων ἐπονομάζειν καὶ τῆς ἐν τούτοις ἐπιμελείας. Agathias 55, 12. Auch beim Erzbischof von Alexandrien darf keiner unangemeldet eintreten: διὰ τί οὐκ ἐφύλαξας τὴν τάξιν, ἀρχιδιάκονε Ἰουλιανέ, ἀλλ' ἀμηνυτὶ ἀνῆλθες πρός με; JM. 3009 D. Natürlich ist auch, dass bei einer so zahlreichen Priesterschaft der Erzbischof nicht alle einzelnen kennt. 35, 7.

Zur eigentlichen Dienerschaft gehören die ἑβδομάριοι 36, 13; 58, 1, auch sehr zahlreich; der Erzbischof schickt einmal 29, 20 gleich zwanzig aus; die κουβικουλάριοι 38, 15; JM. 3009 C, wo auch der θυρωρός erwähnt wird; ein περιχύτης τοῦ ἐπισκοπικοῦ λούτρου Mansi VI 1020. Diese Angaben lassen sich fraglos noch stark vermehren; immerhin ersehen wir aus dem Bisherigen, dass auch in Alexandrien, ähnlich wie in der Reichshauptstadt, ein ausserordentlich zahlreicher Klerus und eine grosse Dienerschaft den Oberpriester umgab.

Die ἐνδημοῦσα σύνοδος ist in KP seit dem VI. Jahrhundert nachweisbar. Aehnlich scheint es auch in Alexandrien gewesen zu sein, vgl. 57, 5: μετά τινος τῶν συνόντων αὐτῷ ἐπισκόπων. Namentlich die oberägyptischen Bischöfe werden den angenehmen Aufenthalt in der Hauptstadt und die Theilnahme an der Centralverwaltung ihrer amtlichen Residenzpflicht eines Hirten ohne Herde vorgezogen haben.

S. 7, 15: τὸ καθόλου οὐκ ὤμοσεν] Dasselbe berichtet Palladios in der Geschichte an Lausos Migne 34, 1028 A vom heil. Or.: ταῦτα δὲ ἔλεγεν ἐν τοῖς διηγήμασιν ἀνδραγαθήματα τοῦ ἀνδρὸς ὅτε οὔτε ἐψεύσατό ποτε, οὔτε ὤμοσεν, οὔτε κατηράσατό τινα, οὔτε ἐκτὸς χρείας ἐλάλησέν τί ποτε. Ebenso versichern 1131 D die Brüder vom ἀββᾶς Βῆ: μηδέ ποτε ὀμόσαι, μηδὲ ψεύσασθαι, μηδὲ ὀργισθῆναι κατά τινος, μηδὲ ἐπιπλῆξαι λόγῳ τινὶ πώποτε, und Johannes Moschos von Johannes Chrysostomos cap. 191: ἔλεγον περὶ τοῦ ἁγίου Ἰωάννου Κωνσταντινουπόλεως, τοῦ δικαίως ἐπονομασθέντος Χρυσοστόμου διὰ τὸ τοῦ διδασκαλικοῦ λόγου καθαρὸν καὶ διαυγὲς, ⟨ὅτι ἀφ' οὗ τὸ⟩ σωτήριον ἔλαβεν βάπτισμα οὔτε ὤμοσεν οὔτε ὀμόσαι ⟨παρεκελεύσατό τινα⟩, οὔτε τινὸς κατελάλησεν οὔτε ἐψεύσατο, οὔτε εὐτράπελα ἐλάλησεν οὔτε εὐτραπελίαν ἐδέχετο.

S. 7, 18: προχειρισθέντος οὖν αὐτοῦ] Die Chronographen schreiben, wie wir gesehen, dem Johannes eine zehnjährige Amtsdauer zu. G. Henschen setzt deshalb seinen Regierungsantritt in 606, was ganz unhaltbar ist. Denn noch zu der Zeit, als Herakleios und Niketas die Erhebung in Afrika und Aegypten in Scene setzten (609), war nicht Johannes, sondern Theodoros Skribon Erzbischof von Alexandrien (Johannes von Niķiû in Notices et extraits XXIV 1 p. 542, 543). In demselben Jahre 609 ward er von den politischen Gegnern, d. h., wie sich aus Johannes von Niķiû ergiebt, den Anhängern des Herakleios, ermordet. Chron. pasch. 699, 4. Damals war Phokas noch Kaiser. Der Sitz muss also zeitweise vacirt haben (Gutschmid Kl. Schr. II 471). Denn Symeon Metaphrastes, d. h. die in solchen Dingen unbedingt zuverlässigen Zeitgenossen Johannes und Sophronios, melden ausdrücklich, dass Herakleios (Ἡράκλειος δὲ ἦν τότε τὰ Ῥωμαίων σκῆπτρα διέπων 109, 29) auf Bitten der Alexandriner und des Augustalis und Dux Niketas ihn als Erzbischof eingesetzt habe. Da aber Herakleios erst am 5. Oktober 610 von dem Patriarchen Sergios gekrönt worden ist, fällt Johannes' Ernennung zum Patriarchen Ende 610 oder Anfang 611. A. von Gutschmid (l. c. S. 472) hält den von den jungen Usuardushandschriften überlieferten 13. Juli für den Inthronisationstag. Indessen auf diese spät und schlecht überlieferten Daten ist nichts zu geben, da die ältesten lateinischen Martyrologien Johannes überhaupt nicht kennen. Im spätern Mittelalter war, wie die Gründung des Johanniterordens erweist, der Patriarch von Alexandrien eine der populärsten Heiligengestalten, was er fraglos in hohem Grade verdiente. Aber diese Beliebtheit scheint erst durch die vielgelesene, in ihrer Art treffliche Uebersetzung des Anastasius Bibliothecarius hervorgerufen zu sein. Sie ist also nicht älter als das IX. Jahrhundert. Die verschiedenen Daten (23. Januar, 13. Juli) scheinen die der Jahresfeste zu sein, welche von den Priesterschaften zu Ehren des heil. Johannes von Alexandria eingeführt worden. Denn das Translationsdatum vom 23. Januar erscheint mir höchst verdächtig; wie soll der lateinische Mönch das Datum der ersten Translation (nach Konstantinopel) kennen? Die zweite (nach Beda) fällt erst in die Türkenzeit. Historischen Werth hat nur das von Leontios überlieferte Datum des Todestags, das Fest des heil. Menas = 11. November.

S. 13, 9: Κωνσταντῖνος ὁ μετὰ Ἡράκλειον βασιλεύσας] Konstantinos officiell: Ἡράκλειος νέος Κωνσταντῖνος oder Ἡράκλειος ὁ μικρός; ὁ καὶ νέος Κωνσταντῖνος, der Sohn des Herakleios und der Eudokia, wurde am 3. Mai der XV. Indiction (= 612) geboren, Chron. pasch. 702, 15; Theophan. 299, 7. Gekrönt wurde er den 22. Januar der I. Indiction 613, Chron. pasch. 703, 13, während Theophanes (300, 14) dies Ereigniss auf den 25. December der I. Ind. verlegt. Allein dies ist falsch; denn der gleichzeitige Verfasser der Osterchronik zählt die Jahre seiner Mitregentschaft stets vom 22. Januar. Vgl. S. 704, 3; 11; 705, 15 u. s. f. Er erscheint als Mitregent während der ganzen Regierung seines Vaters in den Urkunden z. B. 619: „Dat. VIII. Kalend. Maias C P. dominorum nostrorum piissimorum perp. Augg. Heracl. anno VIII. et Heracl. novi Constantini filii ipsius anno VII." Zachariae, Jus Graeco-Romanum III p. 4) 629: l. c. p. 43. „XIII m. Januarii anni XVIII imperii Heraclii piissimi imperatoris et XVI Constantini eius fil…" Vita Anastasii Persae AA. SS. m. Jan. T. II 436. Nach dem Frieden mit den Persern 629, heirathete er Gregoria, die Tochter des Patricius Nicetas, welche schon dem neumonatlichen Knaben verlobt worden war. Nikephoros 9, 6; 21, 21. Kedrenos I 753, 14 nennt seine Gattin Anastasia: γυνὴ δὲ τούτου Ἀναστασία ἦν μετὰ τέλεστε συνεζύγη τῷ ἰδίῳ ἀνδρί. Es scheint aber eine Verwechslung mit Anastasia, der Gattin des Tiberios, vorzuliegen, von der gleichfalls berichtet wird dass sie mit ihrem Gatten begraben wird Theoph. 271, 30, oder, wie Du Cange Hist. Byz. p. 110 meint, mit der Frau des Konstantinos Pygonatos. Gesalbt wurde er nach Theophanes 301, 18 am 1. Jan. 613 nach Nikephoros 22, 26 kurze Zeit nach Herakleios siegreichem Einzuge in Konstantinopel 424, also wäre er kurz nach Januar des Jahres 629 gewesen. Nach Herakleios Tod bestieg er den Thron; aber über Tag und Monat herrscht Unsicherheit. Nikephoros 27, 17 sagt von Herakleios: ἐτελεύτα (nach den 30. Januar 641) τῇ δὲ ἐπαύριον ἀναρρηθέντος δὲ ἡμέρας ς. Da er nun den 5. October 610 den Thron bestieg τῇ ς τοῦ αὐτοῦ μηνός Chron. pasch. 700, 14 hat A. Pagi zouter in τῇ ε emendirt; denn der Tag war ein Montag, und dieser der Ш

auf den 5. Oktober), muss er den 11. Februar gestorben sein. Damit stimmt Johannes von Niḳiû S. 563 überein, welcher seinen Tod in Ind. XIV, Dioclet. 357 (= 641) und in den Monat Yakatît ansetzt, der dem römischen Februar entspricht. Um zwei Jahre verrechnet sich Ibn Rahib (chron. or. p. 46), welcher ihn Sonntags, den 9. Februar (= 15. Amšir) im J. 954 (642/3) Alexanders sterben lässt. Nun ist aber der 7. Februar 641 gleichfalls ein Sonntag, und das wird auch Herakleios' wahrer Todestag sein. Daneben existirt noch eine schlechtere Tradition. Michael der Grosse nämlich (Ausgabe von Jerusalem S. 310; in Langlois' Uebersetzung fehlt die Angabe der Monate) berichtet folgendermassen: „In demselben Jahre starb Herakl, nachdem er 30 Jahre und 5 Monate regiert hatte. Und Kaiser ward Kostandianos, sein Sohn, 4 Monate." Danach müsste Herakleios erst im März gestorben sein, und das überliefert Theophanes 341, 12: τούτῳ τῷ ἔτει (641) τελευτᾷ Ἡράκλειος ὁ βασιλεὺς μηνὶ Μαρτίῳ ἰνδ. ιδ, ὑδεριάσας, βασιλεύσας ἔτη λ καὶ μῆνας ϛ. Den Todestag giebt Kedrenos I 752, 14: μηνὶ Μαρτίῳ ιᾱ. Ueber die Regierung Konstantins handelt am genauesten Nikephoros 29, 5: συμβασιλεύσας δὲ τῷ πατρὶ ἔτη κη (613—641) καὶ ἐπιβιοὺς εἰς τὴν βασιλείαν ἔτι ἡμέρας ϙγ ἐτελεύτησε. Offenbar aus derselben Quelle schöpfte Johannes von Niḳiû, welcher ihn (S. 566) 100 Tage regieren lässt. Vier Monate giebt ihm mit Theophanes und Michael auch Barhebraeus, welcher Herakleios' Tod falsch in das Jahr der Griechen 951 (639/40) setzt. Konstantin starb demgemäss nach Nikephoros und den Aegyptern den 25. Mai, nach den schlechtern Quellen den 22. Juni 641. Ueber seine Regierung handelt Nikephoros S. 28, 11 — 29, 7 am genauesten, vgl. auch Sebêos in der Geschichte Herakl's S. 111—113 Patkanian und Johannes von Niḳiû S. 564 ff. Die Vergiftung durch Martina berichtet ausser den übrigen auch der zeitgenössische Sebêos. Da indessen Nikephoros und Johannes von Niḳiû seine Gesundheit als längst erschüttert hinstellen und ersterer nur Befürchtungen des Philagrios wegen Nachstellungen der Stiefmutter ausspricht, scheint es ein allerdings schon in der damaligen Zeit verbreitetes hauptstädtisches Gerücht zu sein. Konstantinos war, wie sein Vater, ein Fürst von wahrhaftiger Frömmigkeit; er wird deshalb von Leontios hochgepriesen und mit Konstantin dem Grossen verglichen. Zonaras XIV 18 behauptet, er sei orthodox gewesen; dafür scheint der von Papst Johannes IV anlässlich seiner Thronbesteigung erlassene Gratulationsbrief zu sprechen, worin er die Hoffnung ausspricht, dass mit seinem Regierungsantritt die Orthodoxie (recta fides) siegen werde (Mansi X 683). Allein Georgios Monachos (571, 20) sagt mit

und so zu lesen hat auch irrig Du Cange s. v. vorgeschlagen. Es ist eine wegen ihrer Fahrschnelligkeit nach den Gazellen (δόρκων = δορκάς Athen. IX 397 A, cantic. Solom. II 17) benannte Schiffsart. Aehnliche Schiffsbenennungen sind κάνθαρος: πλοίου ὄνομα κοινόν Athen. XI 473 D. καὶ πλοίου εἶδος Hesych. s. v. Ναξιουργῆς κάνθαρος Aristoph. Pax 143; πλοῖα ἦν οὕτω λεγόμενα κάνθαροι ἐν Νάξῳ γενόμενα schol. l. c. — κύκνος: ἡ ναῦς δὲ πότερ' εἰκόσορός ἐστιν ἢ κύκνος ἢ κάνθαρος Nikostratos in einem Fragmente aus dem διάβολος bei Athen. XI 474 B. ἔστι καὶ εἶδος πλοίου Et. M. s. v. κύκνος. — κάραβος: σημαίνει καὶ τὴν ναῦν Et. M. s. v. κάραβος. — κριός und τράγος: ἔστι δέ τινα πλοῖα Λύκια λεγόμενα κριοὶ καὶ τράγοι Pollux I 83, vgl. D. Ruhnken, opusc. I S. 421 ff. — Ueber den ausgebreiteten Seehandel, welchen die Kirche des hl. Marcus trieb, ist namentlich cap. XIII (S. 28, 1) zu vergleichen — zwei δόρκωνες bringen zur Zeit der Hungersnoth Getreide aus Sicilien — und cap. XXVIII (S. 60, 9 ff.), wonach die sämmtlichen der Kirche gehörigen Schiffe eine Handelsexpedition nach dem adriatischen Meere unternehmen. Schon unter Johannes' zweitem Vorgänger Eulogios (580—607) blühten diese maritimen Unternehmungen der alexandrinischen Kirche. Sein römischer College, Gregor der Grosse, schickte dem Oberpriester des holzarmen Aegyptens Schiffbauholz, Gregorii epist. V 60: Nos vero quia videlicet peccatores sumus, ab occidente vobis ligna transmisimus, quae construendis apta navibus, nostrae mentis tumultum signantia in marinis semper fluctibus agitantur; et quidem maiora transmittere voluimus, sed haec navis angusta non recepit; vgl. auch VI 37; VII 29.

S. 19, 25: εἰς Πεντάπολιν] Der Berolinensis hat: ἐφθάσαμεν πόλει τινὶ καλουμένῃ Πεντάπολις. Ein ähnlicher Irrthum findet sich in Henschen's Commentar: „statio navium Alexandriae: forte a tot urbibus istic negotiantibus excitata." Symeon hat auch verkehrt (Migne 114, 909 C) ὡς γὰρ τὴν Δεκάπολιν ἤδη κατέλαβον πλέοντες. Officiell hiess die Cyrenaïca damals allerdings das obere Libyen (ἐπαρχία Λιβύης τῆς ἄνω Hierocl. 732, 8; τῆς ἀνωτέρας acta Nicaena Morelli p. 226, vgl. Georg. Cypr. S. 141); aber der alte Name, welchen z. B. Synesios ständig braucht, war selbst im VII. Jahrhundert noch nicht ausser Gebrauch gekommen. Das beweisen ausser Leontios sein älterer Zeitgenosse Johannes Moschos prat. spir. 152 und 195, Georg. Cypr. v. 788, Johannes v. Nikiû S. 541, 542, 573, 578. Im Gegentheil wird man wohl richtiger sagen, dass der officielle Name der Theodosioszeit später wieder verschwand; denn in der allerletzten Zeit des Griechenthums (während und nach dem Aufstande des Patricius Gregorios) wird nur der Name Pentapolis und dazu noch in officiellen Actenstücken gebraucht. Vgl. acta S. Maximi confessoris (Migne 90, 112): σὺ γὰρ μόνος Αἴγυπτον καὶ Ἀλεξάνδρειαν καὶ Πεντάπολιν καὶ Τρίπολιν καὶ Ἀφρικὴν Σαρακηνοῖς παρέδωκας. Vgl. vita ac certamen S. Maximi (Migne l. c. 89); Theophanes 298, 20; Nikephor. 21, 22.

S. 20, 14: καὶ οὐ ξένον τὸ θαῦμα, ὦ φιλόχριστοι] Die Exemplificirung mit alt- und neutestamentlichen Wundern zur geschichtlichen Erhärtung des eigenen Wunderberichts gehört zum üblichen Apparat der mönchischen Apologetik und Rhetorik. Pallad. 1060 D: καὶ τί τοῦτο θαυμαστὸν παρὰ ἀνδράσι τῷ κόσμῳ ἐσταυρωμένοις εὐεργετηθεῖσαν εἰς δόξαν τοῦ θεοῦ καὶ τιμὴν τῶν δούλων αὐτοῦ ὕαιναν εὐαισθητήσασαν ξένια τούτοις κομίσαι; ὁ γὰρ τοὺς λέοντας ἐπὶ τοῦ προφήτου Δανιὴλ ἡμερώσας καὶ ταύτῃ τῇ ὑαίνῃ σύνεσιν ἐχαρίσατο. — Cyrill. Scythop. v. S. Sabae p. 226 A Coteler: ὁ γὰρ ἐπὶ τῆς Βαβυλωνίας θαυματουργήσας θεὸς καὶ σὺν τοῖς σαραβάροις καὶ ταῖς τιάραις τοὺς τρεῖς παῖδας ἀφλέκτους διαφυλάξας, αὐτὸς καὶ τὴν ἐσθῆτα τὴν ἐν τῷ φούρνῳ ἄκαυστον διετήρησεν δι' αὐτῆς τὴν ἐπὶ τῷ οἰκείῳ αὐτοῦ παιδὶ Σάβᾳ μέλλουσαν ἐκλάμπειν θείαν ἅπασιν ἀνακηρύττων χάριν. — Derselbe p. 291 C: ὁ γὰρ τὸ ὕδωρ εἰς οἶνον μεταβαλὼν Χριστὸς ὁ θεὸς ἡμῶν αὐτὸς καὶ τὸ ὄξος εἰς οἶνον μεταβάλαι δυνατός ἐστι.

S. 23, 5: Νικήτας ὁ πατρίκιος] Im J. 609, nachdem Herakleios der Patricius und Exarch von Afrika und der ihm unterstehende dux militum (ὁ ἐκοστρατηγὸς αὐτοῦ Theophan. 295, 30) Gregoras oder Gregorios (Grigor bei Michael d. G. S. 285) von Phokas abgefallen waren, wurde Herakleios der Sohn mit der Flotte gegen die Residenz, und Niketas, der Sohn des Gregorios, mit dem Landheer gegen Aegypten geschickt. Die beiden westlichsten Provinzen dieser Diöcese, Tripolis und Pentapolis, fielen ihm mit ihren Beamten sogleich zu, sodass er gegen Aegypten selbst vorgehen konnte, das nach Besiegung des Bonosus ebenfalls zu ihm übertrat (vgl. den ausführlichen wichtigen Bericht des Johannes von Nikiu cap. 107 und 108. Niketas stand nun bis 619 an der Spitze der ägyptischen Verwaltung. Bei Leontios heisst er stets nur ὁ πατρίκιος. Er war praefectus praetorio Augustalis und dux (vgl. Barhebr. c.n. eccl. I 275). Wie die Exarchen von Italien allmählich auch die älteren Functionen des praefectus praetorio per Italiam an sich rissen, so ist ungeklärt auf dem empirischen Weg auch die Aegypter ihren Justinian auch die Militärgewalt des dux Augustalis zu den [vgl.] der de dioecesi Aegyptiaca cap. 1 § 2. 6. 10. So wird er auch unter dem späteren Kaiser Georg. Cypr. v 736: μεγαλοτάτου τῶν ἐνίων καὶ αὐγουστάλιον. Joannes von Nikiû S. 542: „Jean le gouverneur de la province qui était préfet du palais (augustal) et commandant militaire à Alexandrie" (i. J. 609). Zur Zeit des arabischen Einbruchs war Theodoros oberster Befehlshaber über das Militär (derselbe S. 553, 556 u. s. f.); eben dieser heisst auch Augustalis (S. 576, 583). Nach dem Sturze von Phokas' Schwiegersohne Priskos wurde Niketas den 5. Dec. 612 auch comes excubitorum. Chron. pasch. 703, 11. 614 nach der Zerstörung Jerusalems hat er den hochwürdigen Schwamm (14. September) und die hl. Lanze (28. Oktober) nach der Reichshauptstadt geschickt; er war demnach bereits nach Aegypten zurückgekehrt. Er blieb in seiner Stellung als Augustalis bis zum Persereinbruch. Mit Johannes war er eng befreundet, und man wird zugeben müssen, dass das gegenüber dem bei aller Heiligkeit oft etwas unbequemen Hierarchen für das politische Geschick und das conciliante Wesen des weltlichen Oberbeamten spricht. Seiner staatsmännischen Fähigkeit — es passt das ganz in das sehr verständige Programm von Herakleios' Kirchenpolitik — macht es Ehre, dass er sich eingehend auch mit den monophysitischen Kirchenangelegenheiten beschäftigte. Als Athanasios καμηλάριος, der Patriarch von Antiochien, nach Aegypten kam, wurde unter der Leitung des Niketas die Union der seit Damians Zeiten getrennten monophysitischen Kirchen von Antiochien und Alexandrien bewerkstelligt. Barbebraeus hist. eccl. 270 setzt das in d. J. d. Griechen 927 (616), Thomas presbyter (Land anecd. I 115) wohl richtiger in 618. Wie wenig Erzbischof Johannes und seine Berather mit dieser Regierungspolitik übrigens einverstanden waren, zeigt der scharfe Ausfall des Sophronios (epist. synod. ad Sergium CP. Migne 87 c 3193 A) gegen die Freunde und Förderer der Union: ἀνάθεμα ἔστωσαν καὶ κατάθεμα Ἀθανάσιός τε ὁ Σύρος καὶ ὁ Ἀποζυγάριος Ἀναστάσιος καὶ οἱ τὴν τούτων ἀσύμβατον σύμβασιν ἀσυμβάτως τε καὶ ἀμαθῶς προσιέμενοι κτλ. Derselbe ist sicher auch auf Niketas und die damalige kaiserliche Kirchenpolitik gemünzt.

Beim Herannahen der Perser (Sommer 619) floh Niketas mit dem Erzbischof nach Konstantinopel. Später wurde er Exarch von Africa. Dies folgt aus dem Eingang der von Combefis publicirten διήγησις ψυχωφελής (auctarium novissimum I S. 324). Ueberschrift und Texteingang lauten im Palat. graec. 364 (s. XIV) fol. 95ʳ nach gefälliger Mittheilung von Dr. J. Tschiedel so: Θαῦμα γενόμενον ἐν τῇ Ἀφρικῇ ἐν πόλει Καρταγένης. πάτερ εὐλόγησον (am Rande λόγος ά). — Ἐν τοῖς χρόνοις Ἡρακλείου τοῦ βασιλέως καὶ Νικήτα πατρικίου ἐν Ἀφρικῇ θαῦμα γέγονε τοιοῦτον. ταξιώτης τις ἦν ἐν τῇ πόλει Καρταγένῃ· θανατικοῦ δὲ καταλαβόντος τὴν πόλιν, ἀπῄει ἐν τῷ ἰδίῳ προαστεσίῳ μετὰ τῆς γυναικὸς αὐτοῦ, ὡς δῆθεν φεύγων τὸν θάνατον κτλ. Im Beginn von Herakleios' Regierung war sein Vater noch Exarch, der bald darauf starb (Johannes v. Niḳiû S. 553). Sein Nachfolger scheint der patricius Caesarius gewesen zu sein, welcher 616 mit König Sisebut Frieden schloss. Niketas kann dieses Amt erst nach 619 bekleidet haben. Da nun sein Vater Gregorios heisst und der letzte Exarch, welcher, von Kaiser Konstans abgefallen, den Arabern erlag, gleichfalls den Namen Gregorios führt, scheint dieser letztere Niketas' Sohn gewesen zu sein, welcher wegen der grossen Verdienste von Vater und Grossvater um das Reich ersterem in der Statthalterwürde Africas nachfolgte. Der 639 erwähnte Niketas, welcher mit andern Grosswürdenträgern des Reichs des Kaisers Herakleios' feierlicher Procession zur Sophienkirche beiwohnte (Constantin. de cerim. II 28), ist der Sohn des Šahrbarâz, da unser Niketas bereits 629 todt war. Nikeph. 21, 24.

S. 25, 13: ὡς καὶ σύντεκνον γενέσθαι] Symeon Metaphr. IV (Migne 114, 916A): ὡς καὶ ἀνάδοχον τῶν αὐτοῦ παίδων γενέσθαι τὸν πατριάρχην. Johannes war demnach Pathe von Konstantins Gattin und vom Usurpator Gregorios.

S. 28, 8: cap. XIV περὶ τοῦ κακοτρόπου κληρικοῦ] Ein ähnliches Geschichtchen berichtet Johannes Moschos 3016 D vom hl. Gregorius dem Grossen, welcher, als der persische Abt Johannes sich nach Orientalensitte vor ihm prosternirte, sich gleichfalls vor ihm niederwarf und nicht eher aufstand, als bis der Abt ein gleiches that. Ebenderselbe erzählt 3101 B, wie ein Bischof seinen hadernden Collegen durch ähnliche Demuth überwand.

S 29, 7: τοῦ διακόνου τὴν καθολικὴν ὑπάγοντος πληρῶσαι εὐχήν] Unter den verschiedenen Gebetsformeln, welche der Diakon zu recitiren pflegt, ist die wichtigste die sg. grosse Collecte ἡ μεγάλη συνακτή oder τὰ εἰρηνικά; er muss sie mit lauter Stimme (ἐκφώνως) sprechen. Sie beginnt: ἐν εἰρήνῃ τοῦ κυρίου δεηθῶμεν (vgl. die Liturgie des hl. Johannes Chrysostomos. Bibl. vet. Patrum. Paris 1624 II p. 65). In der Liturgie des hl. Jakobos Adelphotheos heisst sie die allgemeine Collecte l. c. p. 8: ὁ διάκονος ποιεῖ καθολικὴν συναπτήν. Sonderbar ist nun, dass gerade in der unter Marcus' Namen gehenden Liturgie der Diakon zwar das Evangelium recitirt, aber der Priester die Collecte verliest (l. c. p. 29). Und dieser Gebrauch herrscht auch in der koptischen Kirche. Denn nach der bei ihnen gebräuchlichen Liturgie des hl. Basileios recitirt der Diakon das Evangelium arabisch, und hierauf absolvirt der Priester ein

οἱ διοικηταί. Sie werden von den οἰκονόμοι unterschieden 9, 9; 68, 14; vgl. 10, 14; 49, 3; andrerseits heissen οἰκονόμος und λογοθέτης 21, 17 und 22, 25 διοικηταί. Aber auch Justinian unterscheidet Nov. 120, 6, 3: εἰ δέ τις ἢ ἐπίσκοπος ἢ οἰκονόμος ἢ διοικητὴς οἱουδήποτε εὐαγοῦς οἴκου εἴτε ἐν τῇ βασιλίδι πόλει εἴτε ἐν ταῖς ἐπαρχίαις κειμένου χρήματα ἐδανείσατο κτλ. Vielleicht haben sie, entsprechend dem μέγας σακελλάριος in KP, die Aufsicht über Besitz und Verwaltung der Klöster gehabt.

ὁ διαδότης der Begleiter des Erzbischofs, welcher das Geld zu momentanen Liebesspenden nachträgt. 8, 18; 17, 13; 17; 18; 58, 16; 76, 7. Unter Umständen sind es mehrere: οἱ τὴν διάδοσιν πεπιστευμένοι 14, 6. 10.

ὁ λογοθέτης der Kanzler 21, 11, auch an der Sophienkirche: εἰς τὸ λογογραφεῖν καὶ εἰς τὰς δημοσιακὰς καὶ ἀρχοντικὰς ὑποθέσεις λογογραφεῖν Codinus 4, 14. Eine ähnliche Stellung nimmt in Jerusalem ὁ τοῦ εὐαγοῦς σεκρέτου καγκελλάριος καὶ πρωτονοτάριος ein. Sophronios im Briefe an Sergios Migne 87c, 3200 A.

ὁ ἀρχιδιάκονος 35, 10; JM. 3009. Das Amt war hochangesehen; von dieser Stufe gelangten Theophilos und Dioskoros zum Patriarchat, und Timotheos kam mit Kyrillos in die Wahl.

ὁ ἀποκρισιάριος der ständige Gesandte am Hof und beim dortigen Patriarchat ist gleichfalls eine einflussreiche Vertrauensperson. Dioskoros erhob seinen Apokrisiarios Anatolios zum Patriarchen der Hauptstadt.

οἱ ἐκκλησιέκδικοι 11, 6; 12; 50, 6; 71, 17. Zu ihnen gehört wohl auch ὁ ἐπὶ τῆς εἰρήνης 8, 3. Sie entsprechen den defensores ecclesiae der abendländischen Kirche. Der 78. Kanon des Concils von Karthago (Beveridge συνοδικόν p. 612) bittet um Einsetzung der defensores ecclesiarum, ἐκδίκων τῶν ἐκκλησιῶν, zum Schutz der Armen gegen die Tyrannei der Reichen. Balsamon im Commentar verweist auf die XV. Novelle Justinians, wo aber von den bürgerlichen, nicht den kirchlichen ἔκδικοι die Rede ist; daher seine Verwunderung, dass das dort Verordnete so völlig in Abgang gekommen. Die kirchlichen ἔκδικοι haben das Recht, Soldaten und Kaufleute in Gegenwart einiger Kleriker als Zeugen rechtsgültig zu verheiraten und darüber eine Urkunde auszustellen. Novell. 74, 4, 1. Des ferneren wird ihnen von Justinian die Aufsicht über Ordnung und Disciplin in den Klöstern eingeräumt. Novell. 133, 4. Die ἐκκλησιέκδικοι der Hauptkirche sollen speciell darüber wachen, dass an den andern Kirchen keine ἐμφανιστικά gezahlt werden. Novell. 56, 1. Eine ähnliche polizeilich-richterliche Befugniss werden sie auch in Alexandrien besessen haben. Körperliche Züchtigung eines Mönchs ist z. B. ihre Sache. 50, 6. Sie scheinen Presbyter gewesen zu sein, πρεσβύτερος καὶ ἔκδικος Mansi VI 777.

ὁ νομικὸς τῆς ἁγιωτάτης ἐκκλησίας von Johannes Moschos Migne 87 c 3073 A erwähnt.

οἱ νοτάριοι. Sie sind sehr zahlreich z. B. auf dem II. Concil von Ephesos, während Dioskoros freilich zu Chalkedon nur zwei bei sich zu haben behauptete. Sie sind gewöhnlich Diakone oder Anagnosten, Mansi VI 772; 792; dagegen der πρῶτος (primicerius) τῶν νοταρίων hat Presbyterrang.

οἱ σκευοφύλακες. Diese so wenig als die ῥεφερενδάριοι finde ich in Alexandrien erwähnt. Natürlich besass aber das reiche κειμηλιαρχεῖον der Hauptkirche seinen κειμηλιάρχης u. s. f.

οἱ καγκελλάριοι 9, 9; 11, 5. Sie bilden bereits den Uebergang zu den Unterbeamten: ὑπηρέται ἐτύγχανον ὄντες, οἷς δὴ τὰ ἀρχεῖα ἐπεφρόντιστο τῆς τε ἄλλης εὐκοσμίας πέρι, καὶ ὅπως μὴ χύδην ἅπασι τοῖς βουλομένοις ὡς αὐτὸν εἰσιτητέα εἴη. τούτους δὲ ἔθος Ῥωμαίοις ἐκ τῶν κιγκλίδων ἐπονομάζειν καὶ τῆς ἐν τούτοις ἐπιμελείας. Agathias 55, 12. Auch beim Erzbischof von Alexandrien darf keiner unangemeldet eintreten: διὰ τί οὐκ ἐφύλαξας τὴν τάξιν, ἀρχιδιάκονε Ἰουλιανέ, ἀλλ' ἀμηνυτὶ ἀνῆλθες πρός με; JM. 3009 D. Natürlich ist auch, dass bei einer so zahlreichen Priesterschaft der Erzbischof nicht alle einzelnen kennt. 35, 7.

Zur eigentlichen Dienerschaft gehören die ἑβδομάριοι 36, 13; 58, 1, auch sehr zahlreich; der Erzbischof schickt einmal 29, 20 gleich zwanzig aus; die κουβικουλάριοι 38, 15; JM. 3009 C, wo auch der θυρωρός erwähnt wird; ein περιχύτης τοῦ ἐπισκοπικοῦ λουτροῦ Mansi VI 1020. Diese Angaben lassen sich fraglos noch stark vermehren; immerhin ersehen wir aus dem Bisherigen, dass auch in Alexandrien, ähnlich wie in der Reichshauptstadt, ein ausserordentlich zahlreicher Klerus und eine grosse Dienerschaft den Oberpriester umgab.

Die ἐνδημοῦσα σύνοδος ist in KP seit dem VI. Jahrhundert nachweisbar. Aehnlich scheint es auch in Alexandrien gewesen zu sein, vgl. 57, 5: μετά τινος τῶν συνόντων αὐτῷ ἐπισκόπων. Namentlich die oberägyptischen Bischöfe werden den angenehmen Aufenthalt in der Hauptstadt und die Theilnahme an der Centralverwaltung ihrer amtlichen Residenzpflicht eines Hirten ohne Herde vorgezogen haben.

S. 7, 15: τὸ καθόλου οὐκ ὤμοσεν] Dasselbe berichtet Palladios in der Geschichte an Lausos Migne 34, 1028 A vom heil. Or.: ταῦτα δὲ ἔλεγεν ἐν τοῖς διηγήμασιν ἀνδραγαθήματα τοῦ ἀνδρὸς ὅτε οὔτε ἐψεύσατό ποτε, οὔτε ὤμοσεν, οὔτε κατηράσατό τινα, οὔτε ἐκτὸς χρείας ἐλάλησέν τί ποτε. Ebenso versichern 1131 D die Brüder vom ἀββᾶς Βῆ: μηδέ ποτε ὀμόσαι, μηδὲ ψεύσασθαι, μηδὲ ὀργισθῆναι κατά τινος, μηδὲ ἐπιπλῆξαι λόγῳ τινὶ πώποτε, und Johannes Moschos von Johannes Chrysostomos cap. 191: ἔλεγον περὶ τοῦ ἁγίου Ἰωάννου Κωνσταντινουπόλεως, τοῦ δικαίως ἐπονομασθέντος Χρυσοστόμου διὰ τὸ τοῦ διδασκαλικοῦ λόγου καθαρὸν καὶ διαυγὲς, ⟨ὅτι ἀφ᾽ οὗ τὸ⟩ σωτήριον ἔλαβεν βάπτισμα οὔτε ὤμοσεν οὔτε ὀμόσαι ⟨παρεκελεύσατό τινα⟩, οὔτε τινὸς κατελάλησεν οὔτε ἐψεύσατο, οὔτε εὐτράπελα ἐλάλησεν οὔτε εὐτραπελίαν ἐδέχετο.

S. 7, 18: *προχειρισθέντος οὖν αὐτοῦ*] Die Chronographen schreiben, wie wir gesehen, dem Johannes eine zehnjährige Amtsdauer zu. G. Henschen setzt deshalb seinen Regierungsantritt in 606, was ganz unhaltbar ist. Denn noch zu der Zeit, als Herakleios und Niketas die Erhebung in Afrika und Aegypten in Scene setzten (609), war nicht Johannes, sondern Theodoros Skribon Erzbischof von Alexandrien (Johannes von Niḳiû in Notices et extraits XXIV 1 p. 542, 543). In demselben Jahre 609 ward er von den politischen Gegnern, d. h., wie sich aus Johannes von Niḳiû ergiebt, den Anhängern des Herakleios, ermordet. Chron. pasch. 699, 4. Damals war Phokas noch Kaiser. Der Sitz muss also zeitweise vacirt haben (Gutschmid Kl. Schr. II 471). Denn Symeon Metaphrastes, d. h. die in solchen Dingen unbedingt zuverlässigen Zeitgenossen Johannes und Sophronios, melden ausdrücklich, dass Herakleios (Ἡράκλειος δὲ ἦν τότε τὰ Ῥωμαίων σκῆπτρα διέπων 109,29) auf Bitten der Alexandriner und des Augustalis und Dux Niketas ihn als Erzbischof eingesetzt habe. Da aber Herakleios erst am 5. Oktober 610 von dem Patriarchen Sergios gekrönt worden ist, fällt Johannes' Ernennung zum Patriarchen Ende 610 oder Anfang 611. A. von Gutschmid (l. c. S. 472) hält den von den jungen Usuardushandschriften überlieferten 13. Juli für den Inthronisationstag. Indessen auf diese spät und schlecht überlieferten Daten ist nichts zu geben, da die ältesten lateinischen Martyrologien Johannes überhaupt nicht kennen. Im spätern Mittelalter war, wie die Gründung des Johanniterordens erweist, der Patriarch von Alexandrien eine der populärsten Heiligengestalten, was er fraglos in hohem Grade verdiente. Aber diese Beliebtheit scheint erst durch die vielgelesene, in ihrer Art treffliche Uebersetzung des Anastasius Bibliothecarius hervorgerufen zu sein. Sie ist also nicht älter als das IX. Jahrhundert. Die verschiedenen Daten (23. Januar, 13. Juli) scheinen die der Jahresfeste zu sein, welche von den Priesterschaften zu Ehren des heil. Johannes von Alexandria eingeführt wurden. Denn das Translationsdatum vom 23. Januar erscheint mir höchst verdächtig; wie soll der lateinische Mönch das Datum der ersten Translation (nach Konstantinopel) kennen? Die zweite (nach Buda) fällt erst in die Türkenzeit. Historischen Werth hat nur das von Leontios überlieferte Datum des Todestags, das Fest des heil. Menas = 11. November.

S. 13, 9: $K\omega\nu\sigma\tau\alpha\nu\tau\tilde{\iota}\nu o\varsigma\ \delta\ \mu\epsilon\tau\dot{\alpha}\ {'H\varrho\dot{\alpha}\varkappa\lambda\epsilon\iota o\nu}\ \beta\alpha\sigma\iota\lambda\epsilon\dot{\upsilon}\sigma\alpha\varsigma$] Konstantinos (officiell: '$H\varrho\dot{\alpha}\varkappa\lambda\epsilon\iota o\varsigma\ \nu\acute{\epsilon}o\varsigma\ K\omega\nu\sigma\tau\alpha\nu\tau\tilde{\iota}\nu o\varsigma$ oder '$H\varrho\dot{\alpha}\varkappa\lambda\epsilon\iota o\varsigma\ \delta\ \mu\iota\varkappa\varrho\grave{o}\varsigma\ \delta\ \varkappa\alpha\grave{\iota}\ \nu\acute{\epsilon}o\varsigma\ K\omega\nu\sigma\tau\alpha\nu\tau\tilde{\iota}\nu o\varsigma$), der Sohn des Herakleios und der Eudokia, wurde am 3. Mai der XV. Indiction (= 612) geboren. Chron. pasch. 702, 16; Theophan. 300, 7. Gekrönt wurde er den 22. Januar der I. Indiction (613), Chron. pasch. 703, 18, während Theophanes (300, 14) dies Ereignis auf den 25. December der I. Ind. verlegt. Allein dies ist falsch; denn der gleichzeitige Verfasser der Osterchronik zählt die Jahre seiner Mitregentschaft stets vom 22. Januar. Vgl. S. 704, 3; 11; 705, 16 u. s. f. Er erscheint als Mitregent während der ganzen Regierung seines Vaters in den Urkunden, z. B. 619: „Dat. VIII. Kaland. Maias C P. dominorum nostrorum piissimorum perp. Augg. Heraclii anno VIIII, et Heraclii novi Constantini filii ipsius ann. VII." Zachariae, ius Graeco-Romanum III p. 40. 629: l. c. p. 48. „XXII m. Ianuarii anni XVIII imperii Heraclii piissimi imperatoris et XVI Constantini eius filii." Vita Anastasii Persae AA. SS. m. Ian. T. II 436. Nach dem Frieden mit den Persern (628) heirathete er Gregoria, die Tochter des Patricius Niketas, welche schon dem achtmonatlichen Knaben verlobt worden war. Nikephoros 9, 6; 21, 21. Kedrenos (I 753, 14) nennt seine Gattin Anastasia: $\gamma\upsilon\nu\grave{\eta}\ \delta\grave{\epsilon}\ \tau o\acute{\upsilon}\tau o\upsilon\ {'A\nu\alpha\sigma\tau\alpha\sigma\acute{\iota}\alpha}\ \tilde{\eta}\tau\iota\varsigma\ \mu\epsilon\tau\grave{\alpha}\ \tau\epsilon\lambda\epsilon\upsilon\tau\grave{\eta}\nu\ \sigma\upsilon\nu\epsilon\tau\acute{\alpha}\varphi\eta\ \tau\tilde{\omega}\ \iota\delta\acute{\iota}\omega\ \dot{\alpha}\nu\delta\varrho\acute{\iota}$. Es scheint hier eine Verwechslung mit Anastasia, der Gattin des Tiberios, vorzuliegen, von der gleichfalls berichtet wird, dass sie mit ihrem Gatten begraben ward (Theoph. 271, 30), oder, wie Du Cange (Hist. Byz. p. 119) meint, mit der Frau des Konstantinos Pogonatos. Consul wurde er nach Theophanes (301, 16) am 1. Jan. 617, nach Nikephoros (22, 26) kurze Zeit nach Herakleios' siegreichem Einzuge in Konstantinopel 628, also wäre er demnach Consul des Jahres 629 gewesen. Nach Herakleios' Tod bestieg er den Thron; aber über Tag und Monat herrscht Unsicherheit. Nikephoros 27, 17 sagt von Herakleios: $\dot{\epsilon}\tau\epsilon\lambda\epsilon\acute{\upsilon}\tau\alpha\ \zeta\acute{\eta}\sigma\alpha\varsigma\ \ddot{\epsilon}\tau\eta\ \overline{\xi\varsigma},\ \dot{\epsilon}\nu\ \delta\grave{\epsilon}\ \tau\tilde{\eta}\ \beta\alpha\sigma\iota\lambda\epsilon\acute{\iota}\alpha\ \delta\iota\alpha\nu\acute{\upsilon}\sigma\alpha\varsigma\ \ddot{\epsilon}\tau\eta\ \overline{\lambda},\ \mu\tilde{\eta}\nu\alpha\varsigma\ \overline{\delta},\ \dot{\eta}\mu\acute{\epsilon}\varrho\alpha\varsigma\ \overline{\varsigma}$. Da er nun den 5. Oktober 610 den Thron bestieg ($\tau\tilde{\eta}\ \overline{\varsigma}\ \tau o\tilde{\upsilon}\ \dot{o}\varkappa\tau\omega\beta\varrho\acute{\iota}o\upsilon\ \mu\eta\nu\acute{o}\varsigma$ Chron. pasch. 700, 14 hat A. Pagi richtig in $\tau\tilde{\eta}\ \overline{\epsilon}$ emendirt; denn der Tag war ein Montag, und dieser fiel 610 auf den 5. Oktober), muss er den 11. Februar gestorben sein. Damit stimmt Johannes von Niḳiû S. 563 überein, welcher seinen Tod in Ind. XIV, Dioclet. 357 (= 641) und in den Monat Yakatît ansetzt, der dem römischen Februar entspricht. Um zwei Jahre verrechnet sich Ibn Rahib (chron. or. p. 46), welcher ihn Sonntags, den 9. Februar (= 15. Amšîr) im J. 954 (642/3) Alexanders sterben lässt. Nun ist aber der 7. Februar 641 gleichfalls ein Sonntag, und das wird auch Herakleios' wahrer Todestag sein. Daneben existirt noch eine schlechtere Tradition. Michael der Grosse nämlich (Ausgabe von Jerusalem S. 310; in Langlois' Uebersetzung fehlt die Angabe der Monate) berichtet folgendermassen: „In demselben Jahre starb Herakl, nachdem er 30 Jahre und 5 Monate regiert hatte. Und Kaiser ward Koṣtandianos, sein Sohn, 4 Monate." Danach müsste Herakleios erst im März gestorben sein, und das überliefert Theophanes 341, 12: τούτῳ τῷ ἔτει (641) τελευτᾷ Ἡράκλειος ὁ βασιλεὺς μηνὶ Μαρτίῳ ἰνδ. ιδ, ὑδεριάσας, βασιλεύσας ἔτη λ καὶ μῆνας ϛ. Den Todestag giebt Kedrenos I 752, 14: μηνὶ Μαρτίῳ ια. Ueber die Regierung Konstantins handelt am genauesten Nikephoros 29, 5: συμβασιλεύσας δὲ τῷ πατρὶ ἔτη κη̄ (613—641) καὶ ἐπιβιοὺς εἰς τὴν βασιλείαν ἔτι ἡμέρας ργ ἐτελεύτησε. Offenbar aus derselben Quelle schöpfte Johannes von Niḳiû, welcher ihn (S. 566) 100 Tage regieren lässt. Vier Monate giebt ihm mit Theophanes und Michael auch Barhebraeus, welcher Herakleios' Tod falsch in das Jahr der Griechen 951 (639/40) setzt. Konstantin starb demgemäss nach Nikephoros und den Aegyptern den 25. Mai, nach den schlechtern Quellen den 22. Juni 641. Ueber seine Regierung handelt Nikephoros S. 28, 11 — 29, 7 am genauesten, vgl. auch Sebêos in der Geschichte Herakl's S. 111—113 Patkanian und Johannes von Niḳiû S. 564 ff. Die Vergiftung durch Martina berichtet ausser den übrigen auch der zeitgenössische Sebêos. Da indessen Nikephoros und Johannes von Niḳiû seine Gesundheit als längst erschüttert hinstellen und ersterer nur Befürchtungen des Philagrios wegen Nachstellungen der Stiefmutter ausspricht, scheint es ein allerdings schon in der damaligen Zeit verbreitetes hauptstädtisches Gerücht zu sein. Konstantinos war, wie sein Vater, ein Fürst von wahrhaftiger Frömmigkeit; er wird deshalb von Leontios hochgepriesen und mit Konstantin dem Grossen verglichen. Zonaras XIV 18 behauptet, er sei orthodox gewesen; dafür scheint der von Papst Johannes IV anlässlich seiner Thronbesteigung erlassene Gratulationsbrief zu sprechen, worin er die Hoffnung ausspricht, dass mit seinem Regierungsantritt die Orthodoxie (recta fides) siegen werde (Mansi X 683). Allein Georgios Monachos (571, 20) sagt mit dürren Worten, er sei Monothelet gewesen: μετὰ δὲ 'Ηράκλειον ἐβασίλευσε Κωνσταντῖνος ὁ υἱὸς αὐτοῦ ὁ λεγόμενος 'Ηρακλωνᾶς (l. 'Ηράκλειος) μονοθελητὴς καὶ αὐτός. So fällt des späten Zonaras Zeugniss in sich zusammen, zumal Leontios, der heimliche Gönner der Monotheleten, Konstantins Frömmigkeit so sehr preist.

S. 13, 11: οἱ Πέρσαι ἀνελθόντες ἠχμαλώτευσαν καὶ ἐπραίδευσαν τὴν Συρίαν] Theophanes (299, 14) setzt den Heereszug der Perser gegen Syrien in den Mai der XIV. Ind. — 611; sie erobern Apameia und Edessa und besiegen die Römer bei Antiochia. Ungefähr dasselbe meldet Barhebraeus in der arabischen Chronik S. 98; er berichtet ebendaselbst (und in der syrischen Chronik S. 99) sogar von der Einnahme Antiochiens durch die Perser. Nach Sebêos (S. 81 Patkanian) ist Herakleios selbst gegen die Perser ausgezogen, erlitt aber erst bei Antiochien, dann bei den kilikischen Thoren schwere Niederlagen, worauf die Perser Tarsos einnahmen und ganz Kilikien eroberten.[1]) Der zeitgenössische Thomas presbyter (Land, anecdot. Syr. I 115) meldet, dass im J. 921 der Seleuciden (609/10) die Perser Edessa, Karrae, Kallinikos und Kirkesion eroberten. Während des Winters überschritten sie den Euphrat. Erst im August desselben Jahres (610, Land falsch 611) eroberte Šahrvarîz auf dem Westufer Zenobia (das heutige Ḥalebîje), und im folgenden Jahre 922 (610/11) nahmen die Perser Emesa. Damaskos hat Romiûzan, zubenannt Šahrbaráz (Šahrvarîz der Syrer, Šahrparz der Armenier), nach Michael dem Grossen und Barhebraeus 614, nach Theophanes 6105 (612/3) erobert. Letztere Angabe ist richtig; denn sie wird durch Thomas presbyter bestätigt.

S. 14, 6: προσανήνεγκαν οἱ τὴν διάδοσιν πεπιστευμένοι περὶ αὐτῶν] Codex B ist hier lückenhaft; dagegen führt L fort: ὧν εἷς ἦν καὶ Θεόδωρος ὁ νῦν ἁγιώτατος ἐπίσκοπος τῆς Ἀμαθουντιαίων πόλεως. Wie Sophronios und Johannes berichten, wurde Bischof Theodoros von Amathus mit Anastasios, dem Vorstande vom Berge des hl. Antonios, und Bischof Gregorios von Rhinokorura durch den Patriarchen Johannes nach Jerusalem geschickt, um nach dessen Zerstörung die Gefangenen von den Persern loszukaufen. Dieser Theodoros, der schon 614 Bischof ist, muss demnach sehr lange im Amte gewesen sein, da Leontios nach 641 schreibt. Le Quien hat ihn übergangen.

S. 19, 6: ἕνα δόρκωνα] Der Berolinensis (F) schreibt δρόμωνα,

---

1) Er setzt diese Ereignisse in Konstantins Consulatsjahr (613). Für die Schlacht von Antiochien ist das sicher falsch.

und so zu lesen hat auch irrig Du Cange s. v. vorgeschlagen. Es ist eine wegen ihrer Fahrschnelligkeit nach den Gazellen (δόρκων — δορκάς Athen. IX 397 A, cantic. Solom. II 17) benannte Schiffsart. Aehnliche Schiffsbenennungen sind κάνθαρος: πλοίου ὄνομα κοινόν Athen. XI 473 D. καὶ πλοίου εἶδος Hesych. s. v. Ναξιουργὴς κάνθαρος Aristoph. Pax 143; πλοῖα ἦν οὕτω λεγόμενα κάνθαροι ἐν Νάξῳ γενόμενα schol. l. c. — κύκνος: ἡ ναῦς δὲ πότερ' εἰκόσορός ἐστιν ἢ κύκνος ἢ κάνθαρος Nikostratos in einem Fragmente aus dem διάβολος bei Athen. XI 474 B. ἔστι καὶ εἶδος πλοίου Et. M. s. v. κύκνος. — κάραβος: σημαίνει καὶ τὴν ναῦν Et. M. s. v. κάραβος. — κριός und τράγος: ἔστι δέ τινα πλοῖα Λύκια λεγόμενα κριοὶ καὶ τράγοι Pollux I 83, vgl. D. Ruhnken, opusc. I S. 421 ff. — Ueber den ausgebreiteten Seehandel, welchen die Kirche des hl. Marcus trieb, ist namentlich cap. XIII (S. 28, 1) zu vergleichen — zwei δόρκωνες bringen zur Zeit der Hungersnoth Getreide aus Sicilien — und cap. XXVIII (S. 60, 9 ff.), wonach die sämmtlichen der Kirche gehörigen Schiffe eine Handelsexpedition nach dem adriatischen Meere unternehmen. Schon unter Johannes' zweitem Vorgänger Eulogios (580—607) blühten diese maritimen Unternehmungen der alexandrinischen Kirche. Sein römischer College, Gregor der Grosse, schickte dem Oberpriester des holzarmen Aegyptens Schiffbauholz, Gregorii epist. V 60: Nos vero quia videlicet peccatores sumus, ab occidente vobis ligna transmisimus, quae construendis apta navibus, nostrae mentis tumultum signantia in marinis semper fluctibus agitantur; et quidem maiora transmittere voluimus, sed haec navis angusta non recepit; vgl. auch VI 37; VII 29.

S. 19, 25: εἰς Πεντάπολιν] Der Berolinensis hat: ἐφθάσαμεν πόλει τινὶ καλουμένῃ Πεντάπολις. Ein ähnlicher Irrthum findet sich in Henschen's Commentar: „statio navium Alexandriae: forte a tot urbibus istic negotiantibus excitata." Symeon hat auch verkehrt (Migne 114, 909 C) ὡς γὰρ τὴν Δεκάπολιν ἤδη κατέλαβον πλέοντες. Officiell hiess die Cyrenaïca damals allerdings das obere Libyen (ἐπαρχία Λιβύης τῆς ἄνω Hierocl. 732, 8; τῆς ἀνωτέρας acta Nicaena Morelli p. 226, vgl. Georg. Cypr. S. 141); aber der alte Name, welchen z. B. Synesios ständig braucht, war selbst im VII. Jahrhundert noch nicht ausser Gebrauch gekommen. Das beweisen ausser Leontios sein älterer Zeitgenosse Johannes Moschos prat. spir. 152 und 195, Georg. Cypr. v. 788, Johannes v. Niḳiû S. 541, 542, 573, 578. Im Gegentheil wird man wohl richtiger sagen, dass der officielle Name der Theodosioszeit später wieder verschwand; denn in der allerletzten Zeit des Griechenthums (während und nach dem Aufstande des Patricius Gregorios) wird nur der Name Pentapolis und dazu noch in officiellen Actenstücken gebraucht. Vgl. acta S. Maximi confessoris (Migne 90, 112): σὺ γὰρ μόνος Αἴγυπτον καὶ Ἀλεξάνδρειαν καὶ Πεντάπολιν καὶ Τρίπολιν καὶ Ἀφρικὴν Σαρακηνοῖς παρέδωκας. Vgl. vita ac certamen S. Maximi (Migne l. c. 89); Theophanes 298, 20; Nikephor. 21, 22.

S. 20, 14: καὶ οὐ ξένον τὸ θαῦμα, ὦ φιλόχριστοι] Die Exemplificirung mit alt- und neutestamentlichen Wundern zur geschichtlichen Erhärtung des eigenen Wunderberichts gehört zum üblichen Apparat der mönchischen Apologetik und Rhetorik. Pallad. 1060 D: καὶ τί τοῦτο θαυμαστὸν παρὰ ἀνδράσι τῷ κόσμῳ ἐσταυρωμένοις εὐεργετηθεῖσαν εἰς δόξαν τοῦ θεοῦ καὶ τιμὴν τῶν δούλων αὐτοῦ ὕαιναν εὐαισθητήσασαν ξένια τούτοις κομίσαι; ὁ γὰρ τοὺς λέοντας ἐπὶ τοῦ προφήτου Δανιὴλ ἡμερώσας καὶ ταύτῃ τῇ ὑαίνῃ σύνεσιν ἐχαρίσατο. — Cyrill. Scythop. v. S. Sabae p. 226 A Coteler: ὁ γὰρ ἐπὶ τῆς Βαβυλωνίας θαυματουργήσας θεὸς καὶ σὺν τοῖς σαρραβάροις καὶ ταῖς τιάραις τοὺς τρεῖς παῖδας ἀφλέκτους διαφυλάξας, αὐτὸς καὶ τὴν ἐσθῆτα τὴν ἐν τῷ φούρνῳ ἄκαυστον διετήρησεν δι' αὐτῆς τὴν ἐπὶ τῷ οἰκείῳ αὐτοῦ παιδὶ Σάβᾳ μέλλουσαν ἐκλάμπειν θείαν ἅπασιν ἀνακηρύττων χάριν. — Derselbe p. 291 C: ὁ γὰρ τὸ ὕδωρ εἰς οἶνον μεταβαλὼν Χριστὸς ὁ θεὸς ἡμῶν αὐτὸς καὶ τὸ ὄξος εἰς οἶνον μεταβάλαι δυνατός ἐστι.

S. 23, 5: Νικήτας ὁ πατρίκιος] Im J. 609, nachdem Herakleios der Patricius und Exarch von Afrika und der ihm unterstehende dux militum (ὁ ὑποστρατηγὸς αὐτοῦ Theophan. 295, 30) Gregoras oder Gregorios (Grigor bei Michael d. G. S. 285) von Phokas abgefallen waren, wurde Herakleios der Sohn mit der Flotte gegen die Residenz, und Niketas, der Sohn des Gregorios, mit dem Landheer gegen Aegypten geschickt. Die beiden westlichsten Provinzen dieser Diöcese, Tripolis und Pentapolis, fielen ihm mit ihren Beamten sogleich zu, sodass er gegen Aegypten selbst vorgehen konnte, das nach Besiegung des Bonosus ebenfalls zu ihm übertrat (vgl. den ausführlichen wichtigen Bericht des Johannes von Niḳiû cap. 107 und 108). Niketas stand nun bis 619 an der Spitze der ägyptischen Verwaltung. Bei Leontios heisst er stets nur ὁ πατρίκιος. Er war praefectus praetorio Augustalis und dux (vgl. Barhebr. hist. eccl. I 270). Wie die Exarchen von Italien allmählich auch die civilen Functionen des praefectus praetorio per Italiam an sich nahmen, so ist umgekehrt auf den ursprünglich rein civilen Augustalis durch Justinian auch die Militärgewalt des dux übertragen worden. Vgl. lex de dioecesi Aegyptiaca cap. I § 2. 4. 10. So blieb es auch unter den spätern Kaisern. Georg. Cypr. v. 709: Ἀλεξάνδρεια ὑπὸ δοῦκα καὶ αὐγουστάλιον. Joannes von Nikiû S. 542: „Jean le gouverneur de la province qui était préfet du palais (augustal) et commandant militaire à Alexandrie" (i. J. 609). Zur Zeit des arabischen Einbruchs war Theodoros oberster Befehlshaber über das Militär (derselbe S. 553, 556 u. s. f.); eben dieser heisst auch Augustalis (S. 576, 583). Nach dem Sturze von Phokas' Schwiegersohne Priskos wurde Niketas den 5. Dec. 612 auch comes excubitorum. Chron. pasch. 703, 11. 614 nach der Zerstörung Jerusalems hat er den hochwürdigen Schwamm (14. September) und die hl. Lanze (28. Oktober) nach der Reichshauptstadt geschickt; er war demnach bereits nach Aegypten zurückgekehrt. Er blieb in seiner Stellung als Augustalis bis zum Persereinbruch. Mit Johannes war er eng befreundet, und man wird zugeben müssen, dass das gegenüber dem bei aller Heiligkeit oft etwas unbequemen Hierarchen für das politische Geschick und das conciliante Wesen des weltlichen Oberbeamten spricht. Seiner staatsmännischen Fähigkeit — es passt das ganz in das sehr verständige Programm von Herakleios' Kirchenpolitik — macht es Ehre, dass er sich eingehend auch mit den monophysitischen Kirchenangelegenheiten beschäftigte. Als Athanasios καμηλάριος, der Patriarch von Antiochien, nach Aegypten kam, wurde unter der Leitung des Niketas die Union der seit Damians Zeiten getrennten monophysitischen Kirchen von Antiochien und Alexandrien bewerkstelligt. Barhebraeus hist. eccl. 270 setzt das in d. J. d. Griechen 927 (616), Thomas presbyter (Land anecd. I 115) wohl richtiger in 618. Wie wenig Erzbischof Johannes und seine Berather mit dieser Regierungspolitik übrigens einverstanden waren, zeigt der scharfe Ausfall des Sophronios (epist. synod. ad Sergium CP. Migne 87 c 3193 A) gegen die Freunde und Förderer der Union: ἀνάθεμα ἔστωσαν καὶ κατάθεμα Ἀθανάσιός τε ὁ Σύρος καὶ ὁ Ἀποξυγάριος Ἀναστάσιος καὶ οἱ τὴν τούτων ἀσύμβατον σύμβασιν ἀσυμβάτως τε καὶ ἀμαθῶς προσιέμενοι κτλ. Derselbe ist sicher auch auf Niketas und die damalige kaiserliche Kirchenpolitik gemünzt.

Beim Herannahen der Perser (Sommer 619) floh Niketas mit dem Erzbischof nach Konstantinopel. Später wurde er Exarch von Africa. Dies folgt aus dem Eingang der von Combefis publicirten διήγησις ψυχωφελής (auctarium novissimum I S. 324). Ueberschrift und Texteingang lauten im Palat. graec. 364 (s. XIV) fol. 95ʳ nach gefälliger Mittheilung von Dr. J. Tschiedel so: Θαῦμα γενόμενον ἐν τῇ Ἀφρικῇ ἐν πόλει Καρταγένης. πάτερ εὐλόγησον (am Rande λόγος ᾱ). — Ἐν τοῖς χρόνοις Ἡρακλείου τοῦ βασιλέως καὶ Νικήτα πατρικίου ἐν Ἀφρικῇ θαῦμα γέγονε τοιοῦτον. ταξεώτης τις ἦν ἐν τῇ πόλει Καρταγένῃ· θανατικοῦ δὲ καταλαβόντος τὴν πόλιν, ἀπῄει ἐν τῷ ἰδίῳ προαστεσίῳ μετὰ τῆς γυναικὸς αὐτοῦ, ὡς δῆθεν φεύγων τὸν θάνατον κτλ. Im Beginn von Herakleios' Regierung war sein Vater noch Exarch, der bald darauf starb (Johannes v. Nikiû S. 553). Sein Nachfolger scheint der patricius Caesarius gewesen zu sein, welcher 616 mit König Sisebut Frieden schloss. Niketas kann dieses Amt erst nach 619 bekleidet haben. Da nun sein Vater Gregorios heisst und der letzte Exarch, welcher, von Kaiser Konstans abgefallen, den Arabern erlag, gleichfalls den Namen Gregorios führt, scheint dieser letztere Niketas' Sohn gewesen zu sein, welcher wegen der grossen Verdienste von Vater und Grossvater um das Reich ersterem in der Statthalterwürde Africas nachfolgte. Der 639 erwähnte Niketas, welcher mit andern Grosswürdenträgern des Reichs des Kaisers Herakleios' feierlicher Procession zur Sophienkirche beiwohnte (Constantin. de cerim. II 28), ist der Sohn des Šahrbarâz, da unser Niketas bereits 629 todt war. Nikeph. 21, 24.

S. 25, 13: ὡς καὶ σύντεκνον γενέσθαι] Symeon Metaphr. IV (Migne 114, 916 A): ὡς καὶ ἀνάδοχον τῶν αὐτοῦ παίδων γενέσθαι τὸν πατριάρχην. Johannes war demnach Pathe von Konstantins Gattin und vom Usurpator Gregorios.

S. 28, 8: cap. XIV περὶ τοῦ κακοτρόπου κληρικοῦ] Ein ähnliches Geschichtchen berichtet Johannes Moschos 3016 D vom hl. Gregorius dem Grossen, welcher, als der persische Abt Johannes sich nach Orientalensitte vor ihm prosternirte, sich gleichfalls vor ihm niederwarf und nicht eher aufstand, als bis der Abt ein gleiches that. Ebenderselbe erzählt 3101 B, wie ein Bischof seinen hadernden Collegen durch ähnliche Demuth überwand.

S 29, 7: τοῦ διακόνου τὴν καθολικὴν ὑπάγοντος πληρῶσαι εὐχήν] Unter den verschiedenen Gebetsformeln, welche der Diakon zu recitiren pflegt, ist die wichtigste die sg. grosse Collecte ἡ μεγάλη συναπτή oder τὰ εἰρηνικά; er muss sie mit lauter Stimme (ἐκφώνως) sprechen. Sie beginnt: ἐν εἰρήνῃ τοῦ κυρίου δεηθῶμεν (vgl. die Liturgie des hl. Johannes Chrysostomos. Bibl. vet. Patrum. Paris 1624 II p. 65). In der Liturgie des hl. Jakobos Adelphotheos heisst sie die allgemeine Collecte l. c. p. 8: ὁ διάκονος ποιεῖ καθολικὴν συναπτήν. Sonderbar ist nun, dass gerade in der unter Marcus' Namen gehenden Liturgie der Diakon zwar das Evangelium recitirt, aber der Priester die Collecte verliest (l. c. p. 29). Und dieser Gebrauch herrscht auch in der koptischen Kirche. Denn nach der bei ihnen gebräuchlichen Liturgie des hl. Basileios recitirt der Diakon das Evangelium arabisch, und hierauf absolvirt der Priester ein der allgemeinen Collecte entsprechendes Gebet. (Neale, history of the holy eastern church. general introduction I S. 417, 419). Demnach scheinen die Katholiken oder Melikiten Alexandrias der Liturgie des hl. Jakobos oder Gregorios gefolgt zu sein. Theodoros Balsamon bemerkt bezüglich der Liturgie des hl. Jakobos, dass sie in der Diöcese Jerusalem bei den grossen Festen in Anwendung komme (ebendieselbe schrieben die Alexandriner dem hl. Markos zu), und erwähnt dann, dass einmal der Patriarch von Alexandrien nach der Liturgie des hl. Jakobos in der Sophienkirche habe celebriren wollen: μέλλων γὰρ λειτουργῆσαι μεθ' ἡμῶν καὶ τοῦ οἰκουμενικοῦ ἐν τῇ μεγάλῃ ἐκκλησίᾳ, ὥρμησε κρατεῖν τὸ τῆς τοῦ Ἰακώβου λειτουργίας κοντάκιον, ἀλλ' ἐκωλύθη παρ' ἡμῶν, καὶ ὑπέσχετο λειτουργεῖν, καθὼς καὶ ἡμεῖς. Beveridge συνοδικόν I 193.

S. 29, 8: καὶ τοῦ ἁγίου καταπετάσματος ὑψοῦσθαι μέλλοντος] Der hl. Germanos unterscheidet vier Arten von Decken in der Theorie von den Kirchensachen, Migne 98, 400: τὸ εἰλητὸν σημαίνει τὴν σινδόνα ἐν ᾗ ἐνειλήθη τὸ σῶμα τοῦ Χριστοῦ, ἐκ τοῦ σταυροῦ καταβὰν καὶ ἐν μνήματι τεθέν. καὶ ἡ ἐπάνω κάλυψις τοῦ δίσκου ἐμφαίνει τὴν σινδόνα ᾗ εἴλιξαν τὸ σῶμα τοῦ κυρίου. τὸ δὲ δισκοκάλυμμά ἐστιν ἀντὶ τοῦ σουδαρίου τοῦ ὄντος ἐπὶ τοῦ προσώπου περικαλύπτοντος αὐτὸ ἐν τῷ τάφῳ. τὸ καταπέτασμα [ᾔτουν ὁ ἀήρ] ἐστι καὶ λέγεται ἀντὶ τοῦ λίθου οὗ ἠσφαλίσατο τὸ μνημεῖον ὁ Ἰωσὴφ ὅπερ ἐσφράγισεν ἡ πλὰξ τῆς κουστωδίας. Die Worte ἤτουν ὁ ἀήρ sind zweifelsohne zu streichen; denn καταπέτασμα und ἀήρ sind grundverschieden. Der ἀήρ ist das Corporale, das weisse Tuch, mit dem die zu consecrirenden mystischen Elemente bedeckt werden. Zwei ἀέρες erwähnt Constantin de cerim. aul. byz. I 1 p. 15, 19: εἶθ' οὕτως ἁπλοῦσιν ἐπάνω τῆς ἁγίας τραπέζης τοὺς δύο κατὰ τὸ εἰωθὸς λευκοὺς ἀέρας, vgl. Reiskes Commentar S. 108 ff. Das καταπέτασμα dagegen ist ein oberhalb der ins Sanctuarium führenden ὡραία πύλη befestigter Vorhang, welcher den Altar und die daselbst Ministrirenden dem Auge der Laien verhüllt. Vgl. Johannes Moschos prat. spir. 3016 C: ἀλλὰ καὶ τὸ καταπέτασμα κείμενον ἐπάνω τοῦ ἁγίου θυσιαστηρίου αὐτομάτως ἐπήρθη καὶ ἐσκέπασεν τόν τε πάπαν καὶ τὸν ἐπίσκοπον καὶ ὅλους τοὺς παρισταμένους τοὺς διακόνους σὺν τῷ ἁγίῳ θυσιαστηρίῳ ἐπὶ ὥρας τρεῖς. Auch der hl. Germanos unterscheidet an einer andern Stelle genau zwischen 'καταπέτασμα' und 'ἀήρ'. c. 426: ἡ δὲ τῶν θυρῶν κλεῖσις καὶ ἡ ἐπάνωθεν τούτων ἐξάπλωσις τοῦ καταπετάσματος, ὡς οἱ ἐν τοῖς μοναστηρίοις εἰώθασι, καὶ ἡ διὰ τοῦ λεγομένου ἀέρος τῶν θείων ἐπικάλυψις, ὡς οἶμαι, τὴν νύκτα ἐκείνην δηλοῖ κτλ. c. 428: αἱρομένου δὲ τοῦ ἀέρος καὶ τοῦ καταπετάσματος συστελλομένου, τῶν θυρῶν τε ἀνοιγομένων ἡ πρωΐα διατυποῦται. In den Liturgien heisst es bald, das καταπέτασμα wird zurückgezogen, bald der ἀήρ wird abgelegt. Dem Sinne nach kommt beides auf das nämliche hinaus, d. h. die heilige Handlung beginnt. Nach dem hl. Germanos findet das καταπέτασμα nur in den Klöstern Anwendung. So erklärt sich, dass in der Liturgie des hl. Chrysostomos nur der Entfernung des Corporale gedacht wird l. c. p. 74: ὁ δὲ ἱερεὺς ἄρας τὸν ἀέρα ἐπετίθησε τῷ ἀριστερῷ ὤμῳ τοῦ διακόνου. Vgl. die Liturgie des hl. Basileios l. c. p. 45: μετὰ τὴν ἐκφώνησιν ὁ ἱερεὺς ἐξαπλοῖ τὸ εἰλητὸν κατὰ τὸ σύνηθες. Wiederum ist es die Liturgie des hl. Jakobos, welche des καταπέτασμα gedenkt. Nach der Recitation der allgemeinen Collecte und nach Vollendung des Consecrationsgebetes folgt die εὐχὴ τοῦ καταπετάσματος (l. c. p. 11). Die auf unsere Stelle bezüglichen Worte lauten: καταξιωθέντες οὖν εἰσελθεῖν εἰς τόπον σκηνώματος δόξης σου ἔσω τε γενέσθαι τοῦ καταπετάσματος καὶ τὰ ἅγια τῶν ἁγίων κατοπτεῦσαι. Ebenso hat die alexandrinische Liturgie des hl. Gregorios eine εὐχὴ τοῦ καταπετάσματος, und darauf folgt, was auf unsere Stelle zu passen scheint, eine εὐχὴ ἄλλη τοῦ καταπετάσματος παρ' Αἰγυπτίοις, vgl. Migne 36, 703, 704 und Renaudots Note 703.

S. 33, 6: ἀνεψιὸν ὀνόματι Γεώργιον] Diesen nicht gerade sehr kirchlichen Neffen des Erzbischofs hielt Baronius für seinen Nachfolger im Amte, den Erzbischof Georgios, „quod antiquitus in more esset positum ecclesiae Alexandrinae, ut defunctis illis episcopis qui praestantiores fuissent et eam illustrassent ecclesiam, aliquis ex eorum propinquis successor eligeretur, ut vidimus de Cyrillo, nepote Theophili, in locum eius subrogato". Er hätte noch hinzufügen können, dass auch der Patriarch Dioskoros II (516—518) der Neffe und der, wenn auch nicht direkte, Nachfolger seines Oheims Timotheos II Heluros (457—460 und 475—477) gewesen ist. Indessen diese Ansicht hat mit Recht bereits Rosweyde zurückgewiesen, vgl. auch Le Quien O. C. II 447. Georgios der Pariarch scheint mit seinem Vorgänger nicht verwandt gewesen zu sein. Er war ein Bruder des Präfecten Philiades. Johann v. Nikiû S. 571.

S. 34, 19: μήτε τὰς συνηθείας αὐτοῦ μήτε δημόσια μήτε τὸ ἐνοίκιν τοῦ ἐργαστηρίου αὐτοῦ] Es werden hier die verschiedenen Abgaben unterschieden, welche der Wirth zu zahlen hat. Das ἐνοίκιον ist klar, da das Wirthshaus Eigenthum der Kirche ist. δημόσια dagegen sind die δημόσιοι φόροι Nov. 8 praef, ἡ ἀπαίτησις A M 322, die tributa publica fiscalia. Dass der Erzbischof dazu kommt, diese zu erlassen, ist mindestens merkwürdig. Die συνήθεια ist der Zuschlag, welche der steuereintreibende Beamte für sich erhebt. ἐκτὸς δὲ τούτων (sc. τῶν λογισθέντων καὶ ἐγνωσμένων τῷ δημοσίῳ καὶ εἰσκομιζομένων ἐν τῷ βασιλικῷ κοιτῶνι) εἴωθεν ἀπαιτεῖν ὁ πράκτωρ καὶ ὑπὲρ τῆς ἑαυτοῦ ὠφελείας ἐφ᾽ ἑκάστῳ νομίσματι συνήθειαν, νομίσματος δωδέκατον ἤτοι μιλλιαρήσιον ἅ. A M 330. Für verpachtete Grundstücke erhebt man τὸ τελούμενον ἐμφυτευτικὸν τέλος καὶ τὴν συνήθειαν. Zachariae Ius. Gr. R. III 225. Unter dem ominösen Namen „Geschenk" oder „das Uebliche" (τὸ οἱονοῦν δῶρον ἢ τὰς λεγομένας συνηθείας Leo Tact. 19, 18) schlichen sich diese Missbräuche, welche vergeblich die strengsten Gesetze verboten, immer weiter ein; der Soldat entrichtete dem Offizier, der Mönch dem Klosterexarchen, der Priester dem Bischof für die Weihe seine συνήθεια.. Das Typikon der Kaiserin Eirene verordnet darum ausdrücklich, dass die Nonnen sollen aufgenommen werden δόσεως ἄνευ τινός· οὔτε γὰρ ἀποταγὴν παρέξει τις, οὔτε συνήθειαν, οὔτε προσένεξιν ἐπιζητηθήσεται οὔτε τὸ λεγόμενον τραπεζιτικόν. A M 162. Selten werden Beamte gewesen sein, wie jener dux, von dem Synesios mit feiner Anspielung rühmt: ὑπερεῖδε κερδῶν ἃ δοκεῖν εἶναι νόμιμα πεποίηκεν ἡ συνήθεια. Synesios ep. LXII p. 673 ed. Hercher.

S. 36, 17: οὐδεὶς πρὸ τῶν μνημοραλίων μηνύει] Dieser Sitte gedenkt Konstantinos Porphyrogennetos in den Cerimonien nirgends, weder I 38, wo er von der Krönung der Kaiser handelt, noch I 91—96, wo er die feierliche Proclamation mehrerer Kaiser aus officiellen Akten umständlich mittheilt. Auch Kodinos Kuropalates erwähnt im Capitel der Kaiserkrönung (de offic. 17) nichts dergleichen. Der Brauch scheint also im spätern Byzanz abgekommen zu sein. Dagegen eine andre Cerimonie soll den Kaiser an seine Niedrigkeit und Sterblichkeit erinnern; er hält in der linken die ἀκακία, einen aus Purpur gefertigten, mit Erde gefüllten Beutel. διὰ τοῦ χώματος (ὁ βασιλεὺς δείκνυσι) τὸ τὸν βασιλέα ταπεινὸν εἶναι ὡς θνητὸν καὶ μὴ διὰ τὸ τῆς βασιλείας ὕψος ἐπαίρεσθαι καὶ μεγαλαυχεῖν. Codin. Curop. de off. VI p. 51, 11 ed. Bonn. τὴν ἐξανάστασιν τῆς χοϊκῆς ἡμῶν οὐσίας ἐν ταῖς εὐωνύμοις κατέχουσι (οἱ βασιλεῖς) Constant. de cerim. II 52 p. 766, 9. In gewohnter gelehrter und trefflicher Weise handelt darüber Reiske im Commentar S. 663 ff. Für μνημοραλίων haben BE μνημοναλίων und Joël 43, 22 μνημοναρίων. Du Cange leitet ohne Frage mit Recht das Wort von dem allerdings erst aus viel jüngerer Periode zu belegenden μνημόριον, μνημοῦρι, μνημούρην: sepulcrum, monumentum ab. So viel ich sehe, kommt das Wort sonst nur noch in der Sage vom lebendig begrabenen Kaiser Anastasios vor: φασὶ δὲ αὐτὸν μετὰ τὸ ταφῆναι μεθ᾽ ἡμέρας τινὰς βοᾶν· 'ἐλεήσατέ με καὶ ἀνοίξατε'.

τῶν μνημοραλίων δὲ εἰπόντων· 'ἄλλος βασιλεύει' κτλ. Georg Hamart. ed. Muralt. 518, 26. Leo Grammat. ed. Bekker 120, 19 (= Cramer, Anecd. Paris. II 317, 11). In der Parallelversion des Kedrenos wird diese Sage von Zenon erzählt (vgl. auch Glykas 492, 9 und Zonaras XIV, 2). Statt μνημοράλιοι hat er aber I 622, 13: οἱ σωματοφύλακες οἱ ἐν τῷ τάφῳ τεταγμένοι und 22: οἱ φύλακες τῶν βασιλικῶν μνημάτων. Grabwärter ist sonst μνηματίτης, vgl. Sophronios bei Migne 87 C 3576 D: Ἰωάννην . . . τὸν μνηματίτην ἐπιλεγόμενον ὡς τῆς θεραπείας τοῦ τῶν ἁγίων προϊστάμενον μνήματος. Jedenfalls an unsrer Stelle sind die μνημοράλιοι die mit der Herstellung des kaiserlichen μνῆμα beschäftigten Werkleute, wie ja Leontios unmittelbar darauf erklärt: οἱ εἰρημένοι τῶν μνημάτων οἰκοδόμοι 36, 19. Die Bedeutungen schliessen sich nicht aus. Ohne Frage hat die in sich nach spätrömischer Sitte streng abgeschlossene Genossenschaft oder Zunft der kaiserlichen Grabbauleute, der μνημοράλιοι, auch das Recht der Ehrenwache an dem neu errichteten Grabmal gehabt. In dem Schriftchen περὶ τῶν τάφων τῶν βασιλέων (Constantin. de cerim. II 42 p. 642 ff. = Codinus de antt. CP. 203 ff.) wird genau das Material der kaiserlichen Sarkophage angegeben. Nach dem Bericht des Leontios scheint die Auswahl auf Bestimmung der einzelnen Kaiser zu beruhen.

S. 37, 11: τοῦ κυρίου . . . . τοὺς οἰκείους ναοὺς συγχωρήσαντος τοὺς ἐν Ἱεροσολύμοις ὑπὸ τῶν θεηλάτων Περσῶν ἐμπρησθῆναι] Theophanes 300, 30 lässt Jerusalem in Herakleios' fünftem Jahr (6106 = 613/4) erobert werden, im sechsten Barhebraeus chron. syr. S. 99 und Michael der Grosse S. 293 d. Ausg. v. Jerusalem. Das richtige Jahr 614 haben die Osterchronik 704, 13, welche diese Katastrophe in den Juni der II. Ind. setzt, und ebenso Thomas presbyter (Land anecd. Syr. I 115). Damit stimmt auch Sebêos überein, welcher dies Ereigniss in Chosrau's 25stes Jahr setzt. Nach der Rechnungsweise des Sebêos entspricht dieses dem Jahr 614. Er verlegt jedoch im Gegensatz zur Osterchronik die Einnahme auf den 19. Mai, und dies ist richtiger. Denn der Mönch Antiochos, der Zeitgenosse dieser Ereignisse, sagt, die Laura des hl. Sabas sei von den Ismaëliten verwüstet worden πρὸ μιᾶς ἑβδομάδος τοῦ παραληφθῆναι τὴν ἁγίαν πόλιν. Migne 89, 1424. Das Andenken der ermordeten Mönche wird gleichfalls in diesem Monat (am 15. Mai) gefeiert. Den vollständigsten Bericht über dies Ereigniss hat Sebêos, den ich hier nach der Ausgabe von Patkanian cap. 14 S. 81 in Uebersetzung beifüge: „Damals unterwarf sich auch das ganze Land der Palästinenser freiwillig der Botmässigkeit des persischen Königs, besonders der Rest des Volkes der Juden, indem er sich gegen die Christen empörte, und, den von den Vätern ererbten Hass wieder aufflammen lassend, übten sie gegen die Gemeinde der Gläubigen grosse Bosheit aus. Zu ihnen (den Persern) übergehend, verbanden und vereinigten sie sich mit ihnen. Damals befand sich das Heer des persischen Königs in Kesaria der Palästinenser, und sein Feldherr hiess Ṙazmiozan[1]), welcher ist Xoream; er unterhandelte mit Jerusalem, damit sie sich freiwillig seiner Botmässigkeit unterwürfen und in Friede und Blüte bewahrt blieben.

Zuerst nun schlossen sie einen Vertrag und unterwarfen sich seiner Botmässigkeit und überbrachten dem Feldherrn und den Fürsten herrliche Geschenke, und indem sie sich treue Männer als Statthalter ((v)ostikank') ausbaten, setzten sie dieselben über sich zur Bewachung der Stadt. Und nach Verfluss einiger Monate, als dort der gesammte Pöbelhaufen zusammengeströmt war, tödteten die jungen Männer der Stadt die Statthalter des persischen Königs und, sich empörend, schüttelten sie ihr Knechtschaftsjoch ab. Dann entstand Bürgerkrieg unter den Einwohnern der Stadt Jerusalem, Juden und Christen. Und da die Christen an Menge überlegen waren, schlugen und tödteten sie viele Juden. Und die übriggebliebenen von den Juden liessen sich von den Mauern hinab und gingen zum Heere der Perser über. Damals sammelte Xoream, welcher ist Eramikozan, sein Heer, und heranziehend bezog er ein Lager rings um Jerusalem und belagerte dasselbe. Und er führte gegen sie das Werk des Krieges 19 Tage: und von unten die Grundmauern der Stadt unterhöhlend, zerstörten sie die Wälle. Und es war am 19. Tage, im Monate Margaç, da es der 28. Tag des Monats war, im 25. Jahre der Regierung des Apruez Xosrov. Zehn Tage nach der Feier der Ostern eroberte das Heer der Perser Jerusalem und gebrauchte das Schwert bis an den dritten Tag und brachte alle Einwohner der Stadt um. Sie blieben im Innern der Stadt und verbrannten sie mit Feuer. Sie stellten eine Berechnung der Gefallenen auf, und es war die Zahl der Todten 57 000 Menschen und deren, welche sie lebendig gefangen hatten, 35 000 Menschen. Sie nahmen auch den Patriarchen gefangen, dessen Name war Zak'aria, und den Staurophylax (Xačapan). Und indem sie nach dem lebenspendenden Kreuze forschten, begannen sie dieselben zu foltern. Und viele Kleriker enthaupteten und tödteten sie in dieser Zeit. Dann zeigten sie den Ort, wo es verborgen war. Sie nahmen es und führten es ab in Gefangenschaft. Das Gold und

---

1) Von Patk. aus Gasmiozan der Handschrift corrigirt.

Silber der Stadt schmolzen sie ein und transportirten es nach der Pforte des Königs. Darauf kam bezüglich der in Gefangenschaft Gerathenen eine Verordnung vom König (des Inhalts, man solle) ihnen Gnade angedeihen lassen, die Stadt wieder aufbauen und sie (die Einwohner) einen jeden wieder in seiner alten Ordnung bestätigen. Und die Juden gebot der König aus der Stadt zu vertreiben. Und sie vollzogen schnell mit grosser Eile den Befehl des Königs. Und sie setzten als Oberpriester (Eriçapet) einen über die Stadt mit Namen Modestos, welcher nach Armenien folgenden Brief schrieb." (Es folgt cap. 15 S. 83 Brief des Seniors (Eriçû) Modestos an Têr Kumitas und Antwort des Kaťûlikos Kumitas an Modestos.)

S. 37, 15: τὸν ὅσιον Μόδεστον τὸν πατριάρχην Ἱεροσολύμων] Unrichtig nennt Leontios den Modestos Patriarch von Jerusalem. Denn Zacharias hatte trotz seiner Abführung in die persische Gefangenschaft keineswegs abdicirt. In dem von F. Combefis veröffentlichten Brief an das verwaiste Jerusalem (τῇ ἀποιμάντῳ ποίμνῃ Ἱερουσαλήμ) nennt er sich darum: ποιμὴν ταπεινὸς, ἔρημος, αἰχμάλωτος, Ζαχαρίας ἐλάχιστος. Migne 86b, 3228. Mit derselben Ungenauigkeit sagt Symeon Metaphrastes im Leben des Anastasius Persa (Migne 114, 777) von Modestos: τηνικαῦτα τοῦ ἀποστολικοῦ προεστὼς θρόνου, und Suidas s. v. Ἡράκλειος: Μόδεστος ὁ ἀρχιερεύς, ebenso Nikephoros 15, 9: Μώδεστος τηνικαῦτα Ἱεροσολύμων προεδρεύων. Richtiger nennt ihn der zeitgenössische Biograph des Anastasius Persa (AA. SS. Ian. T. II p. 427 und 432) ὁ τηνικαῦτα τοποτηρητὴς ἀποστολικοῦ θρόνου, ebenso heisst er bei Sebêos p. 82 Eriçapet d. h. Oberhaupt der Priester. In seinem Briefe an den armenischen Katholikos Komitas (Sebêos 15 S. 83 Patk.) unterschreibt er sich: „Modestos der niedrige Priester und Vicar (Teλapah = τοποτηρητής) von Jerusalem". Bei Antiochos (Migne 89, 1424, 1425, 1428) heisst er nur Μόδεστος ὁ ὁσιώτατος, niemals Patriarch. 629 wurde Zacharias von Herakleios wieder eingesetzt und starb kurz darauf, vgl. Le Quien O. C. III 249 ff. 258 ff. Leontios, nach 641 schreibend, hat die ihm bekannte, später eingetretene Rangerhöhung zur Patriarchalwürde proleptisch vorweggenommen.

S. 37, 18: χίλια κόλαθα μαινομένης] Natürlich liegt es nahe, mit Combefis an κάλαθος zu denken, indessen dies ist ein Irrweg, da die Lesart völlig feststeht. Auszugehen ist von Epiphan. de mensuris et ponderibus p. 34, 5 Dindorf: κόλλαθόν ἐστι παρὰ τοῖς Σύροις τὸ ἥμισυ τοῦ ὑγροῦ σάτου. ἔστι δὲ ξεστῶν κε̄. Diese Stelle ist im Euchologium p. 833 Goar benutzt: καὶ βύκους (schr. βίκους) δύο, τὸν μὲν οἰνάνθης ἢ οἴνου, καὶ κόλαθον μύρου· διότι ὁ κόλαθος μέτρον, ἄγων τὸ ἥμισυ τοῦ ὑγροσαίτου ἤτοι ξέστας κε, οἱ ποιοῦσι λίτρας μ̄ᾱ, οὐγγίας ὀκτώ. Hier ist deutlich κόλαθος nur eine specielle Art des Genus βίκος; das Gefäss Kolathos oder Kolathon hat seinen Namen offenbar von dem Flüssigkeitsmass empfangen, dessen Volumen es (wenigstens ursprünglich) hielt. Du Cange erklärt darum richtig vasculi seu mensurae liquidorum species continens XXV sextarios. Er führt zur Bestätigung der ersten Bedeutung noch an: vita S. Bacchi iunioris mart. p. 83: καὶ ἐνέγκας στάμνον τὴν παρ' αὐτοῖς λεγομένην κόλαθον ἔπλησεν αὐτὴν ὕδατος. Entgangen ist ihm die Stelle im Euchologium p. 845: καὶ μετὰ τοῦτο λαμβάνει κάννην κολλάθον, καὶ ἐπιχέει αὐτῷ τρὶς σταυροειδῶς. Goars Uebersetzung: his peractis ansa collathi accepta ist lediglich gerathen. Es heisst, er ergreift das Gefäss des Kollathon, d. h. das ein Kollathon fassende Weingefäss. Ueber κάννη vgl. κάννια τρία — εἶδος τοῦτο καθέστηκε κύλικος οὕτω παρ' Ἀλεξανδρεῦσι λεγόμενον. Sophronios 3592 C Migne. Die κόλαθα sind demnach στάμνοι oder κεράμια (cfr. Cot. I 636 A κεράμια ταρίχων), in denen die Fische versandt werden. Anastasius' Uebersetzung 'restes' scheint gerathen.

S. 37, 18: μαινομένης] Diese Form der Handschriften ACEJL und des Anastasius wird durch die Worte des Alexandros Trallianos (XII 8 p. 766 edit. Basiliens. a. 1556) bestätigt: ἀρίστη δέ ἐστιν ἐνταῦθα καὶ ἡ ἐγκατηρὰ λεγομένη καὶ ἡ κατὰ τὰ Ἀλεξανδρέων βουρίδια καὶ μαινομένια (scr. μαινομένα) καὶ μεμβριδία ἐστίν. Rosweyde hält ihn mit Recht für den von den Alten μαίνη, μαινίς, μαινίδιον genannten Fisch. Der Schreiber der Handschrift B, welcher ein möglichst gebildetes Griechisch affectirt, schreibt daher auch elegant μένης (= μαίνης). Es war übrigens ein geringwerthiger, nicht besonders wohlschmeckender Fisch, vgl. Plaut. Poen. 1312; Plin. N. H. 32, 149; Cic. Fin. II 28, 91; Anthol. IX 412, 3 u. s. f. Ausführlich handelt über die μαινίς Athenaeos VII 313 A—C in seinem grossen Fischregister.

S. 40, 13: τὸ κατὰ τὸν ἅγιον Ἐπιφάνιον καὶ Ἰωάννην τὸν ἐπίσκοπον Ἱεροσολύμων] Die Geschichte findet sich in der vita des hl. Epiphanios cap. 44 und 45 S. 49—52 Dindorf.

S. 40, 17: ἄξιον καὶ ἁρμόζον] Die Legende von Petros dem Zöllner bietet auch das koptische Synaxar zum 25sten Ṭûbe (= 20. Januar), Synaxar v. F. Wüstenfeld S. 260. Es erzählt in verkürzter Gestalt dasselbe, was Leontios; zum Schluss fügt es bei: „Sobald er merkte, dass er erkannt sei, floh er weiter und ging in die Wüste Askit zu Makarius. Er wurde hier Mönch, verrichtete in grosser Demuth den Gottesdienst, und nachdem er ein schönes, wohlgefälliges

Leben geführt hatte, erkannte er, dass der Tag seines Todes nahe; er liess die alten Mönche zu sich rufen, nahm von ihnen Abschied und kehrte zu dem Herrn zurück." Da sich nun aus Leontios' Bericht ergiebt, dass Petros' Zeit höchstens um eine Generation vor Johannes' Epoche fällt, kann der letztere kein Zeitgenosse des Makarios von Skete gewesen sein. Vielleicht ist aber die Angabe des Synaxars nur dahin zu verstehen, dass er ins Kloster Abû-Maḳâr sich zurückgezogen habe. Die griechische Kirche begeht die Gedenkfeier Petros des Zöllners ebenfalls am 20. Januar, vgl. Menaeen, Venedig 1684 Jan. σελ. ροη: τῇ αὐτῇ ἡμέρᾳ μνήμη τοῦ μακαρίου Πέτρου τοῦ τελώνου. Im Beginn bieten die Menaeen Folgendes: οὗτος ἐπὶ τῆς βασιλείας Ἰουστινιανοῦ πατρίκιος χρηματίσας πάσης τῆς Ἀφρικῆς τὴν διοίκησιν ἐπεπίστευτο. Das übrige stimmt mit Leontios bis auf den Schluss, der folgendermassen lautet: φυγὰς καταλαμβάνει τὰ Ἱεροσόλυμα, εἶτα τὴν Κωνσταντινούπολιν, ἐν ᾗ καὶ ἀνεπαύσατο ἐν κυρίῳ, καὶ κατετέθη ἐν τῇ τοποθεσίᾳ τοῦ Βοὸς ἐν τῷ ἰδίῳ οἴκῳ. Diese von Leontios' Erzählung abweichenden Nachrichten scheinen wenig glaubwürdig. So ist es natürlich Unsinn, dass ein Mann aus der Carrière der Subalternbeamten je Exarch von Afrika habe werden können; überdies nennt ihn die Ueberschrift richtig τελώνης. Dass er nach Jerusalem geflohen sei, das er eben verlassen hatte, ist gleichfalls thöricht, und seine Grabstätte in Byzanz scheint eine pia fraus der spätern Griechen zu sein, welche des gefeierten Heiligen Heim in ihrer Hauptstadt zeigen wollten. Römische, Wiener und Pariser Handschriften haben übrigens Leontios' Bericht über den Zöllner Petros auch gesondert überliefert, ein Beweis, wie populär die Legende war.

Eine ganz ähnliche Geschichte berichtet auch Anastasios der Sinaïte in seiner Homilie über den VI. Psalm (Combefis, Graecolat. Patr. bibliothecae auctarium p. 937 C—941 C = Migne 89, 1112ff. und ex alio codice edita: 89, 1140ff.). Er erzählt von einem Räuber, welcher unter Maurikios (τοῦ εὐσεβοῦς βασιλέως) durch seine Mordthaten der Schrecken Thraciens war, und wie Petros durch das Weizenbrot, durch sein thränendurchfeuchtetes φακιόλιον erlöst wird. Vgl. besonders Combefis 940 C = Migne 1113 A: ἀρχίατρος δέ τις ... ὁρᾷ κατ᾽ ὄναρ κατ᾽ αὐτὴν τὴν ὥραν ἐν ᾗ ὁ λῃστὴς ἐτελεύτησε, τινὰς Αἰθίοπας πολλοὺς ἐλθόντας πρὸς τὴν κλίνην τοῦ λῃστοῦ μετὰ πλείστων χαρτῶν περιεχόντων τὰ ἁμαρτήματα τοῦ λῃστοῦ· εἶτα καὶ δύο τινὰς φωτεινοὺς ἄνδρας. ἤνεγκεν οὖν ζυγόν. βαλόντων τῶν Αἰθιόπων πάντα τὰ χειρόγραφα τοῦ λῃστοῦ κατεβάρησεν ἡ μία πλάστιγξ, ἡ δὲ ἑτέρα ἐφ᾽ ὕψους ἦν ἀνακεκουφισμένη. λέγουσιν οὖν οἱ δύο τοῦ φωτὸς ἄγγελοι· 'Εἶτα ἡμεῖς οὐδὲν ἔχομεν ὧδε', λέγει ὁ εἷς πρὸς τὸν ἄλλον· 'Τί ἔχομεν ἔχειν; οὔπω δεκάτην ἡμέραν ἔχει ἐλθὼν ἐκ τῶν φόνων καὶ τοῦ λῃστηρίου αὐτοῦ, καὶ τί ἀγαθὸν ζητοῦμεν ἐκ τούτου;' καὶ ὡς ταῦτα ἔλεγον, προσεποιήσαντο ψηλαφᾶν ἐν τῇ κλίνῃ αὐτοῦ, εἴ πως εὕρωσι καὶ αὐτοί τι ἀγαθόν. καὶ εὑρὼν εἰς τὸ φακιόλιον, ἔνθα τὸν κλαυθμὸν ἐξέμασσεν ὁ λῃστής, λέγει πρὸς τὸν ἑταῖρον αὐτοῦ· ''Οντως τὸ φακιόλιον τῶν δακρύων αὐτοῦ ἦν. ἀλλὰ βάλωμεν αὐτὸ[ν] εἰς τὴν ἑτέραν πλάστιγγα καὶ τὴν φιλανθρωπίαν τοῦ θεοῦ σὺν αὐτῷ, καὶ πάντως γίνεται τί ποτε.' καὶ ὡς μόνον ἔβαλον αὐτὸ εἰς τὴν πλάστιγγα, τὴν ἀνακεκουφισμένην κατεβάρησε καὶ ἐσκορπίσθησαν ὅλα τὰ χειρόγραφα τὰ ὄντα εἰς τὴν ἄλλην πλάστιγγα· καὶ ἐβόησαν μιᾷ φωνῇ οἱ ἄγγελοι λέγοντες· ''Ενίκισεν ἡ φιλανθρωπία τοῦ δεσπότου.' καὶ λαβόντες τὴν ψυχὴν τοῦ λῃστοῦ, ἀπήγαγον αὐτὴν μεθ' ἑαυτῶν, οἱ δὲ Αἰθίοπες ἔφυγον καταισχυνόμενοι. Eine dritte Variante liefert Eutychios in den Annalen II 195. Auch nach ihm lebt der Räuber unter Maurikios, aber in einer Stadt Afrikas. Der Patricius von Afrika kann ihn nicht überwältigen, und so lässt ihn der Kaiser nach der Hauptstadt kommen, wo er in einem Krankenhause stirbt.

S. 48, 5: τοῦ ἁγίου Σεραπίωνος τοῦ ἐπικληθέντος Σινδονίου] Ueber den hl. Serapion handeln Palladios in der Geschichte an Lausos cap. 83—85 und Cassian, collat. II cap. 2 und coll. V. Palladios hat auch die Geschichte von den Mimen, denen er sich selbst verkaufte, 1180 D: λαβών τινα συμπαίκτην ἀσκητήν, πέπρακεν ἑαυτὸν ἔν τινι πόλει μίμοις, Ἕλλησιν οὖσιν, εἴκοσι νομισμάτων. καὶ σφραγισάμενος τὰ νομίσματα, ἐφύλαττεν παρ' ἑαυτῷ. ἐπὶ τοσοῦτον δὲ παρέμεινεν μέχρις οὗ καὶ χριστιανοὺς αὐτοὺς ποιήσῃ καὶ τοῦ θεάτρου αὐτοὺς ἀποστήσῃ. Wenn aber Johannes oder Leontios berichten, dass der hl. Serapion sein eignes Obergewand einem Armen gegeben und, um Almosen zu spenden, selbst das Evangelium verkauft habe, so ist das eine Verwechslung mit dem hl. Bisarion. Palladios. cap. 116.

S. 52, 2: Βαβαί! πόσους κρυπτοὺς δούλους ἔχει ὁ θεὸς καὶ οὐκ οἴδαμεν ἡμεῖς οἱ ταπεινοί] Eine öfters wiederkehrende Redewendung in der Sprache der damaligen πνευματικοί; vgl. cap. XLIII S. 88, 21: καὶ ἐδόξασαν τὸν θεὸν τὸν ἔχοντα τοιούτους κρυπτοὺς δούλους. Dasselbe ruft der comes orientis Ephraïm, der nachherige Patriarch von Theopolis, beim Anblick des als einfacher Maurer arbeitenden Bischofs aus. Johannes Mosch. 2888 C: ταῦτα οὖν ἀκούσας ὁ θεῖος Ἐφραίμιος ἐδόξασε τὸν θεὸν λέγων· πόσους κρυπτοὺς δούλους ἔχει ὁ θεός, καὶ μόνοι αὐτῷ γνώριμοί εἰσιν. Vgl. Usener, Legenden der hl. Pelagia 15, 25: Δόξα σοι ὁ θεός, ὅτι πολλοὺς ἔχεις ἁγίους κρυπτοὺς ἐπὶ τῆς γῆς οὐ μόνον ἄνδρας, ἀλλὰ καὶ γυναῖκας. S. Andreas Salus IX 71: Ἰδὲ ποῖον δοῦλον τοῦ θεοῦ οἱ κατὰ ἀλήθειαν παρατετραμμένοι πάρετον ὀνομάζουσιν. ὁποῖος ἅγιος καθέστηκεν καὶ ἠγνοοῦμεν ἡμεῖς. ὦ πόσους κρυπτοὺς δούλους ἔχει ὁ θεός, καὶ οὐδεὶς ὁ συνίων ἢ γινώσκων τὰ κατ' αὐτούς. l. c. IX 73: βαβαῖ τοῦ μυστηρίου. πόσους κρυπτοὺς δούλους ἔχει ὁ θεὸς καὶ ἀγαθῆς πολιτείας καὶ συνειδήσεως.

S. 52, 26: εἰς τὴν φυλακὴν τὴν καλουμένην Λήθην] Procop. de bello Persico I 5; Agathias IV 28; Theophanes 261, 29. Seine Lage giebt Theophylaktos Simokatta III 5, 2 an: φρούριον, Γιλιγέρδων ὄνομα αὐτῷ, ἐνδοτέρω δὲ τοῦτο τῆς Μηδικῆς ᾠκοδόμηται, ἐν χώρᾳ ἐπιλεγομένῃ Ζαῇ, οὐ πόρρω Βενδοσαβόρων τῆς πόλεως (= Gundêšâpûr). πρόσεστι δὲ τούτῳ καί τις εἱρκτή. Λήθην δὲ ὀνομάζουσι ταύτην οἱ βάρβαροι. Denselben Namen führt es auch bei den Armeniern. Šâpûr setzt den armenischen König Aršak gefangen „in dem Schlosse Andmęšn, dasselbe, welches sie Schloss der Vergessenheit (Anjůšn berdn) nennen". Faustus Byz. V 7 p. 210 der Ausg. v. Venedig 1889. Nach demselben Schriftsteller liegt es in der Provinz Xûžastan (Susiana), vgl. V 5 p. 207; IV 54 p. 173; Moses Choren. III 35. Rawlinson hat das alte Schloss in dem heutigen Gilgird wieder aufgefunden, welches etwa 10 deutsche Meilen von Šûšter östlich im Gebirge liegt. Nöldeke Ṭabarî 144 N. 1 nach Rawlinson Journal of geogr. Soc. IX 87 (mir nicht zugänglich).

S. 57, 1: εἰς τὸ λεγόμενον Καισάρειον] Das Kaisareion lag an dem Haupthafen der Stadt zwischen dem Poseidion und dem Emporion. Strabo XVII p. 794 C. H. Kiepert: Zeitschrift der Gesellschaft f. Erdkunde VII 1872 S. 337 Tafel V. Néroutsos-Bey, l'ancienne Alexandrie. Paris 1888 S. 10—14. Später wurde es in eine Kirche umgewandelt. Epiphan. contra haeres. LXIX p. 144 Dind.: εἰσὶ τοίνυν πλείους τὸν ἀριθμὸν ἐν τῇ Ἀλεξανδρείᾳ σὺν τῇ νῦν κτισθείσῃ τῇ Καισαρείᾳ καλουμένῃ, ὃ πρότερον Ἀδριανὸν ἐτύγχανεν, ὕστερον Λικινιανὸν γέγονε γυμνάσιον, εἶτ' οὖν βασίλειον. μετέπειτα δὲ ἐν χρόνοις Κωνσταντίου ἔδοξεν αὐτὴν οἰκοδομηθῆναι ἐκκλησίαν Γρηγορίου τοῦ Μελετιανοῦ καὶ Ἀρειανοῦ ἀρξαμένου, τελειώσαντος δὲ Ἀθανασίου τοῦ μακαρίου καὶ πατρὸς τῆς ὀρθοδοξίας, καυθείσης δὲ ἐπὶ Ἰουλιανοῦ καὶ αὖθις ἀνακτισθείσης ὑπ' αὐτοῦ τοῦ μακαρίτου Ἀθανασίου τοῦ ἐπισκόπου. Johannes von Niḳiû cp. 64 S. 405 erzählt nach Malalas (217, 4—7; 10—12), dass Julius Caesar an dieser Stelle einen Palast erbaut und zu Ehren des Kleopatrasprösslings Καισαρίων denselben Καισάριον benannt habe, offenbar ein windiger Ciceronescherz. Wenn Johannes ferner berichtet, Konstantin habe dies Gebäude in eine Kirche zu Ehren des hl. Michael umgewandelt, so ist das gegenüber Epiphanios' genauem Berichte wohl nur die übliche Verwechslung von Vater und Sohn. Vgl. auch Eutych. annal. I p. 300. Athanas. hist. Arianorum ad monachos. Paris 1698 I p. 378 C. Das Kaesareion war das vornehmste Gotteshaus, die eigentliche Kathedrale von Alexandrien. Es heisst deshalb auch „die grosse Kirche des Kaisareion" und „die Basilica K."·: ἐν τῇ μεγάλῃ ἐκκλησίᾳ τῇ ἐν τῷ Καισαρείῳ. Athanasias l. c. p. 388 E. πρὸς τὴν μεγάλην ἐκκλησίαν ἣ Καίσαρος προσαγορεύεται. Euagr. II 8. in Caesarea basilica, ut dicitur. Liberatus breviar. 18. la grande église du Césarion. Johann v. Nikiû S. 466, 571, 574. Fabricae dominicae quae dicitur Caesareum. Historia acephala bei Gallandi, Bibliotb. ve[...]rum V [...] D. Bisweilen heisst sie auch schlechtweg „die grosse Kirche" τοῦ αὐτοῦ (nämlich des Patr. Theodosios) εἰς τὴν μεγάλην ἐκκλησίαν. Kosmas Indik. Migne 88, 437. In dieser Kirche fand auch die Wahl der Patriarchen statt. Euagr. II 8; vgl. H. Valois zu Sokrates S. 86 und zu Euagr. S. 71. Kyros, aus Konstantinopel zurückgekehrt und gleichsam aufs neue zum Patriarchen erwählt, hielt deshalb am 1. April 641 seinen pomphaften Einzug im Kaisareion, um daselbst das Osterfest mit seiner Gemeinde zu feiern. Vom Ambon derselben Kirche aus wurden die Häretiker feierlich verdammt. Liberatus l. c. In derselben Kirche (ἐπὶ τὴν ἐκκλησίαν ᾗ ἐπώνυμον Καισάρειον) fand die Ermordung der Hypatia durch die Mönche Kyrills statt. Sokrates VII 15. Nach dem Einzuge der Araber 642 wurde die Kathedrale von den Kopten besetzt, aber 100 Jahre später dem orthodoxen Patriarchen Kosmas (Kozmâ 742—768) zurückgegeben. Eutych. II S. 387. Im J. 912 zerstörte sie ein Brand; derselbe S. 503.

S. 59, 15: *Μονὴ αἰωνία καὶ ἀνάπαυσις Τρωΐλου ἐπισκόπου*] Eine interessante Parallele zu dieser himmlischen Inschrift bietet eine höllische. Der fromme Jüngling Epiphanios (der spätere Patriarch) sieht in einem Gesicht, wie Andreas der heilige Vater ihn in die Hölle geleitet und ihm die einzelnen Stationen erklärt. ὅτε οὖν πάντα ἐθεάσαντο, ἔσχατον ἦλθεν ἔν τινι δυσώδει οἰκίσκῳ, ἐν ᾧ οὐδὲν ἦ, εἰ μὴ κοπρία ἀνθρώπων καὶ κυνῶν. Andreas erklärt ihm, dass dies der sinnbildliche Ausdruck für die Werke seines liederlichen Freundes Johannes sei, und bittet ihn, die Inschrift zu lesen. ἀλλὰ βλέψον τοῖς ὧδε τί εἰσιν τὰ γεγραμμένα· βλέπει οὖν ὁ Ἐπιφάνιος καὶ ἰδοὺ πίναξ σκοτώδης ἐπὶ τοῦ ἀέρος καὶ ἐν αὐτῷ ἦν γεγραμμένον· ʽΜονὴ αἰωνία καὶ τιμωρία βίαιος Ἰωάννου υἱοῦ Κελευστιόνου.ʼ S. Andreas Salus XVI 124.

S. 63, 25: ἐν τῷ ναῷ τῶν ἁγίων νικηφόρων μαρτύρων

Κύρου καὶ Ἰωάννου] Der Bau dieser Kirche wurde von Theophilos (384—412) begonnen und von Kyrillos (412—444) vollendet. Sie lag unweit Kanopos in einem Menuthes (h. Abuķîr) genannten Weiler. AA. SS. m. Ian. T. II p. 1088. Migne 114, 1250. Spicileg. Rom. III S. 36 ff. 66, 74 ff. = Migne 87 c 3396, 3414 ff.

S. 63, 27: ἐξελθόντα τὴν πόρταν τῆς πόλεως] Das Stadtthor, durch welches der Patriarch nach dem Wallfahrtsort gelangt, ist das auf der Ostseite gelegene: ἡ λεγομένη πύλη τοῦ Ἡλίου S. 73, 20 oder das kanopische Thor. Néroutsos-Bey, l'ancienne Alexandrie unterscheidet auf dem Plan das Sonnenthor als Thor der byzantinisch-arabischen Mauer, während er das kanopische am äussern (hellenistischen) Mauerring anbringt. Im Texte spricht er sich darüber nicht aus, vielmehr identificiert er, wie die anderen Topographen, Sonnenthor und kanopisches Thor S. 8.

S. 64, 17: μετὰ τῶν Σευηρομανιτῶν] Die Handschriften bieten σευηριανομανιτῶν AB, σευηριομανιτῶν C, σευηριανιτῶν E und Anastasius. Es sind die Anhänger nicht des Severianus, sondern des Severus, welche sonst Σεβηρῖται (Σευηρῖται) Coteler. eccl. Gr. m. III 406, 407, 410, 411 ff.; Maximus confessor 91, 332 Migne; Leontios im Leben des Symeon Salos 93, 1709 Migne; Σευηριανοί Coteler. l. c. I 124; Theophanes 235, 12; οἱ ἐκ Σευήρου Coteler. l. c. I 309; οἱ ἀπὸ Σεβήρου Phot. Bibl. S. 246 a; οἱ τὰ Σευήρου φρονοῦντες Theophanes 330, 23 u. s. f. heissen. Es ist also zu schreiben Σευηρομανιτῶν. Vgl. Ἀρειομανῖται Athanas. epist. ad synodum I S. 929 A. Epiphan. haeres. LXIX. Coteler. l. c. I S. 298. τὴν Ἀρειομανίτιδα αἵρεσιν Epiphan. III S. 153 Dindorf. Wie gegen die Monophysiten, ist auch Johannes gegen die Monotheleten, welche sich gerade zu regen begannen, nach dem heil. Maximus mit grosser Strenge vorgegangen. S. Maximi Confessoris opera, Migne 91, 333: ἢ ὅτε πρὸς Γεώργιον τὸν ἐπίκλην Ἀρσᾶν, Παυλιανιστὴν ὄντα, ἔγραψε, χρήσεις αὐτῷ πεμφθῆναι περὶ μιᾶς ἐνεργείας αἰτῶν, ἐνθέμενος καὶ τοῦτο τῇ ἐπιστολῇ ὅτι ἐν ταύταις καὶ τὴν πρὸς αὐτοὺς τῆς ἐκκλησίας ποιεῖ ἕνωσιν. ταύτην δὲ τὴν ἐπιστολὴν ὁ μακάριος Ἰωάννης ὁ πάπας Ἀλεξανδρείας ἀφείλετο χειρὶ ἀπὸ τοῦ Ἀρσᾶ. ὅθεν καὶ βουληθεὶς δι᾽ αὐτὴν ποιῆσαι τὴν καθαίρεσιν αὐτοῦ, ἐκωλύθη ἐκ τῆς ἐν Αἰγύπτῳ τηνικαῦτα γενομένης τῶν Περσῶν ἐπιδρομῆς. Es ist sehr eigenthümlich, dass Leontios, wie er die Kämpfe mit den Monophysiten an versteckter Stelle ziemlich beiläufig abmacht, diese zweite Thatsache mit vollkommenem Stillschweigen übergeht.

S. 66, 18: ἀκηκοώς ποτέ τινος ἐλεήμονος παῖδα] Auch zu dieser Legende findet sich eine so schlagende Parallele aus der frühern Patriarchalgeschichte, dass die eine nothwendig die nur etwas retouchirte Copie der andern sein muss. Johannes Moschos nämlich (pr. spir. 193, 3072 Migne) berichtet von dem alexandrinischen Papste Apollinarios (550—569), dass er in ähnlicher Weise einen arm gewordenen vornehmen Jüngling unterstützte. Der Syndicus der Kirche (ὁ νομικὸς τῆς ἁγιωτάτης ἐκκλησίας) musste eine Urkunde aufsetzen, laut welcher die alexandrinische Kirche dem Vater des Jünglings 50 Pfund Goldes schuldete. Der Papst liess den Jüngling zu sich kommen und vereinbarte mit ihm die zinslose Rückgabe des Capitals, womit der verarmte Edelmann natürlich sehr einverstanden war. Johannes fügt dann hinzu: αὕτη ἡ ἐργασία ἡ κρυπτὴ τοῦ θείου Ἀπολλιναρίου, αὕτη ἡ καλλίστη πρᾶξις αὐτοῦ καὶ συμπάθεια. Man darf wohl vermuthen, dass die fabulirende Legende halb unbewusst auch sonst Thaten dem durch seine Wohlthätigkeit so hoch berühmten Johannes zugeschrieben hat, welche eigentlich frühern Patriarchen oder andern Gottesmännern angehörten. Johannes Moschos giebt cap. 201, 3089 Migne noch eine fernere Parallele zu der erbaulichen Erzählung des Leontios. Ein reicher und vornehmer Konstantinopolitaner sagt sterbend zu seinem Sohne: τέκνον, τί ἡδέως ἔχεις, ἀφήσω σοι τὰ χρήματα ἢ τὸν Χριστὸν κουράτορα; Natürlich wählt der Knabe Christus und lebt nun in der höchsten Dürftigkeit. Diesmal übernimmt das Geschäft der Vorsehung ein schwerreiches Ehepaar, und die Mutter fügt hinzu: ἰδοὺ ὁ καλὸς κουράτωρ σου ὃν ἐξελέξω ἔπεμψέν σοι γυναῖκα καὶ χρήματα, ἵνα χρήσῃ ἀμφοτέροις μετὰ φόβου τοῦ θεοῦ.

S. 68, 12: ἦν γὰρ τῶν λεγομένων γαλλοδρόμων] Γαλλοδρόμος ist eigentlich ein Kaufmann, der nach Gallien Geschäftsreisen macht, wie σπανοδρόμος ein nach Spanien als Kaufmann Reisender. ὑπῆρχον πατρὸς ἐμπόρου σπανοδρόμου Pallad. 1035 D. Syrische Kaufleute, welche nach Gallien Geschäfte machten und dort ansässig wurden, erwähnt Gregor von Tours mehrfach. Ein solcher ist Eufron neguciator, der Sirus, welcher zu Burdigala sitzt und eine Hauskapelle mit Reliquien des heil. Sergius besitzt. Greg. Tur. VII 31. Eine syrische Kaufmannscolonie ist auch in der Aurelianensis urbs. VIII 1. Eusebius quidam negotiator genere Syrus wird nach dem Tode des Bischofs Ragnimodus durch Bestechung Bischof von Paris und bestellt die ganze bischöfliche „scola" mit seinen Landsleuten. X 26. Ebenso treten griechische Kaufleute in Spanien auf. Accidit die quadam de regione qua ipse oriundus extiterat (sc. Paulus episcopus natione Graecus) negotiatores Graecos in navibus de orientis partibus advenisse, atque Hispaniae litora contigisse. Cumque in

Emeritensem civitatem pervenissent, ex more episcopo praebuerunt occursum. Paulus diaconus Emeritensis de vita PP. Emeritensium cap. V (Florez, España Sagrada XIII 348). Es sind reiche Leute. Der σπανοδρόμος des Palladios hinterlässt bei seinem Tode 5000 Solidi, reichen Vorrath an Gewändern und zahlreiche Sklaven. Palladios 1035 D. Dann heisst es überhaupt, wie an unsrer Stelle, Herumstreicher, Abenteurer; so hat Rosweydes Ms. Aquicinct. die erklärende Glosse übergeschrieben: mangones discurrentes et fraude decipientes. Aehnlich wird κωμοδρόμος gebraucht. ἀνεφάνη τις ἐκ τῆς τῶν Ἰταλῶν χώρας κωμοδρόμος ὀνόματι Ἀνδρέας ἔχων μεθ᾽ ἑαυτοῦ κύνα ξανθὸν καὶ τυφλὸν, ὅστις κελευόμενος ὑπ᾽ αὐτοῦ ἐποίει θαύματα. Theophanes 224, 16 aus Malalas 453, 15, der κωμοδρομῶν hat.

S. 69, 17: Γέρων τις μέγας ὡς ἐτῶν ἑξήκοντα] Auch für die „πολιτεία" des Ambâ Vitalis findet sich ein Vorbild in der Erzählung περὶ τοῦ ἀββᾶ Σεραπίωνος in den Apophthegmata Patrum. Coteler. eccles. Gr. mon. I S. 685 ff.

S. 69, 20: ἐν τῇ μονῇ τοῦ ἀββᾶ Σερίδωνος] Das nach dem Ambâ Seridon benannte Kloster, dem Vitalis angehört hatte, befand sich in Gaza. S. 75, 13. Ein Heiliger dieses Namens ist so gut wie unbekannt. Gewiss richtig hat ihn bereits Rosweyde mit dem gleichfalls dunkeln Bischof Siridonus combinirt, aus dem die Bollandisten (AA. SS. m. Ian. T. I p. 83), freilich nur zögernd, einen Spyridon machen wollen. Das einzige Zeugniss über ihn, soviel ich sehe, ist das Martyrologium Hieronymianum. Martyrolog. ex codice Bernensi 289 (AA. SS. m. Oct. T. XIII p. III): „IIII. Non. Ian. Anthiochia Siridoni episcopi eiusdem loci." Vgl. S. Hieronymi opp. ed. Vallars. XI 2 p. 547. In den spätern Martyrologien Beda's, Ado's u. s. f. findet sich der Name meist in „Ysidori" verwandelt. Eine reiche Sammlung der handschriftlichen Lesarten im Martyrologium Adonis ex edit. Dom. Georgii Rom. 1745 I 22.

S. 72, 4: μετὰ τὸ τελεσθῆναι τὴν ἁγίαν σύνοδον τὴν ἐν Νικαίᾳ, ἤρξαντο κατ᾽ ἀλλήλων δίδειν φάμουσα] Theodoret. hist. eccles. I 11; Rufin. hist. eccl. X 2. Man vergleiche darüber auch die wegen ihrer Naïvetät interessante Aeusserung des Nicolaus Alamannus zu Prokops historia arcana S. 409 (der Bonner Ausgabe).

S. 73, 20: ἐπὶ τὴν λεγομένην πύλην τοῦ Ἡλίου] τριῶν δὲ πλεύσαντες ἡμερῶν εἰς Ἀλεξάνδρειαν ἤλθομεν.. Ἀνιόντι δέ μοι κατὰ τὰς Ἡλίου καλουμένας πύλας, συνηντᾶτο εὐθὺς τῆς πόλεως ἀστράπτον τὸ κάλλος ... Στάθμη μὲν κιόνων ὄρθιος ἑκατέρωθεν ἐκ τῶν Ἡλίου πυλῶν εἰς τὰς Σελήνης πύλας. οὗτοι γὰρ τῆς πόλεως οἱ πυλωροί. Achilles Tatius V 1. (Ἀντωνῖνος Πῖος) ἔκτισεν ἐν Ἀλεξανδρείᾳ τῇ

μεγάλῃ κατελθὼν τὴν Ἡλιακὴν πύλην καὶ τὴν Σεληνιακὴν καὶ τὸν δρόμον. Malalas 280, 18. Il (Antoninus Pius) construisit à Alexandrie deux portes, à l'orient et à l'occident de la ville, et nomma la porte orientale Ἡλιακή et la porte occidentale Σεληνιακή. Johannes von Niḳiû cap. 74 S. 415, welcher hier, wie oft, den Antiochener ausschreibt. Vgl. C. Wachsmuth Rhein. Mus. 42 S. 464 u. 465 Note 2.

S. 73, 22: εἰς τὴν πλησίον τοῦ κελλίου αὐτοῦ ἐκκλησίαν τοῦ ἁγίου Μητρᾶ] Unsere Nachrichten über diesen obscuren Heiligen beschränken sich auf das, was Dionysios von Alexandrien an Fabian von Antiochien schreibt. Metras war eines der Opfer der Decischen Verfolgung. Euseb. hist. VI 41, 2: πρῶτον μὲν οὖν πρεσβύτην Μητρᾶν ὀνόματι συναρπάσαντες καὶ κελεύσαντες ἄθεα λέγειν ῥήματα, μὴ πειθόμενον, ξύλοις τε παίοντες τὸ σῶμα, καὶ καλάμοις ὀξέσι τὸ πρόσωπον καὶ τοὺς ὀφθαλμοὺς κεντοῦντες, ἀγαγόντες εἰς τὸ προάστειον κατελιθοβόλησαν. Die Notizen der Martyrologien sind sämmtlich aus Eusebios entlehnt. K. J. Neumann, der röm. Staat und die allg. Kirche I S. 331. Bei den Lateinern, welche sein Andenken am 31. Januar feiern und ihn Metras oder Metranus nennen, scheint er sich übrigens grossen Ansehens erfreut zu haben. Bedae oper. T. III S. 283 Kölner Ausg. Ado von Vienne martyrol. in der Ausgabe von Heribert Rosweyde, Antwerpen 1613 S. 60. Usuard's martyrol. ed. J. Soller. (AA. SS. Iun. T. VI 2 p. 71 und 72). Die alexandrinische Kirche begeht das Gedächtniss des heil. Greises am 8. Bâbe (= 5. October). Wüstenfeld, Synaxar S. 60. Ludolf, commentat. ad historiam Aethiop. S. 394. In den griechischen Menaeen und Menologien fehlt er dagegen vollständig, worauf schon die Bollandisten hingewiesen haben. AA. SS. Ian. T. II S. 1089. Dies erklärt auch, warum er in den meisten Handschriften durch Menas ersetzt ist.

S. 81, 24: τὸ ὑπὸ τοῦ ἁγίου Συμεὼν τοῦ στυλίτου δι' ἀποκαλύψεως γνωρισθέν] Die Bollandisten (zu Januar T. II S. 514) bemerken: „S. Symeonis stylitae vitam dedimus V. Ianuarii in qua tamen hoc eius monitum non legitur." Die Apokalypse des heil. Symeon ist ein vielgelesener, die Gemüther der damaligen Zeit offenbar ausserordentlich beschäftigender Tractat gewesen, welcher über den Ausgang der Seele aus dem Körper handelt. Als Verfasser werden verschiedene Gottesmänner genannt, auch ist der Inhalt von den Mönchen und Abschreibern mehrfach umgeändert oder gekürzt worden. Unter dem Namen des Symeon (Symeonis admirandi = Συμεῶνος τοῦ θαυμασίου) findet sich eine lateinische Uebersetzung der Apokalypse in der Bibl. Max. Patrum ed. Lugdun.

1687 VII S. 1228 A—E. Eine ganz ähnliche Chrie kehrt unter den Homilien des heil. Makarios wieder: ὁμιλία κβ. περὶ δισσῆς στάσεως τῶν ἐκ τοῦ βίου τούτου ἐξερχόντων. S. Patris Macarii Aeg. homiliae ed. I. G. Pritius, Leipzig 1698 S. 313 ff. (= Migne 34, 660). Eine gleichartige fromme Betrachtung wird dem Erzbischof Theophilos von Alexandrien zugeschrieben und ist unter die Apophthegmata Patrum aufgenommen. Cotel. eccl. Gr. mon. I 463 sqq. Auch J. S. Assemani bezeugt, dass in einigen Graeci der Vaticana theils der heil. Ephraim, theils Theophilos von Alexandrien als Verfasser genannt werden; er führt auch einen syrischen, 576 n. Chr. geschriebenen Codex an, welcher die Urheberschaft dem Theophilos von Alexandrien zuweist. Der anonyme Erzähler endlich des Θαῦμα γενόμενον ἐν τῇ Ἀφρικῇ (Combefis auctar. novissimum I S. 324) flicht die Apokalypse als Traum des ehebrecherischen Soldknechts in seine Erzählung ein; ebenso mehr in den Worten als inhaltlich abweichend, gibt Georgios Monachos S. 576 in seiner Erzählung περὶ στρατιώτου τοῦ ἐμπεσόντος εἰς γεωργοῦ γυναῖκα das Gesicht wieder. Der hier vorliegende Auszug des Erzbischofs Johannes stimmt mit all diesen Redactionen nicht genau zusammen; offenbar sind von dem allgemein beliebten und vielbenutzten Originalthema allmählich zahlreiche Variationen in Umlauf gesetzt worden. Der ursprüngliche Verfasser ist aber sicher kein Syrer, sondern ein ägyptischer Mönch gewesen. Die Erzählung von Petros dem Zöllner zeigt, wie zäh die altägyptischen Religionsanschauungen gerade in den frommen Kreisen noch fortlebten. Die ganze antik-heidnische, genuin-ägyptische Lehre vom Osirisgericht, vom Saale der doppelten Rechtfertigung mit seinen 42 Geistern, mit den an der Wage beschäftigten Göttern Anubis und Horos (A. Erman, Aegypten und ägypt. Leben II 417), kehrt hier unter einem dünnen christlichen Firniss wieder. Der auf die eine Wagschale gelegten Straussenfeder, dem Zeichen der Wahrheit und Gerechtigkeit, entspricht in der Legende von Petros das Brot, in der vom Räuber das Tüchlein. Die „θηρία τοῦ καλάμου, welche wie Zöllner (τελῶναι) dir entgegenkommen", sind die bösen Geister und Ungethüme, die Krokodile, die Schlangen, die Schildkröte, die beiden Vipern, die Schlange Apep u. s. f., welche, wie auch die bildlichen Darstellungen zeigen, den Verstorbenen auf seiner Wanderung zu den Wohnungen des Jenseits bedrohen. Die ägyptische Mönchsphantasie war eben noch von alteinheimischen Vorstellungen erfüllt, wie dies z. B. auch der Todtencult und die Einbalsamirungsberichte des βίος Ἀδάμ und der verwandten Litteratur erweisen. Vgl. Africanus II 272 ff.

Leontios scheint diese Symeonsapokalypse mit Vorliebe benutzt zu haben; auch in der vita des heil. Symeon, des Narren um Christi willen, führt er sie an. Vgl. Migne 93, 1701 AB: δὸς αὐτῇ ἀγγέλους διασώζοντας αὐτῆς τὴν ψυχὴν ἐκ τῶν πνευμάτων καὶ θηρίων τοῦ ἀέρος τούτου τῶν πονηρῶν καὶ ἀνελεημόνων, τῶν ἐπιχειρούντων καταπιεῖν πάντας τοὺς δι' αὐτῶν παρερχομένους. ἐξαπόστειλον αὐτῇ, κύριε, κύριε, φύλακας ἰσχυροὺς ἐπιτιμῶντας πάσῃ ἀκαθάρτῳ δυνάμει. συναντώσῃ (so der Vindobon.) αὐτῇ καὶ ἀλύπως καὶ ἀβασανίστως.

S. 82, 13: τὸ τοῦ ἁγίου Ἱλαρίωνος λόγιον... 'Ὀγδοήκοντα ἔτη, ὦ ταπεινὴ ψυχὴ, ἔχεις δουλεύουσα τῷ Χριστῷ καὶ φόβῳ ἐξελθεῖν'] In dem vom heil. Hieronymus verfassten Leben des heil. Hilarion (Hieronym. Strid. op. ed. Vallars. II 1 p. 39 cap. 45) heisst es: Septuaginta prope annis servisti Christo et mortem times? Da er im vorangehenden Capitel ein 80jähriger Greis genannt wird, haben die Erklärer sehr künstlich die 70 Jahre von dem Eintritt in den Mönchsstand oder vom Tage der Taufe an gezählt. AA. SS. m. Oct. T. IX S. 30. Indessen aus dem Paralleltext des Leontios ergibt es sich, dass in den Worten des Hieronymus ein alter Fehler steckt.

S. 84, 15: μήτε τὸν μονήρη βίον ἀσκήσας, μήτε ἐν κλήρῳ διατρίψας ἐν ἐκκλησίᾳ, ἀλλὰ καὶ γυναικὶ νομίμως προσομιλήσας] Ausführlicher handelt über das Vorleben des Erzbischofs das von Symeon Metaphrastes bearbeitete Leben. Darnach war er, um mit Sophronios zu reden, ἐκ λαϊκοῦ καταστήματος, σπουδαίου δὲ καὶ μοναδικοῦ πολιτεύματος. Nur durch das dringende Zureden der Eltern liess er sich zur Eheschliessung bewegen; nachher lebten die Gatten in freiwilliger Enthaltsamkeit, und erst die Vorstellungen des Schwiegervaters veranlassten ihn zum wirklichen Vollzug der Ehe. Indessen er verliert die Kinder frühzeitig, und die Gattin folgt ihnen bald nach. Dagegen bleibt er Laie bis zur Besteigung des erzbischöflichen Stuhls. Vgl. Anhang II S. 109. Das sieht nun freilich auf den ersten Blick wie apologetische Zurechtmachung einer spätern Zeit aus, welche an dem verheirateten Bischof Anstoss nahm. Indessen der ganze Eingang von Symeons Biographie ist einer vorzüglichen zeitgenössischen Quelle, der Lebensbeschreibung des Johannes und Sophronios, entnommen; also wird man wohl auch hier diese als Gewährsmänner für Johannes' früheres Laienleben voraussetzen dürfen. Leontios, getreu seinem Grundsatz, einzig das von jenen Gottesstreitern Uebergangene zu erzählen, erwähnt seinen frühern Ehestand nur ganz kurz.

Die alte Kirchendisciplin kennt verheiratete Bischöfe. So heisst es im V. Kanon der Apostel: ἐπίσκοπος ἢ πρεσβύτερος ἢ διάκονος τὴν ἑαυτοῦ γυναῖκα μὴ ἐκβαλλέτω προφάσει εὐλαβείας. Und ausdrücklich bemerkt dazu Balsamon (Beveridge συνοδικόν I 3) πρὸ τῆς ϛ συνόδου τῆς ἐν τῷ Τρούλλῳ τοῦ παλατίου γενομένης ἐξῆν τοῖς ἐπισκόποις ἔχειν γυναῖκα καὶ μετὰ τὸ ἐπισκοπικὸν ἀξίωμα, ὥσπερ ἔχουσιν αὐτὰς καὶ οἱ μετὰ τὸν γάμον χειροτονούμενοι ἱερεῖς ἢ διάκονοι. Die Beispiele von verheirateten Bischöfen sind demgemäss in der alten Kirche gar nicht selten. Vgl. Gregor von Tours I 44; Victor Vitens. II 30; III 24; de Rossi inscr. christ. I 534. Gregorios, der Vater des Gregor von Nazianz, behielt seine Gattin bei, auch nachdem er die bischöfliche Würde empfangen hatte. Gregor der Grosse nennt den Papst Felix III. (483—492) seinen atavus; er hat übrigens seine Gattin schon als Diakon verloren (levitae coniunx in der Grabschrift L. P. I p. 253 Duchesne). Papst Silverius (536—537) ist Sohn des Papstes Hormisdas (514—523). L. P. Duchesne I p. 290. Ebenso heisst Papst Theodorus l. c. p. 331: natione Grecus ex patre Theodoro episcopo de civitate Hierusolima.

In der armenischen Kirche vererbt sich durch eine ganze Reihe von Geschlechtern das Oberpriesterthum im Hause des heil. Gregors des Erleuchters. Allerdings meinten die Spätern, dass die betreffenden Oberbischöfe nach erlangter Würde im Cölibat lebten; indessen die Erzählung des Faustus Byz. III 5 scheint mir dies nicht als die ursprüngliche Auffassung zu ergeben. Sehr lange muss sich die Sitte verheirateter Bischöfe gerade in Nordafrika erhalten haben; denn noch der zwölfte Kanon des Quinisextum (692) gedenkt derselben: καὶ τοῦτο δὲ εἰς γνῶσιν ἡμετέραν ἦλθεν, ὡς ἔν τε Ἀφρικῇ καὶ Λιβύῃ καὶ ἑτέροις τόποις οἱ τῶν ἐκεῖσε θεοφιλέστατοι πρόεδροι συνοικεῖν ταῖς ἰδίαις γαμεταῖς καὶ μετὰ τὴν ἐπ' αὐτοὺς προελθοῦσαν χειροτονίαν οὐ παραιτοῦνται (Mansi XI 948 = Beveridge συνοδ. I 169). Gerade dies war aber auch der Grund, warum dieses Concil den alten Brauch definitiv abschaffte: ἔδοξεν ὥστε μηδαμῶς τὸ τοιοῦτον ἀπὸ τοῦ νῦν γίνεσθαι. Nach dem 48. Kanon desselben Concils haben die Gatten, wenn der Mann zum Bischof gewählt ist, sich nach gegenseitiger Uebereinkunft zu trennen, und die Frau wird Nonne. Die alte Kirchendisciplin bezeichnet Zonaras (Beveridge συνοδ. I 170) als Nachgiebigkeit gegen die Schwäche und gegenüber den Juden und Heiden. „Jetzt dagegen, wo die frohe Botschaft sich ausgebreitet hat und die Gläubigen zu einer heiligeren Lebensordnung übergegangen sind ..., müssen auch die Oberpriester ihr Privatleben der Ordnung strenger Enthaltsamkeit, (πρὸς ἀκριβῆ σωφροσύνην) unterwerfen."

S. 87, 19: *τὴν κυρὰν Πορφυρίαν*] Vgl. Usener: Legenden der heiligen Pelagia S. XV.

S. 89, 14: *δύο κληρικῶν τζαγγαρίων*] Belege für Priester als Handwerker sind gar nicht selten. Wie hier Priester als Schuhmacher, so erwähnt eine Inschrift aus Ankyra einen Kleriker als Silberarbeiter C. I. G. 9258: †*Ἐνθαδε κεκύμητε ὁ δοῦλος τοῦ θῦ Θεόδωρος πρεσβ[ύτερος] τῶν ἁγίον κὲ ἀργυροκό[πος] ὁ πάντων φίλος. ἐτελιόθι μη[νὶ] Νοεμβρ[ίῳ] ιε̄. ἰνδ. ε.* Und dazu bemerkt Kirchhoff: „Presbyter *τῶν ἁγίων* dicitur Theodorus ... Idem artem argenti caelandi exercuisse traditur, quae scilicet illa aetate non abhorruisse videtur a clerici persona." Ebenso erwähnt Kyrill im Leben des heil. Sabas einen Diakon und Silberarbeiter: *ἔστι τις ἐν Ἁγίᾳ πόλει ἀργυροκόπος, τῷ μὲν γένει Δαμασκηνός, τῷ δὲ ὀνόματι Ῥωμύλος, διάκονος τῶν πρώτων τῆς ἁγίας Γεθσημανί* (Cotel. eccl. Gr. m. III 355). Priesterliche Flickschneider und Schuster erwähnt Cotelerius' Nomokanon CII: *Ἱερεὺς ὁ ἠξεύρων χειροτέχνας, κἄν τε ῥάπτης, κἄν τε σαγγάριος, ὅταν θέλῃ λειτουργῆσαι, μὴ ἅπτεσθαί τι, καὶ μετὰ τὸ λειτουργῆσαι ποιεῖν αὐτήν* (l. c. l 85). Ebenda werden auch Fischer als Priester erwähnt CXXIII: *Ἱερεὺς ἁλιευτὴς σαββάτῳ ἑσπέρας ἔστω εἰς προσευχήν, μὴ ἁλιεύσῃ* (geschr. *ἁλιεύσει*). *ἀρκεῖ τὰς ἓξ ἡμέρας* (l. c. I 89). Die alte Kirchenordnung hat die Ausübung eines ehrbaren Gewerbes oder Handwerks den armen Klerikern geradezu geboten, so im Kanon LI des IV. Concils von Karthago: „Clericus quantumlibet verbo dei eruditus artificio victum quaerat." Und Kanon LII: „Clericus victum et vestimentum sibi artificiolo vel agricultura absque officii sui detrimento quaerat." Mansi III 962 und dazu die Note des Severinus Binius. Verboten waren durch unzählige Synodalbeschlüsse Bank- und Geldgeschäfte. Der III. Kanon von Chalcedon verbot Pachtübernahmen von Grundbesitz und aus Gewinnsucht übernommene „*κοσμικὰ πράγματα*". Es scheinen darunter Notariats- und Rechtsanwaltsgeschäfte zu verstehen zu sein. Die alten Ausleger sind sich selbst nicht ganz klar über diese Verordnung (Balsamon und Zonaras bei Beveridge *συν.* I 114 ff). Noch Patriarch Johannes Kamateros (1199—1205) verordnete *μὴ συνηγορεῖν τοὺς ἱερωμένους* l. c. S. 536. Ausdrücklich verboten waren alle unehrbaren Gewerbe. Man verstand darunter *τὸ πορνοβοσκεῖν, τὸ καπηλικοῦ ἐργαστηρίου προΐστασθαι καὶ τὰ ὅμοια. ὁ δὲ ἁγιώτατος πατριάρχης κυρὸς Λουκᾶς* (1156—1169) *καὶ τὰ μυρεψικὰ ἐργαστήρια καὶ τὰ βαλλανεῖα αἰσχροκερδῆ εἶναι ἔλεγεν, ὡς καὶ ψεύδους παραίτια· ἀλλ' οὐδὲ ἀρχιατροὺς παρεχώρει γένεσθαι τοὺς διακόνους ἢ τοὺς ἱερεῖς κτλ.* Balsamon l. c.

S. 91, 1: *ἔμελλεν Ἀλεξάνδρεια τοῖς ἀθέοις Πέρσαις παραδίδοσθαι*] Theophanes lässt Aegypten 616, Barhebraeus im VII. (617) Jahre des Herakleios erobert werden. Barhebraeus folgt dem Patriarchen Michael, welcher S. 293 der Ausgabe von Jerusalem Folgendes berichtet: „Im folgenden Jahre (d. h. im VII. des Herakleios) zog Šahrparz der Perser gegen Aegypten, nahm es und unterwarf ganz Libyen bis zu den Aethiopen (K'ušaçik)." Isidor dagegen setzt die Eroberung Aegyptens in seiner Chronik (Roncalli chron. min. II 461) in d. J. 654 der Era (= 616), während Ṭabari meldet, dass die Schlüssel von Alexandrien dem Khosrau in seinem 28. Jahre (= 617/8) übergeben wurden (Nöldeke Ṭabari S. 291 und 292 N. 1), also das von Michael überlieferte Datum bietet. Die Jahre 615 und 616 sind jedenfalls unrichtig; denn A. v. Gutschmid (Kl. Schr. III S. 473 ff.) hat überaus scharfsinnig erwiesen, dass der Einbruch der Perser vor dem Jahre 617 nicht habe stattfinden können, weil 616 nach syrischen Quellen Athanasios von Antiochien den monophysitischen Patriarchen Anastasios von Alexandrien besuchte und dadurch die Union zwischen der syrischen und ägyptischen Kirche hergestellt wurde. Als die Perser in Alexandrien einzogen, war aber nicht mehr Anastasios, sondern bereits Andronikos Patriarch. Es kommt, wie schon oben erwähnt, dazu, dass Barhebraeus als den eigentlichen Förderer und Betreiber der Union vom J. 616 den Patricius Niketas hinstellt; dieser war also damals noch Statthalter von Aegypten. v. Gutschmid setzt Anastasios' Tod 18. December 616 (Kl. Schr. II 499); nun berichtet Severus (Renaudot hist. patr. Alex. S. 154, Wüstenfeld, Synaxar S. 223), dass sein Nachfolger Andronikos aus dem Stadtadel von Alexandria stammte, seine Verwandten bekleideten hohe Aemter, und infolge ihres Einflusses konnten die Orthodoxen den Andronikos nicht, wie seine Vorgänger, zwingen, seinen Aufenthalt ausserhalb Alexandrias zu nehmen. Aus dieser Angabe folgt mit Evidenz, dass wenigstens während des Beginnes von Andronikos' Patriarchat Alexandria noch im Besitz der Griechen war. Demnach kann die Eroberung durch die Perser frühestens in den Sommer 617 fallen, wie v. Gutschmid annimmt. Allein dabei sind die Angaben des zeitgenössischen Thomas Presbyter unberücksichtigt gelassen. Er setzt die Union zwischen Antiochenern und Damianiten 929 (618) und die Eroberung Alexandrias in den Hazîrân (Juni) des Jahres 930 (619), die Räumung Alexandriens und Syriens in denselben Monat des J. 940 (629). Es ist auch sonst beobachtet worden, dass die Angaben des Thomas über unsere Epoche sich durch grosse Genauigkeit auszeichnen (L. Hallier, Unters. über die edessenische Chronik S. 141). Für die Richtigkeit unserer Ansätze spricht noch insbesondere, dass die arabischen Quellen der persischen Occupation eine zehnjährige Dauer zuschreiben, was mit Thomas genau stimmt, und dass Nikephoros (21, 16) die Räumung Aegyptens erst nach dem endgültigen Friedensschlusse mit Sarbaros (Sahrbarâz) ansetzt. Die Unterredung mit diesem fällt in den Juni 629. Nöldeke Tabarî S. 292 und v. Gutschmid Kl. Schr. II S. 475 N. Man wird demnach die Angabe, dass Alexandria erst 619 persisch wurde, unbedenklich für richtig halten können, und ebenso die Union, welche Niketas zu Stande brachte, mit Thomas dem J. 618 zuweisen. Freilich kann dann Patriarch Anastasios nicht schon 616 gestorben sein; indessen dieses Jahr ist auch nicht überliefert, sondern von Gutschmid nur durch eine scharfsinnige Emendation gewonnen. Ein Fehler muss dann entweder in den 6 Jahren des Andronikos stecken, oder Benjamins Anfang etwas mehr hinabgerückt werden.

Den Einbruch der Perser hat der auf der Wallfahrt zu den Heiligen Kyros und Johannes begriffene kyprische Mönch Johannes erlebt. Er berichtet mehrere sonst unbekannte Umstände, so die Besetzung von Nikiu und Babylon, ehe Alexandrien genommen war: παρεγενόμην ἐν Ἀλεξανδρείᾳ κατὰ τὸν καιρὸν ἐν ᾧ εἰσῆλθον οἱ Πέρσαι ἐν Αἰγύπτῳ, ἔτι ὄντων αὐτῶν ἐπὶ τὰ μέρη τῆς Νικίου καὶ Βαβυλῶνος τῆς κατ' Αἴγυπτον· καὶ πληρώσαντός μου τὴν εὐχὴν καὶ ἑτοιμαζομένου ἐπὶ τὸ ἐξελθεῖν τῆς πόλεως Ἀλεξανδρείας μάλιστα διὰ τὴν ταραχὴν καὶ τὸν θόρυβον τῆς Περσικῆς ἐπιδρομῆς κτλ. H. Usener, Jahrb. für protest. Theol. XIV 224, 8. Ausführlich berichtet über die Eroberung Alexandrias die von Guidi herausgegebene und von Th. Nöldeke übersetzte syrische Chronik, deren Redactor mit Benutzung älterer Quellen zwischen 670 und 680 geschrieben hat: „Darauf griffen die persischen Truppen das von Mauern umragte, vom Wasser des Nils umgebene und mit starken Thoren versehene Alexandria an, das Alexander nach den Rathschlägen seines Lehrers Aristoteles erbaut hatte. Nachdem sie es schon einige Zeit belagert hatten, ohne es einnehmen zu können, kam ein Mann Namens Petrus zu ihnen, der in seiner Jugend aus dem Lande Qatar (die Halbinsel Bahrain, bei den Syrern überhaupt das nordöstliche Arabien) nach Alexandria gekommen war, um Philosophie zu studiren, und sagte dem persischen Feldherrn, er wolle ihm die Stadt überliefern. Dieser Petrus hatte nämlich eines Tages im Archiv der Stadt am Schlusse eines Buches Folgendes gefunden: 'wenn sich über Alexandria vom Westthore her, das nach der See zu liegt, Drangsal erhebt, wird die Stadt eingenommen.' Die Perser machten sich also fertig, nahmen kleine Fischerboote, stiegen hinein, mischten sich in aller Frühe, während es noch finster war, mit Fischerhüten (?) angethan, unter die Fischer, drangen so in die Stadt, tödteten die Thorwächter, öffneten ihren Genossen die Thore und riefen auf der Mauer Chosrau's Sieg aus. Alle Leute ergriff da Furcht. Dazu fasste der Wind viele Schiffe, in die man die Schätze der Kirche und der Grossen geborgen hatte, um sie zur See zu flüchten, und trieb sie ans persische Lager. Diese Schätze sandte man mit den Schlüsseln der Stadt an Chosrau ab." Th. Nöldeke: die von Guidi herausgeg. syrische Chronik, übersetzt und commentirt. Sitzungsberichte der Akad. der Wissensch. in Wien philos.-histor. Cl. Bd. CXXVIII, IX S. 25, 26.

S. 91, 2: ὁ ποιμὴν ... ἔφυγεν εἰς τὴν ἰδίαν πατρίδα] Aus dem eben Erörterten folgt, dass Johannes mit dem Patricius Niketas Juni 619 aus Aegypten floh. Er stirbt in Amathus am 11. November desselben Jahres. Die Dauer seiner Regierung, da er frühestens Ende 610 oder Anfang 611 den Thron bestieg, ist demnach keine zehn-, sondern eine neunjährige. Indessen A. v. Gutschmid hat richtig gezeigt (a. a. O. S. 475), dass die zehn Jahre des Johannes von seinem Amtsantritte bis zum Amtsantritt seines Nachfolgers Georgios (621) zu zählen sind, dass also in ihnen die Vacanz zwischen Johannes' Tode und dem Beginn des Georgios mit einbegriffen sind. — Sein Gedächtnisstag ist von der griechischen Kirche vom 11. auf den 12. November verlegt, wohl absichtlich, wie Rosweyde vermuthet, um ihn aus der gefährlichen Concurrenz mit dem stark gefeierten Menas zu entfernen.

S. 91, 23: Δεῦρο κέλευσον· ὁ βασιλεὺς τῶν βασιλευόντων ζητεῖ σε] Die Formel ist vom Ritual der kaiserlichen Bestattung entlehnt. Wenn der Kaiser auf der κλίνη λύπης aufgebahrt ist, hat der Ceremonienmeister (ὁ τῆς καταστάσεως) auf einen Wink des Praepositus in Gegenwart des Klerus der Sophienkirche und des Senats dreimal zu rufen: „Ἔξελθε, βασιλεῦ, καλεῖ σε ὁ βασιλεὺς τῶν βασιλευόντων καὶ κύριος τῶν κυριευόντων." Dies wiederholt sich, wenn der Leichnam in die Palastvorhalle (Χαλκῆ) getragen wird, und wenn sie bei der Grabstätte angelangt sind, ruft er: Εἴσελθε βασιλεῦ κτλ. Constantin. de cerim. I 60 S. 275. Der Kirchenfürst erhält also hier gewissermassen kaiserliche Ehren.

S. 100, 3: ἐν Ἀλεξανδρείᾳ οἰκῶν, dazu BEJ: ἐν τοῖς λεγομένοις πτεροῖς Κανωποῦ] Der Stadtplan von Alexandria wird mit der Gestalt der macedonischen Chlamys verglichen: „metatus est eam Dinochares architectus pluribus modis memorabili ingenio XV p. laxitate insessa ad effigiem Macedonicae chlamydis orbe gyrato laciniosam, dextra laevaque anguloso procursu." Plinius N. H. V 62. Vgl. Diodor. XVII 22. Plut. Alex. 26. Strabo XVII p. 793 C. C. Wachsmuth, Rhein. Mus. XXXIV 454. Ferner Hesych. s. v. Θετταλικὰ πτερά· τοῦτο εἴρηται διὰ τὸ πτέρυγας ἔχειν τὰς Θετταλικὰς χλαμύδας. πτέρυγες δὲ καλοῦνται αἱ ἑκατέρωθεν γωνίαι διὰ τὸ ἐοικέναι πτέρυξι. Daher Suidas s. v. Θετταλικαὶ πτέρυγες. Τὰ πτερὰ τοῦ Κανώπου sind demnach der angulosus procursus in östlicher Richtung, das Quartier, welches zum kanopischen Thore führt.

Verzeichniss
der von Leontios angeführten Schriftstellen.

Genesis	IV 5	Seite	27, 13, 14	Sirach	XVII 23	Seite	78, 26
„	XXII 1	„	25, 15	Weish. Sal.	III 1	„	94, 11—12
Exod.	IV 3	„	20, 17	„	V 16	„	98, 10
„	10	„	79, 1—2	Matthaeus	V 23, 24	„	29, 11—15
„	VII 20	„	20, 16	„	24	„	35, 15—16
Levit.	XXII 20	„	27, 12—13	„	45	„	68, 17—19
Deuteronom.	XV 7, 8	„	68, 7—8				30, 11—12
„	XXV 13	„	10, 4	„	VI 12	„	66, 10—11
Job	I 21	„	60, 21—23				78, 1—2
„	X 9	„	79, 5				61, 22—23
„	XV 34	„	10, 19	„	33	„	90, 9—11
Psalm	XIX 5	„	69, 23—24	„	VII 1	„	87, 9—10
„	XXI 7	„	79, 1	„	2	„	12, 3—4
„	XXXIII 11	„	28, 5—7	„	14	„	2, 7
„	LI 10	„	2, 21—22	„	X 23	„	91, 2—3
„	LXII 12	„	2, 8	„	XI 29	„	78, 24—25
„	LXVII 31	„	81, 20	„	XV 27	„	4, 8—10
„	LXXVIII 8	„	11, 22—12, 1	„	28	„	98, 15—16
„	XCIII 17	„	55, 9	„	XVIII 16	„	4, 29—31
„	CXII 5, 6	„	65, 22—23	„	18	„	96, 2—4
„	CXVIII 71	„	61, 13—14	„	XIX 21	„	48, 15—16
Proverb.	X 5	„	61, 12	„	XXI 13	„	84, 12—13
„	XI 1	„	10, 4	„	XXIV 12	„	2, 2—3
Esaïas	VI 5	„	79, 2—3	„	42, 43	„	37, 8
„	XL 6, 7	„	79, 6, 7	„	XXV 25	„	3, 10
Daniel	III 50	„	20, 17, 18	Lucas	VI 30	„	69, 5—6
Abdiu	v. 15	„	12, 5	„	36	„	68, 16—17
Judith	XIII 17	„	68, 5	„	XVI 25	„	39, 17—19
(Version d. Vulgata)				„	XXI 2	„	3, 4
Sirach	VI 36	„	4, 43—44	Johannes	II 9	„	20, 10

Verzeichniss der von Leontios angeführten Schriftstellen.

Johannes	VI 11	Seite	20, 15	II. Korinth.	XI 29	Seite	28, 21
„	XX 23	„	96, 4—5	Galat.	III 27, 28	„	65, 16—18
Apostelgsch.	VIII 21	„	27, 25	I. Timoth.	V 24	„	94, 1—3
Römer	XV 1	„	28, 21—22	I. Petri	I 24	„	79, 6—7
I. Korinth.	II 9	„	103, 1—3	Hebräer	VII 12	„	27, 3—4
„	IV 5a	„	74, 17—18	„	XIII 5	„	{ 24, 6—7 ; 61, 21 }
„	5b	„	75, 23—25				
„	VI 7	„	69, 7—8	„	17	„	9, 20—22
„	XV 33	„	4, 45	Jacob.	II 10	„	27, 17—18
II. Korinth.	IX 6	„	{ 47, 16-19 ; 102, 21-22 }				
„	XI 2	„	86, 8, 9				

Unsicher.

Seite 69, 14—16.

Namensverzeichniss.

mit Einschluss der in dem Bruchstück S. 108—112 vorkommenden Namen.

Ἀβραάμ 25, 15.
Ἀδρία 60, 10.
Αἰγύπτιος 37, 19.
Αἴγυπτος 20, 16; 111, 29.
Ἀλεξάνδρεια 4, 1; 15, 2; 19, 9. 24; 25, 21; 34, 9. 24; 60, 2. 17; 68, 3; 69, 21; 73, 17; 74, 5; 75, 18; 91, 1; 100, 3. 16; 101, 7; 108, 6. 19; 112, 7. ἡ φιλόχριστος μεγαλόπολις Ἀλεξ. 7, 19.
Ἀλεξανδρεῖς 74, 17; 109, 30; 110, 16. ἡ Ἀλεξανδρέων μεγαλόπολις 5, 16 BEL; 90, 17; 92, 24. s. im Wörterverzeichniss unter μεγαλόπολις.
Ἀμαθουντιαῖοι EL nach 14, 7.
Ἀμαθοῦς 92, 13; 112, 23.
Ἀναστάσιος Abt des Antonioklosters 112, 24.
Ἀντώνιος der Heilige 112, 25.
Ἀφρική 23, 21; 40, 21; 45, 9; 54, 12; 55, 3.

Βιτάλιος ὁ ἀββᾶς 70, 19; 71, 19. 23; 72, 18; 73, 13. 19. 24; 74, 1. 3. 4. 10. 21. 22; 75, 14. 18. 21.
Βρεττανία 19, 15.

Γάζα 51, 14; 75, 13.
Γεώργιος Neffe des Erzbischofs 33, 7. 8.
Γρηγόριος ὁ θεολόγος 8, 26.
— Bischof von Rhinokurura 112, 25.

Δαμιανός der Diakon 35, 5. 7. 13.
Δαυίδ 2, 23; 61, 13; 69, 24.

Ἑβραία 51, 20.
Ἕλλην 48, 22; 65, 17.
Ἐπιφάνιος der Heilige 40, 14; Vater des Erzbischofs Johannes 108, 20.

Ζαχαρίας der fromme Lohndiener 6, 3.
Ζωίλος der Silberarbeiter 44, 10; 45, 23.

Ἥλιος. πυλὴ τοῦ Ἡλίου 73, 21. s. Anm. S. 145.
Ἡράκλειος Kaiser 13, 10; 109, 29.
Ἡσαΐας 79, 2.

Θεόδωρος Bischof von Amathus 112, 23. L. nach 14, 7.

Θεόπεμπτος (v. l. Θεόπομπος) 67, 10.

Ἰάκωβος Bruder des Herrn 27, 17.
Ἰερεμίας 112, 16.
Ἱεροσόλυμα 37, 13. 15; 40, 14; 112, 13.
Ἱλαρίων der Heilige 82, 13.
Ἰουδαῖος 65, 17.
Ἰωάννης ὁ ἅγιος 85, 7.
Ἰωάννης. Κῦρος καὶ Ἰωάννης, die Märtyrer 4, 3; 63, 26. s. Anm. S. 120; 142.
Ἰωάννης ὁ ἐλεήμων 1, 3; 2, 11; 3, 14; 5, 17; 6, 2; 9, 15; 12, 15; 14, 10. 14; 23, 13; 25, 18; 26, 16; 38, 16; 39, 20; 47, 4; 59, 2; 60, 2. 9; 61, 5; 66, 8; 74, 20. 23; 77, 18; 81, 20; 82, 20; 92, 16. 21; 99, 13; 100, 4; 101, 19; 102, 1. 18; 108, 5. 13; 109, 1.
Ἰωάννης (Moschos) der Biograph des Johannes Eleemon 2, 12; 64, 12. s. Anm. S. 117.
Ἰωάννης Bischof von Jerusalem 40, 14. 16.
Ἰώβ 60, 7; 61, 18; 62, 1.

Καΐν 27, 14.
Καισάρειον 57, 1. s. Anm. S. 141.
Κανωπός 100, 1 BE.
Κοσμᾶς 26, 16.
Κτήσιππος 112, 17.
Κύπριοι. ἡ Κυπρίων νῆσος 1, 1; 102, 9.
Κύπρος 15, 9; 40, 19; 53, 2. 9; 91, 4; 92, 11; 100, 15; 108, 17.
Κῦρος καὶ Ἰωάννης s. Ἰωάννης. ὁ ἅγιος ἀββᾶς Κῦρος in Gaza 51, 17. 26.

Κωνσταντῖνος der Grosse 13, 28; 72, 2. 7; Sohn und Nachfolger des Herakleios 13, 9. s. Anm. S. 125.
Κωνσταντινούπολις 44, 18; 86, 21.

Λεόντιος Bischof von Neapolis 1, 1.
Λήθη φυλακή 53, 1. s. Anm. S. 141.

Μάρκος 110, 17. 23.
Μηνᾶς der Heilige 5, 1 BE; 22, 16; 100, 15. — Oekonom der Kirche von Alexandrien, Gewährsmann des Leontios 5, 14; 6, 19; 90, 16.
Μητρᾶς der Heilige 73, 23. s. Anm. S. 146.
Μόδεστος Verweser des Patriarchats von Jerusalem 37, 15. s. Anm. S. 137.

Νεῖλος 62, 15; 111, 28.
Νίκαια. Synode zu N. 72, 5.
Νικήτας gew. ὁ πατρίκιος genannt, Augustalis. 23, 5; 24, 23; 28, 18; 30, 22; 90, 22; 91, 6; 92, 2; 110, 6. s. Anm. S. 129.

Παῦλος der Apostel 9, 19; 27, 3; 65, 15; 94, 1.
Πελαγία die Heilige, vorher Porphyria 88, 23.
Πεντάπολις 19, 25. s. Anm. S. 128.
Πέρσαι 5, 3; 13, 11. 14; 25, 20; 37, 13; 52, 26; 53, 9; 91, 1; 112, 4.
Περσίς 52, 26.

Πέτρος Κναφεύς 110, 26.
Πέτρος ὁ τελώνης 43, 7; 45, 3.
11. 16. 19; 46, 2.
Πορφυρία 87, 20. 24; 88, 5;
vgl. Πελαγία.

'Ρασμιόξης ὁ ἀρχιστρατηγὸς Χοσρόου 112, 12.
'Ρινοκούρουρα 112, 25.
'Ρόδος 91, 20; 95, 15.
'Ρωμαῖοι 109, 30.

Σαβῖνος Mönch in Alexandrien 100, 2. 12; 101, 9.
Σεραπίων der Heilige zubenannt Sindonios 48, 5. 19; 49, 1. 4. s. Anm. S. 140.
Σερίδων der Heilige 69, 21; 75, 13. s. Anm. S. 145.
Σευηρομανῖται 64, 17.
Σικελία 28, 2.

Σπυρίδων Bischof von Trimithus 3, 32.
Συμεών der Stylit 81, 24.
Συρία 13, 12.
Σύροι 112, 4.
Σωφρόνιος Freund und Biograph des heil. Johannes von Alexandrien 2, 12; 12, 10; 64, 12. s. Ἰωάννης (Moschos).

Τρωίλος (Bischof) 57, 7. 11. 20; 58, 12; 59, 15.
Τύρος 88, 3. 9.
Τύχων der Heilige 94, 15; 101, 18. 21.

Φάρος 18, 8; 55, 4.

ἡ Χαναναία 4, 8; 98, 15.
Χοσρόης 112, 13.

Wörterverzeichniss.

(Mit † sind die bei Stephanus, Du Cange, Sophokles und Kumanudis fehlenden Worte bezeichnet.)

ἀβασανίστως 33, 2; Sy. 1701 B.

†ἀββαδόπουλος 88, 2. Das Wort ist wohl eines der ältesten Beispiele der späterhin so überaus häufigen Zusammensetzungen mit -πουλος. Dem X. Jahrhundert gehören an: ἀρχοντόπουλος Konstantin. de adm. imp. 157, 2 u. 11 und κομητόπουλοι Kedren. II 347, 3; 435, 1. Dass diese letztere Bezeichnung schon im X. Jahrhundert kursirte, erweist der gleichzeitige Armenier Step'anos Asołik, welcher S. 244 und 245 Malχasean den Namen durch „Komsaćagk'" Grafenprösslinge" wiedergibt.

ἀγαθοποιέω 69, 14.

ἀγαθούργημα 93, 23.

ἀγαλλιάομαι 46, 15. Sy. 1674 A.

ἀγαλλίασις 6, 9; Sy. 1701 B.

ἀγάπη 'Almosen' in der Redensart ποίησον ἀγάπην 58, 11; Cot. I 651 C. JM 2961 C; 2985 A; 3041 A; 3069 C; 3072 A; vgl. Cot. I 596 C; 597 A; 617 B; 638 A.

ἀγγελικός· ἀγγελικὸν στόμα 8, 12; πρόσωπον 62, 8; φύσις 69, 12; ἀγγελικὸν ἔνδυμα, 'Mönchsgewand' 51, 10; ἀγγελικὴ πολιτεία 100, 1; JM 3036 A.; Sy. 1672 C. ἀγγελικὸς βίος Sy. 1748 A.

ἁγιάζω 7, 5; 77, 22. Bei Kyrillos von Skythopolis ist ἡγιασμένος stehendes Beiwort der grossen Heiligen, so des Sabas Cot. III 310 C u. ö.; des Euthymios AM 74. Aus der vita hat dann Sabas diesen Beinamen als einen feststehenden in der Liturgie z. B. des hl. Chrysostomos empfangen: Euchologium ed. Goar p. 62.

ἁγιωσύνη 'Heiligkeit' als Anrede oder Titel 4, 16; 26, 17; 29, 17; 33, 20; Pelagia 10, 2; Cot. III 302 C.

ἀγνωμονέω 68, 12.

ἀγοράζω 9, 13; 18, 6. 16; 39, 25; 40, 2; 43, 19; 44, 1. 10. 14. 16; 57, 11; 60, 2; 65, 11. 25.

ἀγράμματος 3, 20.

ἀγχίνους BE 36, 10.

ἀδιαλείπτως 89, 17; 90, 4. ἀδιάλειπτος Sy. 1700 A.

ἀδιάλλακτος 30, 19; 35, 2.

†ἀδικάσιμος 13, 2.
ἀδιόρθωτος 28, 20.
ἀδίστακτος zweifellos, sicher τὴν πρότερον αὐτῆς ἀδίστακτον πίστιν ἐπὶ τῆς ψυχῆς ἀναλαβοῦσα 97, 18; μετὰ πίστεως ἀδιστάκτου (so zu schr. statt ἀδιαστάκτου) Sy. 1672 C. πίστει ἀδιστάκτῳ Cot. III 226 A. S. Andreas Salus X 80. κρίσις ἀδίστακτος Ephraim von Antiochien bei Photios 245 b 33.
ἀδιστάκτως 52, 24; Sy. 1684 D. Agathang. 14. Ephraim v. Antiochien bei Photios 254a 4.
ἀδυνατέω 2, 2; 83, 1; Pall. 1147 A. Cot. III 246 A.
ἀεννάως 23, 5.
ἄθεος ungläubig, heidnisch; Beiwort der Perser (wie später der Araber) 13, 14; 91, 1.
αἰγιόμαλλον indumentum caprinum (Anast.): 16, 11 ταχέως τῇ κλίνῃ ἐπιβὰς τοῖς αἰγιομάλοις αὐτοῦ κατεκρύπτετο. S. Andreas Salus I 3.
αἰνίσσομαι 36, 23.
αἰσχροκερδία 43, 9.
αἰσχρολόγος 80, 15.
αἰχμαλωτεύω 13, 12; 52, 25.
ἀκάθαρτος 64, 18; 73, 12; 79, 3; 80, 19.
ἀκαλλώπιστος 3, 18.
ἀκάπνιστος· 23, 23 μέλι ἀκάπνιστον. Vgl. Strabo IX 400 C. τοῦ δὲ μέλιτος ἀρίστου τῶν πάντων ὄντος τοῦ Ἀττικοῦ πολὺ βέλτιστόν φασι τὸ ἐν τοῖς ἀργυρείοις, ὃ καὶ ἀκάπνιστον καλοῦσιν ἀπὸ τοῦ τρόπου τῆς σκευασίας.
ἀκατάληπτος unzugänglich 83, 9 εἰς ἐρημίαν ἀκατάληπτον καὶ ἄνυδρον.
ἀκατάπαυστος 93, 22.
ἀκύμαντος· τῷ ὀνόματι τοῦ τρισμακαρίστου ὥσπερ λιμένι ἀκυμάντῳ προσέτρεχον 13, 14. Vgl. von Johannes Chrysost. προστρέχει τοίνυν τῷ κοινῷ τῶν χειμαζομένων λιμένι Photios Bibl. 81b 6.
ἄλαλος 46, 17. 46, 10 C, 12 C.
ἄλογον Lastthier, Reitthier, Pferd (Hatzidakis S. 35) 41, 12; JM. 2881 C. Cot. III 253 C; 257 A; 288 A; 323 A; AM 92 n. s. f
ἄλυχνος 38, 23.
ἅμα· ὑπῆρχον δὲ τὰ πλοῖα αὐτοῦ πάντα ἐν τῷ ἅμα 60, 12. ἐποίουν ἐν τῷ ἅμα τὴν ψαλμῳδίαν JM. 2969 C. ἵνα οἱ δύο ἐν τῷ ἅμα ἔλθωσιν πρὸς τὸν γέροντα JM. 2993 D.
ἄμαχος 13, 1.
ἀμμᾶ und ἀμμᾶς· οὕτω γὰρ καλοῦσι τὰς πνευματικὰς μητέρας Pall. 1107 A. in der Anrede 22, 13; JM. 3049 B. Cot. I 539 B. τῇ ἀμμᾷ Πελαγίᾳ 88, 7; τῆς ἀμμᾶς Πελαγίας 88, 28. ἡ ἀμμᾶ Δαμιανὴ ἡ ἡσυχάστρια JM. 2988 C. ἡ ἀμμᾶς (v. l. ἀμμᾶ) Θεοδώρα Cot. I 465 C. ἡ ἀμμᾶς Σάρρα Cot. I 692 A. ἡ ἀμμᾶς Συγκλητική Cot. I 692 C. ἡ ἀμμᾶ Ἀναστασία Cot. III 306 A.
ἀμνησίκακος 24, 1; 29, 2; 35, 17.
ἀμφιβάλλω altercari (Anast.) 30, 17; 31, 1. ἤρξατο .. ἀμφιβάλλεσθαι ὁ περὶ τῶν ἁγίων καὶ σεπτῶν εἰκόνων λόγος Theoph.

458, 5 gibt Anastasius durch 'disputari' wieder.

ἀμφιβολία· μάχην ἢ ἀμφιβολίαν 13, 1.

ἀναβάλλω· τὴν καλουμένην Ῥόδον ἔφθασαν ἀναβάλλοντες 91, 20, adscendentes (Anast.).

ἀναγκαῖος kostbar; τὸ ἐσωφόριον αὐτοῦ, ἀναγκαῖον ὑπάρχοντα 42, 21 esophorium suum quod illius melius erat (Anast.). λίθοι ἀναγκαῖοι σμάραγδοι καὶ ὑάκινθοι Pallad. 1018 D. σκέκια οὐ τὰ ἑαυτῶν, ἀλλ' ἕτερα κάλλιστα καὶ ἀναγκαῖα (pretiosa) Const. de cerim. I 584, 3; vgl. Reiske im Comm. II p. 693.

ἀνάγλυφον 57, 12.

ἀνάκειμαι μετὰ τῆς πόρνης 80, 15.

ἀνακλίνομαι 13, 20.

ἀνακόπτω 1) zurückhalten, mit dem Acc. Sy. 1677 A. 1684 B. 1716 B. 1725 B mit Acc. und Gen. τοὺς πολλοὺς ἀνακόψαι τοῦ ἐξέρχεσθαι 83, 18; τὴν πόλιν ἀνέκοπτεν τοῦ ἁμαρτάνειν Sy. 1736 C. Pass. ἀνακόπτωνται 11, 7. 2) brechen, vernichten τὴν περιέχουσαν αὐτοὺς ῥᾳθυμίαν καὶ ὀλιγοπιστίαν ἀνακόψας 15, 6, scindens Anast. μὴ θελήσῃς ἀνακόψαι τὴν προθυμίαν μου Sy. 1689 A.

ἀναμένω differo (Anast.) 63, 23.

ἀνανήφω 74, 8; Sy. 1716 B; 1745 B.

ἀναξιότης Ausdruck geistlicher Bescheidenheit: τὸ ἐλάχιστον ὄνομα τῆς ἐμῆς ἀναξιότητος 38, 2.

ἀναπέμπω in der Redensart δόξαν τῇ ἁγίᾳ καὶ προσκυνητῇ τριάδι ἀναπέμψαι 1, 9; δόξαν ἀνέπεμψαν τῷ πατρὶ κτλ. 102, 3.

ἀναρρύομαι· ἀναρρυσθῆναι 5, 3.

ἀναφαίνομαι· ἀνεφάνημεν ἐπὶ (εἰς CD) τὰς νήσους τῆς Βρεττανίας 19, 15, apparuimus Anast. Theophanes 465, 18: ἀναφανέντων δὲ αὐτῶν τὴν γῆν, Anastas.: cumque terrae proximi cernerentur. Combefis vermuthet κατὰ τὴν γῆν, de Boor τῇ γῇ; indessen der Accusativ wird geschützt durch das von Sophokles beigebrachte Vorbild: Act. Ap. 21, 3 ἀναφανέντες δὲ τὴν Κύπρον, cum apparuissemus autem Cypro (Hieronym.).

ἀνέγερσις Wiederherstellung, mit ἀνοικοδόμησις verbunden 37, 16.

ἀνελεήμων 40, 23; 41, 1; 81, 23.

ἀνένδοτος 54, 3.

ἀνεξέταστος 54, 4.

ἀνεξίκακος· ἀνεξίκακο⟨ς⟩ patiens Gl. II 225, 59. — 79, 24.

ἀνερυθριάστως 50, 22. S. Andreas Salus IX 68.

ἄνους 57, 21.

ἀνταποκρίνομαι 68, 23.

ἀντίληψις 13, 16.

ἀντιμισθία· mercis retributio Gl. II 230,5. —47,14; Pall.1092C; S. Demetrii martyris acta 168 (Migne 116, 1356 B) S. Andreas Salus XXII 185 u. s. f.

†ἀντιπαραμυθέομαι 61, 25.

ἀντιπερισπάω 36, 11.

ἀντισταθμέω· μηδὲν εὑρίσκοντες ἀγαθὸν ἀντισταθμῆσαι (A ἀντισταθμίσαι) πρὸς τὰ πονηρὰ ἔργα τὰ συναγόμενα ὑπὸ τῶν μαύρων εἰς τὴν ἑαυτῶν πλάστιγγα 41, 24.

ἀντισταθμίζοντας Combefis. auctar. noviss. 325 C. ἀντισταθμίσαι 325 D.
ἀντίστασις 31, 9.
ἀντιφθέγγομαι· respondeo, reclamo Gl. II 230, 55. — 34, 7.
ἀντίφορτος 19, 9.
ἀνυπερήφανος 58, 10.
ἀνυπερθέτως 92, 14; Sy. 1684 A. Cot. III 257 A, 345 A. A M. 22. Agath. 158.
ἀνυπομόνητος 69, 3.
ἀνώνυμος abominandus ... famosus Gl. II 231, 33. τὸ πλῆθος τῶν ἀνωνύμων αἱρετικῶν 36, 9, nec nominandorum Anast.
ἀνώτερος· ἄργυρον καὶ ἕτερα πράγματα ἀνώτερα 60, 14; τῆς ἐκ τοῦ διαβόλου πυρώσεως ἀνώτερος ἐτύγχανον Sy. 1713 A. ἀνωτέραν τὴν ἑαυτοῦ τῆς ἐκείνων διασώζων ἐπιδρομῆς S. Demetrii M. acta Migne 116, 1393 A.
ἀξιέπαινος 37, 1; 62, 9; 93, 19.
ἀξιοθαύμαστος 62, 22; Sy. 1673 B; 1744 B. Cot. III 279 B.
ἀξιομνημόνευτος 10, 9; 31, 15; 52, 7.
ἀξιωματικός Dignitär. honorarius Gl. II 232, 4. — 91, 15.
ἀόκνως 52, 24.
ἀοράτως 53, 17.
ἀπάνθρωπος 65, 1.
ἀπαραλείπτως 68, 6.
ἀπαραλλάκτως 53, 6; Sy. 1732 A.
ἀπαραφυλάκτως 51, 9.
ἀπασχολέω· avoco Gl. II 233, 37. εἰς τοῦτο τὸν νοῦν σου καὶ τὸ στόμα σου ἀπασχόλησον 84, 11.
— ἀπασχολοῦμαι occupo Gl. II 233, 38. εἰς ἀργολογίας ἀπασχολεῖσθαι 83, 20. εἰς τὸν κατ' ἀλλήλων ἀπησχολήθησαν πόλεμον Cot. III 372 B.
ἀπείραστος 17, 3.
ἀπεριέργως 14, 11. Pall. 1186 C.
ἀπερισκέπτως 51, 6.
ἀπῆλθον· τοῦ ἀπελθόντος εἰς ἀπώλειαν ποσοῦ 60, 15.
ἁπλόω entfalten, ausbreiten, ausstrecken, ἅπλωσον expande Gloss. II 235, 37. τὴν ἀφειδῶς ἡπλωμένην χεῖρα 23, 4; ἁπλῶσαι τοὺς ἑαυτῶν πόδας 38, 21; τὴν χλαμύδα μου ἂν ἥπλουν 72, 12. αἱ χεῖρες αὐτοῦ εἰς τὸν οὐρανὸν ἡπλωμέναι Cot. I 679 C. ὕπτιον αὐτὸν ἁπλῶσαι Agath. 48. ἐπάρας τὰς ἁγίας καὶ διὰ παντὸς ἡπλωμένας χεῖρας εἰς τὸν οὐρανόν Agath. 124.
ἀπὸ bezeichnet das Herkommen, den Ursprung: ἀπὸ κακῶν γὰρ εἶχες αὐτὰ καὶ συναπώλεσαν καὶ τὰ ἀπὸ καλῶν 18, 13; in localer Bedeutung statt ἐξ: τῶν φυλλολαχάνων τῶν ῥιπτομένων ἀπὸ τοῦ ἐμοῦ μαγειρείου 39, 2. ἐξενέγκας ἑκατὸν νομίσματα ἀπὸ χειρός 52, 4. ἐξερχόμενος ἀπὸ τῆς ἀπολύσεως 83, 19 (ἐκ C). ἀναρρυσθῆναι ἀπὸ αἰχμαλωσίας 5, 2; in temporaler Bedeutung statt ἐξ: διανέστη ἀπὸ τοῦ ὕπνου (BE ἐκ) 60, 3; temporale mit causaler gemischt: καθεύδοντι αὐτῷ ἀπὸ τοῦ ἀρίστου 59, 10. in causaler Bedeutung, die Veranlassung bezeichnend: aus, infolge von: ἠβουλήθη ἀπὸ αἰσχύνης καὶ στενώσεως ἀπάγξα-

11*

σθαι 18, 19. ἠναγκάσθη ἀπὸ πολλῆς ἄγαν στενώσεως προσελθεῖν τῷ ἐν ἁγίοις 21, 5, ebenso 38, 19. ἀπὸ θυμοῦ 41, 14; 42, 13. instrumental: χορτασθῆναι ἀπὸ τῶν φυλλολαχάνων 39, 1. in der Bedeutung mit: ἀπὸ χαρᾶς (μετὰ χ. BE) ἐξάπινα ταῦτα δεξάμενος 16, 17. in distributiver Bedeutung: τοῖς μὲν ἀνδράσιν ἀπὸ (ἀνὰ EL) κερατίου ἑνὸς ἐδίδου, ταῖς δὲ γυναιξὶν ... ἀπὸ (ἀνὰ EL) δύο; ebenso 57, 14; 58, 15. Vgl. JM. 2941 B. 2989 D. 2992 A.

ἀποβουλλόω 24, 18.

ἀποδυσπετέω 97, 20. S. Andreas Salus XVIII 143.

ἀποθεραπεύω 34, 2; 34, 10. JM. 2885 A.

ἀποθήκη 23, 15; 40, 19.

ἀποκαταστaίνω· ἀπεκατέσταινεν (A. ἀπεκατέστενεν) 66, 17. τοὺς ἐμβόλους, οὓς ἔστενεν Theophanes 322, 10. οἱ στένοντες τὰ σκάμνα τοῦ ἱππικοῦ Const. de cerim. I 800, 13. Ueberall ist σταίνω zu schreiben. W. Meyer, S. Portius S. 209; Hatzidakis S. 411.

ἀποκόμβιν 16, 15. 18; 54, 18; oft bei Konstantin de cerim. (z. B. I 19, 1; 451, 10 u. s. f.). „Apocombium appellant Graeci sacculum sericeum, qui doni nomine in manus datur aut mittitur amicis, aut spargitur in vulgum, aut in ara pro offranda deponitur, cum insutis nummis aureis argenteisve. Sportulae olim, item lucra haec dona dicebantur." Reiske zu Const. de cerim. II 487.

ἀπόλαυσις 59, 18. ἐν ἀπολαύσει αὐτῶν (scil. τῶν ἁγίων καὶ καλλινίκων μαρτύρων Κύρου καὶ Ἰωάννου) γενέσθαι 4, 3. μόνον ὁ ἀνάξιος τῆς αὐτοῦ διακονίας ἐν ἀπολαύσει γένωμαι 26, 25. ἐν ἀπολαύσει γενέσθαι τῶν ἁγίων τοῦ Χριστοῦ τόπων Sy. 1705 D. τῶν ἐκείνου προσόντων χαρισμάτων ἠξιώθη ἐν ἀπολαύσει γενέσθαι AM. 44.

ἀπόλλω· ἤπῶλλον, ἠπώλλοντο 61, 16. Sy. 1693 D hat der Vind. statt ἀπόλωμαι ἀπόλλωμε (= ἀπόλλωμαι). Vgl. ἀπόλλει JM. 3017 C, ἀπόλλεις 3029 A. Marina 21, 32. Cot. I 638 A ist wohl zu schreiben: ἆρα σώζομαι ἢ ἀπόλλομαι (statt ἀπόλωμαι). ὡς ἐπὶ θεοῦ τοῦ ἀπώλοντος (schr. ἀπόλλοντος) τοὺς λαλοῦντας τὸ ψεῦδος. S. Andreas Salus III 26.

ἀπολύω 1) entlassen 21, 17; 22, 23; 27, 26; 54, 17; 72, 17; 2) werfen 41, 15.

ἀπονενοημένος temerarius Gl. II 239, 22. — 81, 9.

ἀπονυστάζω 43, 3.

ἀποστηθίζω aus dem Gedächtniss hersagen. εἶχεν μὲν οὖν γνῶσιν καὶ τῶν θείων γραφῶν ὁ ἐν ἁγίοις, οὐκ ἐν σοφίᾳ δὲ λόγου ταύτας ὡς ἐπὶ κενοδοξίας ἀποστηθίζων 36, 3. ἔστι δὲ ὅτε καὶ ψαλμοὺς αὐτοὺς διδάσκων· καὶ ἐξυπνίζοντο ἀποστηθίζοντες ὅσα κατὰ τοὺς ὕπνους αὐτοὺς ἐδίδασκεν Sy. 1697 B. παλαιὰν

δὲ καὶ νέαν γραφὴν ἀπεστήθιζεν Pall. 1034 B. Vgl. 1027 C und 1065 B. 1091 D. Suidas s. v. Σαλούστιος u. s. f.
ἀποτάσσομαι der Welt entsagen, Mönch weiden. ἀπεταξάμεθα τῶν κοσμικῶν Sy. 1688 C. ἀποταξάμενος τῷ κόσμῳ Cot. I 347 A. Pall. 1220 B. ἀπετάξατο εἰς τὸ μοναστήριον αὐτοῦ τοῦ ἀββᾶ Σερίδωνος 75, 12. Gewöhnlich absolut gebraucht 74, 26; 88. 24; Pall. 1217 C. Cot. I 512 C; JM. 2881 A. 2920 A. 2936 B. 3024 C etc.
ἀπροαιρέτως 10, 8; 69, 11.
ἅπτω intr. brennen 72, 10.
ἀργολογία 83, 20. Cot. I 512 A; 540 B etc.
ἀργυροκόπος argentarius Gl. II 244, 9. — 44, 8, 44, 12.
ἀργυροπράτης 45, 14.
ἀρμενίζω velificor, velifico Gl. II 245, 6. — 18, 16; 19, 10. 14. 23.
ἀρτάβη 9, 12.
ἀρχιερεύς 2, 11; 3, 34; 32, 6; 51, 4.
ἀρχιερωσύνη 30, 2.
ἀρχιποιμήν 3, 33; 4, 23; 60, 4; 95, 1.
ἄς = ἄφες hat bereits C: ὁ σκανδαλιζόμενος ἃς σκανδαλίζεται καὶ ἃς δώσει κριούς 71, 11. Das ursprüngliche ἄφες καθεσθῶμεν S. Andreas Salus IV 27.
ἄσεμνος incastus Gl. II 247, 26. τὰ ἄσεμνα γύναια 73, 8. Sy. 1724 C. γύναια ἄσεμνα καὶ πορνικά Sy. 1708 B. τὰ μιμάρια τῶν ἀσέμνων γυναίων S. Andreas Salus III, 17.

ἀσθενέω· ἠσθένησεν ὁ ἀββᾶς τὴν ἐπιθάνατον ἀσθένειαν 88, 12.
ἀσκαλώνιον· χίλια ἀσκαλώνια οἴνου 37, 19. vascula vini Anast. Das Wort wird sonst nur aus Athenaeos III 78 A als Bezeichnung einer Feigengattung angeführt.
ἀσπλαγχνία 17, 5; 57, 23; 82, 24.
ἄσπλαγχνος 40, 10; 76, 18; 82, 21.
ἀστειότης 58, 14.
ἀστοχέω 61, 6; 62, 14.
ἀστοχία 61, 4.
ἀσυμβίβαστος 31, 7. Sy. 1720 B.
ἀσυμπαθής 57, 6; 58, 7; 76, 18.
ἀσφαλίζω die Thür schliessen 46, 9; θύραν ἠσφαλισμένην Pelagia 14, 6. ἀσφαλίζομαι sich in Acht nehmen 75, 19; Sy. 1693 C. 1705 A.
ἀτάραχος 23, 10; 55, 23.
ἀτελείωτος 37, 3. 4. 7.
ἀτελεύτητος 102, 5.
ἄτρωτος 27, 22; 33, 5. Cot. I 546 B. Cot. III 314 C.; 353 B. AM. 81.
αὖγος 16, 9; 70, 10; 73, 11.
αὐθέντης 41, 3; Sy. 1712 B.
αὐστηρός 14, 8.
ἄφατος unsäglich 45, 2. Sy. 1701 D. 1713 A. Cot. I 654 B; III 220 A; AM. 98. Pall. 1226 B u. s. f.
ἀφόρητος ἐκ τῶν ἀφορήτων πληγῶν 50, 16. ἀφόρητος βροχή S. Andreas Salus XXV 218.
ἀφρίζω 74, 3; Sy. 1716 A; 1728 C.
ἄψυχος φύσις 94, 19.

Βαβαί 42, 12; 49, 5; 52, 2; als richtige Accentuation βαβαί erwiesen. H. Usener, der heil. Theodos. S. 173.

βαλανικόν 76, 24 = τοὐπίλουτρον. Lucian. Lexiph. 2. vom Scholiasten (Lucian V 329 ed. Lehmann) erklärt: 'τὸ ἐν τῇ συνηθείᾳ βαλανικόν.' Badegeld.

βάλλω εἰς μοναστήριον 51, 27; 87, 21. μετάνοιαν sich niederwerfen 30, 1. 6; 31, 22; 70, 10. Anastasius übersetzt genu flexit, mittens metanoeam, mittens genuflexiones, vgl. auch Johannes Moschos 2969 B: ἔκλινεν τὰ γόνατα αὐτοῦ ὁ ἀββᾶς Σαββάτιος. Ὡς οὖν εἶδεν ὁ λέων πῶς ἔβαλεν μετανοίας κτλ. Johannes M. gebraucht den Ausdruck sehr häufig, z. B. 2861 A; 2909 D; 2925 A; 2945 D; 2961 C; 2980 D; 2985 A; 3048 A; 3056 B u. s. f. Vgl. Reiske zu Const. de cerim. II S. 600.

βασιλικός 59, 20.

βαστάζω ertragen 76, 6; 96, 14.

βλοσυρός· βλοσυρῷ τῷ ὄμματι 14, 8; S. Andreas Salus III 23; VIII 57; XV 115. βλοσυρῷ τῷ ὀφθαλμῷ Combefis, narrat. de rebus Armen. 284 C.

βουλή· βουλὰς ἔχειν beabsichtigen 22, 13. βουλὴν λαμβάνειν τινός von jemandem Rath empfangen, sich von jemandem überreden lassen 21, 11.

βούλλα 99, 11.

βουλλόω 96, 19; 97, 3; 99, 6.

βουννευρίζω 34, 12; Theoph. Cont. 641, 10; 807, 6.

βραδύγλωσσος 79, 2.

βραχιόλιον 14, 5. χλιδῶνα, κόσμον περὶ τὸν τράχηλον ἢ βραχίονα ὃ καλεῖται βραχιόλιον, Glosse bei Du Cange s. v.

βρέχω 39, 8; 68, 18 (Citat aus Matth. V 45) in eigenthümlicher Bedeutung: πρᾶγμά σοι ἐβράχη 45, 22 „dir ist eine Unannehmlichkeit erwachsen", Anastas. „res tibi magna evenit". ἡ καλῶς βραχεῖσά μοι κόρη 51, 17 scheint ironisch gesagt: „das so angenehm mir aufgehalste Mädchen". Anastasius' Uebersetzung: „haec bene visa puella" ist errathen.

†Γαλλοδρόμος s. Anm. S. 144.

γέμω mit dem Acc. 19, 17; 24, 13 (aber mit dem Gen. 88, 15).

γηροκομεῖον 93, 20.

γνῶσις notitia Gl. II 264, 12. Verzeichniss, Anweisung: ἐπιδίδωσιν αὐτῷ ... γνῶσιν ξενίου πέντε κεντηναρίων χρυσίου 21, 15. Vgl. Constant. de cerim. I 404, 8: ὁ μάγιστρος ἐρωτᾷ αὐτόν, εἰ ξένια ἔχει τοῦ βασιλέως καὶ χρὴ αὐτὸν ἰδεῖν πάντα ... καὶ λαβεῖν τὴν γνῶσιν αὐτῶν. I 397, 9: δεῖ τὸν μάγιστρον ποιῆσαι γνῶσιν κατὰ γνώμην τοῦ βασιλέως, τί ἕκαστος ὀφείλῃ λαβεῖν, καὶ πάντων τῶν ἀνθρώπων αὐτῶν τί ἕκαστος λαμβάνει. Reiske zu Const. de cerim. II S. 390.

†γομᾶτος. Die lateinische Endung ᾶτος (atus) ist frühzeitig ins Griechische eingedrungen. γομᾶτος ist der einen γόμος, eine Schiffsladung hat; also belastet, angefüllt; ebenso πληγᾶτος der eine Wunde hat.

Andere Beispiele Hatzidakis 184. ἕνα δόρκωνα δύο μυριάδων γομᾶτον σίτου 19, 7. unam magnam navim, plenam frumento viginti milium modiorum Anast.

γόμος Last, Fracht. ἀπώλεσεν ὅλον τὸν γόμον 55, 5. ἔρριψαν ὅλους τοὺς γόμους αὐτῶν 60, 11. ἀπώλεσε τὸν γόμον Cot. I 347 C. ὡς ὄνος βαστάξας κατὰ τοῦ νώτου γόμον Agath. 29. τὸν τῶν βουρδονίων γόμον, τουτέστι ιβ μοδίους σίτου Cotel. III 288 A.

γονάτιον 38, 9. 10; 39, 14, coopertorium (Anastas.), andere Stellen bei Du Cange s. v.

γονυκλισία· μετὰ πολλῶν γονυκλισιῶν 54, 10; JM. 2937 C.

γούλα 76, 24. S. Andreas Salus XIII 103.

γραφικός auf die Schrift bezüglich, biblisch. γραφικὰ διηγήματα 4, 5; ζητήματα 36, 7; γραφικαὶ μαρτυρίαι Cot. III 436 B; λόγος γραφικός Cot. I 640 C. Pallad. 10. Daher τὸ γραφικόν der Spruch Cot. II 282 B. JM. 2893 D (wo die lat. Uebersetzung, aus dem Zusammenhang rathend, haesitationem meam übersetzt).

γύναιον 64, 1; 73, 8. 23.

γυρεύω umherziehen 49, 17; 51, 26; Sy. 1709 A; JM. 2973 B. 3024 B.

δαιμονίζω 70, 14. 17; 74, 18; 75, 9.

δαιμονιώδης 16, 13.

δέσποινα als Bezeichnung der heil. Jungfrau 67, 1. 2. 5; 85, 6.

Vgl. H. Usener, der heil. Theodosios S. 115.

δεσποτικός 65, 25.

δεύτερον für δίς; ἅπαξ οὖν καὶ δεύτερον (καὶ τρίτον E) ποιήσας τὸ αὐτὸ σχῆμα 84, 4; δεύτερον γὰρ τῆς ἑβδομάδος ἢ καὶ τρίτον ἀπήρχετο 17, 11.

δημόσιος· δημόσιον πρόσωπον 45, 23; δημόσια λαβεῖν 34, 20; τὰ δημόσια εἰσπράττειν 62, 13.

διαβλήτωρ 25, 7.

διαβολικός· ἐκ διαβολικῆς ἐνεργείας. Sy. 1693 A. 1, 15; 21, 12.

διάβολος = διαβλήτωρ 23, 6; 49, 16.

διάδοσις 14, 2. 7; 58, 13; 61, 15.

διαδότης 8, 18; 14, 10; 17, 13. 17. 18; 58, 16; 76, 7.

διαζωγραφέω 3, 16.

διακινέω intr. 53, 18.

διακονικός 29, 15.

διάκων 35, 13 D Sy. 1732 D Vind. 1741 C Vind.

διαναπαύω 7, 11.

διαναστῆναι 60, 3.

διαρθρόω· διαρθρῶσαι τὸν λόγον einen deutlichen Bericht geben 33, 17.

διατροπή Beschämung 21, 6 (Anast. unrichtig: reverentia).

διαφέρων zugehörig: ἐκ τῶν πλοίων τῶν διαφερόντων τῇ ἐκκλησίᾳ 19, 7.

δίγαμος 26, 10.

διοικέω verwalten, τὴν οἰκονομίαν τῆς ἁγιωτάτης ἐκκλησίας 5, 15; ordnen: ἐγὼ διοικῶ τὸ πρᾶγμά σου πρὸς τὸν πάπαν 67, 15; verfügen über etwas (Anast. disponere), τὴν ἀγορὰν

δημοσίου κέρδους ἕνεκεν 31, 4; verwenden: λαβὲ ταῦτα, ἄδελφε, καὶ διοίκησον, ὡς θέλεις 16, 16.
διοίκησις 10, 14; 32, 15; 36, 6.
διοικητής 10, 14; 21, 17; 22, 25; 49, 3; οἰκονόμοι καὶ διοικηταί 68, 14. Anastasius übersetzt gewöhnlich dispensatores, 10, 14: rectores, 68, 14: ordinatores.
διορυγή 80, 12.
διυπνίζω· διυπνισθείς 42, 8; 56, 11. Sy. 1689 A. AM. 98. acta S. Dem. 1396 B etc.
δόρκων 19, 6; 28, 1. s. Anm. S. 127.
δουλικός· εἰς τὰ δουλικά σου 7, 4.
δοῦλος τῶν δούλων τῆς σῆς ἁγιωσύνης 26, 17. Titulatur des Erzbischofs von Alexandrien 9, 15 s. unter πάπας.
δούξ 62, 16. 18; 63, 3. 7. 8. 16.
δράσσομαι mit dem Gen. δραξάμενος 91, 5; Pall. 1057 C.; Cot. III 269 B; 308 A; 360 C; 374 A; JM. 2877 C. Agath. 91. Marina 29, 4.
δρομαῖος, δρομαίως. H. Usener, Legenden der heiligen Pelagia S. 51 lässt nur den Gebrauch von δρομαῖος zu und corrigirt demgemäss, wo δρομαίως überliefert ist. Für den prädicativen Gebrauch zeugen thatsächlich Stellen, wie δρομαία παραγίνεται Pelagia 8, 24; δρομαία κατέπλευσεν Pall. 1225 B; ἀπελθόντα δρομαῖον ἀπαγγεῖλαι αὐτῷ Pall. 1011 D; δρομαῖαι ἀπελθοῦσαι Pallad. 1243 A; ἦλθον δρομαῖοι AM. 54. Dagegen ist ebenso sicher der adverbiale Gebrauch verbürgt durch Cot. III 324 B: οἱ αἰπόλοι εἰς συναίσθησιν ἐλθόντες ... δρομαίως ἦλθον πρὸς τὸν γέροντα. Bei Leontios lesen wir in der vita des Johannes ἔρχεται δρομαίως 56; 13; ferner ἡ δὲ δρομαίως ἀναστᾶσα 23, 10; πίστιν ἀδίστακτον ἀναλαβοῦσα πρὸς τὸν ὅσιον δρομαίως καταλαμβάνει 95, 19; δρομαίως ἀναπηδήσασα 97, 17. An allen diesen Stellen hat Codex B δρομαῖος, das an den drei letzten Stellen Femininum sein könnte. Indessen auch in der vita des Symeon haben die Handschriften δρομίως ἐλθών 1700 B. ἦλθεν δρομαίως 1746 A. Da nun der Gebrauch des Adverbs durch die oben angeführte Kyrillosstelle sichergestellt ist, bin ich bei der Textconstituirung den andern Handschriften gefolgt; δρομαῖος in B ist durch gelehrte Diorthose corrigirt.
δυναστεία· τίς λαλήσει τὰς δυναστείας τοῦ κυρίου; 99, 14 nach dem Sprachgebrauch der LXX, vgl. Psalm 89, 10.
†δυσοκνέω 63, 10.
δύσπιστος 19, 22; Pall. 1043 A.
δυσωπέω dringend bitten, exoro Gl. II 282, 36. — 8, 10; 11, 21; 32, 24; 40, 3; 54, 21; 86, 14. Sy. 1677 B. 1692 A B. 1741 C. etc. Damit ist der Begriff der moralischen Nöthigung verbunden. H. Usener, der heil. Theodosios S. 157.
δωροδέκτης 10, 19.

Ἑβδομάριος· silentiarii et ostiarii per septimanas serviebant, et absoluta septimana veniebant alii, suas vices obituri, illos priores absolutum. Reiske zu Const. de cerim. II 291. Du Cange s. v. ἑβδομάριοι. 29, 20; 36, 13; 58, 1.

ἐγγαμίζω 68, 3.

ἔγγραφος 58, 26.

ἐγκαταλιμπάνω 68,5 BE; 76, 20.

ἐγκόπτω unterbrechen 87, 6 (resecavit An.).

ἐγχείρησις 25, 11.

εἰρηνεύω· εἰρηνεύσας τὴν ὑπὸ τοῦ Χριστοῦ πιστευθεῖσάν σοι ποίμνην 12, 21. ὁ δὲ πατριάρχης ἐδηλοποίησεν τὸν μάγιστρον, ἐλθεῖν ἐν τῇ ἐκκλησίᾳ καὶ εἰρηνεῦσαι τὸν λαόν Const. de cerim. I 436, 13. Ad placandum, sopiendum populum. valet hic idem atque εἰρηνοποιῆσαι, καταπραΰναι, μειλίξασθαι. Reiske zu Const. de cerim. II 457.

εἰρήνη, ὁ ἐπὶ τῆς εἰρήνης· μεταστειλάμενος γὰρ εὐθέως τοὺς οἰκονόμους καὶ τὸν λεγόμενον ἐπὶ τῆς εἰρήνης 8, 4. Rosweyde erklärt ihn als den Diakon, „qui ante sacrum pronuntiabat εἰρηνικὰ, pacifica quae erant certae formulae quas habes in euchologio". Richtiger erklärt er zu Pallad. hist. Laus. 1220 BC, wo ὁ ἐπὶ τῆς εἰρήνης gleichfalls erwähnt wird, diesen als „tranquillitatis publicae et securitatis studiosus latrunculator". S. Anm. 122.

εἰς für ἐν sehr häufig: 7, 3. 6; 34, 8. 23; 38, 22; 39, 5. 6. 13; 51, 26; 55, 3; 63, 7; 70, 22; 74, 16; 80, 4; 84, 8; 87, 21 u. s. f.
in instrumentaler Bedeutung: εἰς γονάχιον θερμαίνῃ 39, 14. εἰς παλλὶν σκεπάζεται 38, 17; 39, 20.
bei Verben: = über, wegen τοῖς σκανδαλιζομένοις εἰς αὐτόν 72, 21. εἰς τοῦτο ξενίζει; 6, 20. εἰς τὰς σωματικὰς χρείας στενούμενον 49, 12.
für, anstatt: τὸν μισθὸν ὃν ἐποίησεν εἰς τὰς ἑπτὰ ἥμισυ λιτράς 55, 21. κόρην ἔχων εἰς γυναῖκα 49, 22. ebenso ἀγοράζειν εἴς τι zur Angabe des Preises 39, 25; 44, 17.

εἰσοδιάζω redigo Gl. II 287, 16. einsammeln 93, 1. Passiv eingehen (deferri Anast.) 23, 8.

εἴσοδος Einnahme τῶν χρημάτων 14, 20.

ἑκατονταπλασίων 16, 21.

ἔκθαμβος 22, 22.

ἐκκλησιέκδικος 11, 6. 12. 14; 50, 6; 71, 17. E schreibt stets ἐκκλησέκδικος, A hat 11, 12 und C 50,6 die vulgäre Form κλησιέκδικος (κλισηέκδικος). s. Anm. S. 122.

ἐκπληρόω 63, 2.

ἐκπληρωτής 102, 17.

ἐκχύνω 39, 5.

ἐκχώρησις cessio 58, 27.

ἐλαιοκλάδον 15, 18; 100, 11; 101, 10. Mal. 272, 21.

ἐλεημοσύνη 1) Mitleid, Barmherzigkeit: ἡ συμπάθεια ἤγουν ἡ ἐλεημοσύνη 16, 4; ἡ ἐλεημοσύνη αὐτοῦ καὶ ἡ συμπάθεια ἡ πρὸς τοὺς δεομένους 101, 5; 48, 4; 61, 9. 2) Almosen 14, 6; 15, 3; 48, 13. 19; 49, 18; ἡ ἀκούσιος ἐλεημοσύνη 57, 19.

Ἕλλην Heide, μίμους Ἕλληνας 48, 22.

ἐμβάλλω· Pass. ἐμβληθεὶς εἰς πλοῖον 18, 7, nachdem er das Schiff bestiegen hatte (Anastasius verkehrt: et misit in navim).

ἐμμέριμνος 82, 12, sollicitus Gl. II 296, 9.

ἐμπαίζω 71, 2; τῷ πατριάρχῃ 68, 21.

ἐμπίπτω· διδῶν τὰ ἐμπίπτοντά μοι χρήματα das bei mir einlaufende Geld 49, 8.

ἔμπλαστρον 34, 2.

ἐμπνέω· θεόθεν ἐμπνευσθείς 12, 17.

ἐμπόνως 81, 12.

ἐμφανής vornehm 21, 8; 77, 17; Sy. 1717 B.

ἔμφοβος 71, 22; 82, 12.

ἐν bei Verben der Bewegung: 4, 1; 11, 18; 21, 1; 28, 2; 29, 19; 60, 18; 63, 25; 69, 21; 86, 21; 89, 25; 92, 11; vgl. Krumbacher S. 364 ff. εἰς u. ἐν nebeneinander: ἔφυγεν εἰς τὴν ἰδίαν πατρίδα, λέγω δὴ ἐν Κύπρῳ, ἐν τῇ οἰκείᾳ πόλει 91, 3; bei setzen, stellen, legen: 85, 6; 94, 10; instrumental: ἐν γονυχίῳ ἐσχισμένῳ καὶ ῥάσῳ σκέπεται 38, 9. 11. Vgl. Usener, der heil. Theodos. 124.

ἐν mit dem Infinitiv in temporaler Bedeutung: ἐν τῷ οὖν διαλέγεσθαι 4, 5; ἐν τῷ παρατίθειν αὐτόν 45, 16; ἐν τῷ ἀριστᾶν 45, 17; ἐν τῷ ὑποστρέφειν αὐτόν 64, 4.

mit causaler Bedeutung: ἐν τῷ μὴ εὑρίσκειν 86, 1; vgl. ἐν τῷ μὴ εἶναι πόλεμον συγκόψουσιν τὰς σπάθας αὐτῶν εἰς δρέπανα S. Andreas Salus XXV 209.

ἐν μιᾷ 15, 10; 48, 4. 6; 73, 10; 76, 9; 76, 18; 77, 19; 87, 1; 89, 21; Sy. 1712 C. 1713 A. 1721 B. 1728 B. u. s. f. Diese abgekürzte Form ist ausserordentlich gebräuchlich; ursprünglich lautet sie ἐν μιᾷ τῶν ἡμερῶν, so 54, 7; 83, 17; Sy. 1700 A. 1712 A. Pallad. 1179 C. JM. 2876 A. 2877 C. Cot. I 393 A. 614 A, oder ἐν μιᾷ τῶν νυκτῶν A M. 7. Anastasius scheint so auch 15, 10 gelesen zu haben, da er una noctium übersetzt.

ἐνανθρωπέω 16, 1.

ἐνθήκη Einlage, Betriebscapital (Entheca, pecunia commerciis destinata. Du Cange, glossarium med. et. inf. Lat. s. v. entheca), bei Leontios speciell Schiffsladung 18, 7. 16; 60, 13.

ἐνθρονιάζω 7, 18; 9, 5.

ἐννύχιον· ἀπὸ ἐννυχίου 42, 18 diluculo (Anast.).

ἐνοίκιν Miethgeld, haec pensio, obventio Gl. II 299, 48. τὸ ἐνοίκιν τοῦ ἐργαστηρίου αὐτοῦ 34, 20. ἔμεινε σὺν αὐτῷ ὁ γέρων λαβὼν ἐνοικίου κελλίον καὶ ἐκ τοῦ ἐργοχείρου παρεῖχε τὸ ἐνοίκιον Cot. I 380 A.

ἐντάσσω· ἐντάξαι τὸ ὄνομα 38, 1

den Namen in der Inschrift anbringen.

ἐντολή 41, 5, 8. An beiden Stellen bezeichnet es die dem Bettler dargereichte Gabe; Anastasius übersetzt durch benedictio.

ἐντυγχάνω lesen 48, 3. 5; 49, 5.

ἐνυπάρχω 3, 18.

ἐνυπόγραφος 9, 13; 10, 6.

ἐνώπιον 15, 22; 91, 7.

ἐξ ἐκείνης „von da an" 16, 19.

ἐξαγοράζω 79, 20.

ἐξάγω bekannt machen (propalo Anast.), τὸ μυστήριον 43, 20.

† ἐξαλέω ausweichen, entrinnen. ὄντως ταύτην ὁ ταπεινὸς Ἰωάννης διὰ τοῦ θεοῦ ἐξήλησεν 74, 24 (evasit Anast.); ἐξήλισεν (Cot. ἐξήλισεν) ἀπ' αὐτῶν μία ἔλαφος Cot. I 566 C. ἀσφαλίσατε τὰς πύλας καὶ μηδεὶς ἐξηλήσει τῶν χειρῶν ἡμῶν S. Andreas Salus II 11.

ἐξαναλαμβάνω 98, 11.

ἐξάπινα 16, 17; Pallad. 1171 C; Theoph. 383, 10.

ἐξαστράπτω 91, 21.

ἐξέρχομαι· ἐξερχομένης τῆς ψυχῆς ἐκ τοῦ σώματος 82, 1; τοῦ βίου ἐξέρχεσθαι 82, 14.

ἔξηχος 45, 7. Sy. 1712 B. 1721 A. 1728 BC etc.

ἐξισχύω 82, 22.

ἐξόδια, τὰ Leichenbegängniss 52, 18; sehr gebräuchlich, vgl. Gl. II 303, 48 ἐξόδιον eequies (= exsequiae).

ἔξοδος Tod: ἔξοδος ψυχῆς 81, 7; ἐκ τοῦ σώματος ἔξοδος 83, 13; τὴν τῆς ψυχῆς ἀπὸ τοῦ σώματος ἔξοδον A M. 48. Auch ἔξοδος allein 52, 23. — Ausgabe: διὰ τὴν ἔξοδον τῶν τριάκοντα λιτρῶν 58, 5.

ἐξολοθρεύω 79, 23.

ἐξουθενέω· ὑπ' ἐξουθενημένων ἀνδρῶν 34, 1 verworfen, niedrig. γενοῦ ἐξουδενωμένος Cot. I 676 B. ὁ μακάριος Ἀνδρέας ὁ διὰ κύριον πένης καὶ ξένος καὶ καταπεφρονημένος καὶ ὑπὸ πάντων ἐξουθενημένος S. Andreas Salus XXVIII 245, vgl. XV 115. ἐξουθενούμενος παρὰ τῶν ἀνθρώπων τούτων ἐν τῷ κόσμῳ, III 18.

ἐξυπνίζω 16,8; 63,13; Sy. 1697B.

ἔξυπνος 15, 14; 91, 20.

ἐπαιτέω 49, 18; 51, 27.

ἐπαίτης mendicus Gl. II 305, 16. πτωχοὺς καὶ ἐπαίτας 8, 13. ἱματία ἐπαιτικά Cot. I 493 C προσαίτης Cot. I 407 C III 298 C.

ἐπαναλύω zurückkehren 92, 10.

ἐπάνω in der gewöhnlichen Bedeutung: ἔθηκεν ὑπὸ τὴν ἁγίαν τράπεζαν τὸ ἐπικόμβιν. ... καὶ σύναξιν εὐθέως ἐποίησεν τελείαν ἐπάνω αὐτοῦ 154, 20. Sonst drückt es lediglich die Richtung (= ἐπί, πρός, κατά) aus. εἰσελθεῖν ἐπάνω μου 15, 17. συνήχθησαν πάντες ἐπάνω αὐτοῦ Sy. 1716 A. ἔκλεισε παρθένος τὴν θύραν ἐπάνω αὐτοῦ Cot. I 393 A. ἦλθεν ἡ ὕαινα ἐπάνω αὐτοῦ Cot. I 506 B. λαβὼν τὸ ξίφος ἀπῆλθεν ἐπάνω τοῦ γέροντος Cot. I 578 A.

ὁ ἐπάνω· ὁ ἐπάνω τῆς ἀγορᾶς 34, 12. ὁ ἐπάνω τῶν καπήλων 34,

18. Vgl. σακελλάριος τοῦ πατριάρχου καὶ ἐπάνω τῶν χειροτονιῶν. Chron Pasch. 697, 14.

ἐπαπορέω 82, 26.

ἐπαύριον· τῇ ἐπαύριον am folgenden Tage 9, 7; 35, 4, 9; 53, 19. Theoph. 383, 17. S. Andreas Salus XXIV 201.

ἐπεξέλευσις persecutio Gl. II 306, 41. — 32, 16 (B E ὑπεξέλευσιν).

ἐπεξέρχομαι 34, 11; 66, 9.

ἐπί mit dem Acc. statt des Gen.: εἶχεν στέφανον ἐπὶ τὴν κεφαλὴν αὐτῆς A D 15, 18 (vgl. καὶ σταυρὸν ἀπὸ ἀνθέων ἐπὶ τὴν κεφαλὴν αὐτῆς S. Andreas Salus XXIII 194); ἐπὶ τράπεζαν θεραπεύεσθαι 68, 8; ἐπὶ τὴν κεφαλὴν στέφανον περιβεβλημένην 100, 10. εἶχον χαρὰν ἐπὶ τοῦτο Sy. 1692 B. ἐπὶ τὴν αὔριον = am folgenden Tage: 39, 24; 40, 2 (αὔριον); 61, 1.

ἐπιγράφω, Part. Act. mit passiv. Bedeutung κεράμια ἐπιγράφοντα τὰ μὲν 'μέλι πρωτεῖον' κτλ. 23, 21; dagegen τίτλον ξύλινον ἐπιγεγραμμένον 59, 14.

ἐπιθέτης Betrüger (inpostor Gl. II 308, 15, ebenso Anast.) 20, 7; 68, 10; Pall. 1171 B.

ἐπικαταλαμβάνω 55, 10.

ἐπίμωμος 27, 11.

ἐπιξενούμενος 21, 8.

ἐπιρωγολογοῦμαι Nachlese von Weinbeeren halten: ἐπιρωγολογουμένοις τὴν ἄμπελον 2, 18; B und C haben ἐπιρογολογουμένοις, A ἐπιρογογουμένοις = ἐπιρωγολογουμένοις.

ἐπίσημος· κατ' ἐπίσημον ἑορτήν 37, 4; ἦν γὰρ ἐπίσημος (Festtag) τοῦ ἁγίου ἀθλοφόρου Μηνᾶ 100, 14.

ἐπισκέπτω· ἐπισκέπτει οὖν καὶ εἶδεν τὴν βούλλαν ἑαυτῆς σῴαν 99, 10. BE haben ἐπισκήπτει; allein die Lesart von A wird durch das glossematische βλέπει von C geschützt.

ἐπισκοπεῖον = domus patriarchalis 84, 3; 92, 23; 100, 4. 8. Ebenso heisst die Patriarchalwohnung von Alexandrien bei Euagr. II 8; Mansi VI 1016 A; Pall. 1235 B; die von Konstantinopel Paul. Silent. descriptio S. Sophiae p. 7, Canon IX. VII. Concil. oecum. Beveridge συνοδικόν I 299; die von Rom vita S. Martini p. 336, 18 Duchesne; vita Ioannis V p. 366, 4 Duchesne; vita Cononis p. 368, 9 Duchesne; die von Jerusalem Mansi VIII 1163; Cot. III 261 C; 262 B; 335 A; 369 C. — Bischofswohnung 57, 20; 97, 16. (Johannes war wohl Gast des Bischofs von Amathus.)

ἐπιστομίζω 87, 6.

ἐπίτασις 63, 19.

ἐπιχορηγέω 80, 1.

ἐργαστηριακός 6, 15; 33, 18; Sy. 1721 A.

ἐργαστήριον = καπηλεῖον 34, 20. Sy. 1712 C.

ἐργατεία 70, 2. 22.

ἐργατεύω 37, 23. Das Activ finde ich sonst nicht belegt.

ἐργάτης τῆς τοιαύτης ἀρετῆς 5, 20; ἐργάται ἀληθινὲ τοῦ Χριστοῦ 37, 20.

ἐρωτᾶν τινι 41, 5 (21, 22 B).
ἐσωφόριον Untergewand. Die Bollandisten (AA. SS. m. Ian. T. II p. 507) führen die Randbemerkung des codex Audomarensis an: 'vestimentum interius quod a Martino (Martiano) interola vocatur latine, sive vestis quae fibula collo appenditur.' und ein glossarium Camberonense: 'esephorium vestis interior id est camisia quae a Marciano interula appellatur.' (Marcian Capella IX 888 gebraucht das Wort nur adjectivisch.) Die Erklärung καμίσιον ist richtig; es ist nicht das Hemd (ὑποκάμισον), sondern die innere Tunica. So auch zutreffend von Reiske zu Const. Porph. II 539 erklärt. Das Wort finde ich ausser bei Constant. de cerim. I 469, 6. 7 nur bei Leontios 42, 21; 43, 5. 11; 45, 10. 42, 21 hat A und 43, 5 C die Vulgärform σωφόριον (beidemal σοφόριον geschrieben), aus welcher sich die lateinische 'sifori', 'silphori' (die Stellen bei Reiske l. c.) erklärt.
εὐαπόδεκτος 39, 21; 69, 23.
εὐαρέστησις 99, 20.
εὐγνωμοσύνη 93, 8.
εὐδοκία· κατ' εὐδοκίαν τοῦ πανσόφου θεοῦ 5, 12; εὐδοκίᾳ τοῦ θεοῦ 14, 21.
εὐθαλής 2, 16.
εὐθηνέω 10, 20.
εὐκτήριον 85, 6; 86, 15; εὐκτήριος οἶκος 94, 14; die Privatkapelle des Erzbischofs τὸ εὐκτήριον τοῦ κουβουκλείου αὐτοῦ 54, 19; τὸ εὐκτ. αὐτοῦ 77, 21.
εὐλογέω 27, 23; 44, 15; 45, 1; 60, 23; 77, 6; 90, 5.
εὐλογία 6, 7; 22, 8; 45, 2; 47, 17; 77, 7.
εὐποιΐα 76, 1; 77, 4.
εὐπρόσδεκτος 91, 8.
εὐσκανδάλιστος 69, 19. 22; 72, 22.
εὐσπλαγχνία 16, 7; 55, 16; 79, 15.
εὔσπλαγχνος 99, 15.
εὐτέλεια· ἡ ἐμὴ εὐτέλεια und ἡ εὐτέλεια μου, übliche Bezeichnung der Geistlichen, wenn sie von sich selbst reden, so Johannes 56, 6; 92, 5; Leontios 90, 18.
εὐχή· τὰς εὐχάς 22, 13, Betheuerungsformel, wohl abgekürzt aus dem üblichen: μὰ τὰς εὐχάς σου.
εὐωδία· εὐδόκησεν ἐκ τοῦ τιμίου αὐτοῦ λειψάνου μύρων ἰαματικὴν εὐωδίαν πᾶσιν ἀναβλύσαι 102, 2. Bei anderen Heiligen auf Kypros ereignet sich dasselbe Wunder 102, 11, so beim hl. Therapon, AA. SS. m. Mai T. VI p. 685 B. Andere Beispiele bei Usener, der hl. Theodosios S. 186. Der heilige Demetrios Tafel; de Thessalonica S. 118 ff. Krumbacher S. 373. S. Andreas Salus X, 80; XXIV 199; XXVIII 244. Dem hl. Symeon Salos geht eine εὐωδία aus dem Munde. Sy. 1733 A.
ἔχω im Stande sein: οὐκέτι ἔχω ὄψιν προσέχειν εἰς τὸ τίμιον καὶ ἀγγελικόν σου πρόσωπον 62, 8;

das Recht haben, berechtigt sein: ὅπερ ἔχουσιν λαβεῖν οἱ πτωχοί 68, 22. δεινῶς ἔχει ἡμᾶς βασανίσαι S. Andreas Salus II 11. ἕως bis auf — ausser: 5, 10; 66, 22.

Ζηλεύω beneiden, neidisch sein: ἐζήλευσεν τῷ γείτονι αὐτοῦ (invidebat Anast.) 89, 20.
ζύγιον 42, 12.
ζωμός 89, 4.

Ἡμερήσιον täglich 70, 2; Sy. 1724 A. JM. 3029 D und gleichbedeutend:
ἡμέριον 8, 19; 76, 21; 77, 3.
ἠπιότης 65, 4.

Θανατικόν Pest 52, 17; Sy. 1717 A, sehr gebräuchlich, z. B. S. Andreas Salus XIII 98. Chron. Pasch. 619, 12 u. s. f.
θαρρέω vertraulich mittheilen: 35, 12; 43, 19; 44, 19; 67, 8.
θεάρεστος 1, 14; 3, 35; 11, 7; 47, 7; 85, 16.
θεήλατος 37, 13; Beiwort der Perser, vgl. ἄθεος.
θεϊκός 64, 11; 69, 12.
θεοδώρητος 3, 5; 15, 7.
θεοκῆρυξ 4, 17; 27, 2.
θεόκλητος 91, 21.
θεόσοφος 10, 12; 27, 5; 64, 12; 83, 13.
θεοτίμητος 49, 21; 79, 12; 95, 5; 97, 1. 19; 100, 4.
θεοτόκος 67, 1; 85, 7.
θεοφάνια 53, 15.
θεοφιλής 9, 8; 18, 1; 52, 6; 85, 8. 14.
θεοφόρος 22, 14; Sy. 1693 B.

1697 A. θεοφόροι τινὲς τῶν ἁγίων πατέρων 30, 15, ebenso θεοφόροι πατέρες AM. 13; 96.
θεοφρούρητος 12, 12.
θεοφύλακτος 7, 8.
θερμαίνομαι 40, 24.
θέρμιον Feigbohne, die gewöhnliche Nahrung des Volkes 70, 4; Sy. 1709 A B. 1721 A. JM. 2992 A. u. s. f.
θερμοδότης· εἰς οὖν τῶν συγκαθεζομένων εἶχεν ἐκεῖ παριστάμενον μίσθιον, θερμοδότην αὐτοῦ ὄντα 5, 6, ein Diener der warmes Wasser bringt, hier im Dienst eines Privatmanns, sonst in Wirthschaften: ποτὲ δὲ θερμοδοτῶν ἐν καπηλείῳ, ἐλάμβανε τὴν τροφὴν αὐτοῦ. Sy. 1712 A. Du Cange: qui aquam calidam sacerdoti porrigit ad sacrificium. (Die angeführte Stelle beweist aber nichts für diese angebliche Bedeutung.)
θερμοπνοέω 57, 14.
θήκη 99, 1.
θόλος, ὁ (Hatzidakis S. 24) gewölbte Kammer: ἐκεῖ γὰρ ἦν αὐτοῖς ποιήσας ὡς θόλους τινὰς ἐπιμήκεις 57, 2; εἰς αὐτὴν τὴν ἀκρώρειαν ποιήσας ἑαυτῷ τρεῖς θόλους . . ἦν οὖν ὁ εἰς θόλος ἔνθα προσηύχετο, ὁ δὲ ἕτερος ἐν ᾧ εἰργάζετο καὶ ἤσθιεν, ὁ ἄλλος εἰς τὰς χρείας τὰς τῆς σαρκός. Pall. 1107 D.
θριαμβεύω verächtlich machen 35, 23; Sy. 1724 B.

Ἰαματικός 102, 2.
ἰατρεύομαι 13, 21.

ἰδιαζόντως 52, 15; Agath. 156.
ἰδιάζω· ἐν τῷ κουβουκλείῳ αὐτοῦ ἰδιάζοντος 33, 12; φυλακὴ ἰδιάζουσα 50, 1; ἰδιάζον κελλίον AM. 69. ἰδιάζουσα πραγματεία Cot. III 248 C. AM. 68.
ἰδιοπροαιρέτως 14, 1. S. Andreas Salus XVIII 138; 139.
ἴδιος — suus 25, 5; 35, 14; 42, 16; 47, 9; 49, 3; 52, 23; 79, 20; 82, 3 u. a. f.
ἰδιόχειρος· λόγος ἰδιόχειρος 60,20.
ἰδιοχείρως 22, 20; 62, 5; 97, 8. Combefis narr. de rebus Armen. 277 E. 284 D. (ἰδιοχερσὶ 292 A.) S. Andreas Salus XIV 113; XXIV 201.
ἰδιώτης 3, 20.
ἱεράρχης 12, 18; 54, 13.
ἱερατεῖον 84, 8.
ἱεροπρεπής 94, 14.
ἱερωσύνη 92, 17; Anrede an Geistliche: ἡ ἁγία σου ἱερωσύνη 21, 19.
ἱκανός· τὸ ἱκανὸν αὐτῆς γενέσθαι ἐποίησεν 64, 2.
ἰσάγγελος 49, 21; 96, 21.
ἰσχνόφωνος 79, 1.
ἰσχύω — δύναμαι, υἱός τ' εἰμί 33, 16; 56, 21; 81, 20; 89, 20.

Καγκελλάριος 9, 9; 11, 5 a. Anm. S. 123.
καθείς 41, 3. Sy. 1700 A.
καθολικός· εὐχή 29, 7; ἐκκλησία 86, 1. 7.
τὸ καθόλου 7, 16.
κακέσχατος 70, 18; 73, 15.
κακοειδής 41, 22; 74, 1.
κακοπράγμων 14, 13.

κακότροπος 4, 40; 28, 11; 29, 20; 68, 10.
καλαμάριν atramentarium Gl. II 337, 14. Anast. — 7, 17.
κάλαμος 81, 20.
κάλιγα· ἀπὸ καλίγων πατριάρχης χειροτονηθείς 84, 18. vgl. Marium caliga dimisit: consulatus exercet. Seneca de brevitate vitae XVII 6.
καλλίνικος Beiwort der Märtyrer 4, 2.
†καλλίτροπος 3, 13; καλότροπος boni moris Gl. II 337, 49.
καλοθελῶς 40, 8; Sy. 1736 A.
καλός gut: 43, 14; 44, 11. 15; 52, 14; 54, 12; 90, 6. 14.
καλοσύμβουλος 96, 14 D I.
καλῶς in der Begrüssungsformel: καλῶς ἦλθεν ὁ δεῖνα. καλῶς ἦλθεν ὁ υἱὸς τῆς ἐκκλησίας, ὁ ὑπήκοος τῆς φωνῆς αὐτῆς 31, 21. καλῶς ἦλθεν ὁ υἱὸς τοῦ ἀνεψιοῦ μου 68, 2. καλῶς ἦλθον τὰ πρόβατα τοῦ Χριστοῦ Sy. 1677 D. καλῶς ἦλθον οἱ τὴν θάλασσαν ἀφέντες 1720 B. Vgl. Cot. I 509 A; JM. 2945 D; 2952 C; 2985 B; Leben des hl. Theodos. 9, 20. Reiske zu Const. de cerim. II p. 124.
καμμύω 52, 21.
κάμνω vom Arbeiten des Handwerkers 70, 2. 22; 89, 15. 20.
καμπανός Gewicht 9, 12; καμπανός, stater Gl. II 338, 8.
κανθήλιος Lastesel 41, 15.
κανονίζω beobachten: εὑρέθην κανονίζων τὸ τί ἐποίησεν 5, 12. ἐξ ἧς ἔχω κανονίζουσα αὐτόν Sy. 1709 B.

καταβρέχω 99, 5; Med. 62, 27.
καταδέχομαι sich gefallenlassen, s. Krumbacher S. 286ff. 289. — 28, 10; 45, 4; 84, 8.
κατάθεσις 97, 13.
κατάκαρπος 2, 16. 21.
καταλαλέω 82, 6.
καταλαλία 36, 9; 82, 5. 23.
καταλαμβάνω 1) aufsuchen, hingehen mit dem Acc. 22, 10; 25, 4; 31, 20; 97, 19. πρός τινα sich zu jemand begeben 58, 2. 10; 62, 20; 95, 20. 2) ankommen mit dem Acc., eintreffen, erreichen 16, 14; 25, 21; 44, 7; 92, 12. eintreten, sich ereignen: 29, 5; τῆς νυκτὸς καταλαβούσης S. Andreas Salus II 10. ἑσπέρας κ. III 16. Zahlreiche Belege bei Krumbacher S. 367.
καταλιμπάνω 93, 25.
καταντάω 62, 4.
κατάνυξις 6, 20.
κατανύσσω, conpungo Gl. II 342, 40; κατένυξεν 73, 2; κατηνύγη 30, 13; κατανυγείς 5, 13; 8, 7; 24, 22; 31, 18; κατανενυγμένος 81, 10; sehr gebräuchliches Wort der geistlichen Sprache.
καταξιόω 13, 5.
καταπέτασμα 29, 8.
καταπίπτω 61, 4.
†καταποδίζω· καταποδίσας αὐτὸν εὐφυῶς 5, 8. prosecutus est Anast. καταποδέω hat Georg. Pachym. I 329, 14: καὶ τὸν πρότερον ὁ ἐπιὼν κατηπόδει. καταποδήσας haben auch CD; indessen die Form καταποδίσας in A und B wird durch καταποδιάσας in EL geschützt.
κατασβέννυμι· οὔπω γὰρ τῆς θλίψεως τοῦ υἱοῦ αὐτοῦ κατασβεσθείσης 55, 10.
κατασφραγίζω Med. 15, 16; 50, 21.
κατατρέχω 80, 22.
κατατρυγάω BEL 2, 23.
καταφάγομαι 10, 19.
κατέχω· ἀσυμπαθεῖ τρόπῳ κατεχομένου 57, 6.
κατηφής 12, 9; das Wort ist bei verwandten Schriftstellern nicht selten, vgl. Pall. 1108 C. 1124 C. 1193 B.
κατόρθωμα 3, 6. 12; 4, 19; 7, 6. 15; 8, 2; 9, 6; 48, 1; 62, 25; 86, 16; 93, 17. 20; 102, 17. Das Wort ist in der erbaulichen Litteratur der stehende Ausdruck für die ruhmvollen Leistungen der Heiligen, vgl. Sy. 1712 A. Pall. 1106 C. Cot. III 280 A. 371 C. u. s. f.
καυστηριάζω 79, 9. Sy. 1736 D, wo nach dem Vatic. καυτηριάσας gedruckt ist, hat der Vindob. gleichfalls καυστηριάσας, welches demnach die von Leontios gebrauchte Form sein wird.
κειμηλιαρχεῖον 29, 19; 87, 1.
κελλάριον 23, 25; 39, 6.
κελλάριος· κελλαρίους Schreibfehler von C und F 9, 9 für καγκελλαρίους.
κελλίον 38, 7; 70, 9; 73, 19. 20. 22. 26; 74, 9. 12; 75, 13; 85, 6. 12.
κενοδοξία 36, 3; 61, 15. JM. 2973 B. Cot. III 339. Pall. 1060 A.

κεντηνάριον 21, 16. 22, 2. 3. 17; 23, 19; 25, 4; 26, 3; 60, 15; 92, 25.

κεράμιον 23, 21. 24; 24, 2. 5. 11. 12. 14. 16. 20; 25, 4.

κεράτιον 5, 10; 14, 3; 70, 2; 77, 13. — κεράτιν 77, 5. Das κεράτιον (siliqua, in unsrem Gelde 54 Pf.) ist der vierundzwanzigste Theil des Goldstücks (νόμισμα — solidus). τὰ κδ κεράτια, ὅ ἐστιν νόμισμα JM. 3057 B.

κέρμα Geld 63, 15 fügen BE nach ἵνα παράσχῃ αὐτῷ noch hinzu: τὸ κέρμα. — καὶ κέρμα δὲ τὸ νόμισμα λέγεται Zonaras bei Beveridge συνοδικόν I 247.

κεφάλαιον 1) Hauptpunkt, Entscheidung: προσωπολῆπται γίνονται περὶ τὰς διοικήσεις τῶν κεφαλαίων 10, 14. καὶ παρήγγελλεν μηδενὸς γεύσασθαι, ἄχρις ἂν διοικήσωσι τὸ κεφάλαιον 11,15. παρεδιδάχθην ἐν τῷ κεφαλαίῳ 32, 17. ἐκτὸς τῶν ἑκατέρων μερῶν μὴ δοῦναι τομὴν εἰς κεφάλαιόν ποτε 32, 19. ἐὰν ἀβασανίστως τέμνωσιν τὰ εἰς αὐτοὺς ἐρχόμενα κεφάλαια 33, 3.

2) Capitel, Abschnitt, Geschichte 4, 27; 40, 17; 71, 18; 75, 9; 90, 20. 23.

κεφαλή· τὴν τιμίαν σου κεφαλήν 26, 18; 38, 1. Anrede an hohe Geistliche, vgl. Usener, der hl. Theodosios S. 182.

κηρίον 100, 5. Sy. 1688 A B. 1744 D. Agath. 149.

†κλεψοσύνη 77, 10.

κλησιέκδικος s. ἐκκλησιέκδικος.

κλινάριον lectulus Gl. II 350, 56. — 50, 11.

κοιλάς 80, 17.

κοινωνία 85, 22; 86, 2. 10. 12. 15.

κοίνωσις 85, 22.

κόλαθον: s. Anm. S. 137.

κόμμα 36, 20.

κόπος 50, 15. Agath. 159.

κοράσιον 14, 4.

κοσμίδιον 14, 5 (κόσμια IL).

κόσσος 73, 14. 16; 74, 1. 2. 7. 24.

κουβάριν Knäuel, ἐνείλημα, σφαίρωμα (Du Cange). κοιμῶνται ὡς κουβάριν 38, 22. Im Neugriechischen ist das Wort ganz gewöhnlich; Anastasius übersetzt richtig 'glomus'.

κουβικουλάριος 38, 15; 59, 20; 100, 6.

κουβουκλεῖον 33, 12; 39, 13; 43, 1; 54, 19.

κουράτωρ 67, 1. JM. 3089 B.

κουρεύω 89, 2.

κουφίζω levo, relevo Gl. II 354, 25. εἰς τοὺς οὐρανοὺς ἐκουφίζομεν τοὺς ὀφθαλμούς 79, 16.

κράζω rufen, zurufen: 23, 16; 47, 3; 87, 14; 90, 2. schreien: 46, 14; 71, 16; 74, 10.

κρατέω 46, 3. 48, 9; besonders mannigfaltig sind die Verbindungen mit χείρ. κρατῶν καὶ τὰ τριάκοντα νομίσματα ἐν τῇ χειρὶ αὐτοῦ 45, 10. κρατήσας ἐν τῇ χειρὶ αὐτοῦ, τεσσαράκοντα ἔχων νουμία Sy. 1728 B. κρατεῖν ἐν τῇ ἀριστερᾷ αὐτοῦ χειρὶ σίνηπι Sy. 1734 B. τὰ ἅγια εὐαγγέλια κρατῶν μετὰ χεῖρας 11, 10.

ἐκράτει ἐπὶ τῆς χειρὸς αὐτοῦ ἕνα κλάδον Sy. 1741 A. μίαν ἐξ ἡμῶν κρατήσαντα τῇ χειρὶ αὐτοῦ 75, 5. — ἐκράτησα αὐτὸν τῆς χειρός 7, 7. κρατήσας αὐτὴν τῆς χειρὸς αὐτῆς 87, 17. κρατήσασαν τῆς χειρὸς τῆς γυναικὸς αὐτοῦ Sy. 1701 C. ἐκράτησεν τὴν χεῖρα αὐτοῦ 35,14. τὴν κόρην τὴν χεῖραν κρατοῦσαν αὐτοῦ 100, 20.

κράτος· τὸ κράτος σου Anrede an den Kaiser 36, 22.

κριός· δώσει κριούς 71, 12. det frontem in parietem Anast.

κτήτωρ 26, 9; 38, 8.

κύβερνος 19, 12.

κυνάριον 4, 8 aus Matth. XV 27.

κυρά 70, 23; 87, 19.

κυριακή 21, 1; 29, 5; 35, 4. 8; 89, 19.

τῇ ἁγίᾳ κυριακῇ 53,15 — Ostern; so fügt F erklärend hinzu: ἤγουν τοῦ πάσχα. οὔσης ἁγίας κυριακῆς Sy. 1686 A.

κωμῳδεῖν verhöhnen 49, 21.

Λαμβάνω· τῶν πλοίων λαβόντων βίαιον χειμῶνα 60, 10.

λαμπρόν Sing. Feuer 20, 4 A. die andern Codices πῦρ. Cot. I 446 B. Euchologion ed. Goar 272; 278. καὶ τοῦτο γινώσκει καὶ ἡ συνήθεια· λαμπρὸν γὰρ αὐτὸ τὸ πῦρ ὀνομάζει Ioann. Philop. de opif. mundi IV, 11. Gallandi XII 563. Plur. 1) Feuergeschosse, Feuerbrände: βάλλοντες αὐτῇ τῇ ἡμέρᾳ λαμπρὰ εἰς πολλὰ προάστεια Chron. Pasch. 725, 17. 2) glühende Kohlen 84, 14. 15. 19. Sy. 1708 B, 1709 BC. Cot. III 292 A. Krumbacher S. 372 N. 2 vermuthet darin eine Concession des Leontios an den heimischen Dialekt; indessen, wie die Belege zeigen, ist das Wort in beiden Bedeutungen auch ausserhalb Kypros wohlbezeugt.

λαμπρότης Titel 32, 3.

λειαίνω 22, 21.

λειψυδρία 62, 15.

λευκοφόρος 16, 15; 53, 17; stehende Bezeichnung für die Engel, wie das folgende.

λευχειμονέω· λευχειμονοῦντες 41, 22; 42, 6. Sy. 1697 D.

†λιμνίζω· προεφασισάμην ἵνα μόνον λιμνισθῇς. 90, 12, tantum ut seducerem te Anast. Krumbacher erklärt: „ich gebrauchte einen Vorwand, damit Du Dich einmal ins Wasser stürzest" (= einen Anfang mit der unangenehmen Sache machest).

λογάριν eine grössere Summe Geldes, cfr. Du Cange s. v. λογάριον. — ἐκλάπη τις λογάριν ἐν Ἐμίσῃ νομίσματα πεντακόσια Sy. 1733 C — τὸ ποσόν. Sy. 1736 A hat der Vindob. für τὸ ποσόν: λογάριν. Es steht daher im Gegensatz zum Kleingeld: εὑρέθη ἔχων οὔτε λογάριν οὔτε φολλερόν 5, 4. Als der freche Bettler die Gabe von zehn Folles zurückweist, befiehlt Johannes dem Schatzmeister λῦσαι τὸ προχείριον αὐτοῦ καὶ ἐᾶσαι τὸν πτωχὸν ἐπᾶραι ὅσον ἤϑελε λογάριν 76, 8, vgl. noch 89, 25; 90, 8; Sy. 1724 A.

λογικός· ποιμαίνειν λογικὴν ποίμνην 13, 6.

λογοϑέτης 81, 23; der alexandrinischen Kirche 21, 11, s. Anm. S. 122.

λογοϑετέω 41, 19; 81, 22; 82, 9.

†λογοπειϑής 33, 2; 69, 19.

λόγος· λόγῳ τινός zum Zwecke von etwas, für etwas: λόγῳ τοῦ κελλαρίου αὐτοῦ 23, 25; λόγῳ τοῦ ἀρίστου αὐτοῦ 41, 13. Häufig bei Johannes Malalas und Palladios (z. B. 1105 C), auch mit εἰς λόγον wechselnd.

λοιπάζομαι übrig bleiben: τὰ λοιπασϑέντα σοι χρήματα 18, 12. Vgl. Gl. II 362, 32 λοιπάζω, reliquo.

λυχνικός· ἡ λυχνικὴ καὶ ἡ νυκτερινὴ ἀγρυπνία 85, 11.

Μά in Betheuerungsformeln: μὰ τὰς εὐχάς σου 17, 18. μὰ τὰς ἁγίας τοῦ κυροῦ εὐχὰς καὶ τὸν ἅγιόν μου Μηνᾶν 22, 15. μὰ τὸν ἀξιοῦντα ἡμᾶς, πάτερ, τοῦ σχήματος αὐτοῦ καὶ τῆς τιμῆς Sy. 1688 A. μὰ τὸν Ἰησοῦν S. Andreas Salus IX 72. μὰ τὸν Ἰησοῦν, μὰ τὸν Ἰησοῦν Sy. 1717 C. μὰ τὸν κύριον Ἰησοῦν S. Andreas Salus X 81. μὰ τὸν δεσπότην Χριστόν l. c. XI 87. μὰ τὸν νυμφίον μου Χριστόν l. c. XX 153. μὰ τὸν ϑεὸν τοῦ οὐρανοῦ Sy. 1733 B. μὰ τὰς εὐχὰς τοῦ δεσπότου μου JM. 3009 D. μὰ τὸν φροντίζοντά μου Pall. 1098 A. μὰ τὴν σωτηρίαν τῶν χριστιανῶν Marina 37, 16. μὰ τὸν ἀσάλευτον ϑρόνον καὶ τὴν τούτου εὐπρέπειαν S. Andreas Salus X 78.

μαγειρεῖον 39, 2; 45, 25.

μαγειρεύω 46, 18.

μαγκίπιον 41, 12.

μαξίον massa. Vom Zinn: τὰ ἕτερα τῶν μαξίων ὧν ἔλαβες 20, 13. Ebenso vom Eisen: ὁ τύπτων τὸ μαξὶν τοῦ σιδήρου πρῶτον σκοπεῖ τῷ λογισμῷ τί μέλλει ποιεῖν δρέπανον, μάχαιραν, πέλυκα. Cot. I 352 B. Vom Gold: κυμβία, μαξία χρυσίων Suid.

μαϑησία 5, 19.

μαινομένη ACEIL, μαίνη B 37, 18; s. Anm. S. 138.

μακαριότης Titel 61, 25.

μακροϑυμέω 79, 23; 80, 9. Bisweilen geht in der Sprache dieser Zeit der Begriff „langmüthig sein" geradezu in „warten" über. μακροϑύμησον ἕως κόψω τὸ ὀψάριον Cot. I 642 C.

μακροϑυμία 34, 22.

μάρμαρος 36, 20.

μαῦρος· οἱ μαῦροι gewöhnliche Bezeichnung für die Dämonen der Finsterniss 41, 21. 25; 42, 8. Sy. 1721 C; 1724 A; 1740 D; 1741 A.

μεγαλόπολις. Im kirchlichen Kanzleistil heisst die Patriarchalstadt stehend ἡ Ἀλεξανδρέων μεγαλόπολις. In der Urkunde des Bischofs Troilos: Ἰωάννῃ τῷ μακαριωτάτῳ πατριάρχῃ ταύτης τῆς Ἀλεξανδρέων μεγαλοπόλεως 59, 3. Im Testament des hl. Johannes: ἐν τῷ τιμίῳ ἐπισκοπείῳ τῆς κατὰ συγχώρησιν θεοῦ κατ' ἐμὲ ἁγιωτάτης ἐκκλησίας τῆς Ἀλεξανδρέων μεγαλοπόλεως 92, 24; vgl. ὁ ἀπὸ οἰκονόμων τῆς ἁγιωτάτης ἐκκλησίας τῆς Ἀλεξανδρέων μεγαλοπόλεως 90, 17. In der blossen Erzählung: ἐν τῇ φιλοχρίστῳ μεγαλοπόλει Ἀλεξανδρείᾳ 7, 19. Das Beiwort kehrt in officiellen Acten unzählige Male wieder.

μεγαλοπρέπεια 1,8; Titel 32, 25.
μεγαλοφρονέω 61, 6.
μεγαλοψυχέω 54, 14.
μεγαλοψυχία 23, 3.
μεγαλόψυχος 62, 2.
μεγαλοψύχως 47, 18.
μεγιστάν 62, 16. Sy. 1740 C.
μέσος· εἰς μέσον ἐλθεῖν τινος zur Sprache kommen, erwähnt werden. ἦλθεν εἰς μέσον αὐτῶν καὶ τὸ ὄνομα τοῦ αὐθέντου μου 41, 2. ἦλθεν εἰς μέσον ἡ μνήμη τοῦ νεωτέρου 87, 2.
μετά c. Acc. in: εὐαγγέλια κρατῶν μετὰ χεῖρας 11, 11.
μετατίθεμαι vom Uebergang in die andre Welt: μετατεθεὶς πρὸς κύριον 95, 12; μετετέθη ἐκ τοῦ παρόντος βίου πρὸς τὴν ἐκεῖθεν 97, 9.
τὴν μίαν σου 50, 7. hac una vice Anast.
μισάλληλος 32, 13.
μισθαποδότης 47, 15; 59, 8; 102, 16.
μίσθιος 5, 5.
μισσεύω (μισεύω C) ist entweder transitiv: entlassen, Theoph. 237, 20, oder intransitiv: kommen, zurückkehren. περιμένων πότε μισσεύσῃ 41, 10; ὡς ἐμίσσευσεν ὁ τελώνης 42, 24. C hat für μισσεύσῃ: εἰσέλθῃ; Anastasius übersetzt das erste Mal: 'reverteretur', das zweite Mal: 'recederet'. Vgl. glossae graecobarbarae bei Du Cange s. v. μίσσα· ἔρχεται, παγέννει, μισεύει, ἀποδημεῖ und ἀναχωρεῖ· μισέβει ἀπὸ ἐκεῖνον τὸν τόπον.
μνεία kirchl. Gedächtnissfeier für Verstorbene 53, 11. Sy. 1724 C.
μνημοράλιος, vgl. Anm. S. 134.
μνημόσυνον Andenken, Erinnerungszeichen: οὐκ ἐγενόμην ἄξιος ἵνα ἔχῃ μου μνημόσυνον ὁ πτωχός 43, 2. τὰ μνημόσυνα αὐτῶν Agath. 128; 149.
μνησικακέω 28, 19; 29, 9; 35, 2. 22; 77, 17.
μνησικακία 82, 25.
μογγός sonst heiser (Liberatus im breviarium cap. XVI übersetzt den Beinamen des Petros von Alexandrien blaesus); Leontios gebraucht das Wort in der Bedeutung „stumm" ὀστιάριος μογγὸς καὶ κωφὸς ἀπὸ γεννήσεως 46, 7. λέγει τῷ κωφῷ καὶ μογγῷ 46, 10 (ferner 46, 12 haben BE: πάλιν ὁ μογγός). C hat für μογγός: ἄλαλος, Anastasius übersetzt mutus.
μόδιον· diese Nebenform für μόδιος hat Leontios 27, 23. τὸ μόδιν ist kyprisch, Hatzidakis 37 (doch auch Suidas: μόδιον· μέτρον τι). Sonst kommt das Wort nur im Dativ vor: 9, 12; 19, 19.
μονάστρια 86, 21; 87, 3, 6.

μονή = mansio 59, 15; 60, 1. = μοναστήριον 69, 20.

μυριοφόρος· πλοίων μυριοφόρων 60, 16. ἐπί τινος μυριοφόρου νηός Kallistos Enkomion auf Johannes Nesteutes. Ztschrft. f. wiss. Theol. XXIX S. 64, 6.

Νεύω· τοὺς ὀφθαλμοὺς εἰς ἀσωτίαν νεύοντας 80, 24.

νεώτερος Jüngling, Knabe νεώτερος iunior Gl. 376, 10. Bei den Schriftstellern dieser Epoche überaus gebräuchlich; vgl. 15, 9; 86, 21; 87, 5. Sy. 1673 C. Cot. I 439 B; 525 A; 585 C; Pall. 1011 A; 1242 A. JM 2948 D u. s. f.

νικηφόρος Beiwort der Blutzeugen 63, 26.

νομικός iuris peritus, legis peritus Gl. 11 376, 66. — 67, 7 18.

νοσοκομεῖον 13, 19; 17, 11. ξενῶνες und νοσοκομεῖα sind vom Patriarchen errichtet; auch sonst geschieht das in erster Linie durch die geistliche Gewalt, vgl. ἐν τῷ νοσοκομείῳ τοῦ πατριάρχου ἐν τῇ Ἁγίᾳ πύλει JM. 2895 C.

νοτάριος 27, 7; 43, 18; 44, 4. 8. 9. 10. 14. 18.

νουθεσία 73, 8.

νουθετέω 10, 3; 28, 23; 32, 25; 66, 13; 77, 18.

νουμίν 23, 14.

νύσσω 15, 13; 17, 21. προσεποιήσατο γὰρ τὴν γαστέραν αὐτοῦ νύξασαν αὐτόν 29, 18;

vgl. ἔνυξεν αὐτὸν ἡ γαστὴρ αὐτοῦ εἰς ἀφεδρῶνας JM. 2897 B.

νυχθήμερον 19, 10.

Ξενία Fremdenherberge 52, 15.

ξενοδοχεῖον 93, 20.

ξενοδοχέω 75, 19.

ξενών 13, 19. ξενεών Mansi VI 1017 D bis.

†ξηρόφορτος· ξηρόφορτα ἱμάτια 60, 30. trocken tragende (etwa Waterproof-Kleider) erklärt vermuthungsweise Krumbacher. Vgl. Reiske zu Constant. de cerim. II 615.

Ὁδοστασία 80, 12.

οἴησις Eigendünkel, verbunden mit ὑπερηφάνεια 79, 9; ebenso Sy. 1708 A. Pall. 1090 B; 1091 B; 1092 D: 1202 B. S. Andreas Salus XIV 113 u. s. f.

οἰκεῖος = suus 28, 15; 65, 2; 79, 25; 96, 9.

οἰκοδομέω 37, 2; im geistlichen Sinne: 32, 7; 47, 7; 77, 14; vgl. Sy. 1712 B; Cot. I 374 B; 375 A; 563 B; Pall. 1058 C; 1187 A; JM. 3989 B. Wie die Metapher entstanden ist, zeigt deutlich das Apophthegma des Abbas Alonios (Cot. I 397 C): εἰ μὴ τὸ ὅλον κατέστρεψα, οὐκ ἂν ἠδυνήθην ἐμαυτὸν οἰκοδομῆσαι.

οἰκοδόμος· οἱ τῶν μνημάτων οἰκοδόμοι 36, 19.

οἰκονομέω· τοῦ κυρίου οἰκονομήσαντος 3, 2. τοῦ θεοῦ οἰκ. Sy. 1696 B.

οἰκονομία 5, 15. κατ' οἰκονομίαν τοῦ θεοῦ 29, 1; Sy. 1709 A. 1729 C. ἐξ οἰκονομίας τοῦ θεοῦ 41, 10; 97, 8.

οἰκονόμος 7, 3; 8, 3; 9, 9; 21, 11; 68, 14; 90, 16. s. Anm. S. 121.

οἰκτρότερος ein niedriger stehender Mensch 33, 10.

οἱοσοῦν· σήμερον ὁ ταπεινὸς Ἰωάννης τὸν οἱονοῦν μισθὸν παρά τινος οὐκ ἔσχεν 12, 15.

ὀλιγοπιστία 14, 18. 21; 15, 6.

ὁλκή 60, 12.

ὁλοκοτίνιν Goldstück: ἑκατὸν ὁλοκοτίνων B 16, 15 (die anderen Hndss. νομισμάτων); ὁλοκοτίνιν B E 19, 19 (die anderen ἓν νόμισμα); an allen anderen Stellen (17. 17; 37, 17, 38, 17; 39, 14; 44, 17; 57, 14) bieten auch diese Handschriften νόμισμα. Im Leben des Symeon Salos hat Leontios das Wort 1725 A und 1733 C. Doch bietet der Vindobonensis an der ersten Stelle gleichfalls νομίσματα.

ὁμοιάζω 88, 6.

ὁμοιόω intr. ähnlich sein 45, 19.

ὀπτασία Gesicht, Traumgesicht, biblisches Wort und bei den Schriftstellern dieser Zeit sehr gebräuchlich: 16, 12; 72, 20; 92, 5; 99, 8; 100, 17; Sy. 1685 D; 1700 C; Pall. 1188 D; Malalas 452, 6; Cot. III 227 A; 233 B; 326 A; Agath. 90. JM. 2909 D; Pelagia 18, 17 etc.

ὅραμα = ὀπτασία 16, 3; 52, 4; 56, 16; 63, 14; Agath. 56; 90; Pelagia 6, 17 etc.

ὅρδινος Reihe, Ordnung 71, 1.

ὀρθόδοξος· τὴν ὀρθόδοξον καὶ ἁγίαν πίστιν 86, 9.

ὀρθοδρομέω 46, 6; Sy. 1705 D; 1732 C.

ὀρθρίζω 4, 43; S. Andreas Salus XXIV 205.

ὅρος Bestimmung, Anordnung: ὅρον... ὃν ἐπετήδευσεν ὁ δίκαιος 36, 15; Befehl: δώσας αὐτῷ ὅρον μηδενὶ θαρρῆσαι 67, 8.

ὅσπρεον· χίλια σακκία ὀσπρέου (ὀσπρέου AF, ὀσπρίου CBE IL) 37, 18. ὅσπριον legumen Gl. II 388, 19. ὅσπριον εἶδος σπέρματος Suid. Hülsenfrüchte, Bohnen. Die Form ὅσπριον gilt als die bessere. ὅσπρεον bieten z. B. die Handschriften im Leben des heil. Sabas (Cotel. III 289 A), ebenso S. Andreas Salus VII 51. Theodoros Lobr. auf den heil. Theod. 19, 25 schwanken die Hnds. zwischen ὅσπριον, ὅσπρεον u. ὅσπραιον. Krumbacher S. 292. Pall. 1051 A hat die Diminutivform ὀσπρίδια: πλὴν λαχάνων ὠμῶν... ἢ ὀσπριδίων βρεκτῶν μηδενὸς ἄλλου γευσάμενος, welche in den Wörterbüchern fehlt.

ὀστιάριος 46, 7; Sy. 1677 D.

ὀσφραίνομαι· πόσοι ἐπιθυμοῦσιν κἂν ὀσφρανθῆναι οἴνου τοῦ ἐκχυνομένου εἰς τὸ ἐμὸν κελλάριον 39, 5. ἐψόφει ἄνθρωπος καὶ ὀσφρανθῆναι αὐτοῦ Sy. 1740 B.

οὐθενότης bescheiden für ἐγώ 9, 22.

ὀφθαλμοφανῶς 99, 1; Sy. 1721 A.

ὀφφίκιον 78, 22.

ὀψικεύω 101, 10; Sy. 1688 A B.

ὀψίκιον 11, 11; 25, 5; 59, 21; 64, 3; 76, 3; Sy. 1685 C D.

Παλλίον 39, 23; 57, 4. παλλίν 33, 17.
παμμάκαρ 5, 16.
πανάρετος 23, 3; 60, 8.
πανδέκτης in der Bedeutung von πανδοχεῖον scheint sonst nicht vorzukommen. ἔκτισεν εὐθέως ξενίαν ἰδιαζόντως καὶ ἐκάλεσεν αὐτὴν πανδέκτην τῶν μοναχῶν 52, 15. 16.
πάνδοχος 62, 20.
παννύχιος· παννύχιοι ὑμνῳδίαι 85, 18.
παννυχίς 101, 20.
πανόσιος 64, 23 I 2, 21.
πάνσοφος· πάνσοφος θεός 5, 12. Beiwort des Johannes 64, 5; 76, 9. τὸ πάνσοφον στόμα 34, 4. Ebenso gibt Leontios das Beiwort dem heil. Symeon Salos Sy. 1672 B; 1677 A; 1728 C und seinem Freunde, dem Diakonos Johannes, 1729 B.
παντοδύναμος 28, 3.
πάπας Die alte und eigenthümliche Bezeichnung des Erzbischofs von Alexandria πάπας wird von Leontios neben πατριάρχης angewandt und zwar so, dass beide Titel ungefähr gleich häufig vorkommen. πάπας heisst er: 6, 1; 13, 11; 14, 6; 17, 16. 21; 18, 11; 19, 2; 20, 11; 22, 11; 23, 22. 24; 25, 10; 28, 15; 30, 7; 31, 15; 32, 1; 33, 12; 35, 11; 36, 10; 40, 1. 3; 49, 20; 50, 7; 52, 7. 12; 54, 19; 55, 12; 57, 7. 13; 58, 5. 26; 59, 11; 74, 20; 76, 4; 77, 23; 84, 15; 90, 13; 94, 21. πατριάρχης wird er genannt: 5, 17; 8, 11; 12, 19; 17, 20; 22, 24; 26, 1; 29, 2. 25; 33, 14; 35, 10; 37, 2. 10; 47, 4; 52, 1; 55, 1. 22; 56, 1. 14; 57, 9. 18; 59, 3 (in einer officiellen, an den Patriarchen gerichteten Urkunde); 62, 22; 63, 6. 11. 17; 68, 20; 75, 16; 78, 3; 82, 17; 84, 18; 91, 16; 97, 10; 100, 12; 101, 10. Ferner heisst er πατὴρ πατέρων 26, 15; πατὴρ πατέρων καὶ ἀρχιερέων 3, 32. ταπεινὸς καὶ ἐλάχιστος δοῦλος τῶν δούλων τοῦ κυρίου ἡμῶν Ἰησοῦ Χριστοῦ 9, 15. τοποτηρητὴς Χριστοῦ 26, 16. Verhältnissmässig selten wird er ἀρχιεπίσκοπος genannt: 1, 3; 21, 14; 60, 2. Für die Bezeichnungen ἀρχιερεύς, ἀρχιποιμήν, ἱεράρχης siehe unter den Worten.
παραδιδάσκω 32, 17.
παρακλητικός 25, 12.
παραμένω dienen, aufwarten 6, 1; 40, 22; vgl. Pall. 1219 A.
†παραμονητής 40, 19; 62, 5. Der Zusammenhang beider Stellen erweist, dass Anastasius' Uebersetzung 'minister' das Richtige trifft. παραμονάριος dagegen ist Küster, aedituus, vgl. Malalas 377, 4; 434, 14. Uebrigens gebraucht Nikephoros in der vita des S. Andreas Salos (II, 8) παραμονήτης in derselben Bedeutung: δοὺς ἀργύρια τῷ παραμονίτῃ τῆς ἁγίας ἐκκλησίας πρὸς περισσοτέραν ἐπιμέλειαν αὐτοῦ.

παραναγνωστικόν Brief, Billet; vgl. Photios bibl. 105, 20 a: παραναγνωστικὸν καλεῖ τὴν ἐπιστολήν. Anastasius übersetzt richtig pittacium. 24, 15. Vgl. ἐπαναγνωστικόν Theoph. 252, 9.

ὁ παραπαίων der Narr 45, 7; 47, 3.

παρασημειόομαι 4, 21.

παράστασις in der liturgischen Sprache: das Auftreten vor dem Altar; vgl. Liturgie des heil. Chrysost. (Euchol. p. 71): δῴης ἡμῖν ἀνένοχον καὶ ἀκατάκριτον τὴν παράστασιν τοῦ ἁγίου σου θυσιαστηρίου. — διὰ τῆς τοιαύτης σὺν τῷ κυρῷ τοῦ ἁγίου θυσιαστηρίου παραστάσεως 27, 1. Anastasius übersetzt darum dem Sinne nach richtig ministratio, weil der Bittsteller Diakon werden will.

παρ' αὐτά sogleich 13, 7; 94, 8; sehr gebräuchlich, vgl. Cot. I 616 A; Pelagia 18, 3; 24, 33; Migne 116, 1381 B.

παρεάω 11, 2.

παρεισφέρω 78, 15.

παρεκεῖ 48, 7.

παρεπαίρω· 11, 2 haben BE statt παρεᾶσαι: παρεπάραι.

παρθένος unverehelicht: προσμονήτην πιστὸν πάνυ καὶ παρθένον ἕως τελευτῆς 40, 20.

παριστάω beweisen, darthun: παρίστημι, adprobo Gl. II 398, 43. ἐπεὶ παριστῶ (die Hndss. παρίστω) ὑμῖν ὅτι καὶ ὑμεῖς δύο ἁμαρτίας ποιεῖτε 87, 8.

παρεστάναι: τῶν στρατευμάτων παριστώτων 36, 18. παραστῆναι: τῷ ἁγίῳ θυσιαστηρίῳ παρέστη 29, 6; 35, 11. παρίστασθαι: τοῦ κλήρου παρισταμένου 37, 5. οἱ παριστάμενοι das Gefolge, die Begleiter 11, 6; οἱ παρ. σὺν αὐτῷ 33, 17.

παροδηγέω 32, 14. 16.

† παστιλλάριος. Für die Worte: πρὸς κάπηλον ἢ πρὸς ἕτερον ἐργαστηριακόν 6, 14 haben BE und L: πρὸς κάπηλον ἢ παστιλλάριν (πασταλλάριν B) ἢ τινα ἄλλον. pastillarius pastillorum confector Du Cange s. v., der Augustin lib. 2 de mor. Manichaeorum cap. 15 citirt; vgl. Rossi inscr. chr. I 687: Locus bene Quesquentis Marcelli patroni corporis pastillariorum.

πατερικόν ein Buch, welches das Leben der Väter enthält. πολλὰ πατερικὰ ἀνέγνων 77, 15. μοναχικὰ καὶ πατερικὰ βιβλία Theophan. 446, 4. Das Typikon des heil. Sabas hat zum 27. August: ἀναγνώσεις ἐκ τοῦ πατερικοῦ. Der Codex Paris. 1629 (Colb. 4726) betitelt eine Auswahl aus dem pratum spirituale: ἐκλογὴ ἐκ τῶν πατερικῶν τοῦ μακαρίου Ἰωάννου τοῦ Εὐκρατᾶ. Cotelerius eccl. Gr. mon. I 784, 795. πατερικὸν εὐεργετινόν heisst die Sammlung des Coislin. 118 (XIII s). H. Omont, inventaire sommaire des M. Gr. de la Bibl. Nat. III 137. πατερικόν ist bei Griechen und Russen die übliche Bezeichnung für die vitae patrum. In derselben Bedeutung wird auch παράδεισος gebraucht. ἀναγινωσκόντων ἡμῶν εἰς τὸν παράδεισον τὰ ἀποφθέγματα τῶν ἁγίων πατέρων JM. 3104 C; ebenso βιβλίον γεροντικόν JM. 2909 B.

πατρίκιος 44, 12; an den zahlreichen übrigen Stellen, wo ὁ πατρίκιος vorkommt, ist es Bezeichnung für den praefectus Augustalis Niketas: 23, 5. 11. 16. 23; 24, 16; 25, 14; 28, 18; 31, 1. 3. 11. 15; 32, 8; 33, 4; 90, 22; 91, 5. 14. 15; 92, 2. Ganz ebenso werden die Exarchen von Italien und Afrika oft einfach patricius genannt. Eleutherius patricius Lib. pontif. Duchesne p. 319, 321, Isacius patricius p. 331; vgl. Georg. Cypr. praef. p. XLII.

παύομαι mit ἐκ 72, 1; sonst mit blossem Genetiv, z. B. 73, 4.

πειρατεύω 80, 4.

πεντηκοστή 53, 15.

περιβόλαιον 48, 7; 50, 25; 51, 1.

περιέχω abs. πιττάκιον περιέχοντα οὕτως 24, 6; δέησιν περιέχουσαν οὕτως 26, 13; λόγον ἰδιόχειρον αὐτοῦ περιέχοντα οὕτως 60, 21. ἐκ τῆς περιεχούσης πικρίας 33, 16.

περικακέω dem Unglück erliegen, verzweifeln. ἴδωμεν τίς περικακεῖ, ἐγὼ ἢ σύ 40, 5. Anastasius hat: videbimus quis deficiet, ego an tu. Allein damit verwischt er die wahre Bedeutung von περικακεῖν. Der Patriarch spricht in scherzhafter Uebertreibung (χαριεντιζόμενος).

περιπλέκω τινί· περιπλακέντων ἀλλήλοις 31, 23. περιεπλάκην αὐτῷ S. Andreas Salus IV 27.

περισσός reichlich, vollgültig. ἵνα ἐν ἡμέρᾳ κρίσεως ἔχωμεν περισσοτέραν (mehr) παρρησίαν πρὸς θεόν 48, 17. τί περιττὸν αὐτοῦ κέκτησαι; 65, 13. ἐκ περισσοῦ (ὑπὲρ περισσοῦ C) besonders, vorzüglich 52, 13. ὑπὲρ περισσοῦ überreichlich S. Andreas Salus XII 94.

περιπτύσσομαι 4, 2.

περιστρώννυμι· θόλους τινὰς ἐπιμήκεις ξυλίνοις πουλπίτοις περιεστρωμένους 57, 3.

πιάζω 80, 3.

πινάκιον 46, 6.

πεπιστευμένος mit d. Acc.: οἱ τὴν διάδοσιν πεπιστευμένοι 14, 7; τῷ π. τὸ χρυσίον 21, 9; τοῦ τὰ κεράμια π. 24, 2; οἱ τὸ ἄρχειν π. 33, 2.

πιστικός Gläubiger 55, 4; 60, 18.

πιστοποιεῖν 4, 28.

πίστωσις 40, 13.

πιττάκιον 21, 23; 22, 6. 17; 24, 6. 18; 97, 1. 4. 6. 16; 98, 14; 99, 6. 10.

πλάστιγξ 41, 21. 22. 25; 42, 5.

πλειόνως 52, 10.

πληγᾶτος = τραυματίας. τοὺς πληγάτους 13, 18; C hat dafür πληγέντας und L F πεπληγμένους. Vgl. Malal. 305, 1; 442, 3. s. γομᾶτος.

πλήκτης 65, 2 (C πληκτικός) einer der bis zur Verwundung schlägt. Die Uebersetzung des Anastasius (vgl. auch Gl. II 409, 38) percussor ist zu stark.

πλήν übrigens 18, 14; 51, 8; 76, 15.

πληροφορέω Sicherheit geben, Genüge gewähren, versichern 4, 17. 29; 25, 8; 41, 16; 44, 18; 52, 10; 54, 8; 89, 2; 92, 20; 98, 12. Pass. versichert sein, völlig überzeugt werden: 13, 3; 17, 1; 20, 12; 37, 22; 58, 13; 88, 16.

πληροφορία 17, 3; 98, 8; 101, 4. 12.

ποιητής Schöpfer 80, 21.

πολιά = πολιὰ κεφαλή. θεωρῶν τὴν τιμίαν ἐκείνην πολιὰν χαμαὶ κειμένην 30, 5. μὴ δάκρυε τὴν πολιὰν τῆς κυρίας σου μητρός Sy. 1681 C. vgl. Gl. II 411, 63: πολιά cana, hic canus. — τὰς πολιάς (sc. τρίχας) S. Andreas Salus VI 43.

πολιτεία Lebensweise 69, 22; 70, 12; 75, 3. 23. Vor allem die asketische Lebensordnung; sie heisst darum θεάρεστος 1, 14; ἀγγελική 100, 1; ἐνάρετος Sy. 1680 D; ἀμόλυντος 1744 C u. s. f. Vgl. Usener, Leben des heil. Theod. S. 117.

†πολυπλειόνως 47, 18.

πομπεύω 34, 12.

πόρτα 63, 27.

ποσόν Summe Geldes 22, 11; 54, 13. 15. 18; 58, 17. 19; 63, 16.

ποσότης quantitas, summa Gl. II 414, 22. — 11, 1; 57, 17; Cot. III 306 A; Malal. 284, 20.

πούλπιτον pulpitum, pavimentum Gl. II 414, 57. — 57, 3; Migne 116, 1329 A u. s. f.

πουλῶ = πωλῶ F 43, 20; A 44, 6.

πρᾶγμα ποιεῖν den Streithandel schlichten 64, 4. διοικεῖν 67, 15, s. διοικέω.

πραιδεύω 13, 12.

πράτης 42, 24.

προβάλλω zum Verkauf aushängen. ὡς εἶδεν αὐτὸ προβληθὲν, ἠγόρασεν αὐτό 40, 2. In derselben Bedeutung κρέμαμαι: θεωρεῖ αὐτὸ κρεμάμενον 42, 25.

πρόθεμα Edict 9, 14; 10, 7.

πρόθεσις Vorsatz, Absicht 2, 6; 28, 16. 20; 43, 13; 64, 10; 68, 24; 91, 10.

προκοιμάομαι 94, 18.

προναύκληρος· οἱ πιστικοὶ καὶ οἱ προναύκληροι 60, 18. Das Wort wird fälschlich als Stellvertreter des Capitäns erklärt; vgl. Gl. II 419, 21: προναύκληρος magister navis. Auch Anast. übersetzt primi nautae.

†προνοήτρια Vorsorgerin ἐάσω σοι τὴν δέσποινάν μου τὴν θεοτόκον κουράτορα καὶ προνοήτριαν 67, 1. E hat übrigens προνοητήν.

προσαναλίσκω = ἀναλίσκω 57, 17.

προσαναφέρω hinterbringen, Bericht erstatten 10, 12; 14, 6; 28, 19; 32, 14. 17. 20. 22. 24; 49, 20; 71, 17. 23; 74, 20.

προσδανείζω = δανείζω 58, 17.

προσκόλλησις 4, 41.

προσφύγιον 66, 15.

προσωπολήπτης 10, 14; aus der biblischen Sprache übernommen, vgl. vita S. Pachomii abbatis. AA. SS. m. Mai T. III p. 34*B.

πρόσωπον Person. δημόσιον

πρόσωπον 45, 23. Vgl. ξένον πρόσωπον Theophan. 177, 21; 423, 13.

† προχείριον 76, 7. sacculus An.

πρωτεῖος erster Qualität. ἀργυρον πρωτεῖον 20, 5 14; μέλι πρ. 23, 22; 24, 5.

πρωτοπρεσβύτερος 31, 14.

πρῶτος. πρῶτος τῆς πόλεως 19, 17. — πρῶτοι, primores, primates Gl. II 425, 1; τὶς τῶν πρώτων τῆς πόλεως (Lakedaemon) Pall. 1186 B. παρὰ τοῦ εἰρημένου πρώτου αὐτῶν (Σκλάβων) acta S. Dem. 198 (Migne 116 1368 A). In Cherson: πρωτοπολίτης Niceph. 45, 3; Theoph. 378, 5. ὁ πρωτεύων Const. de admin. 245, 14; 252, 17; in Arabien CIG. 8627. 8630. 8631. ἡ πρώτη τῶν τοιούτων γυναικῶν magistra collegii meretricum 73, 10. λέγει ἡ πρώτη ταῖς ἑτέραις S. Andreas Salus III 22.

πτερνίζω· ἐπέτρεψεν τὴν γυναῖκα πτερνισθῆναι καὶ ἐξ αὐτοῦ χωρισθῆναι. 49, 25 flagellis caedi An. Eigentlich mit der Ferse stossen, Suidas s. v. πτερνίζει· ἀπατᾷ ἢ λακτίζει. Für die von Anastasius gegebene Bedeutung, welche dem Zusammenhange nach richtig sein muss, weiss ich das Wort sonst nicht zu belegen.

πυλεών. Die Form πυλαιών statt πυλῶν hat A 59, 13. 14. 22; πυλεών A 41, 9. 11. C E 59, 13; C 14; C 22; A 100, 8. Ebenso der Vindob. Sy. 1689 B; vgl. τὸν πυλεῶνα J M. 2993 C D. ἐπάνω τοῦ μέσου πυλεῶνος.

Jahrb. f. prot. Theol. XIII 229, 25. Vielleicht hätte ich die Form an den angeführten Stellen in den Text aufnehmen sollen.

πύρωσις τῆς καρδίας 31, 18. σωματική Sy. 1725 A.

Ῥᾳθυμέω niedergeschlagen, betrübt sein. So C: μηδὲν ῥᾳθυμήσῃς (statt ἀθυμήσῃς), ἄδελφε Πέτρε 45, 11; vgl. μηδὲν ῥᾳθυμήσῃς, ἄδελφε Συμεών Sy. 1677 B. ἅπαντες δὲ παρεστῶτες ἐραθύμησαν ἀπὸ τοῦ ἵστασθαι καὶ ἀκούειν τῶν σκληρῶν λόγων τοῦ Ἰωάννου Epiphan. vita I 51, 20 Dind. καὶ κάμνων οὐκ ἐραθύμησεν, οὐκ ὠλιγοψύχησεν οὔτε ἠκηδίασεν Leben des heil. David v. Thessalonike, herausg. v. V. Rose 5, 23.

ῥᾳθυμία Niedergeschlagenheit, verbunden mit ὀλιγοπιστία 15, 6. Hesych. s. v. ῥᾳθυμία· ἀμέλεια, κατήφεια, ἀνοχή. Theoph. 303, 24; 304, 22. (Kedrenos hat an den Parallelstellen I 719, 21 φόβον und 720, 11 ἀθυμίαν.)

ῥαπίζω· A hat 66, 5: δι' αὐτὸν ἐραπίσθη καὶ ἐσταυρώθη.

† ῥάσος abgeschabt. ἐν γοναχίῳ ἐσχισμένῳ καὶ ῥάσῳ 38, 9. (Gebräuchlich sonst nur ῥάσον als Mönchsgewand.)

† ῥιγοπυρετέω 58, 3.

ῥύομαι 42, 13.

ῥυπαροφορέω. Das hier zum ersten Male bezeugte Wort: ἠγόρασαν αὐτὸν ῥυπαροφοροῦντα 44, 16, hat Hemsterhuys bereits schol. in Arist. aves 1555 hergestellt: ἀλουτοῦντες καὶ ῥυπαροφοροῦντες (st. ῥυπυφοροῦντες).

Σάβουρος — κενός („vacuus ea ratione qua navem saburra oneratam vacuam esse diximus" Du Cange), vom lat. saburra, Ballast (Gl. II 176, 33: saburra, ἕρμα, θεμέλιος). ἀπώλεσεν ὅλον τὸν γόμον καὶ οὐκ ἐσώθησαν, εἰ μὴ αἱ ψυχαὶ καὶ μόνον καὶ τὸ σκάφος σάβουρον 55, 6.

σαγιττόβολον Pfeilschussweite. καὶ τὸν κτύπον τοῦ δοθέντος αὐτῷ κόσσου ἤκουσάν τινες, ὡς ἐπὶ (ἀπὸ B E) σαγιττοβόλου 74, 7. Ebenso hat in der vita des hl. Symeon 1737 B der Vindobonensis ὡσεὶ σαγιττόβολον (statt τόξου βολὴν) ἀπῆλθεν ἀπ' αὐτῶν. — ἀνήγαγον ἡμᾶς ἐπάνω τοῦ μοναστηρίου ὡς ἀπὸ σαγιττοβόλου ἑνός JM. 2937 C. καὶ ἔμειναν ἀπ' ἀλλήλων ἀπὸ δύο σαγιττοβόλων Theoph. 319, 8. ἔμπροσθεν δὲ τῶν βασιλικῶν περιπατοῦσιν ἀπὸ δύο σαγιττοβύλων παρασυρτὰ βασιλικὰ ἱππάρια. Const. de cerim. I 485, 7.

σακέλλα· δὸς αὐτὰ (τὰ χρήματα) τῇ βασιλείᾳ εἰς τὴν δημοσίαν σακέλλαν 23, 9.

σακκίν 20, 2. 6; σακκία 37, 17.

σαρκοφορέω 16, 7.

σέκρετον (in den Handss. auch σέκραιτον, σήκρητον, σέκριτον u. s. f.): 1) das Empfangs- und Berathungszimmer des Bischofs 8, 5; 31, 6; 46, 5; 61, 1; 78, 15. 2) der Rath (Senat) des Bischofs 21, 17.

σεκρητάριος BE 11, 16.

σελλίν 11, 8.

σημειόομαι 7, 17; 36, 12; 81, 24; 100, 13.

σιαίνω Ekel erregen. σιαίνομαι tedo Gl. II 431, 13; dann überhaupt: aufregen, beunruhigen. 99, 4 Sy. 1724 C; 1736 A B. Agath. 68. S. Andreas Salus III 13 Constant. de cerim. I 401, 10. Reiske II 396.

σιλίγνιον Weizenbrot 41, 12. 14; 42, 3. 5. 7. 12. Sy. 1717 C 1729 D; 1737 B.

σκαμνίον 63, 7.

σκάμνον 11, 9.

σκανδαλίζομαι 49, 19; 71, 6. 9. 11; 72, 21; 75, 7. Sy. 1721 A; 1728 B.

σκέπασμα 38, 7.

σκέπη 42, 20.

σκέπω 72, 13; 80, 3. 13. Sy. 1708 A; 1740 C. Med. 38, 9. 11.

σκιαγραφία 4, 6.

†σκνιφεύομαι knausern, sparen 14, 16.

σκνιφός 40, 10. C hat es durch das klassische φειδωλός ersetzt.

σκορπίζω dispargo, spargo Gl. II 433. 57. — 6, 11. Sy. 1705 A; 1736 B u. s. f.

σκυθρωπότης 12, 13.

σκύλλομαι, σκυλῆναι sich zu jemand bemühen. μὴ ἀπαξιώσῃς σκυλῆναι (σκυλθῆναι A) ἕως τῆς βασιλίδος τῶν πόλεων 91, 7. Das Praesens σκυλλόμενος AA. SS. m. Mai. T. III p. 71*D. παρεκάλει σκυλῆναι ἕως τῆς οἴκου

αυτής Cot. III 337 C. σκύλθητι Cot. I 483 A; 589 B. σκυλθῇ L. des hl. David v. Thessalonike herausg. v. V. Rose 14, 11.
σορός 91, 6; 97, 19; 98, 8.
σταθμίζω 41, 20.
σταυρίον 5, 9.
στενοχωρέω 62, 19.
στενοχωρία 26, 20; 37, 14.
στενόω 15, 3; 24, 9. 22. 23. Pass. 17, 16; 23, 7; 49, 12; 61, 17; 76, 18.
στενώνω BEL 6,9. Die anderen Handschriften haben στένων (C στένοντα) = στενῶν.
στένωσις 18, 20; 21, 5; 25, 22; 26, 10. 21; 67, 4.
στιχάριον tunica Gl. II 438, 4. — 48, 8; 88, 16. 18. 21. JM. 2965 A. u. s. f.
στολή 99, 5.
στόμα Umschreibung für die Person des Erzbischofs: *ἀπεκρίθη πάλιν τὸ ἀγγελικὸν ἐκεῖνο στόμα* 8, 12. *ἐπέτρεψε τὸ ἱερὸν ἐκεῖνο στόμα γράψαι οὕτως* 92, 16. — Geläufig ist dem Leontios nach II. Tim. 4, 17 die Redensart: *ἐκ στόματος λέοντος· ὁ γὰρ σκοπὸς τοῦ ποιμένος οὗτος ἦν τοῦ ἁρπάσαι ἐκ τοῦ στόματος τοῦ λέοντος τὸ πρόβατον* 29, 22. *πλείστας ἐκκλησίας ... ἐκ τῶν στομάτων τῶν τοιούτων θηρίων δίκην προβάτων ὡς καλοὶ ποιμένες ἀπέσπασαν* 64, 20. *ὁ ῥυσάμενος τὸν ἑαυτοῦ προφήτην ἐκ στόματος λεόντων, αὐτὸς ῥύσεται καὶ ὑμᾶς ἀπὸ τῶν χειρῶν τοῦ λέοντος* Sy. 1693 B. vgl. *ἐπὶ θεοῦ ἐξαρπάσασα ἐκ τοῦ στόματος τοῦ λέοντος Ἀλαρίχου τῇ ἑαυτῆς πίστει* Pall. 1228 C.
στράτευμα 36, 18.
στυγνάζω 42, 1.
σύγκελλος des Patriarchen 50, 12; 77, 22; 78, 3; des Bischofs Troïlos 57, 10.
σύγκλητος 36, 18.
συγκροτέω unterhalten 65, 9; unterstützen, begünstigen 8, 15; 34, 24; ebenso Theoph. 137, 16; 326, 4.
συγκροτητής. Johannes nennt die Bettler *δεσπότας καὶ συγκροτητάς* 8, 14: „Herren und Gönner". Dieselbe Bedeutung hat das Wort Sy. 1692 A: *σὺ δεσπότης, σὺ συγκροτητής, σὺ χειραγωγός, σὺ ὁδηγός*, nicht „instructor", wie die lateinische Uebersetzung erräth.
συγκυρία 5, 8; 24, 14. Sy. 1676 B; 1725 D.
συλλαμβάνω von den beiden vorher begrabenen Bischöfen: *μέσον τὸν ἱερὸν τοῦτον συνελάμβανον* 95, 4; in medio sacrum hunc susceperunt An.
συμμέτοχος 86, 12.
συμπαθέω 18, 4; 21, 7; 81, 14.
συμπάσχω 49, 11. Sy. 1736 B.
συμπνέω· συμπνευθῆναι 93, 19.
συμψηφίζω 60, 14.
σύμψυχος 56, 7.
συνάδελφος 16, 20; 41, 16.
συναλλάκτης Geschäftsfreund 20, 1.
σύναξις 1) = ἀκολουθία, collecta 52, 23; 53, 8. 22; 54, 19. 2) Gottesdienst 21, 13; 22, 19;

35, 8. 9; 73, 21. 25; 77, 21; 83, 16; 84, 3.

σύνδακρυς 12, 9; 31, 19; 49, 2.

συνδιατριβή 4, 38.

σύνδουλος 12, 2; 45, 6; 65, 21.

συνεθίζω 41, 23; 76, 17; 77, 14.

συνεχόμενος gequält, abs. ohne Dativ: ὡς δὲ τοῦτον οὕτως συνεχόμενον καὶ δακρύοντα ἐθεάσατο 33, 13.

συνήθεια, s. Anm. S. 133.

σύνθεσις eine bestimmte Anzahl zusammengehöriger Gefässe. ἐπὶ τὸ ἀγοράσαι σύνθεσιν ἀργυροῦ ἀναγλύφου χάριν τῆς τραπέζης αὐτοῦ 57, 11. Vgl. Statius silv. IV 9, 44 und Friedländer zu Martial IV 46, 13—16 (I S. 360).

σύνθετος· τὸ σῶμα τοῦ μακαριωτάτου πάπα τῶν δύο ἐκείνων σύνθετον ἔμελλεν γενέσθαι 94, 21; für σύνθετον γενέσθαι hat C die erklärende Glosse: μέσον τίθεσθαι aufgenommen.

σύννους 50, 11. 18.

συνοψίζω gemeinsam vor Augen führen, vor sich kommen lassen 72, 7.

συνταράσσω 12, 14.

σύντεκνος 25, 13.

συντίθημι Med. beistimmen: παντὸς δὲ τοῦ πλήθους τοῦ συνελθόντος ἐπὶ τῷ λόγῳ καταννυγέντος καὶ συνθεμένου 8, 6. In derselben Bedeutung und gleichfalls ohne Dativ: οὐδ' ὅλως δὲ τὸ σύνολον οὐδὲ ἑτέρου αὐτῶν συνθεμένου Sy. 1684 B (συντίθεσθαι in der gewöhnlichen Bedeutung 33, 4; 35, 20).

συντομία· διὰ πάσης συντομίας 50, 2. διὰ συντομίας Sy. 1700 A.

συντυγχάνω 11, 9. συντυγχάνειν 84, 11 A. συντοιχάνων 11, 9 C D. vgl. ἐτύχανεν 13, 10 C.

συντυχία 4. 38. 40; 36, 10; 44, 9; 84, 11; 87, 2.

συχνάζω· D 89, 24 schreibt συχνάζειν statt σχολάζειν.

σχῆμα· 1) Gestalt, Erscheinung, Haltung, äusseres Auftreten: θεωρεῖ τινα ὡς ἐν σχήματι τοῦ ἁγιωτάτου πατριάρχου 56, 1. ἐν ταπεινῷ σχήματι 79, 17; 96, 10 ἐν ὑπερηφάνῳ σχήματι 81, 8. Speciell in der Redensart: τὸ αὐτὸ σχῆμα ποιεῖν dasselbe Gebahren beobachten 84, 4. 6. Aehnlich sagt Johannes Malalas von den oft sich wiederholenden Ueberschwemmungen der Stadt Edessa: μεμαθήκαμεν ὅτι καὶ ἐν ἄλλοις χρόνοις ἐγένετο τὸ αὐτὸ σχῆμα 418, 15.

2) Gewand. Regelmässig wird darunter das Mönchsgewand verstanden, das jedoch als solches stets durch ein besonderes Beiwort gekennzeichnet wird: τὸ ἅγιον σχῆμα 88, 8. 9. Sy. 1685 A B D; 1688 B; 1689 C; 1704 C. τὸ μοναχικὸν σχῆμα 49, 10. 15; 72, 12; 100, 1. Sy. 1701 C. τὸ ἰσάγγελον τοῦ μοναχικοῦ βίου σχῆμα 49, 22. τὸ ἀγγελικὸν σχῆμα Sy. 1685 C.

σωματικός 85, 9; 86, 2.

σῶσμα Rettung 54, 22.

σωφρονίζω bessern im geistlichen Sinne 30, 13; 36, 14; 61, 8; 78, 17; 84, 5.

Ταλαιπωρία· διὰ τῆς ταλαιπωρίας μου (6, 4; 96, 11) sagt der Erzbischof, von sich selbst redend.

ταπεινός· ὁ ταπεινὸς Ἰωάννης die gewöhnlichste Bezeichnung seiner selbst durch den Erzbischof; εἶχεν γὰρ ἀεὶ ἐπὶ στόματος τὸν λόγον τοῦτον 38, 16; ferner 12, 15; 14, 10. 14; 23, 13; 38, 16; 61, 4; 66, 8; 74, 23. ἐγὼ ὁ ταπεινός 34, 14. s. auch ταπείνωσις.

ταπεινοφροσύνη 13, 8; 25, 6; 78, 16. 19; 79, 13.

ταπεινόφρων 56, 22.

ταπείνωσις 32, 6; 45, 3; 47, 12; 51, 13. ἡ ταπείνωσις μου sagt der Erzbischof von sich 22, 3. 9.

ταριχεύω ἑαυτόν vom Asketen sich abquälen, wörtlich sich austrocknen. Du Cange führt aus Zosimos Panop. an: τόπος ἀσκήσεως τῆς λεγομένης ταριχείας. — ἐταρίχευσεν δὲ ἑαυτὸν καὶ νηστείᾳ πολλῇ 44, 23. Aehnlich heisst Johannes der Faster bei Johannes von Ephesos III 39: trocken wie Holz. Ein anderes Bild von der Kasteiung des Leibes: μή πως ὁ ἔστιξεν ἡ νηστεία σῶμα, παχύνῃ τὰ βρώματα Sy. 1705 A.

τελειόω 29, 16; 100, 18.

τελωνεῖον 42, 18. E hat 81, 21 statt τελῶναι den eigenthümlichen Pluralis τελωνεῖα τελωνεῖα (genau so Georg. Mon. 576, 12 Muralt.; vgl. auch χοροὶ χοροὶ C E 82, 2).

τελώνης = δαίμων 81, 21; 82, 22; vgl. τελώνησον ἐν ἐξετασμῷ τὸν τελωνήσαντά με διάβολον A M 351. Du Cange s. v. τελώνια = τὰ τοῦ ἀέρος δαιμόνια giebt zahlreiche Stellen. Der Sprachgebrauch erklärt sich aus den ägyptischen Unterweltsvorstellungen und ist durch die ägyptischen Asketen der Kirche übermittelt worden.

τέμνω κεφάλαια 33, 3; s. κεφάλαιον.

τζαγγάριος Schuster 89, 14. Hes. σκυτεύς· σαγγάριος καὶ καλιγάριος. Reiske zu Const. de cerim. II p. 432. Du Cange s. v.

τίποτε 6, 13; 12, 16; 16, 20; 23, 13; 32, 24; 41, 6; 48, 20; 55, 19; 70, 19; 77, 16; etwas Grosses 49, 7.

τίτλος· τίτλον ξύλινον ἐπιγεγραμμένον 59, 14. τὴν τοιαύτην τοῦ τίτλου ἐπιγραφήν 59, 19. κατενέγκατε τὸν τίτλον 59, 23. vgl. ἐν δὲ τῇ Ἀντιοχέων πόλει ἐν τίτλοις σανίδων ἐπιγράφη δι᾿ Ἑλληνικῶν γραμμάτων Mal. 471, 1.

τομάριον 67, 9.

τομή· δοῦναι εἰς κεφάλαιον 32, 19; s. κεφάλαιον.

τοποτηρητὴς Χριστοῦ Titel des Erzbischofs von Alexandria 26, 18.

τράπεζα 7, 9; 57, 12; 58, 8.

τρίζω· τρίζοντες τοὺς ὀδόντας ἀπὸ τοῦ κρύους 38, 19. οἱ δὲ μετὰ μεγάλου βρυγμοῦ τρίζοντες κατ᾿ ἐμοῦ τοὺς ὀδόντας Pall. 1052 C. αἰθίοπα τρίζοντα τοὺς ὀδόντας κατ᾿ αὐτοῦ Cot. I 450 B.

τριμίσιον tremissis, ein Drittel Solidus 77, 6; 13; 92, 20; 22. 93, 5. τριμίσιν 6, 5. Cot. III 358 B. Usener, der heil. Theodos. 139.

τρισμάκαρ 3, 32.

τρισμακάριος 26, 15; 68, 23; 95, 22.

τρισμακάριστος 6, 1; 13, 13.

τρισόλβιος 11, 3

τρίτον = τρίς 17,12; 84, 4 E; ἐκ τρίτου 17, 20.

τρυγάω 2, 17. 23; 40, 6.

Ὑπάγω 1) gehen, fortgehen: ὑπάγω ἀντὶ τοῦ πορεύομαι· vado Gl. II 463, 8. — 17, 10. 14; 19, 11; 29,13(bibl.); 64,7; 71,9.13; 80,12; 100,6; 101,11. Sy. 1696 B; 1700 B; 1713 B; 1717 A; 1732 D etc. 2) sich anschicken, im Begriffe sein 29, 7; 80, 2. Sy. 1732 B.

ὑπεράγιος· 67, 1 haben B E τὴν ὑπεραγίαν θεοτόκον, die andren lassen das Beiwort weg.

ὑπερακοντίζω· 84, 20 hat C ὑπερακοντίσαι statt ὑπερνικῆσαι.

ὑπερβαίνω· ἔργα πᾶσαν φύσιν σχεδὸν ὑπερβαίνοντα 7, 4. τὰ πᾶσαν διάνοιαν ὑπερβαίνοντα 47, 19. ὅσα σχεδὸν ἀνθρώπου ἀριθμὸν ὑπερβαίνουσιν 93, 2. vgl. πρᾶγμα ὑπερβαῖνον τὴν ἐμὴν ἀθλιότητα JM. 2885 B.

†ὑπερευρίσκω· ἰδοὺ οὐκ ἀπέτυχα, ἀλλ' εὗρες καὶ ὑπερεῦρες 90, 13. Kumanudis weist ὑπερεύρεμα nach.

ὑπερηφανεύω 65, 21.

ὑπέρκειμαι· τῷ ἀπροσίτῳ καὶ πάσης κτίσεως ὑπερκειμένῳ 11, 20.

ὑπερνικάω 14, 20; 84, 20.

ὑπερτίθημι Med. verschieben 62, 19; 63, 18; 64, 6.

ὑπερτιμάω 49, 10; 64, 22.

ὑπερύψωσις 95, 8.

ὑπερφυσάω 78, 20.

ὑπήκοος πάντων die Zuhörer (eig. wer aus der Gesammtheit zuhört): καὶ πρὸς ὑπήκοον πάντων ἔλεγεν 11, 16 (et audientibus dicebat An.). — καὶ εἰς ὑπήκοον πάντων τῶν ἀδελφῶν καὶ τῶν ὄχλων εἶπε μεγάλῃ τῇ φωνῇ Pall. 1146 D.

ὑποβολή 49, 16.

ὑπόθεσις 3, 16; 60, 5; Zweck, Absicht 35, 11; 79, 13.

ὑποκάμισον· ἐπενδύτης, τὸ ἐσώτατον ἱμάτιον ὃ καὶ ὑποκάμισον λέγεται. Zonarae lex. p. 788. — Χιτὼν δὲ κυρίως τὸ παρ' ἡμῖν λεγόμενον ὑποκάμισον. Theophylakt. zu Matth. V 40 (I p. 29 ed. Venet.). — vestimentum quod subtus camisiam est. Ms. Gembl. bei Rosweyde (Migne 93, 1666 A). — δύναταί τις καλοθελῶς ἀποδῦσαι τοὺς πλουσίους καὶ αὐτὸ τὸ ὑποκάμισον αὐτῶν 40, 8. διαρπάζει τὴν οἰκίαν μου καὶ ἀπὸ ὑποκαμίσου ἀνασπᾷ με ἐν ΚΠ. JM. 3064 B. Vgl. Du Cange s. v. καμίσιον.

ὑποκάτω mit d. Gen. 23, 14; 99, 13.

ὑποκρούω· ἵνα διὰ τῆς τοιαύτης διδασκαλίας ὑποκρούσῃ τὸν ὑπερήφανον καὶ σωφρονίσῃ

78, 17. An. übersetzt richtig: sensim percuteret.
ὑπόστασις Besitz; substantia, facultas Gl. II 467, 49. — 54, 5; 68, 15; 90, 7.
ὑστερέω im Stiche lassen 6, 5.
ὑψηλοφροσύνη 61, 5. 10.

Φάμουσον· φάμουσα, λίβελλος περὶ ἀνωνύμων βιβλίων τῶν δηλούντων φλυαρίας. Glossae Basilic. φαμοῦσος· ἀνώνυμος, ἄτιμος. λέξεις Λατινικαί im Archiv f. slav. Philol. XIV 88. δηλοῖ δὲ ἡ λέξις τὰ φάμουσα λοιδορήματά τινα ἔγγραφα. Ann. Comn. II 179, 15. — δίδειν φάμουσα τῷ μακαρίῳ βασιλεῖ 72, 5 ἔκαυσεν πάντα τὰ δοθέντα αὐτῷ φάμουσα 72, 10. Ann. Comn. II 179, 13. 21; 181, 8. φάμουσον ὑπερριμμένον τῇ τοῦ βασιλέως κλίνῃ II 180, 4. τόμος ὃ δὴ λέγεται φάμουσος Georg. Pachym. II 245, 3.
φαντασία 16, 19.
φειδομένως 47, 16.
φθάνω· ὃ ἔστι παραγίνομαι· pervenio Gl. II 470, 47. ἔφθασαν ὁμοῦ 41, 11; mit dem Acc. ἔφθασαν τὸν τοιοῦτον πυλῶνα 59, 21; ἔφθασε τὸ κελλίον τοῦ ὁσίου 74, 12; τὴν καλουμένην Ῥόδον ἔφθασαν 91, 20. mit εἰς: ἔφθασαν εἰς τὸν λόγον 78, 1.
φιλάρετος 2, 13.
φιλοΐστωρ 3, 15.
φιλοξενέω 13, 17; 52, 13.
φιλόπονος 1, 5; 2, 16; 4, 18. οἱ λεγόμενοι φιλόπονοι 37, 6.
φιλοσοφέω 2, 11.

φιλοτιμέομαι beschenken. φιλοτίμησαι τοὺς ἀδελφοὺς τοῦ Χριστοῦ 57, 7. Oft bei Theophanes, s. de Boor s. v. φιλοτιμέομαι. vgl. φιλοτιμία· munificentia, liberalitas Gl. II 471, 61.
φολλερόν· 5, 4; 70, 5 ἑνὸς φολλεροῦ (v. l. μιᾶς φόλλεως BE). Ebenso hat Sy. 1709 B der Vatic. φολερόν, der Vindob. φόλην μίαν.
φύλλις 76, 1. 21. 23; 77, 3. 9.
φορεσία 71, 5.
φορέω· ἐφόρεσα 16, 8. φορέσαι 42, 23. φόρεσον Sy. 1701 D. φορέσομεν 1688 A.
φορολόγος 82, 22.
φορτώνω 23, 18. πεφορτωμένον 41, 12.
φρίκη Schüttelfrost, horror Gl. II 473, 12. φρίκη τε φιλαργυρίας καὶ ἀσπλαγχνίας καὶ μεταμελείας γέννημα παρείπετο πυρετῷ παρὰ φύσιν συμμεμιγμένη 57, 22. φρίκη καὶ πυρετῷ δεινοτάτῳ συσχεθείς Cot III 281 C. τρόμῳ καὶ φρίκη συνείχετο AM. 39. φρίκη καὶ φρενῶν ἔκστασις Sophr. v. S. Mariae Aeg. Migne 87 c, 3706 D. Oft bei Nikephoros im Leben des hl. Andreas Salos.
φρικτός 35, 20; 47, 16; 51, 21; 78, 7; 81, 6.
†φυλλολάχανον· πόσοι ἐπιθυμοῦσιν χορτασθῆναι ἀπὸ τῶν φυλλολαχάνων τῶν ῥιπτομένων ἀπὸ τοῦ ἐμοῦ μαγειρείου 39, 2. Vgl. λεπτολαχάνων δέμα Pall. 1011 B. λεπτολάχανα Pall. 1105 B. διὰ τὴν ἀσθένειάν σου φάγε λεπτολάχανον Cot. 1418 A. φυλλοδάφναι = δάφνινα φύλλα (Mal.

287, 15). βάλλεσθαι ἐν τῷ πυρὶ τῶν φυλλοδαφνῶν λίβανον πολύ Mal. 272, 15. στέφανον ὁλόχρυσον τύπῳ φυλλοδαφνῶν Mal. 287, 11.

φυράω intransitiv: „sich verwirren" im Sinne von: „geschäftlichen Schaden erleiden, in Vermögensverlust gerathen" ist ein dem Leontios eigenthümliches Wort. ναύκληρός τις ξένος ἐφύρασεν 18, 1 (F 104, 4 hat dafür: ἐδυστύχησε; damna pertulit An.). εὑρέιν τινα φίλον αὐτοῦ ... ἀργυροκόπον φυράσαντα 44, 9. ἐφύρασα καὶ ἐστενώθην 76, 18. πόθεν σὺ οὕτως ἐπλούτησας; ἐγὼ δὲ σχολάζων πλεῖόν σου τῇ τέχνῃ μου ἐφύρασα 89, 23. ἦν γὰρ ἐλεήμων ὁ βουρδουνάριος καὶ ἀπὸ συμβαινόντων ἐφύρασεν Sy. 1740 A, wo die lat. Uebersetzung ganz verkehrt dispergebat giebt.

φωστήρ 1, 10; 65, 15.
φωτίζω tr. 1, 11.

Χαλάδριον 'stratum instar lectuli pellibus instrati; unde a Iohanne Geometra per κῶεα exprimitur: Μέμφετο Ἀρσένιόν τις ἰδὼν ἐπὶ κώεσιν ὄντα. vita Arsenii Graeca ms. εὐτελές τι στρῶμα. Cotelerius eccl. Gr. mon. I 799.' Du Cange s. v. χαράδριον, χαλάδριον. — χάλανδρον κράββατον. Hes. Anastasius übersetzt lectulus. 23, 15; 50, 20; Cot. III 288 C. Eine Nebenform ist χαράδιον (23, 15 F), womit speciell die grobe Decke oder Matte bezeichnet wird, auf der die Mönche schlafen. ἐν χαραδρίῳ καθεύδεις καὶ ἐν τριχίνῃ στρώμνῃ Cot. I 236 B; vgl. 505 C; 678 A. Thatsächlich werden die beiden Formen in identischer Bedeutung gebraucht. In dem Gespräch des Arsenios mit dem Mönche, der ehemals Hirte gewesen (Cot. I 367 B), steht χαλάδριον, während der Parallelbericht περὶ τοῦ ἀββᾶ τοῦ Ῥωμαίου (l. c. 657 C, 659 B) χαράδριον bietet.

χαλάω εἰς γῆν oder abs. landen. χαλασάντων ἡμῶν εἰς τὴν γῆν 19, 15. ἐχαλάσαμεν εἰς Πεντάπολιν 19, 25. μηνύεται αὐτῷ δύο δόρκωνας τῶν τῆς ἐκκλησίας χαλάσαι 28, 1.

χαμαιριφής 87, 22.
χαμηλός 3, 19.
χαρακτηρίζομαι 45, 18.
χαριεντίζομαι 40, 5.
χάρτης 67, 11. 25; 92, 15.
χαρτίον 67, 14; χαρτίν 7, 16.
χειροκρατέω 100, 10.
χειροχρήστης 15, 1.
χολάω 24, 17.
χορτάζω 39, 1.
χρηματιστικός 31, 11; 57, 6.
χριστεμπαίκτης 73, 15. vgl. κοσμοεμπαίκτης S. Andreas Salus X 76; 78. ἐκκλησιεμπαίκτης l. c. XXIV 205.

Χριστός· ὁ Χριστός μου 18, 2; 43, 16.

χρυσοτριβέω 86, 4.
χύνω· χύνουσιν ῥίπτουσιν).

Ψαλμῳδία 101, 20.
ψεῦμα 90, 6.
ψηλαφάω 82, 4.
ψιαθίον Dim. von ψίαθος (ψίαθος· ἡ χαμεύνη Hesych. ψίαθος· teges, tegestratoria, matta Gl. II 480, 57). — 38, 20; 57, 4. Pall. 1011 B. Cot. I 344 C; 383 B; 450 B. Malal. 187, 6. JM. 3029 B.
ψιχίον 4, 9 (aus Matth. XV 27). ὀλίγα ψιχία (v. l. ψιχίδια) Cot. I 705.
ψιχολογέω micas lego Gl. II 481, 9. ψιχολογοῦμεν καὶ τοὺς στάχυας τοὺς ὑπὸ τῶν καλῶν τούτων τοῦ κυρίου ἐργατῶν καταλειφθέντας 4, 12. Das Wort ist bisher nur aus den Glossen belegt.
ψυχαγωγικός 5, 1.
ψυχή im bibl. Sinn — Person. οὐκ ἐσώθησαν εἰ μὴ αἱ ψυχαὶ καὶ μόνον 18, 19; 55, 6. ἀνῆλθον εἰς ἐπίσκεψιν αὐτοῦ ἐκ τῆς πόλεως ἕως ἑκατὸν ψυχῶν 88, 12. μοναστήρια ἀπὸ διακοσίων καὶ τριακοσίων ψυχῶν Pall. 1100 D.
ψυχομαχέω· πολλάκις δὲ καὶ ψυχομαχοῦσίν τισιν παρεκάθητο 52, 20. multoties vero assidebat et his qui morituri vexationem in exitu animae patiebantur. An.
ψυχοφθόρος 2, 8; 57, 21.
ψυχωφελής 31, 3; 87, 2.
ψωμός 39, 3.

ὠρεῖον· τὰ δέκα μόδια τοῦ ὠρείου μου 27, 23 BE, ὀρίου ACD. Suidas s. v. ὠρεῖον· ταμεῖον. Bandini, catal. codd. bibl. Mediceo-Laur. III p. 206: ὠρεῖα λέγονται τὰ οἰκοδομήματα ἤτοι τὰ σιτοδοχεῖα. ορριον· horreum Gl. II 387, 25. ὠρεῖον hat auch Malalas 60, 8; 307, 3; 399, 17; 477, 2. ὅρια schreibt de Boor Theoph. 150, 26; 384, 13. (Die Handschriften haben auch ὄρια, ὀρία, ὀρεῖα, ὦρια, ὠρία, ὠρεῖα u. s. f.) ὀρίου JM. 2876 B. ὀρίον 2941 D. Vgl. Du Cange s. v. ὠρεῖον.
ὠφελέω im geistl. Sinn, wie οἰκοδομέω· ὠφέλει αὐτοῦ τὴν ψυχήν 79, 10. ἐκ τῶν λεγομένων ὠφεληθῆναι 3, 20. ἱκανὸς ἦν καὶ τὸν μὴ θέλοντα ὠφεληθῆναι οἰκοδομῆσαι 47, 7. πολλοὶ δὲ πολλὰ ἔκτοτε ἐν Ἀλεξανδρείᾳ ὠφελήθησαν καὶ ἐξενοδόχουν τοὺς μοναχούς 75, 19. Vgl. πολλὰ ὠφεληθεὶς παρὰ τοῦ γέροντος Cot. I 344 A. ἐξῆλθε μὴ ὠφεληθείς Cot. I 658 A. μεγάλως ὠφεληθέντες οἱ ἀδελφοί JM. 2865 A. τούτῳ κἀγὼ συνέτυχον καὶ ὠφελήθην JM. 2881 B.
ὠτίον 46, 22.
ὠφέλεια Erbauung 1, 7; 3, 8. ὁ δὲ τρόπος τῆς αὐτοῦ πείρας τύπος ὠφελείας ταῖς ἁγίαις τοῦ θεοῦ ἐκκλησίαις καθέστηκεν 25, 18. γέγραφα δὲ καὶ τοῦτο εἰς ὠφέλειαν τῶν ἐντυγχανόντων JM. 2881 B u. s. f.

Grammatisches Verzeichniss.

I. Declination.

Numerus. Wiederholung des Wortes im Plural: τελωνεῖα τελωνεῖα E 81, 21. χοροὶ χοροί EC 82, 2; vgl. δέκα δέκα C 77, 5 (δύο δύο Cot. I 638 A; 674 A; στάζον στάζον Cot. I 636 C).

Vocativ mit dem Beiwort (Titel u. s. f.) in nominativischer Form: σὺ κύριε ὁ πλούσιος 6, 11; κῦρι ὁ πατρίκιος 23, 11; κῦρι ὁ μέγας 24, 17 (κῦρι ὁ μέγας S. Andreas Salus VIII 59; XIV 113; κῦρι ὁ Δαυῒδ XVIII 142); κῦρι ὁ πάπας 50, 7; κῦρι ὁ δούξ 63, 8; vgl. σοὶ ὁ θεός 13, 4 (σοὶ κύριε BE).

Der Vocativ von ἀδελφός ist in den Handschriften stets ἀδελφέ geschrieben 16, 16; 41, 4; 45, 11; 56, 2; 57, 7 u. s. f.

I. Declination. Nom. Plur. auf αις (ες): λίτραις C, λίτρες A 26, 23; ebenso βοτάναις τρυφερές Vind. Sy. 1696 C.

Gen. der Nomina auf ας in α: Κοσμᾶ 26, 16; Μῆνα BEL 5, 1; Μητρᾶ 73, 23; Νικήτα 30, 22; πάπα 13, 11; 20, 11; 25, 10 u. s. f.

II. Declination. Verkürzung von ιος in ις. παστιλλάριν EL 6, 15; Βιτάλις C 73, 24; ἀκάπνιν C 23, 23. κῦρις wird folgendermassen declinirt:

κῦρις 46, 2; 78, 10.
κυροῦ 22, 16; 26, 24; 45, 16; 63, 18.
κυρῷ 22, 18; 27, 1; 45, 19; 67, 20.
κῦρι 23, 11; 24, 17; 26, 18; 43, 6; 44, 10; 45, 23; 46, 12. 13. 16; 50, 7; 63, 8; 70, 23.

Verkürzung von ιον in ιν. ἀποκόμβιν 16, 18; 54, 18. ἐνοίκιν 34, 20. καλαμάριν 7, 17. κεράτιν 77, 5. κορβάριν 38, 22. λογάριν 5, 4; 76, 8; 89, 25. νουμίν 23, 14. ὁλοκοτίνιν BE 19, 19. παλλίν 38, 17. σακκίν 20, 2. 6. σελλίν 11, 8. τριμίσιν 6, 15. χαρτίν 7, 16.

III. Declination. Accus. auf αν: βασιλέαν AD 101, 2. γαστέραν AB 29, 18. μῆναν ABD 100, 14. νύκταν A 70, 6. χεῖραν AB 100, 19. Ebenso ἑβδομάδαν Vind. Sy. 1737 C.

Accusativ auf ην statt η bei Adjectiven: εὐλαβήν C 22, 24; ebenso μονήριν (= μονήρην) Vind. Sy. 1708 B und θεοσεβεῖν (= θεοσεβήν) K 1, 7.

Pronomina. Pron. refl.: αὐτοῦ etc. für ἑαυτοῦ etc. 17, 5; 18, 24; 21, 20; 28, 14; 29, 18; 31, 17. 23; 35, 7; 50, 5. 84. 3; 92, 6 u. s. f.

Pronomen rel. mit anlautendem τ: ὅλα τὰ ἐθέασω τὰ κεράμια 24, 12. τὰ παιδία τὰ φιλῶ Sy.

1717 A. σά εἰσιν τὰ δίδεις Vind. 1733 A. Ebenso ὤρχιζον ἵνα ἀναλύσει τὸ ἔδησε Sy. 1729 A. ὅπου· ἐκεῖνος ὅπου ἐμαγείρευεν 46. 18. οὐ πάντας δὲ ἠσπάσατο, ἀλλ' ὅπου ἡ θεοῦ χάρις ἐγνώρισεν αὐτῷ Sy. 1717 A. εἰς τὸ ὄρος ὅπου αὐτὸς εἶπεν. JM. 2914 A.

II. Conjugation.

Augment bei einfachen Verben. Weglassung des Augments: αἰχμαλώτευσεν 1 13, 12. ὥρμησεν C 46, 6. αἰτήσατο F 48, 19. ἁμαρτηκέναι F 51, 8. ἐρυθρία C 55, 17.

Bei mit ρ anlautenden Verben einfaches ρ nach dem Augment: ἐξερήφη (= ἐξερίφη) A 18, 17. ἔριψα A 42, 13. ἐρίγων 43, 14. ἐραπίσθη A 66, 5.

Ersetzung des anlautenden Vocals durch ε (vgl. Hatzidakis S. 73): ἐσφάλιξεν B 46, 9 (ἐσφαλισμέναι S. Andreas Salus XXIV 198).

bei Compositis. Uebertragung des Augments auf augmentlose Formen: ἀφειλάμενος 60, 8. προσανεφέροντες AB 32, 14.

Weglassung des Augments: παρείσφερεν A 78, 15. ἐπιδείκνυτο A 83, 17.

Versetzung des Augments an den Anlaut des Compositums: ἤνοιγεν 46, 9; ἤνοιξεν 46, 13 u. s. f. ἠφόρισεν 28, 9; 51, 6. ἐδιοικήθη Sy. 1740 B.

Falsche Augmentirung (zur

Erklärung Hatzidakis S. 64, 65): κατηνύγη 30, 13; κατήνυξεν 73, 2 E.

Doppeltes Augment: ἐπαρήνει C 51, 9. ἐπεκατέλαβεν AE 55, 10. ἀπετατίσταινεν A 66, 17. ἐκατεδέχετο A 84, 8.

Futurum. Regelmässige Form statt der unregelmässigen: καλέσει BE 4, 24. τελέσει 27, 17.

Aorist. Bevorzugung des schwachen vor dem starken: ἁμαρτῆσαι 51, 8. ἦξα—ἐξάξῃς 43, 18; Sy. 1741 B (Vind., φανερώσει Vat.). προσάξαι Sy. 1689 C. συνῆξεν Sy. 1705 A. συνάξαι 80, 18; Sy. 1744 D. ἀνέγνωσα 22, 19 (ἀναγνώσας S. Andreas Salus XXV 214). εἴρησα 7, 6. ἔφθασα 2, 9; 41, 11; 59, 21 u. s. f.

Schwacher Aorist mit Themavocal des starken: ἐσκέπασες C 43, 14.

Starker Aorist auf α: am häufigsten ist ἤνεγκα mit seinen Compositis (ἐξήνεγκα, κατήνεγκα, μετήνεγκα, προσήνεγκα, προσανήνεγκα) 20, 6. 18; 21, 22; 22, 3. 8; 31, 17; 32, 22. 24; 34, 5; 39, 25; 45, 7; 49, 20; 52, 4; 54, 15. 22; 55, 1; 58, 8; 59, 23. 25; 71, 17. 23; 95, 14; 96, 19 (19, 18 hat A ἤνικεν = ἤνεικεν). ἐγενάμην 59, 16. γεναμένης Vind. Sy. 1720 C. παραγενάμενος E 4, 1. Vind. Sy. 1725 D. ἀπέτυχα 90, 12. ἀμφιβάλαι 31, 1. μεταβάλαι Sy. 1734 C; 1740 B. ὑπερβάλαι Sy. 1729 B. ἀφείλατο 60, 22 (im Bibelcitat). ἀφειλάμενος 60, 8. προείλασθε Sy. 1681 B. ἤλθατε Vind. Sy. 1721 A. ἀπέλθατε Vind. Sy. 1720 C. εἰσέλθατε 84, 1. ἐξέλθατε 60, 23; Vind. Sy. 1689 A. (εἰσῆλθωσαν E 30, 8.) εὕραμεν D 19, 16 εὕρασθαι 98, 4. ἔπεσαν 22, 24; Sy. 1684 A; 1685 C; 1740 D. Ausserdem hat noch der Vind. der Symeonsvita ἐγκατελείκαται 1681 A; ἐγκατελείπαμεν 1688 C; ἐγκατέλειπα 1701 A = ἐγκατελίπατε etc. κατέλιπας S. Andreas Salus XIX 147 u. s. f. ἔφυγα und κατέφυγα Vind. Sy. 1700 D.

Infinitiv des starken Aorists auf ἦναι (Hatzidakis S. 192): συνανελθῆναι C 91, 7. εἰσελθῆναι C 93, 18 (ἐπιτυχῆναι S. Andreas Salus XXIV 199).

Perfect. Uebertragung der Aoristendung auf das Perfect: δέδωκαν 21, 12, Vind. Sy. 1676 B. πέπονθαν C 2, 15.

Participia. Praes. auf οντα in Verbindung mit einem Neutr. Sing.: σταυρίον ἀργυροῦν ὄντα 5, 9. πρόστεμα περιέχοντα τὸν τύπον τοῦτον 9, 14. πιττάκιον περιέχοντα οὕτως 24, 6. τὸ ἐσωφόριον αὐτοῦ ἀναγκαῖον ὑπάρχοντα 42, 21. γύναιον προσπίπτοντα καὶ λέγοντα 64, 1. τὸ παιδίον ἐτῶν ὑπάρχοντα ἑπτά 88, 12.

Partic. des starken Aorists auf ώς: ἐκφυγότες A 53, 1. ἀπελθῶτα 48, 8 F. Vgl. φυγότος Mal. 211, 9. πεσότα 211, 18. εἰσελθότος 309, 9.

Aoristus Passivi. I. Pers. auf θη: ἐγεννήθη E 88, 20. ἐπληροφορήθη C 17, 1. προεχειρίσθη A C 92, 25. (ἠδυνήθη S. Andreas Salus 5, 39.) Vgl. unter ἵστημι und φημί.

III. Pers. auf θην: ἐξερήφην C 18, 17. ἐσωφρονίσθην F. 30, 13. ἐλυπήθην C 42, 25. ἠδυνήθην C 77, 19. A C 92, 8. ἐφοβήθην C 82, 19. Ebenso hat der Vind. im L. Symeons κατηξιώθην 1673 A. ἐκινήθην 1721 A. ἐτυφλώθην 1733 B. ἐδιοικήθην 1740 B. ἐβαρήθην 1740 C. ηὀξήθην 1741 B. (ἐπορεύθην S. Andreas Salus XVII 129.) (Die Symeonshandschrift hat auch analoge Imperfectformen: ἐφώρην Sy. 1688 B und ηὖλην 1721 B für ἐφώρει und ηὖλει.) vgl. W. Meyer, S. Portius S. 200.

Conjunctiv des Aor. Pass.: γεννηθῶμεν A 27, 20.

Verba auf άω u. όω. Zusammenfallen der Formen bei den Verben auf άω mit denen der Verba auf έω: δαπανοῦνται A 23, 8. δαπανού-

μενα A C 93, 14. νηχοῦμαι (= νιχοῦμαι) A 77, 2. ἐπείνουν C F 48, 20. πλανούμεθα F 45, 23. συναντοῦσαν E C 80, 11. ὑπερφυσοῦμαι A 78, 20. ἐκπιδοῦσαν (= ἐκπηδ.) Vind. Sy. 1672 D. καταντούσης Vind. Sy. 1672 A. (ἑώρουν S. Andreas Salus VIII 66; XI 85; XVI 124). Die Verdumpfung beschränkt sich nach Krumbacher S. 276 auf die Formen mit ω; indessen Johannes Moschos 94 (Bibl. vet. Patrum II 1080 C Paris. 1624) hat ἐσιώπει, wo freilich Migne 2916 B stillschweigend ἐσιώπα corrigirt.
Zusammenfallen der Formen bei den Verben auf όω mit denen der Verben auf άω: ῥιγῶντι 16, 10. ἐρίγων 43, 14 (selbst ῥιγᾶτε Cot. I 528 A). ᾖπλων A 72, 13. (φανερεῖς S. Andreas Salus X 78 ist wohl nur Schreib- oder Druckfehler für φανεροῖς.)
Aoriste auf ωσα und ώθην der Verba auf άω: συναντώσει Vind. Sy. 1701 B. ἐσυλώθη Cot. III 353 B.
Verba auf ώνω: στενώνων BEL 6, 9; φορτώνει 23, 18.
Verba auf μι. Mit den üblichen Formen mischen sich folgende:
τίθημι: παρατίθειν 45, 16. ἐτίθουν 63, 4. τίθων 11, 8. θήσας 10, 17; 46, 5. ὑπέρθωμαι 64, 6.
ἀφίημι: ἀφίω E 78, 7. ἀφίομεν 78, 5. ἀφίωμεν (= ἀφίομεν) E F 30, 12; E 78, 2. ἀφίουσαι 73, 6 (A ἀφοῦσαι). ἀφιοῦσα (= ἀφίουσα) C 97, 20.
δίδωμι: δίδω 62, 23; 76, 15; Sy. 1725 A; 1733 C. δίδεις Vind. Sy. 1733 A. ἐνδίδεις 73, 15. παραδίδει 80, 3. 11. δίδει 23, 14; Sy. 1721 A. Vind. 1729 D. διδοῦμεν 43, 8. δίδετε 41, 7. ἐνδίδουσιν Sy. 1729 B. δίδῃς 77, 4. 9. δίδει 62, 17; 72, 5; 77, 7. 14. διδεῖν C 76, 21. δίδων 49, 7. διαδίδων 61, 7. ἐδίδει 70, 5; 77, 13. ἀπεδίδει C 66, 9. ἐδείδουν (III. Pers.) F 14, 3. δέδωκαν 21, 12. ἐδώκαμεν 65, 24; Sy. 1689 A. παρεδώκαμεν Sy. 1696 B. ἐδώκατε 22, 2; C 21, 18. ἐξεδώκατε Sy. 1693 C. ἐνδώσητε Sy. 1680 A. δώσας 67, 8. ἐπιδώσαντος 24, 2. ἐπιδώσασαν 22, 6.
ἵστημι: ἱστάω, παριστῶ (Hndss. παρίστω) 87, 8. σταίνω, ἀπεκατέστενεν (= -έσταινεν) A 66, 17. ἀνάστα 56, 9 und oft im Leben Symeons (z. B. 1677 D; 1685 D; 1700 B u. s. f.; doch ἀνάστηθι 1692 D). ἑστήκετο (ἐστίκετο Vind.) Sy. 1702 A. Aor. I. Pers. ἐξανέστη für ἐξανέστην E 16, 8.
εἰμί: ἤμην 15, 9; 22, 17; 51, 14; 76, 17 u. s. f.
φημί: III. Plur. Praes. φησίν BCDE 30, 15. I. Sing. Imp. ἔφη C 7, 9.
οἶδα: οἴδαμεν 52, 3; 89, 6 C; Sy. 1689 C. οἴδατε 72, 2; 87, 10.

Periphrastische Tempora. εἰμί mit Particip. Aor. Act. ἦν πέμψας 28, 1. ἦν ἀγοράσας 43, 19. ἦν ἀπελθόν 54, 13. ἦν ποιήσας 57, 2; 74, 19. μηνύσας ἦν 67, 9. ἦν ἀστοχήσασα 62, 14. ἦν οἰκοδομήσας 85, 8. ἦν λαβοῦσα 88, 2. ἦν πορνεύσας Sy. 1713 D. ἦσαν ὑπαναχωρήσαντες Sy. 1729 B.

mit Partic. Perf.: ἦν δεδωκώς 43, 5. ἀνακεχωρηκότες ἦσαν S. Andreas Salus VI 44.

mit Partic. Aor. Pass.: ἦν δοθεῖσα 56, 7.

mit Part. Perf. Pass.: ἦν ἠλλοιωμένη 45, 25.

III. Syntaktisches.

Tempora. Praesens statt des Futurums: τρέφει (nutriet An.) 27, 21. ποιῶ 34, 8. 23. παραλαμβάνουσιν 42, 8. οὐκ ἀποθνήσκω (non moriar An.) 43, 17. ποιεῖ 78, 10 u. s. f.

Perfect statt des Aorists: δέδωκεν 40, 16.

Partic. Act. mit pass. Bedeutung: κεράμια ἐπιγράφοντα 'μέλι πρωτεῖον' 23, 21—22.

Assimilation des Relativums: τῶν μαζίων ὧν ἔλαβες 20, 13. Vgl. 13, 19; 26, 1; 32, 11; 78, 19.

Indirecte Fragesätze mit τό eingeleitet: κανονίζων τὸ τί ἐποίησεν 5, 12. μὴ δυνηθέντες γνωρίσαι τὸ ποῦ ὑπάγομεν BE 19, 11. ἐρωτᾷ αὐτὸν τὸ τί ἔλαβεν 21, 22. ἠρώτησεν αὐτοὺς τὸ ἐν ποίῳ μηνὶ ... ταῦτα ἐπετέλουν 53, 13. ἐξωμολογεῖτο τὸ τί ἦν ποιήσας 74, 18. ἐδίδασκεν αὐτὸν τὸ πῶς ἀντιστῇ τῷ Αἰθίοπι S. Andreas Salus I 6.

Absolutes Particip. Nom. abs.: ὁ ὅσιος Βιτάλιος βουλόμενος τὴν τῶν ἀνθρώπων δόξαν φυγεῖν ... ἔλεγεν (sc. ἡ δαιμονισθεῖσα γυνή) 70, 19.

Acc. abs.: τοὺς δὲ ὑγιεῖς καὶ δεομένους εἰς τὴν διάδοσιν ἐρχομένους, τοῖς μὲν ἀνδράσιν ... ἐδίδου 14, 1—3. ἀνελθὼν παρεκάλει αὐτὸν ὡς ἐξ ἑτέρων διαβλητόρων κινηθέντα συγχώρησιν αὐτῷ παρὰ θεοῦ αἰτήσασθαι 25, 6—8.

Ungewöhnl. Genet. absol.: statt des Nomin.: προχειρισθέντος οὖν αὐτοῦ καὶ ἐνθρονιασθέντος ἐπεδείξατο 7, 18; vgl. 19, 15; 24, 19; 25, 10; 31, 7; 33, 8; 45, 21; 48, 21; 51, 3; 57, 13; 60, 19 u. s. f.

statt des Dativs: τοῦ νοταρίου παραιτουμένου λέγει αὐτῷ 44, 4; vgl. 20, 21; 51, 15; 53, 14.

statt des Accusativs: ὡς ἀξιομνημονεύτου οὖν καὶ τούτου αὐτοῦ δημοσίου προστάγματος ἐνταῦθα ἐνθεῖναι αὐτὸ ἐσπουδάσαμεν 10, 9—11.

Nachträge und Berichtigungen.

Seite 2, 19 lies: *ἐπιρωγολογουμένοις*.
„ 2, 21 lassen BD *πάντες* weg.
„ 2, 22 ist vielleicht doch nach L zu lesen: *διὰ τὸν ἐν αὐτῇ πλούσιον ἔλεον*. Das etwas einfältige Wortspiel von *ἐλαία* und *ἔλεος* kann man dem Leontios zutrauen.
„ 3 Anm. zu Z. 14 lies: sanctissimi An.
„ 4, 1 lies: *παραγενόμενος*.
„ 6, 10 „ *ἔφθασαν*.
„ 12, 12 „ *θεοφρούρητε*.
„ 14, 14 „ *ὑπουργῶν*.
„ 19, 7 „ *γομᾶτον*.
„ 21 Z. 5 der Anm. 9 vor *τῷ διαδότῃ*.
„ 24, 12 lies: *ἐθεάσω*.
„ 34, 12 Anm. lies *βουνευρίζει καὶ τύπτει αὐτόν* D.
„ 39, 21 ist ' hinter *ὀδυνᾶσαι* statt hinter *κακά* zu setzen.
„ 39 Z. 3 Anm. 4 vor *χύνουσιν* B, 5 vor *τοῦ οἴνου* E.
„ 41, 12 lies: *μαγκιπίου*.
„ 42, 12 „ *βαβαί*.
„ 42, 18 „ *ἐννύχιον*.
„ 43, 18 „ *εὐθέως*
„ 44, 2 „ *λαβέ*.
„ 49, 5 „ *βαβαί*.
„ 49, 25 „ *πτερνισθῆναι καὶ ἐξ αὐτοῦ χωρισθῆναι*.
„ 52, 2 „ *βαβαί*.
„ 58 Z. 1 der Anm. lies 3 vor *αὐτόν*.
„ 72, 13 lies: *ἦπλουν*.
„ 73, 20 „ *κελλίον*.
„ 73, 22 „ *πλησίον*.

Seite 74, 7 lies: κόσσον.
„ 74, 9 „ κελλίον.
„ 74, 12 „ κελλίον.
„ 75, 13 „ κελλίον.
„ 84, 8 „ συντυγχάνειν.
„ 85, 6 „ κελλία.
„ 95 Anm. zu 19 lies: δρομαῖος B.
„ 101 Anm. Z. 4 v. u. ist 21 zu streichen und vor καὶ θαυμ. zu setzen.
„ 112, 24 lies: καθηγούμενον.